biblioteca rao

Ilf şi Petrov

DOUĂSPREZECE SCAUNE

Traducere din limba rusă
I. FLAVIUS
M. LEICAND

rao international publishing company

Descrierea CIP a Bibliotecii Naţionale a României
ILF şi PETROV
Douăsprezece scaune / Ilf şi Petrov; trad.: I. Flavius şi M. Leicand.
Bucureşti: RAO International Publishing Company, 2004

ISBN 973-576-672-8

I. I. Flavius (trad.)
II. M. Leicand (trad.)

821.161.1-31=135.I

RAO International Publishing Company
Grupul Editorial RAO
Str. Turda nr. 117-119 Bucureşti, ROMÂNIA

ИЛФ И ПЕТРОВ
Двенадцать стулев

Coperta colecţiei
CORNELIU ALEXANDRESCU

Ilustraţia copertei
ALEXANDER LEVITAS

Tiparul executat de
R.A. „Monitorul Oficial"
Bucureşti, România

2004

ISBN 973-576-672-8

Lui Valentin Petrovici Kataev

PARTEA ÎNTÎI

„LEUL“ DIN STARGOROD

CAPITOLUL I

BEZENCIUK ŞI „NIMFELE“

În oraşul X, capitală de judeţ, erau atît de multe frizerii şi întreprinderi de pompe funebre, încît ai fi putut crede că locuitorii acestui oraş se nasc ca să se bărbierească, să se tundă, să-şi facă o frecţie şi, îndată după asta, să moară. În realitate însă, în oraşul X, capitală de judeţ, oamenii se năşteau, se bărbiereau şi mureau destul de rar. Oraşul ducea o viaţă cît se poate de liniştită. Serile de primăvară erau încîntătoare, noroiul lucea în lumina lunii ca antracitul şi toţi tinerii din oraş erau atît de îndrăgostiţi de secretara comitetului sindical al lucrătorilor din întreprinderile comunale, încît acest lucru o împiedica să strîngă cotizaţiile.

Problemele dragostei şi ale morţii nu-l frămîntau pe Ippolit Matveevici Vorobianinov, deşi, prin însăşi natura serviciului său, el se ocupa de aceste probleme în fiecare zi de la nouă dimineaţa pînă la cinci după-amiază, cu o întrerupere de jumătate de oră pentru dejun.

Dimineaţa, după ce-şi bea porţia de lapte fierbinte, pe care i-o servea Klavdia Ivanovna într-un pahar de sticlă mată cu ape, ieşea din căsuţa lor cam întunecoasă pe strada Tovarăşul Gubernski, o stradă largă, scăldată în minunata lumină a primăverii. Era strada cea mai plăcută din cîte s-au întîlnit vreodată în oraşele de provincie.

Pe stînga, în dosul unor geamuri verzui şi tulburi, sclipeau sicriele argintii ale întreprinderii de pompe funebre „Nimfa“. Pe dreapta, îndărătul unor ferestre mici, cu chitul căzut, se îngrămădeau mohorîte coşciugele de stejar, prăfuite şi serbede, ale meşterului Bezenciuk. Apoi venea prăvălia meşterului coafor „Pierre şi Constantin“, care oferea clientelei sale „manichiură îngrijită“ şi „*ondulation* la domiciliu“. Urma un hotel cu o frizerie, iar mai încolo, pe un maidan, se vedea un viţel rozaliu care lingea cu gingăşie o firmă ruginită, prinsă de o poartă stingheră, cu următorul text:

POMPE FUNEBRE *Poftiţi, vă rog*

Deşi aceste întreprinderi erau numeroase, clientela lor era destul de redusă. „Poftiţi, vă rog“ dăduse faliment cu trei ani înainte ca Ippolit Matveevici să se fi stabilit în oraşul X, iar meşterul Bezenciuk bea rachiu cu nemiluita şi încercase chiar o dată să amaneteze la muntele de pietate cel mai bun coşciug al său, un coşciug de vitrină.

În oraşul X, oamenii mureau rar şi Ippolit Matveevici ştia acest lucru mai bine decît oricine, fiindcă avea slujbă la oficiul stării civile, unde era însărcinat cu înregistrarea deceselor şi a căsătoriilor.

Masa la care lucra Ippolit Matveevici semăna cu o veche lespede de mormînt. Colţul ei din stînga era ros de şobolani. Picioruşele-i şubrede se clătinau sub povara registrelor groase, de culoarea tutunului, din care puteai afla toate datele privitoare la originea locuitorilor din oraşul X şi la arborii genealogici crescuţi pe acest pămînt sărăcăcios de provincie.

În ziua de vineri 15 aprilie 1927, Ippolit Matveevici se trezi ca de obicei la ora şapte şi jumătate şi îşi puse numaidecît pe nas pince-nez-ul de modă veche, cu arc de aur. Nu purta ochelari. Într-o zi, ajungînd la convingerea că nu-i sănătos să porţi pince-nez, Ippolit Matveevici se dusese la optician şi-şi cumpărase o pereche de ochelari fără ramă, cu braţe aurite. Lui îi plăcuseră ochelarii, dar nevastă-sa – lucrurile acestea se petrecuseră cu puţin înainte de moartea ei – găsise că aceşti ochelari îl fac să semene leit cu Miliukov[1], aşa încît Ippolit Matveevici se văzu nevoit să-i dăruiască portarului. Deşi nu era miop, portarul se învăţase cu ochelarii şi-i purta bucuros.

– *Bonjour!* se salută afectat Ippolit Matveevici pe sine însuşi, dîndu-se jos din pat.

Acest *Bonjour* dovedea că Ippolit Matveevici se sculase bine dispus. Cînd îşi spunea dimineaţa *Gut Morgen,* însemna de obicei că ficatul îşi face de cap, că cincizeci şi doi de ani nu e o glumă şi că afară vremea e cam umedă.

Vorobianinov îşi vîrî picioarele uscăţive în nişte pantaloni de gata, cumpăraţi încă înainte de război, îşi legă pantalonii în dreptul gleznelor cu şireturi şi apoi se încălţă cu nişte cizme scurte şi moi, cu botul pătrat şi strîmt. Cinci minute după asta Ippolit Matveevici se fandosea într-o vestă de culoarea lunii, presărată cu mici steluţe argintii şi într-o haină scurtă de lustrină „şanjantă". După ce-şi scutură de pe părul său cărunt picurii ca de rouă rămaşi de la spălat, Ippolit Matveevici mişcă fioros din mustăţi, îşi pipăi nehotărît bărbia cam aspră, îşi perie părul ca de aluminiu, tuns scurt şi, zîmbind politicos, ieşi înaintea Klavdiei Ivanovna, soacră-sa, care tocmai intra în odaie.

– Eppole-et, rosti ea cu un glas ca de tunet, am avut un coşmar azi-noapte.

Cuvîntul „coşmar" fu rostit cu accent franţuzesc.

Ippolit Matveevici se uită la soacră-sa de la înălţimea celor o sută optzeci şi cinci de centimetri pe care îi măsura şi de la care îi venea uşor şi la îndemînă s-o trateze cu oarecare dispreţ.

Klavdia Ivanovna continuă:

---

[1] P.N. Miliukov – istoric şi om politic rus, lider al Partidului Constituţional Democrat şi ministru de Externe în Guvernul Provizoriu (1917).

– Am visat-o pe răposata Marie, cu părul despletit şi cu cordon de aur.

Klavdia Ivanovna avea un glas ce semăna leit cu o bubuitură de tun şi făcea să tremure lampa de tuci cu ţurţurii ei de cristal prăfuiţi şi cu bilele-i cu alice.

– Sînt foarte neliniştită. Mi-e teamă să nu se întîmple ceva.

Ultimele cuvinte fură rostite cu atîta putere, încît cadrilaterul de păr de pe tigva lui Ippolit Matveevici se făcu vîlvoi. Vorobianinov arboră o mutră acră şi rosti silabisind cuvintele:

– N-o să se întîmple nimic, *maman*. Apa s-a plătit?

Află că nu s-a plătit. Nici galoşii nu erau spălaţi. Ippolit Matveevici nu-şi iubea soacra. Klavdia Ivanovna era proastă, iar vîrsta ei înaintată nu mai permitea să se spere că ar putea să se deştepte vreodată. Era de o zgîrcenie nemaipomenită şi numai sărăcia lui Ippolit Matveevici împiedica această pornire să se dezlănţuie din plin. Avea un glas atît de puternic şi atît de grav, încît i l-ar fi invidiat pînă şi Richard Inimă-de-Leu, la al cărui strigăt – precum se ştie – caii se lăsau în genunchi. În afară de asta – lucrul cel mai îngrozitor – Klavdia Ivanovna avea vise în fiecare noapte. Visa fete cu cordoane, cai îmbrăcaţi în valtrapuri cu tiv galben de dragon, portari care cîntă la harpă, arhangheli în şube de paznici, umblînd noaptea cu toaca în mînă, andrele de croşetat care sar singure prin cameră, scoţînd nişte sunete supărătoare. Într-un cuvînt, Klavdia Ivanovna era o bătrînă puţină la minte. Şi, ca o încununare a tuturor acestor cusururi, îi crescuseră sub nas nişte mustăţi ce aduceau a pămătuf de ras.

Ippolit Matveevici plecă de acasă cam enervat.

Sprijinit de uşorul uşii de la intrarea prăvăliei sale părăginite, meşterul Bezenciuk stătea cu braţele încrucişate. Din pricina necontenitelor insuccese în afacerile sale comerciale şi a lungului consum de băuturi încălzitoare, ochii îi erau de un galben violent ca de cotoi şi îi ardeau ca nişte tăciuni nestinşi.

– Avem onoarea să vă salutăm! strigă el înghiţind cuvintele cînd îl zări pe Ippolit Matveevici. Bună dimineaţa!

Ippolit Matveevici îl salută cu politeţe scoţîndu-şi pălăria pătată, din fetru gros.

– Cum se mai simte coana soacră, dacă îmi este îngăduit să întreb?

– Hm-m-m, făcu nedefinit Ippolit Matveevici şi, săltîndu-şi umerii drepţi, îşi văzu de drum.

– Ei, să-i dea Dumnezeu sănătate, spuse cu amărăciune Bezenciuk. Numai pagube avem, arde-o-ar focul de treabă!

Şi încrucişîndu-şi braţele la piept, se sprijini din nou de uşor.

La poarta întreprinderii de pompe funebre „Nimfa“, Ippolit Matveevici fu din nou oprit.

Proprietarii „Nimfei“ erau în număr de trei. Ei îl salutară toţi deodată şi-l întrebară în cor de sănătatea soacrei sale.

– E bine, bine, răspunse Ippolit Matveevici, ce să aibă! Azi-noapte a visat o fată de aur cu părul despletit.

Cele trei „nimfe“ se uitară unul la altul şi scoaseră un oftat adînc.

Toate aceste întîlniri îl întîrziară pe Ippolit Matveevici şi, contrar obiceiului, sosi la slujbă cînd ceasul atîrnat deasupra lozincii „Ai terminat treaba – pleacă!“ arăta nouă şi cinci.

Din pricina staturii sale impunătoare şi mai cu seamă din pricina mustăţilor, Ippolit Matveevici fusese poreclit în instituţie Maciste[1], deşi adevăratul Maciste nu purtase nici un fel de mustăţi.

Ippolit Matveevici scoase dintr-un sertar o perniţă albastră de pîslă, o puse pe scaun, dădu mustăţilor o poziţie corectă (paralelă cu masa de lucru) şi se aşeză pe perniţă întrecîndu-i puţin în înălţime pe ceilalţi trei colegi ai săi. Nu spre a-şi feri hemoroizii, ci de frică să nu-şi roadă pantalonii, întrebuinţa Ippolit Matveevici perniţa albastră.

---

[1] Cunoscut actor italian de cinema.

Toate mişcările acestui funcţionar sovietic erau urmărite cu sfială de doi tineri: un flăcău şi o fată. Flăcăul, care purta o haină vătuită de postav, era cu desăvîrşire copleşit de atmosfera oficială, de mirosul cernelii de alizarină, de ceasul care ofta des şi greu şi, mai ales, de afişul sever: „Ai terminat treaba – pleacă!“ Deşi încă nici nu-şi începuse treaba, flăcăul cu haină se şi simţea cuprins de dorinţa de a pleca. I se părea că chestiunea pentru care venise e atît de neînsemnată, încît e ruşinos să deranjezi din pricina ei un cetăţean cărunt atît de impunător ca Ippolit Matveevici. Acesta îşi dădea şi el seama că tînărul a venit pentru o chestiune măruntă, că nu-i nici o grabă, şi de aceea, după ce deschise biblioraftul nr. 2 şi-i îndreptă coperta, se cufundă în lectura hîrtiilor. Fata, care purta o jachetă lungă, tivită cu o panglică neagră, lucioasă, îi spuse ceva în şoaptă flăcăului, apoi, roşind de ruşine, din ce în ce mai tare, începu să înainteze încetişor spre Ippolit Matveevici:

– Tovarăşe, întrebă ea, unde este aici...

Flăcăul cu haină oftă uşurat şi, spre propria lui surprindere, răcni:

– Pentru căsătorie!

Ippolit Matveevici se uită cu luare-aminte la bara după care se afla perechea.

– Naştere? Deces?

– Căsătorie, repetă flăcăul cu haină uitîndu-se fîstîcit în jur.

Fata pufni în rîs. Totul era în perfectă regulă. Ippolit Matveevici se apucă de lucru cu o îndemînare de scamator. Cu scrisul său de babă, trecu numele mirilor în nişte registre groase, puse sever întrebări martorilor pe care mireasa îi aduse din curte, suflă îndelung şi cu dragoste în ştampilele pătrate şi, ridicîndu-se puţin de pe scaun, le aplică pe buletinele de identitate cam roase pe la colţuri, ale celor în cauză. După ce încasă de la tinerii căsătoriţi două ruble şi le eliberă chitanţa, Ippolit Matveevici spuse zîmbind ironic: „Pentru oficierea tainei“ şi se sculă cît era de lung, scoţîndu-şi pieptul în afară (obicei rămas de pe vremea cînd purta corset).

Razele late şi galbene ale soarelui se aşterneau pe umerii lui ca nişte epoleţi. Avea o înfăţişare cam caraghioasă, dar nespus de solemnă. Sticlele bombate ale pince-nez-ului răsfrîngeau o lumină albă ca de reflector. Tinerii stăteau ca nişte mieluşei.

– Iubiţi tineri căsătoriţi, spuse Ippolit Matveevici pe un ton pompos, daţi-mi voie să vă felicit – cum se spunea înainte – cu prilejul cununiei dumneavoastră civile. E foarte, foarte plăcut să vezi tineri ca dumneavoastră păşind mînă în mînă spre realizarea idealurilor eterne. Foarte, foa-arte plăcut!

După ce-şi rosti tirada, Ippolit Matveevici strînse mîinile tinerilor căsătoriţi, se aşeză şi, foarte mulţumit de sine, se cufundă din nou în lectura hîrtiilor din biblioraftul nr. 2.

La birourile de alături funcţionarii pufniră cu nasurile în călimări.

Ziua de lucru se desfăşura calm. Nimeni nu deranja biroul de înregistrare a deceselor şi căsătoriilor. Pe fereastră puteai vedea cetăţeni care, zgribuliţi de răcoarea primăverii, se îndreptau spre casele lor. Fix la amiază începu să cînte cocoşul de la cooperativa „Plugul şi ciocanul“, lucru care nu miră pe nimeni. Apoi răsunară un zăngănit metalic şi gîlgîitul unui motor. Dinspre strada Tovarăşul Gubernski se ivi un nor gros de fum violet. Gîlgîitul se întăreşte. Prin fum se pot desluşi curînd contururile automobilului GAZ nr. 1 al Comitetului Executiv Judeţean, cu un radiator minuscul şi o caroserie butucănoasă. Bălăcăind prin noroi, automobilul traversează piaţa Staropanskaia, şi, clătinîndu-se, dispare într-un nor de fum înecăcios. Funcţionarii mai rămaseră multă vreme la fereastră comentînd evenimentul şi punîndu-l în legătură cu o eventuală reducere de personal. După cîtva timp trecu cu grijă podeţul de lemn meşterul Bezenciuk, care colinda toată ziua prin oraş, interesîndu-se dacă nu a murit cineva.

Ziua de lucru era pe sfîrşite. La clopotniţa din apropiere, vopsită în galben şi alb, clopotele răsunară cu toată puterea. Geamurile zăngăniră. De pe clopotniţă se ridică un stol de ciori care, după un scurt miting deasupra pieţei, zbură spre alte locuri.

Ippolit Matveevici găsi că e timpul să plece acasă. Toţi care urmau să se nască în acea zi se născuseră şi fuseseră înscrişi în registrele groase. Toţi doritorii de a se căsători fuseseră căsătoriţi şi de asemenea înscrişi în registrele groase. Nu se înregistrase însă nici un deces, ceea ce agrava şi mai mult dezastrul în care se găseau întreprinderile de pompe funebre. Ippolit Matveevici îşi strînse dosarele, ascunse în sertar perniţa de pîslă, îşi zburli mustăţile cu un mic pieptănaş şi, cu gîndul la supa fierbinte ce-l aştepta, era cît pe-aci să plece, cînd uşa biroului se deschise larg şi în prag se ivi meşterul de coşciuge Bezenciuk.

– Avem onoarea să vă salutăm, îl întîmpină zîmbind Ippolit Matveevici.

– Ce este?

Deşi mutra sălbatică a meşterului radia de bucurie în amurgul ce se lăsase, el nu fu în stare să scoată nici un cuvînt.

– Ei? întrebă Ippolit Matveevici, de data asta mai aspru.

– „Nimfa", arde-o-ar focul de treabă, parcă dă marfă ca lumea? spuse fără nici o noimă meşterul dricar. Parcă poate să-l mulţumească pe client? Un coşciug... numai cît lemn cere...

– Ce vrei? întrebă Ippolit Matveevici.

– Păi, uitaţi-vă... „Nimfa"... Trei familii trăiesc din negustoria asta. Nici materialul nu-l mai pun cum trebuie, ornamentele-s proaste, ciucurii – rari, arde-o-ar focul de treabă. Pe cînd eu îs firmă veche. Fondată în 1907. La mine coşciugul parcă e o păpuşă, marfă aleasă, o frumuseţe...

– Ai înnebunit? îl întrebă Ippolit Matveevici şi se îndreptă spre uşă. Vezi că ai să te ţicneşti printre coşciuge.

Bezenciuk se grăbi să-i deschidă uşa, se dădu la o parte să-i facă loc să treacă înainte, apoi îl urmă, parcă tremurînd de nerăbdare.

– Pe cînd mai era „Poftiţi, vă rog", nimic de zis! La brocartul lor nu putea să ţie piept nici o firmă, nici măcar cele din Tver, arde-or-ar focul de treabă. Dar acu', puteţi să mă credeţi, marfă mai bună ca a mea nu există. Nici să nu căutaţi!

Ippolit Matveevici întoarse mînios capul, se uită o clipă furios la Bezenciuk şi iuţi pasul. Cu toate că nu i se întîmplase în ziua aceea nici un lucru neplăcut la slujbă, se simţi destul de prost dispus.

Cei trei proprietari ai „Nimfei" stăteau în faţa prăvăliei lor în aceeaşi poziţie în care-i lăsase dimineaţa. S-ar fi zis că de atunci nu-şi spuseseră unul altuia nici o vorbă, dar schimbarea izbitoare a expresiei de pe feţele lor, misterioasa satisfacţie care le licărea în ochi arătau că aflaseră ceva important.

Cînd îşi zări concurenţii, Bezenciuk făcu un gest dezolat şi şopti în spatele lui Vorobianinov:

– Vi-l las cu treizeci şi două de ruble.

Ippolit Matveevici se încruntă şi grăbi pasul.

– Se poate şi pe credit, adăugă Bezenciuk.

Cei trei proprietari ai „Nimfei" nu rostiră nici un cuvînt. Ei se luară în tăcere după Vorobianinov, scoţîndu-şi mereu din mers şepcile şi salutîndu-l politicos.

Exasperat de pisălogeala dricarilor, Ippolit Matveevici urcă mai repede ca de obicei treptele cerdacului, îşi şterse enervat noroiul de pe tălpi de una dintre trepte şi, cuprins de o foame de lup, intră în antreu. Tocmai atunci ieşea din odaie, cu faţa aprinsă, părintele Fiodor de la biserica „Sfinţii Frol şi Lavr", care, ţinîndu-şi cu mîna dreaptă anteriul puţin ridicat, se repezi afară, fără să-l bage în seamă pe Ippolit Matveevici.

Vorobianinov observă atunci o curăţenie exagerată în casă, o schimbare bătătoare la ochi în aşezarea puţinelor mobile ale locuinţei şi simţi în nas o gîdilătură de la un puternic miros de medicamente. În prima odaie fu întîmpinat de o vecină a lor, Kuzneţova, nevasta unui agronom, care, fluturînd braţele în aer, îi şopti:

– Îi e rău, chiar acum s-a spovedit. Nu mai bocăni cu cizmele.

– Nu bocănesc, răspunse ascultător Ippolit Matveevici. Dar ce s-a întîmplat?

Madame Kuzneţova îşi ţuguie buzele şi arătă cu mîna spre uşa camerei alăturate:

– O criză de inimă foarte gravă.

Şi repetînd cuvintele pe care cu siguranţă le auzise de la alţii şi care-i plăcuseră prin caracterul lor impunător, adăugă:

– Nu e exclus un deznodămînt fatal. N-am stat o clipă toată ziua. Cînd am venit de dimineaţă să împrumut maşina de tocat carne, am găsit uşa deschisă. În bucătărie nu era nimeni şi nici în odaia asta, nimeni. Mi-am zis că Klavdia Ivanovna s-o fi dus să cumpere făină pentru cozonaci. Voia încă de deunăzi să se ducă. Ştii şi dumneata că acum făina, dacă n-o cumperi dinainte...

Madame Kuzneţova i-ar mai fi vorbit mult despre făină, despre felul cum o găsise pe Klavdia Ivanovna zăcînd în nesimţire lîngă soba de teracotă, dar un geamăt venit din odaia de alături lovi dureros auzul lui Ippolit Matveevici. El îşi făcu în grabă semnul crucii cu mîna ce începuse să-l furnice şi trecu în camera soacră-sii.

CAPITOLUL II

MADAME PETUHOVA ÎŞI DĂ OBŞTESCUL SFÎRŞIT

Klavdia Ivanovna zăcea pe spate, cu o mînă sub cap. Avea o scufie de culoarea ţipătoare a caisei, care fusese la modă cu ani înainte, cînd doamnele purtau *chanteclair* şi abia începeau să danseze tangoul argentinian.

Chipul Klavdiei Ivanovna avea un aer solemn, dar nici o expresie. Ochii îi erau aţintiţi în tavan.

– Klavdia Ivanovna! o strigă Vorobianinov.

Soacra începu să mişte iute din buze, dar în locul sunetelor de trombon cu care îi era obişnuită urechea, Ippolit Matveevici auzi un geamăt stins, subţire şi atît de prăpădit, încît i se strînse inima. O lacrimă strălucitoare îi scăpă pe neaşteptate din ochi şi i se prelinse pe obraz, repede ca argintul-viu.

– Klavdia Ivanovna, repetă Vorobianinov, ce-i cu dumneata?

Dar din nou nu primi nici un răspuns. Bătrîna închise ochii şi se răsuci pe o parte.

Nevasta agronomului intră tiptil în odaie, îl luă de mînă pe Ippolit Matveevici şi-l scoase de acolo ca pe un băieţaş pe care-l duci să se spele.

– A adormit. Doctorul a spus s-o lăsăm liniştită. Dumneata, dragul meu, du-te pînă la farmacie. Uite reţeta şi interesează-te totodată cît costă o pungă pentru gheaţă.

Ippolit Matveevici i se supuse fără murmur doamnei Kuzneţova, socotind că ea e, fără îndoială, mai pricepută în astfel de treburi.

Pînă la farmacie era mult de mers. Cu reţeta strînsă în pumn ca un licean, Ippolit Matveevici ieşi grăbit în stradă.

Era aproape întuneric. În penumbră se zărea silueta pirpirie a meşterului dricar Bezenciuk, care, rezemat de o poartă de brad, mînca pîine cu ceapă. Alături şedeau ciucite cele trei „Nimfe", care, lingîndu-şi lingurile, înfulecau dintr-un ceaun de tuci caşă de hrişcă. Cînd dădură cu ochii de Ippolit Matveevici, dricarii luară poziţie de drepţi ca soldaţii. Bezenciuk strînse supărat din umeri şi, arătînd spre concurenţii săi, mormăi:

– Te împiedici de ei la tot pasul, arde-o-ar focul de treabă.

În mijlocul pieţei Staropanskaia, lîngă micul bust al poetului Jukovski[1], pe al cărui soclu era gravată inscripţia: „A lumilor zeiţă-i sacra poezie", oamenii discutau cu aprindere despre boala gravă a Klavdiei Ivanovna. Părerea generală a cetăţenilor adunaţi acolo se putea rezuma în: „toţi vom ajunge acolo" şi „Domnul a dat, Domnul a luat".

Frizerul de la „Pierre şi Constantin", care de altfel răspundea fără supărare la numele de Andrei Ivanovici, nu pierdu nici acum prilejul de a-şi arăta cunoştinţele în materie medicală, culese din revista *Ogoniok* de la Moscova.

– Ştiinţa modernă, spunea Andrei Ivanovici, a ajuns la lucruri uluitoare. Iată, de pildă, înainte, cînd unui client îi ieşea un coş pe bărbie, se ajungea de multe ori la cazuri de septicemie. Acum însă se zice – nu ştiu dacă e adevărat sau nu – că la Moscova se întrebuinţează pentru fiecare client cîte un pămătuf sterilizat.

---

[1] V.A. Jukovski (1783-1852) – remarcabil poet rus, reprezentant al romantismului conservator, autor a numeroase balade, poezii etc., traducător de valoare al multor opere din literatura antică, orientală şi occidentală.

Cetăţenii din jur oftară prelung.

– Mă Andrei, mi se pare că îndrugi braşoave...

– Unde s-a mai pomenit un pămătuf pentru fiecare? Născoceşti uneori nişte lucruri de rămîne omul trăsnit!

Prusis, fost proletar în cîmpul intelectual, iar în prezent tejghetar, se şi enervă:

– Ia stai puţin, Andrei Ivanovici. După datele ultimului recensămînt, Moscova numără peste două milioane de locuitori. Prin urmare ar fi nevoie de peste două milioane de pămătufuri? Destul de original, nimic de zis!

Discuţia se încingea şi dracu' ştie unde s-ar fi ajuns dacă la capătul străzii Osîpnaia n-ar fi apărut Ippolit Matveevici.

– Iar fuge la farmacie. Înseamnă că-i merge prost.

– Moare bătrîna. Nu degeaba aleargă Bezenciuk prin oraş de parcă nu-i în toate minţile.

– Dar doctorul ce spune?

– Ei, doctorul! Parcă cei de la policlinică sînt doctori? Şi pe un om sănătos ţi-l bagă în mormînt!

„Pierre şi Constantin“, care de mult voia să facă o comunicare de natură medicală, spuse uitîndu-se circumspect în jur:

– Acum toată puterea e în hemoglobină.

După aceste cuvinte, „Pierre şi Constantin“ amuţi.

Tăcură şi ceilalţi cetăţeni, meditînd fiecare în felul lui la puterea misterioasă a hemoglobinei.

Cînd luna răsări şi lumina ei verzuie ca menta învălui micul bust al lui Jukovski, se putu citi clar pe spinarea lui de bronz o scurtă înjurătură scrisă cu creta.

Această inscripţie apăruse pentru prima dată pe bust la 15 iunie 1897, chiar în noaptea următoare dezvelirii monumentului, şi cu toată vigilenţa reprezentanţilor poliţiei, iar mai tîrziu a miliţiei, injurioasa inscripţie era reînnoită cu regularitate în fiecare zi.

În căsuţele de lemn cu obloane la ferestre, samovarele îşi începuseră obişnuitul lor cîntec şuierat. Era ora cinci. Cetăţenii nu mai stătură să-şi piardă vremea de pomană şi se împrăştiară. Începu să bată vîntul.

Între timp, Klavdia Ivanovna îşi trăia ultimele clipe. Ba cerea de băut, ba spunea că trebuie să se scoale ca să se ducă să scoată de la reparat ghetele de sărbătoare ale lui Ippolit Matveevici, ba se plîngea că e un praf de te înăbuşi, ba cerea să se aprindă toate lămpile.

Ippolit Matveevici, care obosise de atîtea emoţii, umbla de colo-colo prin odaie. Îl apăsau tot felul de gînduri neplăcute în legătură cu ale casei. Se gîndea că va trebui să ceară bani de la Casa de Ajutor Reciproc, să alerge după popă şi să răspundă la scrisorile de condoleanţe ale rudelor. Ca să-şi mai alunge aceste gînduri, Ippolit Matveevici ieşi în cerdac. Acolo, scăldat în lumina verzuie a lunii, stătea meşterul dricar Bezenciuk.

– Ei, ce ziceţi, domnule Vorobianinov, să-l fac? întrebă meşterul apăsîndu-şi şapca pe piept.

– Ştiu eu, fă-l, răspunse ursuz Ippolit Matveevici.

– Păi, „Nimfa", arde-o-ar focul de treabă, parcă dă marfă ca lumea? se porni Bezenciuk.

– Da' mai du-te dracului! Mi s-a acrit de tine!

– Nu vă supăraţi! Voiam să întreb de ciucuri şi de brocart. Cum să-l fac? Arde-o-ar focul de treabă. Calitatea întîia, prima? Sau cum?

– Fără nici un fel de ciucuri şi brocart. Un coşciug simplu de lemn. Din brad. Ai priceput?

Bezenciuk duse un deget la buze, voind să arate prin acest gest că pricepuse tot, se răsuci pe călcîie şi clătinîndu-se plecă, bălăbănindu-şi braţul în care ţinea şapca. Abia acum băgă de seamă Ippolit Matveevici că meşterul era beat mort.

Vorobianinov se simţi din nou cuprins de un sentiment cît se poate de neplăcut. Nu putea să se închipuie venind acasă seara în locuinţa rămasă pustie şi murdară. I se părea că o dată cu moartea soacră-sii vor dispărea toate acele mici dichisuri şi tabieturi pe care cu atîtea sforţări şi le luase după revoluţia ce-i răpise dichisurile şi tabieturile în stil mare. „Să mă însor?“, se gîndi Ippolit Matveevici. „Cu cine? Cu nepoata şefului miliţiei, sau cumva cu Varvara Stepanovna, sora lui Prusis? Ori să angajez o femeie de serviciu? Nici gînd de aşa ceva! Nu mai scap de ea şi mă mai cară şi pe la procese. Apoi e şi scump!“

Dintr-o dată viaţa îşi pierdu orice farmec în ochii lui. Cu sufletul plin de revoltă şi dezgust faţă de tot şi de toate în lume, intră iar în casă.

Klavdia Ivanovna nu mai aiura. Şezînd sprijinită în perne, ea se uita lui Ippolit Matveevici cu o privire perfect lucidă şi, după cum i se păru, chiar aspră.

– Ippolit, şopti ea desluşit, vino şi şezi lîngă mine. Trebuie să-ţi vorbesc...

Ippolit Matveevici se aşeză fără nici un chef, uitîndu-se cu luare-aminte la chipul slăbit şi mustăcios al soacră-sii. Încercă să zîmbească şi să-i spună cîteva cuvinte de îmbărbătare, dar pe faţă nu-i apăru decît un rînjet, iar vorbele de îmbărbătare nu-i veniră pe buze. Din gura lui nu ieşi decît un chiţcăit stînjenit.

– Ippolit, repetă soacra, ţii minte garnitura noastră din salon?

– Care? întrebă Ippolit Matveevici, cu politeţea de care faci uz numai cînd vorbeşti cu oameni grav bolnavi.

– Aceea... tapisată cu creton englezesc...

– Aha, aceea din casa mea?

– Da, de la Stargorod...

– O ţin minte, o ţin foarte bine minte... O sofa, douăsprezece scaune şi o măsuţă rotundă cu şase picioare. Mobilă minunată, lucrată de Gambs... Dar de ce ţi-ai adus aminte de ea?

Klavdia Ivanovna nu putu însă să-i răspundă. Faţa ei începu să capete treptat o culoare albastru-verzuie ca de piatră vînătă. Ippolit Matveevici simţi şi el că, fără să ştie de ce, i se opreşte inima în loc. Îşi amintea foarte bine salonul din casa lui boierească, mobila de nuc cu picioare arcuite, aşezată simetric, podeaua frecată cu ceară, străvechiul pian cafeniu şi ramele negre, ovale de pe pereţi cu daghereotipurile reprezentînd rubedeniile cele mai importante.

În clipa aceea Klavdia Ivanovna rosti cu un glas nepăsător, parcă lipsit de viaţă:

– Într-unul dintre scaune mi-am ascuns briliantele.

Ippolit Matveevici îi aruncă bătrînei o privire cu coada ochiului.

– Ce briliante? întrebă el maşinal, şi pe dată îl străfulgeră gîndul: „Nu le-au luat atunci cînd ni s-a făcut percheziţia?"

– Am ascuns briliantele într-un scaun, repetă cu încăpăţînare bătrîna.

Ippolit Matveevici se ridică şi, uitîndu-se la faţa luminată de lampa de gaz a Klavdiei Ivanovna, care părea împietrită, îşi dădu seama că ea nu aiurează.

– Briliantele dumitale! ţipă el, speriindu-se singur de puterea glasului său. Într-un scaun! Cine te-a învăţat să faci aşa ceva? De ce nu mi le-ai dat mie?

– Păi, cum era să-ţi mai dau briliantele după ce i-ai mîncat fetei mele moşia? rosti bătrîna rece şi cu răutate.

Ippolit Matveevici se aşeză, dar se sculă de îndată iar în picioare. Inima îi zvîcnea cu zgomot, punîndu-i în mişcare sîngele în tot corpul. Simţea cum capul începe să-i vîjîie.

– Dar le-ai scos de acolo? Le ai aici?

Bătrîna clătină din cap în semn că nu.

– N-am apucat să le scot. Ţii minte că a trebuit să fugim repede, pe neaşteptate. Au rămas în scaunul care stătea între lampa de faianţă şi cămin.

– Dar asta-i curată nebunie! O, ce mult semeni cu fata dumitale! strigă Ippolit Matveevici cît îl ţinea gura.

Şi fără să se mai jeneze că se află la căpătîiul unei muribunde, dădu cu zgomot în lături un scaun şi începu să umble încoace şi încolo prin odaie. Bătrîna urmărea nepăsătoare mişcările lui Ippolit Matveevici.

– Dar poate ai măcar vreo idee unde ar putea fi acum scaunele astea? Sau poate îţi închipui că stau încă şi acum nemişcate în salonul casei mele şi te aşteaptă pe dumneata să vii să-ţi ridici comorile?

Bătrîna nu-i răspunse.

Din pricina furiei, pince-nez-ul îi căzu de pe nas funcţionarului de la oficiul stării civile şi se rostogoli pe jos, după ce o clipă arcul lui de aur sclipi în dreptul genunchilor săi.

– Ce idee! Să vîri într-un scaun briliante în valoare de şaptezeci de mii de ruble! Într-un scaun pe care nu se ştie cine şade acum!...

În clipa aceea Klavdia Ivanovna sughiţă şi se aplecă cu tot trupul spre marginea patului. Un braţ al ei, descriind în aer un semicerc, încercă să-l prindă de mînecă pe Ippolit Matveevici, dar căzu fără vlagă pe plapuma viorie.

Ţipînd de spaimă, Ippolit Matveevici alergă la vecină.

– Mi se pare că moare!

Vecina îşi făcu tacticos semnul crucii şi, fără a-şi ascunde curiozitatea, veni repede cu soţul ei, un agronom bărbos, în locuinţa lui Ippolit Matveevici. Vorobianinov însă, buimăcit, se duse în grădina publică.

În timp ce perechea de agronomi, ajutată de servitoarea lor, punea rînduială în camera răposatei, Ippolit Matveevici rătăcea prin grădină, împiedicîndu-se de bănci şi luînd drept tufişuri cuplurile de îndrăgostiţi ce stăteau nemişcaţi şi îngheţaţi în aerul rece al primăverii timpurii.

În capul lui Ippolit Matveevici domnea un adevărat haos. Îi răsunau coruri de ţigani, orchestre alcătuite din cucoane pieptoase care executau la nesfîrşit „tango-amapa“, apoi i se păru că se află iarna la Moscova într-o sanie luxoasă trasă de un trăpaş mare, corbiu, care fornăie cu dispreţ la pietoni. Dar cîte nu i se năzăreau lui Ippolit Matveevici? Ba nişte indispensabili portocalii, grozav de scumpi, ba un valet devotat, ba o eventuală călătorie la Cannes.

Ippolit Matveevici iuţi pasul şi se poticni deodată de corpul meşterului dricar Bezenciuk, care, înfăşurat în cojoc, dormea de-a curmezişul unei poteci. Din pricina izbiturii omul se trezi, strănută şi se sculă cît ai clipi din ochi.

– N-aveţi nici o grijă, domnule Vorobianinov, spuse el cu suflet, continuînd parcă o discuţie începută cu o clipă înainte. Şi la coşciug trebuie muncă, nu glumă.

– A murit Klavdia Ivanovna, îl vesti clientul.

– Ei, fie-i ţărîna uşoară, încuviinţă Bezenciuk. S-a săvîrşit, care va să zică, bătrînica... Bătrînele întotdeauna „se săvîrşesc"... Sau le ia Dumnezeu sufletul, depinde de ce bătrînică e vorba. A dumneavoastră, de pildă, fiind mărunţică şi bondoacă, înseamnă că s-a săvîrşit. Cînd e vorba de una mai înaltă şi mai slabă, aceea se socoate că i-a luat Dumnezeu sufletul...

– Cum adică, se socoate? Cine socoate?

– Noi, care va să zică. Noi, meşterii dricari. Iată, dumneavoastră, de pildă, sînteţi un bărbat impunător, înalt, deşi slab. Dacă, ferească Dumnezeu, o să muriţi, o să se socoată că v-aţi sfîrşit zilele. Dacă e vorba de un om care se îndeletniceşte cu negoţul, de un membru al fostei ghildii[1] negustoreşti, acela înseamnă că şi-a încheiat socotelile cu viaţa. De unul care e mai de jos, de un portar, sau să zicem de un ţăran, se spune: „s-a cărat pe ceea lume" sau „l-a luat Aghiuţă". Cînd moare însă un grangure – un conducător de cale ferată sau vreun şef – se zice că dat ortul popii. Chiar aşa merge vorba despre ei: „Ai auzit că al nostru a dat ortul popii?!"

Zguduit de această ciudată clasificare a celor care închid pe veci ochii, Ippolit Matveevici întrebă:

– Ei, şi cînd ai să mori tu, cum vor spune meşterii dricari?

– Eu sînt un om fără însemnătate. De mine o să zică: „A crăpat Bezenciuk". Atît.

Şi adăugă sever:

– Eu nu pot să dau ortul popii şi nici „să-mi sfîrşesc zilele", căci sînt prea mic de stat... Dar cu coşciugul ce facem, domnule Vorobianinov? Chiar vreţi să fie fără ciucuri şi brocart?

---

[1] Categorii în care erau împărţiţi negustorii din Rusia înainte de Revoluţia din 1917.

Cufundat însă din nou în visurile lui feerice, Ippolit Matveevici nu răspunse nimic şi o porni înainte. Bezenciuk îl urmă, calculînd ceva pe degete şi mormăind, cum îi era felul.

Luna dispăruse de mult. Era un frig ca iarna. Băltoacele se acoperiseră din nou cu o pojghiţă de gheaţă fărîmicioasă ca napolitanele. Pe strada Tovarăşul Gubernski pe care mergeau amîndoi, vîntul se războia cu firmele. Dinspre piaţa Staropanskaia se iviră tulumbele pompierilor, la care erau înhămate nişte mîrţoage numai piele şi os. Tulumbele acestea făceau un zgomot de parcă ar fi tras cineva un oblon de prăvălie.

Lăsînd să le atîrne picioarele încălţate în cizme din pînză de azbest, pompierii, cărora le bălălăiau capetele dintr-o parte în alta, cîntau cu nişte glasuri dinadins greţoase:

„Glorie şefului nostru,
Glorie scumpului nostru tovarăş Tulumbov!...“

– Au chefuit la nunta lui Kolka, fiul şefului de pompieri, zise pe un ton nepăsător Bezenciuk şi, vîrîndu-şi mîna sub cojoc, se scărpină la piept. Şi chiar vreţi fără brocart şi fără nici o altă garnitură?

Tocmai în clipa aceea Ippolit Matveevici luase hotărîrea definitivă. „Mă duc să dau de ele, îşi zise el. După aceea vom vedea.“ Şi în visurile lui de briliant pînă şi răposata soacră-sa i se păru mai dragă decît îi fusese. Se întoarse spre Bezenciuk şi-i zise:

– Să te ia dracu'! Fă-l! Cu brocart! Cu ciucuri!...

CAPITOLUL III

CODICELE PĂCĂTOSULUI

După ce o împărtăşi pe muribunda Klavdia Ivanovna, părintele Fiodor Vostrikov de la biserica „Sfinţii Frol şi Lavr" ieşi de la Vorobianinov într-o agitaţie nemaipomenită şi tot drumul pînă acasă merse uitîndu-se distrat în stînga şi în dreapta şi zîmbind stingherit. Era atît de mult cu gîndul aiurea, încît, cînd se apropie de casă, puţin mai lipsea să nimerească sub roţile automobilului GAZ nr. 1 al Comitetului Executiv Judeţean. După ce ieşi în cele din urmă din ceaţa viorie răspîndită de această maşină infernală, părintele Vostrikov, total aiurit, o porni în ciuda cinului său bisericesc şi a vîrstei sale cam tomnatice într-un frivol semigalop.

Coana preoteasă Katerina Aleksandrovna punea masa pentru cină. În zilele cînd nu trebuia să slujească de vecernie, părintelui Fiodor îi plăcea să ia masa devreme. Acum însă, după ce-şi scoase pălăria şi anteriul călduros, vătuit, părintele se repezi în iatac şi, spre marea mirare a preotesei, se încuie acolo şi începu să cînte cu o voce surdă: „Cuvine-se cu adevărat".

Coana preoteasă se aşeză pe un scaun şi şopti speriată:

– Cine ştie ce altă năzbîtie mai pune la cale?!...

Sufletul neastîmpărat al părintelui Fiodor nu cunoştea liniştea. De altfel, n-o cunoscuse niciodată; nici atunci cînd era Fedea, elev la şcoala parohială, nici cînd fusese Fiodor Ivanîci, seminarist mustăcios. După ce trecuse de la seminar la universitate şi urmase trei ani la Facultatea de Drept, deodată, în 1915, speriat că s-ar putea să fie mobilizat, Vostrikov o apucă iar pe drumul preoţiei. Fu făcut mai întîi diacon, apoi hirotonisit preot şi numit în capitala de judeţ X. Dar mereu, de-a lungul tuturor etapelor carierei sale preoţeşti şi laice, părintele Fiodor rămăsese un om lacom de bani.

Visul părintelui Vostrikov era să aibă o fabrică de lumînări. Obsedat de viziunea unor tambure mari înfăşurate cu odgoane de ceară, părintele Fiodor născocea tot felul de planuri de pe urma înfăptuirii cărora să se poată alege cu o anume sumă în bani gheaţă necesară pentru a-şi cumpăra o făbricuţă din Samara, pe care pusese de mult ochii.

Ideile îi veneau părintelui Fiodor pe neaşteptate, şi el se punea îndată pe treabă. Într-o zi îi veni în minte să facă săpun de rufe; făcu puduri întregi, dar cu toate că săpunul avea un procent imens de grăsimi, nu făcea clăbuc şi, pe deasupra, mai costa şi de trei ori mai scump decît cel al cooperativei „Plugul şi ciocanul", aşa încît marfa a trebuit să zacă o grămadă de vreme udă în cerdac şi să putrezească acolo spre marea durere a Katerinei Aleksandrovna, pe care o podideau şi lacrimile de cîte ori trecea pe lîngă ea. În cele din urmă săpunul fu aruncat la hazna.

Mai tîrziu, citind într-o revizită de zootehnie că iepurii de casă au o carne fină ca de pui, că se înmulţesc grozav de repede şi că pot aduce unui gospodar harnic cîştiguri grase, părintele Fiodor îşi făcu rost numaidecît de şase reproducători şi, după numai două luni, căţeaua Nerka, speriată de numărul uriaş de vietăţi urecheate care umpluseră curtea şi casa, dădu bir cu fugiţii. Iar blestemaţii de burtăverde din oraşul X se arătară din cale-afară de conservatori şi cu o rară unanimitate refuzau să cumpere iepurii lui Vostrikov. Atunci, părintele Fiodor, după ce se sfătui cu preoteasa, hotărî să-şi îmbogăţească meniul cu carne de iepure, care e mai gustoasă chiar decît cea de pui. Şi au început să facă din iepuri friptură, şniţel, chiftele; iepurii erau fierţi în supă, serviţi reci la cină şi copţi în budinci. Dar asta nu rezolvă cu nimic problema. Părintele Fiodor făcu socoteala că trecînd exclusiv la consumul de carne de iepure, familia sa nu va putea totuşi mînca într-o lună mai mult de patruzeci de asemenea animale, iar ele se înmulţeau lunar cu nouăzeci de capete, număr care ameninţa să crească în fiecare lună în progresie geometrică.

Vostrikovii hotărîră atunci să deschidă o pensiune.

Părintele Fiodor se aşeză şi scrise toată seara cu creionul chimic pe nişte bucăţele de hîrtie tăiate cu grijă dintr-un caiet de aritmetică anunţuri prin care oferea mese gustoase la domiciliu, preparate exclusiv cu unt proaspăt. Anunţul începea cu cuvintele: „Ieftin şi gustos“. Preoteasa umplu cu pap un castronaş smălţuit şi seara tîrziu părintele Fiodor se duse şi lipi anunţurile pe toţi stîlpii de telegraf şi în apropierea diverselor instituţii sovietice.

Noua idee avu mare succes. Chiar din prima zi se prezentară şapte persoane, printre care Bendin, slujbaş la Comisariatul Militar, şi Kozlov, responsabilul Subsecţiei de Urbanistică, din al cărui zel fusese de curînd dărîmat unicul monument istoric al oraşului – Arcul de Triumf de pe vremea ţarinei Elizaveta[1], care, după spusele lui, stingherea circulaţia. Tuturor masa le plăcu foarte mult. A doua zi se prezentară paisprezece persoane. Părintele şi preoteasa abia mai pridideau cu jupuitul iepurilor. O săptămînă încheiată treaba merse strună şi părintele Fiodor se şi gîndea să deschidă un mic atelier de tăbăcărie fără motor, cînd iată surveni o întîmplare cu totul neprevăzută.

Cooperativa „Plugul şi ciocanul“, care fusese închisă timp de trei săptămîni pentru inventar, îşi redeschise porţile şi băieţii de prăvălie rostogoliră, gîfîind, în curtea din dos care era comună cu curtea părintelui Fiodor, un butoi cu varză stricată şi-l vărsară la hazna. Atraşi de mirosul picant, iepurii dădură năvală grămadă la hazna şi chiar a doua zi dimineaţa se abătu asupra gingaşelor

[1] Elizaveta Petrovna (1709 – 1761), împărăteasă a Rusiei, fiica lui Petru I.

rozătoare o molimă care bîntui numai trei ceasuri, dar seceră două sute patruzeci de reproducători şi nenumăraţi pui.

Năucit, părintele Fiodor se potoli timp de vreo două luni şi-şi veni în fire abia acum, cînd se întoarse de la Vorobianinov şi, spre mirarea preotesei, se încuie în iatac. Toate semnele arătau că părintele Fiodor e luminat de o idee nouă, care a pus în întregime stăpînire pe cugetul lui.

Katerina Aleksandrovna ciocăni cu degetul îndoit la uşa iatacului. Nu primi nici un răspuns, dar auzi cîntecul şi mai tare. După un minut, uşa se întredeschise şi părintele Fiodor scoase capul, arborînd o faţă ce-i strălucea de o roşeaţă feciorelnică.

– Dă-mi, maică, foarfecele, dar mai iute – spuse cu răsuflarea la gură părintele Fiodor.

– Dar cu cina ce facem?

– Nimic. Pe urmă!

Părintele Fiodor luă repede foarfecele, se încuie din nou şi se apropie de oglinda cu ramă neagră, zgîriată, ce atîrna pe perete.

Alături de oglindă spînzura o gravură veche frumos colorată: *Codicele păcătosului*. Aceasta fusese o deosebită consolare pentru părintele Fiodor după nenorocirea cu iepurii. Gravura arăta limpede cît de deşarte sînt toate cele pămînteşti. În partea de sus avea patru desene cu inscripţii slavone pline de tîlc şi aducătoare de pace sufletului: „Sem rugăciune făcea, Ham grîu semăna, Iafet puterea avea, iar Moartea toate stăpînea.“ Moartea avea o coasă şi un ceas de nisip, prevăzut cu aripi. Parcă era făcută din proteze şi piese ortopedice şi stătea cu picioarele depărtate pe nişte dealuri pustii. Înfăţişarea ei părea a spune că nenorocirea cu iepurii e un fleac.

De data aceasta părintelui Fiodor îi plăcu mai mult poza cu *Iafet puterea avea*, reprezentînd un om burduhănos cu barbă şi în veşminte bogate şezînd pe un tron, într-o mică sală.

Părintele Fiodor zîmbi şi, uitîndu-se atent în oglindă, începu să-şi taie cuvioasa-i barbă. Părul cădea pe jos, foarfecele scîrţîia, totuşi după vreo cinci minute părintele Fiodor se încredinţă că nu se pricepe deloc la tunsul bărbii. O ciuntise într-o parte şi avea acum o înfăţişare indecentă şi chiar suspectă.

După ce se mai învîrti puţin prin faţa oglinzii, părintele Fiodor se înfurie, o chemă pe nevastă-sa şi, întinzîndu-i foarfecele, îi spuse enervat:

– Ajută-mă măcar tu, maică. Nu izbutesc deloc să vin de hac părului ăstuia.

Maica preoteasă rămase înmărmurită de uimire.

– Ce-ai făcut din tine? izbuti ea să îngaime în cele din urmă.

– N-am făcut nimic. Mă tund un pic. Ajută-mă, te rog. Uite aici mi se pare că am tăiat cam strîmb.

– Doamne, exclamă preoteasa intrînd cu foarfecele în pletele părintelui Fiodor, nu cumva, Fedenka, ţi-a dat prin cap să treci la obnovlenţi[1].

Părintele Fiodor se bucură că discuţia ia această întorsătură.

– Şi de ce, maică, n-aş trece la obnovlenţi? Ce, ei nu-s oameni?

– Sigur că sînt oameni, încuviinţă preoteasa, pe un ton sarcastic, cum să nu fie: se duc la cinema, plătesc pensie alimentară...

– Ei, o să mă duc şi eu la cinema.

– Du-te, mă rog.

– Să ştii chiar că am să mă duc.

– Du-te şi ai să vezi unde ai să ajungi. Uită-te mai bine în oglindă cum arăţi.

Şi într-adevăr, din oglindă îl privea pe părintele Fiodor o mutră dezgheţată, cu ochi negri, cu o bărbuţă ciudată şi mustăţi caraghios de lungi.

Se apucară să scurteze mustăţile, ca să le aducă la proporţiile cuvenite.

Cele ce urmară o uimiră încă şi mai mult pe preoteasă. Părintele Fiodor declară că trebuie să plece în aceeaşi seară pentru nişte

---

[1] Adepţii unui curent apărut în sînul bisericii ruse după Revoluţia din Octombrie. Ei îşi propuneau să „înnoiască“ biserica şi să adapteze activitatea ei la noua situaţie politică. Propovăduiau loialitate faţă de puterea sovietică.

treburi şi o rugă pe Katerina Aleksandrovna să se ducă pînă la fratele ei, brutarul, şi să împrumute de la el pe o săptămînă paltonul lui cu guler de blană şi şapca de culoare cafenie, cu cozoroc în formă de cioc de raţă.

– Nu mă duc nicăieri! declară coana preoteasă şi începu să plîngă.

Timp de o jumătate de ceas părintele Fiodor se plimbă încoace şi-ncolo prin odaie, debitînd tot felul de aiureli şi speriindu-şi nevasta cu mutra lui schimbată. Preoteasa nu pricepu decît atît: că părintele Fiodor şi-a tuns barba fără nici un rost, că vrea să plece naiba ştie încotro cu şapca aceea caraghioasă şi că pe ea o lasă.

– Nu te las, îi tot repeta părintele Fiodor, nu te las. Peste o săptămînă sînt înapoi. Nu se poate oare ca un om să aibă şi el nişte treburi? Te-ntreb: se poate sau nu se poate?

– Nu se poate, răspunse preoteasa.

Deşi blajin în raporturile lui cu oamenii, părintele Fiodor se văzu nevoit de astă dată să bată cu pumnul în masă. Cu toate că bătuse încetişor şi neîndemînatic, căci nu mai făcuse aşa ceva niciodată, preoteasa se sperie de-a binelea şi, după ce-şi puse basmaua pe cap, dădu fuga la fratele ei să împrumute hainele civile.

Rămas singur, părintele Fiodor stătu pe gînduri cîteva clipe, apoi îşi zise: „Şi femeilor le vine greu cîteodată“ şi trase de sub pat un cufăraş îmbrăcat în tablă, din cele care se întîlnesc mai ales la ostaşii Armatei Roşii. Ele sînt căptuşite pe dinăuntru cu bucăţi vărgate de tapet, peste care se află portretul lui Budionnîi sau capacul de la cutiile de ţigări „Plaja“, pe care se văd trei femei frumoase întinse pe ţărmul presărat cu prundiş de la Batumi. Spre nemulţumirea părintelui Fiodor erau lipite şi pe cufăraşul Vostrikovilor poze, dar nu găseai printre ele nici pe Budionnîi şi nici pe frumoasele de la Batumi. Preoteasa lipise pe toată partea dinăuntru a cufărului fotografii tăiate din revista *Cronica războiului din 1914*. Vedeai şi *Cucerirea cetăţii Przemysl* şi

Distribuirea veşmintelor de iarnă gradelor inferioare pe front şi multe altele de acelaşi fel.

După ce dădu jos cărţile ce se aflau deasupra, şi anume: o colecţie a revistei *Pelerinul rus* pe anul 1903, voluminoasa *Istorie a schismei* şi broşurica *Un rus în Italia,* pe a cărei copertă se vedea Vezuviul fumegînd, părintele Fiodor băgă mîna în fundul cufărului şi scoase o pălărie veche, roasă, a nevesti-sii. Închizînd ochii din pricina mirosului de naftalină care îl izbise pe neaşteptate, părintele Fiodor desprinse din pălărie – rupîndu-i dantelele şi cusăturile – un cîrnăcior greu de pînză. Cîrnăciorul conţinea douăzeci de monede de aur a cîte zece ruble – tot ce-i mai rămăsese părintelui Fiodor de pe urma aventurilor lui comerciale.

Cu un gest maşinal îşi ridică poala anteriului şi vîrî cîrnăciorul în buzunarul pantalonilor săi vărgaţi. Apoi se apropie de scrin şi scoase dintr-o cutie de bomboane cincizeci de ruble în hîrtii de cîte trei şi cinci ruble, lăsînd acolo un rest de douăzeci de ruble.

– Pentru casă ajunge, hotărî el.

CAPITOLUL IV

MUZA CĂLĂTORIILOR ÎNDEPĂRTATE

Cu un ceas înainte de sosirea personalului de seară, părintele Fiodor stătea la coadă la casa de bilete, într-un palton scurt care abia îi trecea de genunchi, cu un coşuleţ împletit în mînă, şi se uita îngrijorat la uşa de intrare. Îi era teamă ca, în ciuda stăruinţelor lui, coana preoteasă să nu vină la gară să-l petreacă, în care caz tejghetarul Prusis, care şedea la bufet şi-l cinstea cu bere pe agentul financiar, îl va recunoaşte numaidecît. Părintele Fiodor se mai uita cu mirare şi ruşine la pantalonii săi vărgaţi pe care acum puteau să-i vadă toţi mirenii.

Urcarea în trenul care n-avea locuri numerotate se făcu cu scandalul obişnuit. Pasagerii, încovoiaţi sub povara sacilor lor uriaşi, alergau de la coada trenului spre capul lui şi de la capătul trenului spre coadă. Zăpăcit, părintele Fiodor alerga şi el împreună cu ceilalţi. Şi, ca şi toţi ceilalţi, vorbea mieros cu însoţitorii de vagoane, ca şi toţi ceilalţi se temea că la casă i se dăduse un bilet „greşit" şi abia după ce fu lăsat să intre într-un vagon, îşi recăpătă calmul obişnuit, ba chiar se înveseli.

Locomotiva fluieră strident şi trenul se puse în mişcare, purtîndu-l pe părintele Fiodor spre zări necunoscute, după nişte treburi misterioase, dar care, pare-se, promiteau cîştiguri mari.

Curios lucru e şi zona drumului de fier! Cel mai obişnuit cetăţean, pătrunzînd în ea, se simte întrucîtva agitat şi se transformă repede fie în călător, fie în primitor de colete, fie pur şi simplu într-un derbedeu fără bilet, care otrăveşte zilele şi slujba brigăzilor de conductori şi a controlorilor de pe peroane.

În clipa în care cetăţeanul intră în zona drumului de fier, pe care el – ca un diletant – o numeşte gară sau staţie, viaţa lui se schimbă cu totul. Îndată se reped la el nişte namile, cu chipuri ca al lui Ermak Timofeevici[1], purtînd şorţuri albe şi plăci nichelate în dreptul inimii, care îi iau serviabil bagajul. Din această clipă cetăţeanul nu-şi mai aparţine. El devine călător şi începe să îndeplinească toate îndatoririle de călător. Aceste îndatoriri sînt complicate, dar plăcute.

Călătorul mănîncă foarte mult. Simplii muritori nu mănîncă noaptea, pe cînd călătorul mănîncă şi noaptea. El mănîncă pui fripţi, lucru prea scump pentru punga lui, ouă tari care fac rău la stomac şi măsline. Cînd trenul trece un macaz, în plasele de bagaje zăngănesc nenumărate ceainice şi saltă pachete învelite în ziare în care se găsesc pui rămaşi fără picioarele pe care i le-au smuls din rădăcini călătorii.

Dar călătorii nu bagă de seamă toate acestea. Ei povestesc anecdote. Cu o regularitate matematică, la fiecare trei minute, tot vagonul se cutremură de rîs. Apoi se face linişte şi cu o voce catifelată cineva povesteşte altă anecdotă:

– Un evreu bătrîn trage să moară. Lîngă patul lui stau nevastă-sa, copiii. „Monea e aici?", întrebă evreul abia putînd rosti cuvintele. „Aici." „Dar mătuşa Brana a venit?" „A venit." „Dar bunica unde-i? N-o văd." „Uite-o colo în picioare." „Dar Isac?" „E şi el aici." „Dar copiii?" „Uite-i, sînt toţi aici." „Atunci cine a rămas în prăvălie?!"

În aceeaşi clipă ceainicele încep să zăngănească şi puii să se salte în plasele de bagaje, din pricina hohotelor de rîs din vagon. Dar călătorii nu dau nici o atenţie lucrului acestuia. Fiecare poartă în suflet o anecdotă preferată, care îşi aşteaptă cu nerăbdare rîndul. Împingîndu-şi vecinii cu coatele şi strigînd rugător: „Ascultaţi una

---

[1] Cuceritorul Siberiei.

pe care am auzit-o eu", un nou povestitor izbuteşte să cîştige atenţia celorlalţi şi începe:

– Un evreu vine acasă şi se culcă în pat lîngă nevastă-sa. Deodată aude ceva mişcîndu-se sub pat. Evreul bagă mîna sub pat şi întreabă: „Tu eşti, Jack?" Iar căţelul Jack îl linge pe mînă şi răspunde: „Da, eu sînt."

Călătorii se tăvălesc de rîs, noaptea întunecoasă învăluie cîmpiile, din coşul locomotivei ţîşnesc scîntei sprinţare, iar semafoarele subţiri cu ochelari verzi, luminoşi trec în goană pe lîngă tren, uitîndu-se delicat pe deasupra lui.

Curios lucru e şi zona drumului de fier! Prin toate colţurile ţării aleargă trenuri lungi şi grele de distanţă mare. Pretutindeni drumul este liber. Pretutindeni ard lumini verzi – calea este deschisă. Expresul polar se apropie de Murmansk. Huruind pe macazuri, îşi ia vînt din gara Kursk rapidul „K. 1" croindu-şi drum spre Tiflis[1]. Expresul pentru Extremul Orient ocoleşte lacul Baikal, apropiindu-se cu toată viteza de Oceanul Pacific.

Muza călătoriilor îndepărtate îl atrage pe om. Ea l-a smuls pe părintele Fiodor din liniştitu-i locaş de provincie şi-l poartă Dumnezeu ştie în ce gubernie. Pînă şi fostul mareşal al nobilimii, Ippolit Matveevici Vorobianinov, în prezent conţopist la starea civilă, are şi el sufletul tulburat şi dracu' ştie ce plănuieşte.

Oamenii cutreieră ţara. Unul pleacă să-şi găsească, la zece mii de kilometri de locul unde îşi are slujba, o logodnică fermecătoare. Altul, în goană după comori, îşi părăseşte oficiul său poştal şi telegrafic şi, ca un elev de şcoală, fuge la Aldan[2]. Iar un al treilea şade acasă, mîngîindu-şi drăgăstos hernia, şi citeşte operele contelui Salias[3] cumpărate cu cinci copeici în loc de o rublă.

A doua zi după înmormîntarea de care meşterul dricar Bezenciuk avusese amabilitatea să se ocupe, Ippolit Matveevici se duse la

---

1 Vechea denumire a oraşului Tbilisi.

2 Centrul regiunii de exploatări aurifere din fosta R.S.S. Autonomă Iakută. În 1923 au fost descoperite aici mari zăcăminte aurifere.

3 Salias de Tournemir (1810– 1908), scriitor rus, autorul unor romane istorice.

slujbă şi, îndeplinindu-şi îndatoririle, înregistră cu propria-i mînă decesul Klavdiei Ivanovna Petuhova, în vîrstă de cincizeci şi nouă de ani, casnică, fără partid, domiciliată în oraşul X, coborîtoare dintr-o familie de nobili din gubernia Stargorod. Apoi Ippolit Matveevici ceru concediul legal de două săptămîni, încasă patruzeci şi una de ruble, bani de concediu, şi după ce-şi luă rămas-bun de la colegi, plecă acasă. Pe drum trecu pe la farmacie.

Farmacistul Leopold Grigorievici, căruia cei ai casei şi prietenii îi spuneau Lipa, stătea la tejgheaua roşie, dată cu lac, înconjurat de borcane albe cu otravă şi, nervos, încerca să vîndă cumnatei şefului de pompieri „crema Ango, care face pielea albă ca laptele, împiedică înnegrirea ei la soare şi combate pistruii“. Cumnata şefului de pompieri cerea însă „pudră Rachel *ocre-pêche,* ce dă pielii un ten bronzat, egal, imposibil de obţinut pe cale naturală“. La farmacie nu se găsea însă decît crema Ango, care fereşte de negreaţă, şi lupta dintre cele două produse cosmetice atît de opuse între ele ţinu o jumătate de oră. Pînă la urmă birui totuşi Lipa, care vîndu cumnatei şefului de pompieri un ruj de buze şi un ploşniţo-opăritor – aparat construit pe principiul unui fierbător, dar sub formă de pulverizator.

– Ce-aţi dorit?

– Un preparat pentru păr.

– Pentru creşterea părului, căderea părului sau vopsitul părului?

– Care creştere! exclamă Ippolit Matveevici. Pentru văpsit.

– Pentru văpsit avem un preparat minunat: „Titanic“. L-am primit acum de la vamă. Marfă de contrabandă. Nu iese nici cu apă rece, nici cu apă caldă, nici cu clăbuc de săpun, nici cu gaz. Culoare neagră ireproşabilă. Un flacon pentru şase luni costă trei ruble douăsprezece copeici. Vi-l recomand ca unui bun cunoscut.

Ippolit Matveevici învîrti pe o parte şi pe alta de cîteva ori în mînă flaconul pătrat de „Titanic“, se uită oftînd la etichetă şi puse banii pe tejghea.

Apoi se duse acasă şi cu scîrbă începu să-şi ude părul şi mustăţile cu acest „Titanic“. Toată casa se umplu de o putoare insuportabilă.

După-amiază putoarea mai dispăru, mustățile se uscară, se încleiară și Ippolit Matveevici se chinui îndelung pînă să și le pieptene. Culoarea neagră ireproșabilă avea o nuanță cam verzuie, dar Ippolit Matveevici nu mai avea vreme să se vopsească încă o dată.

Scoase din caseta soacră-sii lista giuvaiericalelor pe care o găsise în ajun, își numără toți banii, încuie locuința, băgă cheia în buzunarul de la spate al pantalonilor, se urcă în acceleratul nr. 7 și plecă la Stargorod.

CAPITOLUL V

UN MARE MAESTRU AL COMBINAŢIILOR

La unsprezece şi jumătate venind dinspre nord-vest, din direcţia satului Cimarovka, intră în Stargorod un tînăr de vreo douăzeci şi opt de ani. În urma lui alerga un copil vagabond.

– Nene, striga acesta vesel, dă-mi zece copeici!

Tînărul scoase din buzunar un măr care se încălzise acolo şi-l dădu vagabondului, dar băiatul continuă să se ţină scai după el. Văzînd aşa, drumeţul se opri, se uită ironic la băieţaş şi-i spuse încet:

– Poate vrei să-ţi dau şi cheia de la casa unde ţin banii?

Vagabondul, care se întrecuse cu măsura, îşi dădu seama cît de absurde erau pretenţiile lui şi-l lăsă să meargă înainte.

Tînărul minţise: nu avea nici bani, nici casă unde să-i ţină şi nici cheie de la vreo uşă sau poartă. Nu avea nici măcar palton. Cînd intrase în oraş, purta un rînd de haine verzi strînse pe talie. Avea un fular vechi, de lînă, petrecut de cîteva ori în jurul grumazului său vînjos, iar în picioare nişte pantofi de lac cu partea de sus din antilopă de culoare portocalie. Dar ciorapi nu avea. Tînărul ţinea într-o mînă un astrolab.

„O, baiaderă, ta-ra-ram, ta-ra-ra!“ începu el să fredoneze apropiindu-se de piaţa unde îşi vindeau ţăranii produsele.

Aici îşi găsi îndată de lucru. Se vîrî în şirul de oameni care vindeau tot felul de obiecte, aşeză astrolabul în faţa lui şi începu să strige grav:

– Cine cumpără un astrolab? Un astrolab de vînzare! Ieftin! pentru delegaţii şi secţiile de femei – reducere!

Multă vreme această neobişnuită ofertă nu dădu loc la nici o cerere. Delegaţiile de gospodine se interesau mai mult de produsele care lipseau şi se îmbulzeau la gheretele de manufactură. Pe lîngă tînărul care oferea astrolabul trecu de vreo două ori un agent al Secţiei de Urmărire Penală din gubernia Stargorod. Dar întrucît astrolabul nu semăna deloc cu maşina de scris furată în ajun din birourile Oficiului Untului, agentul încetă să-i mai arunce tînărului priviri magnetice, şi plecă.

Către prînz astrolabul fu vîndut unui lăcătuş pe trei ruble.

– Măsoară singur, spuse tînărul întinzînd astrolabul cumpărătorului. Numai să ai ce măsura.

După ce scăpă de ingeniosul instrument, tînărul cel vesel luă masa la ospătăria „Colţişorul bunului-gust“, după care porni să viziteze oraşul. O luă pe strada Sovietskaia, ieşi în Krasnoarmeiskaia (fostă Bolşaia Puşkinskaia), traversă Kooperativnaia şi ajunse din nou pe Sovietskaia. Dar aceasta nu mai era Sovietskaia pe care trecuse la început: în oraş existau două străzi cu numele de Sovietskaia. După ce se minună de acest lucru, tînărul se pomeni pe strada Evenimentelor de pe Lena[1] (fostă Deniskovskaia). În faţa frumoasei case boiereşti cu etaj de la nr. 28, pe care se vedea firma:

U.R.S.S., R.S.F.S.R.
AZILUL NR. 2 AL PREVEDERILOR SOCIALE
CASA DE ASIGURĂRI A GUBERNIEI STARGOROD

[1] În 1912 a avut loc o grevă la exploatările aurifere de pe fluviul Lena.

tînărul se opri ca să-şi aprindă ţigara de la portarul care şedea pe o bancă mică de piatră, în dreptul porţii.

– Ia spune, nenişorule, îl întrebă tînărul după ce-şi aprinse ţigara, fete de măritat există în oraşul vostru?

Bătrînul portar nu se miră deloc de întrebare.

– Pentru unii, şi o iapă e fată de măritat, răspunse el, intrînd cu plăcere în vorbă.

– Alte întrebări nu mai am, zise repede tînărul.

Totuşi puse imediat o altă întrebare:

– O casă ca asta şi fără fete de măritat?

– După fetele de măritat de aici umblă de mult cu limba scoasă Scaraoţchi, răspunse portarul. Aici e un azil de stat: stau nişte bătrîne în pensiune completă.

– Am înţeles. Sînt din alea care s-au născut înainte de materialismul istoric?

– Cam aşa e. Mă rog, s-au născut cînd s-au născut...

– Dar ce a fost în casa asta înainte de materialismul istoric?

– Cînd adicătelea?

– Apăi, sub vechea stăpînire.

– A, sub vechea stăpînire? Păi, atunci a stat aici boierul meu.

– Era burjui?

– Burjui eşti tu! Îţi spun că era mareşal al nobilimii[1].

– Proletar, prin urmare?

– Proletar eşti tu! N-auzi? Mareşal!

Convorbirea cu hîtrul portar, care nu se prea descurca în structura de clasă a societăţii, ar mai fi durat cine ştie cîtă vreme, dacă tînărul n-ar fi trecut cu hotărîre la lucruri mai importante:

– Uite ce e, nenişorule, îi spuse el, ce-ai zice de un păhărel de vin?

– Mă rog, dacă faci cinste...

Se făcură nevăzuţi amîndoi pentru un ceas, iar cînd se întoarseră, portarul devenise prieten la toartă cu tînărul.

---

[1] În Rusia ţaristă, reprezentantul ales al păturii nobilimii, care ocupa în gubernie sau judeţ primul loc după guvernator.

– Aşa că rămîn la tine peste noapte, îi spuse noul prieten.

– Poţi să stai şi o viaţă întreagă, dacă eşti om cumsecade.

După ce-şi atinse atît de repede ţelul, oaspetele coborî voios în odaia portarului, îşi scoase pantofii portocalii şi se întinse pe laviţă chibzuind la planul de acţiune pe a doua zi.

Pe tînăr îl chema Ostap Bender. Din biografia lui el dădea de obicei un singur amănunt: „Tatăl meu, spunea el, a fost supus turc." Fiul supusului turc schimbase în viaţa lui multe meserii. Firea lui neastîmpărată, care-l împiedica să se consacre vreunei activităţi precise, îl azvîrlea mereu prin alte colţuri ale ţării şi acum îl adusese la Stargorod fără ciorapi, fără cheie, fără casă şi fără bani.

Stînd culcat în odaia portarului, unde era atît de cald, încît mirosea urît, Ostap Bender îşi completă în gînd cele două proiecte ale sale de viitor, între care cumpănea.

S-ar putea face poligam şi să se mute liniştit dintr-un oraş în altul, cărînd cu el mereu altă valiză cu lucruri de preţ luate de la nevasta ultimă la rînd.

Sau ar putea să se ducă chiar mîine la Comisia pentru Probleme ale Copiilor din Stargorod şi să-şi ofere serviciile pentru difuzarea tabloului încă nepictat, dar de o concepţie genială: *Bolşevicii îi scriu o scrisoare lui Chamberlain* după cunoscutul tablou al pictorului Repin: *Cazacii din Zaporojie îi scriu o scrisoare sultanului*. În caz de reuşită, proiectul acesta i-ar fi putut aduce vreo patru sute de ruble.

Ambele proiecte, Ostap le concepuse în timpul ultimei sale şederi la Moscova. Primul, cel cu poligamia, se născuse în capul lui sub influenţa unei cronici judiciare citite într-un ziar de seară, unde scria clar că un tip acuzat de poligamie fusese condamnat numai la doi ani şi nu la temniţă grea. Proiectul nr. 2 încolţise în mintea lui Bender cînd cu un bilet de favoare vizitase expoziţia Asociaţiei Artiştilor Plastici din Rusia revoluţionară.

Dar ambele proiecte aveau anumite părţi vulnerabile. Era cu neputinţă să-ţi începi cariera de poligam fără un excelent costum gri cu picăţele. În afară de asta, trebuia să ai măcar zece ruble pentru cheltuielile de reprezentare şi cucerire. Desigur că s-ar fi putut căsători şi în costumul verde de campanie, căci în faţa vigorii bărbăteşti şi a frumuseţii lui n-ar fi putut în ruptul capului rezista nici una dintre Margaretele provinciale candidate la măritiş, dar aceasta ar fi fost, cum spunea Ostap, „treabă de mîntuială, nu lucru de soi". Cît priveşte tabloul, iarăşi era ceva care nu mergea: se putea izbi de dificultăţi pur tehnice. Ar fi oare recomandabil să-l prezinte pe tovarăşul Kalinin cu căciulă căzăcească şi pelerină albă, iar pe tovarăşul Cicerin[1] gol pînă la brîu? E drept că la o adică ar putea picta toate personajele în costume obişnuite, dar n-ar mai fi acelaşi lucru.

– N-ar mai avea acelaşi efect! rosti Ostap cu glas tare.

În clipa aceea băgă de seamă că portarul stă şi îi povesteşte ceva cu aprindere. Îşi depăna amintirile despre fostul proprietar al casei:

– Şeful poliţiei stătea smirnă în faţa lui... Veneai, să zicem, ca s-o luăm aşa, de Anul Nou să-l firitiseşti – te atingea cu trei ruble... De Paşti, să zicem, ca s-o luăm aşa – încă trei ruble. Apoi, să zicem, de ziua numelui dumnealor, veneai iar să-l firitiseşti... Şi uite-aşa, numai din urări adunai vreo cincisprezece ruble pe an... Mi-a făgăduit chiar să mă propună şi pentru decorare. „Eu, zicea, vreau ca portarul meu să poarte medalie." Ba mi-a şi spus chiar: „Tu, Tihon, poţi să te socoteşti de pe acum că ai medalia..."

– Ei, şi ţi-au dat-o?

– Stai, nu te pripi... „Eu, zicea, n-am trebuinţă de portar fără medalie." Şi a plecat la Sankt-Petersburg după medalie. Întîia oară, trebuie să mărturisesc, n-a izbutit. Domnii foncţioneri n-au vrut. „Ţarul, mi-a zis el, e plecat în străinătate şi acuma nu se poate." Şi mi-a poruncit dumnealui, boierul, să aştept! „Aşteaptă, Tihon, mi-a zis, că nu rămîi tu fără medalie..."

– Şi ce s-a întîmplat cu boierul tău? L-au căsăpit? întrebă deodată Ostap.

---

[1] Pe atunci comisar al poporului la Afacerile Externe.

– Nu l-a căsăpit nimeni. A plecat singur. Ce, era să şadă aici cu soldăţoii?... Dar ia zi: acum se mai dau medalii pentru slujba de portar?

– Se dau. Pot să-ţi fac eu rost de una, dacă vrei.

Portarul se uită cu respect la Bender.

– Nu pot să rămîn fără medalie. Aşa mi-i slujba.

– Şi unde a plecat boierul tău?

– Da' cine ştie? Lumea zicea că a plecat la Paris.

– Aha!... Albă floare d-emigrare... Prin urmare-i emigrant?

– Emigrant eşti tu!... Lumea zice că a plecat la Paris. Iar casa au luat-o pentru bătrîne... La astea poţi să vii cu urări şi în fiecare zi, că tot n-o să-ţi dea nici măcar zece copeici... Eh! Ce boier a fost al meu!...

Tocmai în clipa aceea soneria ruginită de deasupra uşii începu să zbîrnîie. Icnind şi împleticindu-se, portarul se duse la uşă, o deschise şi, uluit, făcu cîţiva paşi înapoi.

Pe treapta de sus stătea Ippolit Matveevici Vorobianinov, cu mustăţile şi părul negru ca pana corbului. Îndărătul pince-nez-ului ochii îi străluceau cu o strălucire antebelică.

– Boierule! mugi cu foc Tihon. De la Paris!

Speriat că în odaia portarului se află un străin, ale cărui tălpi goale, violete, abia acum le zărise de după marginea mesei, Ippolit Matveevici se fîstîci şi vru s-o şteargă, dar Ostap Bender se ridică repede în picioare şi se înclină adînc în faţa lui.

– Cu toate că la noi nu e ca la Paris, vă rugăm să binevoiţi totuşi a intra în bordeiul nostru.

– Bună ziua, Tihon, fu nevoit să spună Ippolit Matveevici. Nu vin defel de la Paris. Cine ţi-a mai băgat în cap una ca asta?

Dar Ostap Bender, care simţise cu nasul lui lung şi nobil că are de-a face cu un vînat gras, nu-l lăsă pe portar să scoată nici o vorbă.

– Perfect, spuse Ostap, făcînd cu ochiul, n-ai venit de la Paris. Ai venit desigur din... Kologriv să-i faci o vizită răposatei dumitale bunici.

În timp ce rostea aceste cuvinte, el îl cuprinse gingaş cu braţele pe portarul buimac şi-l scoase pe uşă afară, înainte ca acesta să-şi poată da seama ce s-a întîmplat; iar cînd îşi reveni, Tihon nu putu să priceapă decît că boierul a venit de la Paris, că el a fost dat afară din odaia lui şi că are în palma stîngă o hîrtie de o rublă.

După ce închise cu grijă uşa în urma portarului, Bender se întoarse spre Vorobianinov, care mai stătea încă în mijlocul camerei, şi-i spuse:

– Fii liniştit, totul e în ordine. Numele meu e Bender. Ai auzit poate de mine?

– N-am auzit, răspunse nervos Ippolit Matveevici.

– Păi, sigur, de unde să fi auzit la Paris numele de Ostap Bender? Cum e vremea la Paris? E cald? Frumos oraş! Am acolo o verişoară măritată. Mi-a trimis de curînd un fular de mătase într-o recomandată...

– Ce-s aiurelile astea?! exclamă Ippolit Matveevici. Care fular? Eu nu vin de la Paris, ci din...

– Admirabil, admirabil! Din... Morşansk.

Ippolit Matveevici nu avusese încă niciodată de-a face cu un tînăr care să aibă atîta temperament ca Bender şi se simţi prost.

– Eu mă duc, spuse el.

– Unde te duci? N-ai de ce să te grăbeşti. Vine G.P.U.[1]-ul şi singur după dumneata.

Ippolit Matveevici nu găsi ce să răspundă, îşi descheie paltonul cu guler ros, de catifea, şi se aşeză pe laviţă, uitîndu-se chiorîş la Bender.

– Nu înţeleg ce vrei să spui, rosti el cu glas scăzut de teamă.

– Asta nu-i grav. Acuşi o să înţelegi. O clipă.

Ostap îşi vîrî picioarele goale în pantofii portocalii, făcu cîţiva paşi prin odaie şi începu:

---

[1] Direcţia Generală Politică – securitatea statului în perioada dintre desfiinţarea Cekăi, 1922, şi constituirea Comisariatului Poporului pentru Afacerile Interne, 1934.

– Ce graniță ai trecut? Poloneză? Finlandeză? Română? Trebuie să fie o distracție cam scumpă. Un cunoscut de-al meu a trecut nu de mult granița. El locuiește la Slavut, pe teritoriul nostru, iar părinții nevesti-sii – în partea cealaltă. S-a certat cu nevastă-sa, așa cum se întîmplă, dar ea e născută dintr-un neam de oameni supărăcioși, l-a scuipat între ochi și a fugit peste graniță la părinți. Cunoscutul meu a stat singur vreo trei zile și a văzut că-i de rău: mîncare – ioc, în casă – murdar. Și a hotărît să se împace. A ieșit într-o noapte și a încercat să treacă granița ca să se ducă la socru-său. Dar l-au prins grănicerii și i-au făcut acte de trimitere în judecată. A fost condamnat la șase luni și apoi exclus din sindicat. Acum am auzit că nevastă-sa a venit înapoi, proasta de ea! El stă la pușcărie și ea îi aduce pachete... Dumneata tot peste granița poloneză ai trecut?

– Pe cuvînt de onoare, îi răspunse Ippolit Matveevici, simțindu-se pe neașteptate dependent de tînărul limbut, care i se pusese în calea spre briliante, pe cuvînt de onoare că sînt cetățean al R.S.F.S.R. La urma urmei pot să-ți arăt și buletinul de identitate...

– Cu progresul pe care l-a făcut arta imprimeriei, să tipărești în Occident un buletin de identitate sovietic este astăzi așa un fleac, încît e și caraghios să mai vorbești de asta... Un cunoscut de-al meu a izbutit să tipărească pînă și dolari. Și dumneata știi cît e de greu să falsifici dolari americani? Hîrtia are în ea tot felul de vinișoare de diferite culori. Trebuie să cunoști la perfecție tehnica. El îi plasa foarte bine la bursa neagră din Moscova; mai tîrziu s-a aflat că bunicul său, un cunoscut traficant de valută, îi cumpăra la Kiev și s-a ruinat complet fiindcă dolarii erau totuși falși. Așa că și dumneata s-ar putea să dai greș cu buletinul dumitale de identitate.

Ippolit Matveevici, enervat că în loc să se apuce să caute de zor briliantele stă în camera aceasta împuțită și ascultă flecărelile unui tînăr obraznic despre afacerile necinstite ale cunoscuților lui, nu se putea hotărî totuși să plece. Îl speria îndeosebi gîndul că tînărul necunoscut o să răspîndească în tot orașul vestea că a sosit fostul mareşal al nobilimii. Şi atunci tot planul lui va intra la apă, ba s-ar putea să-l bage şi la puşcărie.

– Te rog, totuşi, să nu spui nimănui că m-ai văzut, zise pe un ton rugător Ippolit Matveevici. S-ar putea ca unii chiar să creadă că sînt emigrant.

– Da! Da! Asta e ultrageniall! În primul rînd la activ: un emigrant reîntors în oraşul natal. La pasiv: teama de a nu fi luat la G.P.U.

– Doar ţi-am spus de o mie de ori că nu sînt emigrant.

– Dar ce eşti? Pentru ce ai venit aici?

– Am venit din oraşul X pentru nişte treburi.

– Ce fel de treburi?

– Treburi personale.

– Şi mai susţii că nu eşti emigrant?... Şi un cunoscut de-al meu a venit...

Adus la disperare de poveştile lui Bender despre diverşii lui cunoscuţi şi văzînd că pe acesta nu-l poţi scoate din ale lui, Ippolit Matveevici se supuse sorţii.

– Bine, zise el, o să-ţi explic totul.

„În definitiv, fără un ajutor e greu s-o scoţi la capăt, se gîndi Ippolit Matveevici. Iar tipul ăsta pare să fie un mare escroc. Unul ca el poate fi folositor."

CAPITOLUL VI

REFLEXELE BRILIANTELOR

Ippolit Matveevici îşi scoase de pe cap pălăria pătată din fetru gros, îşi pieptănă mustăţile din care la atingerea pieptenului ţîşniră scîntei, un nor întreg de scîntei electrice, şi, după ce tuşi ca să-şi dreagă glasul, îi povesti lui Ostap Bender – primul aventurier întîlnit în cale – tot ce ştia despre briliante din ceea ce îi spusese soacră-sa pe patul de moarte.

În timpul povestirii, Ostap sărise de cîteva ori în picioare şi, adresîndu-se sobei de tuci, strigase cu entuziasm:

– S-a spart gheaţa, domnilor juraţi! S-a spart gheaţa!

Iar peste o oră şedeau amîndoi la o măsuţă şubredă, cu capetele rezemate unul de celălalt, şi citeau lista lungă a bijuteriilor care împodobiseră cîndva degetele, gîtul, urechile, pieptul şi părul răposatei soacre.

Îndreptîndu-şi mereu pince-nez-ul care îi juca pe nas, Ippolit Matveevici glăsuia răspicat:

– Trei şiraguri de perle... Îmi aduc bine aminte. Două de cîte patruzeci de perle şi unul mare de o sută zece. Un colier de briliante... Klavdia Ivanovna spunea că valorează patru mii de ruble, lucrătură veche...

Urmau apoi inelele: nu verighete groase, caraghioase şi ieftine, ci inele subţiri, uşoare, în care erau montate briliante străvezii, cu o şlefuitură minunată; cercei grei, de o strălucire orbitoare, care aruncă pe urechea mică de femeie raze multicolore; brăţări în formă de şarpe cu solzii de smaragd; o broşă pe care se cheltuise recolta de pe cinci sute de deseatine; un colier de perle cum numai o primadonă celebră de la operă putea să aibă; şi ca o încununare a tuturor acestora – o diademă în valoare de patruzeci de mii de ruble.

Ippolit Matveevici se uită în jur. Prin ungherele întunecoase ale mizerei odăiţe a portarului scăpărau şi tremurau licăriri primăvăratice de smaragd. Reflexele briliantelor se aşterneau pe tavan. Perlele se rostogoleau pe masă şi cădeau pe podea. Mirajul bijuteriilor zguduia încăperea.

Ippolit Matveevici, care era nespus de emoţionat, îşi veni în fire abia cînd auzi glasul lui Ostap:

– Frumuşică garnitură. Pe cît îmi dau seama, pietrele au fost alese cu gust. Cît a costat toată povestea asta?

– Vreo şaptezeci – şaptezeci şi cinci de mii de ruble.

– M-da... Prin urmare, azi ar face vreo sută cincizeci de mii.

– Chiar aşa de mult? întrebă Vorobianinov cuprins de bucurie.

– Cel puţin! Numai că, scumpe tovarăşe de la Paris, fă ceva pe toate astea.

– Cum să fac?

– Ei na, cum? răspunse Ostap. Cum se făcea înainte de epoca materialismului istoric. Nu ne alegem cu nimic.

– Cum adică?

– Uite cum. Cîte scaune erau?

– Douăsprezece! Garnitura din salon.

– Ei, probabil că garnitura dumitale din salon a ars demult prin cine ştie ce sobe.

Vorobianinov se sperie atît de tare, încît sări în picioare.

– Calm, calm. Acum mă ocup eu de treaba asta. Şedinţa continuă. Dar fiindcă veni vorba, ar trebui să încheiem un mic contract.

Ippolit Matveevici, nemaiputînd nici să vorbească, încuviinţă din cap. Atunci Ostap Bender începu să stabilească condiţiile.

– În cazul cînd izbutim să vindem comoara, eu, ca asociat şi conducător al afacerii, voi primi şaizeci la sută. Nu-i nevoie să plăteşti pentru mine cota de asigurări sociale. Asta mi-e indiferent.

Ippolit Matveevici se făcu pămîntiu la faţă.

– Asta-i tîlhărie curată!

– Dar dumneata cît aveai de gînd să-mi oferi?

– Mă rog, cinci la sută, hai să zicem zece. Îţi dai doar seama că asta înseamnă cincisprezece mii de ruble!

– Nu ţi-e frică că sărăceşti?

– N-nu.

– N-ai vrea cumva să lucrez de pomană şi să-ţi mai dau şi cheia de la casa unde ţin banii?

– În cazul acesta te rog să mă ierţi, spuse Vorobianinov vorbind pe nas. Am toate motivele să cred că pot duce şi singur afacerea la bun sfîrşit.

– Aha! În cazul acesta te rog şi eu să mă ierţi, îi replică Ostap cu un aer maiestuos. Am tot atîtea motive să presupun, cum zicea Andy Tacker, că şi eu pot duce singur afacerea la bun sfîrşit.

– Escrocule! ţipă Ippolit Matveevici, căruia începuse să-i tremure carnea pe el.

Imperturbabil, Ostap îi răspunse:

– Ascultă, domnule de la Paris, ştii oare că briliantele sînt ca şi la mine în buzunar? Iar dumneata nu mă interesezi decît fiindcă vreau să-ţi asigur bătrîneţile...

Abia acum îşi dădu seama Ippolit Matveevici ce mînă de fier i se înfipsese în beregată.

– Douăzeci la sută, declară el încruntat.

– Cu mîncarea mea? întrebă ironic Ostap.

– Douăzeci şi cinci!

– Şi cheia de la casă n-o vrei?

– Păi, asta înseamnă treizeci şi şapte de mii cinci sute de ruble!

– Pentru ce mă socoteşti aşa la centimă? Ei hai, fie, cincizeci la sută, juma-juma.

Tocmeala continua. Ostap mai lăsă din preţ. Din respect pentru persoana lui Vorobianinov, se învoia să lucreze cu patruzeci la sută.

– Şaizeci de mii de ruble! strigă Vorobianinov.

– Eşti un tip destul de murdar, îi spuse Bender. Îţi plac banii mai mult decît s-ar cădea.

– Şi dumitale nu-ţi plac? începu să urle Ippolit Matveevici cu un glas ca de flaut.

– Nu-mi plac.

– Atunci de ce pretinzi şaizeci de mii?

– Din principiu!

Ippolit Matveevici abia îşi mai ţinea firea.

– Ei, ce zici, s-a spart gheaţa? îi dădu zor Ostap.

Vorobianinov gîfîi şi spuse moale:

– S-a spart.

– Ei, hai să batem palma, mareşal al comanşilor[1]! S-a spart gheaţa! S-a spart gheaţa, domnilor juraţi!

După ce Ippolit Matveevici, supărat de porecla „mareşal al comanşilor", ceru să i se prezinte scuze şi Ostap, rostind un discurs în acest sens, îl numi feldmareşal, trecură la întocmirea planului de bătaie.

Pe la miezul nopţii, ţinîndu-se de toate gardurile din cale şi oprindu-se îndelung să îmbrăţişeze stîlpii, portarul Tihon venea abia tîrîndu-se spre subsolul său. Spre ghinionul lui, era lună nouă.

– Aha! Iată-l pe proletarul de pe tărîm intelectual! Activistul măturii! exclamă Ostap, văzîndu-l pe portar, care abia îşi mai ducea picioarele.

Portarul scoase un muget gros şi burzuluit, aşa cum brusc cîteodată, în liniştea nopţii, scoate un mîrîit grăbit şi nervos un robinet.

---

[1] Trib indian din America de Nord (statul Texas), cunoscut din ciclul de romane al scriitorului Fenimore Cooper.

– Fantasmagorie! exclamă Ostap, adresîndu-se lui Ippolit Matveevici. Ştii că portarul dumitale e totuşi un mare nătăfleţ. Cum poţi să te îmbeţi în aşa hal cu o rublă?

– P-poţi, spuse pe neaşteptate portarul.

– Ascultă, Tihon, începu Ippolit Matveevici, nu ştii cumva ce s-a întîmplat cu mobila mea?

Ostap îl sprijinea cu grijă pe Tihon, pentru ca acesta să poată scoate mai uşor vorbele din gura lui larg deschisă. Ippolit Matveevici era numai urechi. Dar din gura portarului, în care dinţii nu crescuseră la rînd, ci pe sărite, din doi în doi, izbucni un ţipăt asurzitor:

– Au fo-o-ost şi zile vee-se-e-lee...

Toată odaia se umplu de zăngănit şi vuiet. Portarul interpreta cu deosebit zel cîntecul, nelăsînd să-i scape nici un cuvînt. Urla, umblînd prin odaie, ba vîrîndu-se inconştient sub masă, ba ciocnindu-se cu cozorocul şepcii de greutatea cilindrică de aramă a pendulei din perete, ba lăsîndu-se în genunchi. Era grozav de vesel. Ippolit Matveevici, dimpotrivă – complet buimăcit.

– Va trebui să amînăm audierea martorilor pe mîine, zise Ostap. Hai să ne culcăm.

Portarul, care în somn era greu ca un garderob, fu culcat pe bancă.

Vorobianinov şi Ostap hotărîră să se culce amîndoi în patul portarului. Ostap purta sub haină o cămaşă cow-boy cu pătrăţele negre şi roşii. Sub ea nu mai avea nimic. În schimb, Ippolit Matveevici avea sub vesta de culoarea lunii, pe care cititorii o ştiu, încă una – de lînă, de un albastru siniliu.

– Vesta asta se cere neapărat vîndută, spuse cu invidie Bender. Mi-ar sta grozav. Vinde-mi-o.

Ippolit Matveevici se jenă să-l refuze pe noul său asociat şi participant la beneficii. Cu o mutră acră se învoi să i-o vîndă pe opt ruble, preţ plătit chiar de el.

– Banii după vînzarea comorii noastre, declară Bender, luînd de la Vorobianinov vesta caldă încă.

– Nu, aşa nu pot, spuse Ippolit Matveevici, făcîndu-se roşu la faţă. Dă-mi, te rog, vesta înapoi.

Delicateţea sufletească a lui Ostap se revoltă.

– Dar asta e meschinărie de tarabagiu! strigă el. Porneşti o afacere de o sută cincizeci de mii de ruble şi vrei să te cerţi pentru un fleac de opt carboave. Învaţă-te să trăieşti pe picior mare!

Ippolit Matveevici roşi şi mai tare, scoase un carneţel şi notă cu scrisul lui caligrafic.

25. IV. 1927
Dat tov. Bender
ruble – 8

Ostap se uită şi el în carneţel.

– Oho! Dacă-mi deschizi cont curent, ţine măcar socotelile cum trebuie. Ai făcut o rubrică de credit, fă şi una de debit. Şi nu uita să treci la debit cele şaizeci de mii de ruble pe care mi le datorezi, iar la credit – vesta. Sold în favoarea mea: cincizeci şi nouă de mii nouă sute nouăzeci şi două de ruble. Aşa se mai poate trăi.

După asta, Ostap adormi liniştit, ca un copil. Ippolit Matveevici îşi scoase mînecuţele de lînă tricotate de pe încheieturi, apoi cizmele şi, rămînînd numai în flanelă şi indispensabilii lungi, peticiţi, se băgă fornăind sub plapumă. Nu se simţea deloc în largul lui. Într-o parte, unde plapuma nu-l ajungea, îi era frig, iar în cealaltă parte îl ardea trupul tînăr, plin de idei clocotitoare, al marelui maestru întru combinaţii.

Tustrei visau.

Vorobianinov avea vise sumbre: microbi, miliţia judiciară, cămăşi tolstoiene de catifea şi pe meşterul dricar Bezenciuk, în smoching, dar nebărbierit.

Ostap vedea în somn vulcanul Fuji Yama, pe directorul Trustului Untului şi pe Taras Bulba vînzînd ilustrate cu vederi de la Dneprotroi[1].

---

[1] Şantierul hidrocentralei de pe Nipru .

Iar portarul visa că un cal fugise din grajd. Îl căutase în somn toată noaptea şi, negăsindu-l, se trezi obosit şi mahmur. Se uită îndelung mirat la oamenii care dormeau în patul lui şi, nepricepînd nimic, îşi luă mătura şi ieşi în stradă să-şi îndeplinească îndatoririle obişnuite: să adune balega de la cai şi să ţipe la pensionarele azilului.

CAPITOLUL VII

URMELE „TITANIC"-ULUI

Din obişnuinţă, Ippolit Matveevici se trezi la şapte şi jumătate, mormăi *Gut Morgen* şi se duse la chiuvetă. Se spălă cu frenezie: sufla, fornăia şi îşi scutura capul ca să-i iasă apa din urechi. Se şterse apoi cu plăcere, dar cînd luă prosopul de pe faţă, văzu că ştergarul e pătat cu culoarea neagră ca lacul cu care îi erau vopsite de alaltăieri mustăţile-i orizontale. Ippolit Matveevici simţi ca un cuţit în inimă şi se repezi să-şi ia oglinjoara din buzunar. În oglindă văzu un nas mare şi mustaţa din stînga, verde ca iarba proaspătă. Ippolit Matveevici duse repede oglinjoara în dreapta şi văzu că mustaţa din dreapta avea aceeaşi culoare dezgustătoare. Cînd îşi aplecă fruntea de parcă ar fi vrut să împungă oglinda cu coarnele, nefericitul de el văzu că negrul ca lacul mai ţinea în mijlocul frezei, dar pe margini era înconjurat de aceeaşi bordură de iarbă.

Din adîncul rărunchilor lui Ippolit Matveevici izbucni un vaiet atît de zgomotos, încît Ostap Bender deschise ochii.

– Ai înnebunit! exclamă Bender şi închise imediat la loc pleoapele lipite de somn.

– Tovarăşe Bender, şopti pe un ton rugător victima „Titanic"-ului.

După mulţi ghionţi şi multe rugăminţi, Ostap se trezi. Se uită atent la Ippolit Matveevici şi începu să rîdă cu poftă. Întorcîndu-i directorului fondator al societății spatele, principalul conducător al lucrărilor și directorul tehnic al firmei se cutremura de rîs, se sprijinea de speteaza patului, țipa: „Nu mai pot!“ și iar izbucnea în hohote.

– Asta nu-i frumos din partea dumitale, tovarășe Bender, spuse Ippolit Matveevici tremurînd de i se mișcau mustățile verzi.

Aceste cuvinte reînnoiră forțele lui Ostap, care era istovit de tot, așa că își mai prelungi rîsul lui sănătos pe vreo încă zece minute. După asta își trase răsuflarea și deveni deodată foarte serios.

– Ce te uiți la mine cu ochi atît de răi, de parcă ai fi un soldat care se uită la un păduche? Mai bine te-ai uita la dumneata.

– Bine, dar farmacistul mi-a spus că o să fie o culoare neagră ireproșabilă, care nu iese nici cu apă rece, nici cu apă caldă, nici cu săpun, nici cu gaz... Marfă de contrabandă.

– De contrabandă? Toată contrabanda asta se fabrică la Odessa, pe strada Malaia Arnautskaia. Arată-mi flaconul... Și ia uită-te aici. Ai citit ce scrie?

– Am citit.

– Și asta cu litere mici? Aici scrie clar că după ce speli părul cu apă caldă și rece, sau cu săpun și gaz, nu trebuie să-l ștergi, ci să-l lași să se usuce la soare sau lîngă primus... De ce nu l-ai uscat? Unde ai să te duci acum cu verdele ăsta ca de panoramă?

Ippolit Matveevici sta plouat. În clipa aceea intră Tihon. Cînd dădu cu ochii de boierul lui cu mustăți verzi, își făcu cruce și ceru bani să se ducă să bea ceva ca să se dreagă.

– Dă-i o rublă eroului ăstuia al muncii, propuse Ostap, dar te rog să n-o treci în contul meu. Asta-i o chestiune a dumitale personală cu un fost coleg... Stai puțin, nenișorule, nu pleca, că am o treabă cu tine.

Ostap începu să discute cu portarul despre mobilă și după cinci minute asociații știau totul. În 1919 toată mobila fusese dusă la spațiul locativ, cu excepția unui singur scaun de salon, care mai întîi rămăsese în proprietatea lui Tihon, iar apoi fusese luat de administratorul Casei nr. 2 a Prevederilor Sociale.

– Prin urmare, se află aici, în casă?

– Chiar aici.

– Dar ia spune, dragul meu, întrebă Vorobianinov cu sufletul la gură, cît timp a fost scaunul la tine, l-ai... reparat cumva?

– Nu avea nici un rost să-l repar. Lucrurile dinainte vreme erau trainice. Un scaun ca ăsta puteai să-l mai foloseşti încă treizeci de ani.

– Ei, hai, du-te dragul meu, mai ţine o rublă şi ai grijă să nu spui nimănui că am venit aici în oraş.

– Mormînt, cetăţene Vorobianinov.

După ce-l expedie pe portar şi strigă: „S-a spart gheaţa!“, Ostap Bender reveni la mustăţile lui Ippolit Matveevici.

– O să trebuiască să le vopseşti din nou. Dă-mi nişte bani să mă duc la farmacie. „Titanic“-ul dumitale nu e bun de nimic. Doar să vopseşti cîinii cu el... Ehe, ce vopsea se găsea înainte!... Un profesor de curse mi-a povestit odată o chestie senzaţională. Dumneata te-ai ocupat vreodată de curse? Nu? Păcat! O chestie mai mult decît senzaţională. Uite cum s-a întîmplat... A fost odată o figură vestită, contele Druţki. Ăsta a pierdut la curse cinci sute de bătrîne. Era un rege al pierderilor! Ei, şi cînd n-a mai avut nimic decît datorii şi se gîndea să termine cu viaţa, a venit la el un găinar care, în schimbul a cincizeci de ruble, i-a dat un sfat grozav. Contele a plecat şi s-a întors peste un an cu un trăpaş de trei ani din rasa Orlov. După asta, contele nu numai că şi-a recîştigat toţi banii, dar a mai şi ciupit pe deasupra vreo trei sute de miare. Trăpaşul lui, pe care îl chema Makler şi avea un pedigriu excelent, ieşea totdeauna primul. La derbi l-a întrecut cu o lungime întreagă pe Mac-Mahon. Surpriză uluitoare!... Dar atunci, Kurocikin (ai auzit de el?) a băgat de seamă că toţi caii din rasa Orlov încep să-şi schimbe culoarea, numai Maklev mînca-l-ar mama, nu şi-o schimbă deloc. A fost un scandal ce n-a mai pomenit Evropa! Contele a luat trei ani. Ce s-a întîmplat? S-a constat că Makler nu era din rasa Orlov, ci o corcitură vopsită, iar corciturile sînt mult mai iuţi decît Orlovii şi niciodată nu sînt lăsate să alerge în aceeaşi cursă. Ei, ce zici?... Asta vopsea! Nu ca mustăţile dumitale!...

– Dar pedigriul? Ziceai doar că avea un pedigriu excelent?

– Fals, ca şi eticheta de pe „Titanic"-ul dumitale! Hai, dă-mi gologanii să-ţi iau vopsea.

Ostap se întoarse cu o loţiune nouă.

– „Naiada"! Poate că e mai bună decît „Titanic"-ul dumitale. Scoate-ţi haina!

Începu ritualul revopsitului. Dar „fenomenala culoare castanie, care face părul moale şi pufos", amestecîndu-se cu verdele „Titanic"-ului, dădu pe neaşteptate părului şi mustăţilor lui Ippolit Matveevici toate culorile spectrului solar.

Vorobianinov, care încă nu luase nimic în gură de dimineaţă, înjura furios toate fabricile de produse cosmetice, atît pe cele de stat, cît şi pe cele clandestine de pe Malaia Arnautskaia din Odessa.

– Mustăţi ca astea cred că nu are nici măcar Aristide Briand[1], spuse voios Ostap, dar în Rusia sovietică nu-i recomandabil să trăieşti cu un astfel de păr ultraviolet. Va trebui să-l radem.

– Nu pot, răspunse îndurerat Ippolit Matveevici. E imposibil.

– De ce? Îţi sînt mustăţile scumpe ca amintire?

– Nu pot, repetă Vorobianinov plecînd capul în jos.

– Atunci n-ai decît să stai toată viaţa în camera portarului, şi o să mă duc eu să caut scaunele. Şi fiindcă veni vorba, află că primul dintre ele se găseşte chiar deasupra capetelor noastre.

– Rade-mă!

După ce găsi foarfecele, Bender reteză într-o clipă mustăţile, care căzură fără zgomot pe jos. Cînd termină cu tunsul, directorul tehnic scoase din buzunar un aparat de ras „Gilette" îngălbenit, iar din *portefeuille* o lamă şi începu să-l radă pe Ippolit Matveevici, care aproape că plîngea.

– Ultima lamă o stric pe dumneata. Să nu uiţi să mă treci la debit cu două ruble pentru ras şi tuns.

---

[1] Aristide Briand (1862– 1932), om politic francez.

Zguduit de amărăciune, Ippolit Matveevici întrebă totuşi:

– De ce atît de scump? Pretutindeni costă patruzeci de copeici!

– Pentru conspiraţie, tovarăşe feldmareşal, îi răspunse pe loc Bender.

Suferinţele pe care le îndură un om căruia i se rade capul cu o lamă sînt de neînchipuit. Ippolit Matveevici îşi dădu seama de asta chiar de la începutul operaţiei.

Dar cum toate pe lume au un sfîrşit, se isprăvi şi chinul ăsta.

– Gata. Şedinţa continuă! Spectatorii cu nervii slabi sînt rugaţi să nu se uite! Acum semeni cu Boborîkin, cunoscutul autor şi interpret de cuplete.

Ippolit Matveevici scutură de pe el şuviţele scîrboase, care pînă nu demult fuseseră un frumos păr cărunt, se spălă şi simţind cum îl ustură tot capul, se uită în oglindă pentru a suta oară în ziua aceea. Dar ceea ce văzu îi plăcu deodată. Din oglindă îl privea o mutră strîmbată de suferinţă, dar destul de tînără, de actor fără angajament.

– Ei, înainte marş, trompetele răsună, exclamă Ostap. Eu mă duc la Spaţiul Locativ sau, mai bine zis, în casa în care a fost odată Spaţiul Locativ, să caut urmele mobilei, iar dumneata te duci la babe!

– Nu pot, spuse Ippolit Matveevici. Îmi va veni foarte greu să intru în propria mea casă.

– A, da!... Impresionant! Baronul în exil! Bine. Atunci du-te dumneata la Spaţiul Locativ, iar aici mă ocup eu de ce trebuie. Locul de adunare este camera portarului. Paradă – *allez hop!*

CAPITOLUL VIII

HOŢUL CANDID

Administratorul Azilului nr. 2 al Prevederilor Sociale din Stargorod era un hoţoman timid. Toată fiinţa lui se revolta împotriva furturilor, dar nu se putea stăpîni să nu fure. Fura şi îi era ruşine. Fura mereu, îi era mereu ruşine şi de aceea obrăjorii lui bine bărbieriţi erau întotdeauna acoperiţi de o roşeaţă provenită din sfială, ruşine, stînjeneală şi jenă. Pe administrator îl chema Aleksandr Iakovlevici, iar pe soţia sa, Aleksandra Iakovlevna. El îi spunea ei Saschen, iar ea lui Alhen. De cînd lumea nu s-a pomenit hoţ mai candid ca Aleksandr Iakovlevici.

El nu era numai administrator, ci, în general, director. Cel dinainte fusese scos din muncă fiindcă se purta grosolan cu pensionarele şi fusese numit dirijor al unei orchestre simfonice. Alhen nu semăna deloc cu fostul său şef prost crescut. Pentru a folosi mai din plin ziua de muncă, el preluă conducerea azilului. Se purta cu pensionarele cît se poate de politicos şi introduse în azil reforme şi inovaţii importante.

Ostap Bender deschise uşa masivă de stejar a casei lui Vorobianinov şi intră în hol. Mirosea a caşă olecuţă arsă. Din încăperile de sus se auzea un vuiet surd, care semăna cu strigătele de „ura“ ale unui lanţ de trăgători aflat la mare distanţă. Nu era nimeni şi nici nu venea nimeni. În sus ducea o scară de stejar cu trepte odinioară lăcuite. Din ele scoteau capul numai nişte inele, vergile de aramă care fixau altădată covorul strălucind acum prin lipsă.

„Da' ştii că mareşalul comanşilor locuia într-un lux deşănţat", se gîndi Ostap în timp ce urca scara.

Chiar în prima odaie, luminoasă şi spaţioasă, şedeau în cerc vreo cincisprezece babe ninse, îmbrăcate în rochii cenuşii din cel mai ieftin doc. Cu gîturile întinse, pline de încordare, şi uitîndu-se la bărbatul cu mutră înfloritoare care stătea la mijloc în picioare, bătrînele cîntau:

„De departe vine zvon zornăitor,
De zurgălăi de troică ce-o ştim de mult de tot...
În zare se întinde omăt scînteietor
Aşijderea unui giulgiu alb de şeviot!..."

Dirijorul, într-o bluză cenuşie din acelaşi doc şi purtînd pantaloni tot de doc, bătea măsura cu ambele mîini şi învîrtindu-se pe loc, striga:

– Sopranele mai încet! Kokuşkina, mai uşor!

El îl zări pe Ostap, dar nefiind în stare să-şi oprească mîinile din mişcare, îi aruncă numai o privire chiorîşă şi continuă să dirijeze. Cu sforţări, corul scotea nişte sunete înăbuşite, parcă ar fi cîntat sub pernă:

„Ta-ta-ta, ta-ta-ta, ta-ta-ta,
To-ro-ro, tu-ru-rum, tu-ru-rum..."

– Spuneţi-mi, vă rog, unde aş putea să-l găsesc pe tovarăşul administrator? întrebă Ostap, profitînd de prima pauză.

– Dar despre ce este vorba, tovarăşe?

Ostap îi întinse dirijorului mîna şi întrebă prietenos:

– Cîntece ale diverselor naţionalităţi? Foarte interesant. Sînt inspector la Paza Contra Incendiilor.

Administratorul se ruşină.

– Da, da, spuse el fîstîcit, aţi picat tocmai la timp. Chiar mă pregăteam să fac un raport.

– Nu te mai deranja, spuse mărinimos Ostap. Scriu eu raportul. Hai deocamdată să vizităm clădirea.

Cu un gest, Alhen dădu drumul corului şi bătrînele se depărtară vesele, cu paşi mărunţi.

– Vă rog să mă urmaţi, zise administratorul.

Înainte de a trece în alte încăperi, Ostap examină cu grijă mobila din odaia unde se găsea şi în care se aflau: o masă, două bănci de grădină cu picioare de fier (dintre care una avea adînc săpat cu briceagul pe spetează numele „Kolea“) şi un armoniu roşcat.

– În camera asta nu se aprind primusuri? Există vreo sobă improvizată sau ceva de genul ăsta?

– Nu, nu. Aici activează la noi cercurile artistice: cercul coral, dramatic, de artă plastică şi muzical...

Cînd ajunse la cuvîntul „muzical“, Aleksandr Iakovlevici roşi. Mai întîi i se aprinse bărbia, apoi fruntea, pe urmă obrajii. Lui Alhen îi era grozav de ruşine – vînduse de mult toate instrumentele fanfarei. De altfel, cu plămînii lor slabi, bătrînele nu puteau oricum să scoată din ele decît un fel de schelălăit. Era şi caraghios să vezi acest morman de alămuri atît de prost folosit. Alhen îşi făcuse adevărată pomană furînd instrumentele fanfarei. Dar acum se simţea teribil de ruşinat.

Pe perete, între ferestre, atîrna o lozincă, scrisă cu litere albe pe o bucată de doc cenuşiu:

„FANFARA ESTE CALEA SPRE CREAŢIA COLECTIVĂ“

– Foarte bine, spuse Ostap. Încăperea aceasta pentru activitatea cercurilor artistice nu prezintă nici un pericol de incendiu. Să trecem mai departe.

Străbătînd în grabă camerele din faţă ale casei lui Vorobianinov, Ostap nu observă nicăieri vreun scaun de nuc cu picioare curbate, tapisat cu creton englezesc de culoare deschisă, cu floricele.

Pe pereţii de stuc care imitau marmura erau afişate dispoziţii cu privire la ordinea interioară. Ostap le citea şi din cînd în cînd întreba pe un ton energic: „Coşurile se curăţă regulat? Sobele sînt în ordine?“ Şi după ce primea răspunsuri complete, trecea mai departe.

Inspectorul de la Paza Contra Incendiilor căuta cu zel măcar un colţişor care să prezinte vreun pericol de incendiu, dar sub raportul acesta lucrurile erau în perfectă ordine. În schimb, scaunul nu-l zărea nicăieri. Ostap intră prin dormitoare. Zărindu-l, bătrînele se sculau în picioare şi-l salutau cu plecăciuni adînci. În dormitoare se aflau paturi acoperite cu pături păroase, ca blana de cîine, avînd la un capăt imprimat în ţesătură, de la fabrică, cuvîntul „Picioare“. De sub paturi ieşeau exact cu o treime în afară nişte cufăraşe, care – deoarece lui Aleksandr Iakovlevici îi plăcea să fie ordine ca la armată – erau toate aliniate perfect.

În Azilul nr. 2 totul impresiona printr-o colosală modestie: şi mobila, alcătuită exclusiv din bănci de grădină, aduse din parcul Aleksandrovski, numit acum „Subotnicele proletare“, şi lămpile de gaz, cumpărate din piaţă, şi păturile cu cuvîntul „Picioare“ care băga frica în tine. Un singur lucru în casă era făcut solid şi luxos: arcurile de la uşi.

Mecanismele de închis uşile erau pasiunea lui Aleksandr Iakovlevici. Muncise din răsputeri ca să instaleze la toate uşile, fără excepţie, arcuri de cele mai diferite sisteme şi modele. Găseai şi arcuri simple, în chip de vergea de fier, şi arcuri pneumatice cu pompe cilindrice de aramă, şi arcuri cu scripete de pe care atîrnau ghiulele cu alice. Mai erau şi arcuri atît de complicate, încît lăcătuşul Asigurărilor Sociale se uita la ele şi se mărginea să clatine mirat din cap. Toţi aceşti cilindri, toate aceste arcuri şi greutăţi aveau o forţă impresionantă. Uşile se închideau la fel de repede ca portiţele curselor de şoareci. Şi de cîte ori mecanismele de închidere erau puse în mişcare, se cutremura toată casa. Ţipînd de ţi se rupea inima, bătrînele căutau să treacă nevătămate de uşile care se năpusteau asupra lor, dar nu totdeauna izbuteau. Uşile le ajungeau din urmă şi le izbeau în spate, în timp ce de sus, cu un croncănit surd, se lăsa fulgerător greutatea, zburîndu-le pe lîngă tîmplă ca o ghiulea.

Străbătînd casa, însoţit de administrator, Bender era şi el, rînd pe rînd, salutat de uşi cu bubuituri înspăimîntătoare.

O măreţie de cetate, dar care nu ascundea nimic: scaunul nu era nicăieri. În căutarea a tot ce putea prezenta pericol de incendiu, inspectorul ajunse şi în bucătărie. Acolo, într-un cazan mare de rufe, fierbea caşa, al cărei miros marele maestru al combinaţiilor îl simţise încă din hol. Ostap strîmbă din nas şi întrebă:

– Cu ce-i făcută asta? Cu parafină?

– Cu unt curat! Zău! exclamă Alhen, roşind atît de tare, că aproape îi dădură lacrimile. Cumpărăm de la o fermă.

Îi era groaznic de ruşine.

– De altfel, asta nu prezintă pericol de incendiu, făcu Ostap.

Scaunul nu era nici în bucătărie, unde nu se afla decît un taburet, pe care şedea bucătarul, cu un şorţ şi tichie din doc.

– De ce toată îmbrăcămintea e la dumneavoastră de culoare cenuşie şi chiar şi perdelele au o culoare... de-s bune numai de şters geamurile?

Sfiosul Alhen lăsă capul şi mai jos.

– Nu ni se dau fonduri suficiente.

Îi era scîrbă de el însuşi.

Ostap se uită bănuitor la dînsul şi spuse:

– Asta n-are nici o legătură cu Paza contra Incendiilor, pe care o reprezint eu în momentul de faţă.

Alhen se sperie.

– Împotriva incendiilor, declară el, am luat toate măsurile. Avem chiar şi un stingător cu spumă „Éclair“.

După ce vîrî capul prin toate cămările, inspectorul porni fără prea mare entuziasm spre locul unde se afla stingătorul. Cilindrul roşu de tablă, deşi era singurul obiect din casă care avea legătură cu paza împotriva incendiilor, îl enervă în chip deosebit pe inspector.

– L-ai cumpărat la talcioc?

Şi fără să mai aştepte răspunsul lui Aleksandr Iakovlevici, care rămăsese trăsnit, scoase „Éclair"-ul de pe cuiul ruginit, sparse deodată capsula şi-l întoarse cu capul în jos. Dar, în locul şuvoiului de spumă, nu se auzi decît un fîsîit subţire, care amintea străvechea melodie: *Fie slăvit Domnul nostru în Sion.*

– Bineînţeles că la talcioc, zise Ostap şi agăţă la loc stingătorul, care continua să bogonisească.

Urmaţi de fîsîit, porniră mai departe.

„Unde-o fi? se gîndea Ostap. Asta începe să nu-mi mai placă." Şi se hotărî să nu părăsească palatul „docului" pînă ce nu va afla tot.

În timp ce inspectorul şi administratorul cotrobăiau prin pod, examinînd în toate amănuntele paza contra incendiilor şi cercetînd cum sînt aşezate coşurile, Azilul nr. 2 al Prevederilor Sociale din Stargorod îşi trăia viaţa lui obişnuită.

Prînzul era gata. Mirosul de caşă arsă deveni mai puternic şi acoperi toate celelalte mirosuri acre din casă. Pe coridoare se auziră foşnete. Ducînd cu ambele mîini întinse strachinile de tablă cu caşă, bătrînele ieşeau cu grijă din bucătărie şi se aşezau să mănînce la masa comună, căutînd să nu se uite la lozincile din sufragerie, compuse de Aleksandr Iakovlevici personal şi executate artistic de Aleksandra Iakovlevna. Iată cum sunau aceste lozinci:

„HRANA ESTE IZVORUL SĂNĂTĂŢII"

„UN OU CONŢINE TOT ATÎTEA GRĂSIMI CÎT 200 GR. CARNE"

„MESTECÎND CU GRIJĂ MÎNCAREA, AJUŢI SOCIETATEA"

şi

„CARNEA E VĂTĂMĂTOARE"

Toate aceste cuvinte sacrosancte trezeau în bătrîne amintiri despre dinţii care le dispăruseră încă înainte de Revoluţie, despre ouăle care dispăruseră şi ele cam tot pe atunci, despre carnea care stă mai prejos de ouă în ceea ce priveşte grăsimile şi, poate, despre societatea pe care ele, bietele, nu puteau s-o ajute mestecînd cu grijă mîncarea.

În afară de bătrîne, mai şedeau la masă Isidor Iakovlevici, Afanasi Iakovlevici, Kiril Iakovlevici, Oleg Iakovlevici şi Paşa Emilievici. Nici ca vîrstă şi nici ca sex, aceşti tineri nu corespundeau sarcinilor impuse Prevederilor Sociale, dar cei patru Iakovlevici erau fraţii mai mici ai lui Alhen, iar Paşa Emilievici era nepot de-al doilea al Aleksandrei Iakovlevna. Tinerii, dintre care cel mai în vîrstă era Paşa Emilievici, de treizeci şi doi de ani, nu socoteau ca fiind ceva anormal să-şi ducă viaţa într-un azil al Prevederilor Sociale. Trăiau acolo cu aceleaşi drepturi ca şi bătrînele: aveau şi ei paturi acoperite cu pături pe care scria jos „Picioarele“, purtau, ca şi bătrînele, haine de doc cenuşiu, dar, datorită tinereţii şi vigorii lor – se hrăneau mai bine decît pensionarele. Furau din casă tot ce nu apuca să fure Alhen. Paşa Emilievici putea să înghită pe nerăsuflate două kilograme de hamsii, ceea ce de altminteri a şi făcut odată, lăsînd tot azilul fără masă.

Bătrînele nici nu apucaseră încă să guste cum trebuie caşa, cînd Iakovlevicii şi Emilievicii îşi şi terminaseră porţiile şi, rîgîind, se sculară de la masă şi se duseră la bucătărie să caute ceva comestibil.

Masa continua. Bătrînele începură să vorbească toate deodată:

– Acuşi or să se îndoape ca nişte porci, or să se pornească pe cîntat!

– Paşa Emilievici a vîndut azi-dimineaţă scaunul de la colţul roşu. L-a dus pe scara din dos şi l-a dat unui coropcar.

– O să vedeţi că o să vină astăzi beat...

În clipa aceea, discuţia pensionarelor fu întreruptă de un smiorcăit de trompetă răguşită, care acoperi chiar şi fîsîitul ce nu mai contenea al stingătorului, şi o voce ca de bou începu:

– ...Enţie...

Bătrînele se aplecară peste străchini, fără a se întoarce spre difuzorul care stătea într-un colţ pe parchetul spălat şi îşi văzură de mîncare, sperînd că totul se va termina cu bine. Dar difuzorul continuă voios:

– Evokrrrahhh... O invenţie preţioasă. Un meşter rutier de la calea ferată Murmansk – tovarăşul Sokuţki – Samara, Oriol, Kleopatra, Ustinia, Ţariţîn, Klementi, Ifigenia, York, So-kuţ-ki...

Difuzorul trase aer în piept cu un horcăit, apoi, cu glasul unui bolnav de guturai, urmă:

– ... A inventat o semnalizare luminoasă la plugurile de zăpadă. Invenţia a fost aprobată de Doriz[1] – Daria, Onega, Raimond...

Bătrînele plecară legănîndu-se ca nişte raţe cenuşii spre camerele lor. Difuzorul, săltînd sub impulsul energiei lui proprii, continua să urle în încăperea goală:

– ...Iar acum ascultaţi strigătul din regiunea Novgorod...

Departe, departe, undeva chiar în centrul pămîntului, cineva ciupi corzile unei balalaici şi un Battistini[2] al cernoziomului începu să cînte:

„Nişte ploşniţe pe-un pisc
Îşi făceau baie de soare
Şi-au văzut deodată-n zare
Un inspector de la fisc
Şi atunci... au luat cu toate
Piciouşele-n spinare..."

Aceste strigături stîrniră pesemne în centrul pămîntului o vajnică activitate. În difuzor se auzi un vacarm înfiorător; erau parcă nişte aplauze furtunoase, parcă o intrare în fierbere a unor vulcani subpămînteni.

Între timp inspectorul, care-şi pierduse buna dispoziţie, coborî cu spatele scara de la pod şi, ajungînd din nou în bucătărie, dădu cu ochii de cinci cetăţeni care scoteau direct cu mîinile varză acră dintr-un butoi şi se îndopau cu ea pe nerăsuflate. Ronţăiau în

---

[1] Biroul Feroviar de Invenţii.

[2] Celebru bariton italian (1856-1928).

tăcere. Numai Paşa Emilievici dădea din cap pofticios şi, desprinzîndu-şi de pe mustăţi bucăţele de varză, rostea cu greutate:

– E un păcat să mănînci o varză ca asta fără votcă.

– Un nou grup de bătrînele, sau ce-i? întrebă Ostap.

– Nişte orfani, răspunse Alhen, împingîndu-l cu umărul pe inspector ca să iasă din bucătărie şi ameninţîndu-i pe la spate cu pumnul pe orfani.

– Copii din regiunea Volgăi[1]?

Alhen se fîstîci.

– Moştenirea grea a regimului ţarist?

Alhen făcu un gest de neputinţă, ca şi cum ar fi vrut să spună: „Asta-i moştenirea, n-ai ce-i face!“

– Educarea vasăzică în comun a celor două sexe după ultimele metode?

Fără să mai zăbovească o clipă, sfiosul Aleksandr Iakovlevici îl pofti pe inspectorul de la Paza contra Incendiilor să ia prînzul cu ei, cu ce-a dat Dumnezeu.

Or, în ziua aceea Dumnezeu îi dăduse la prînz lui Aleksandr Iakovlevici o sticlă de zubrovkă, nişte ciuperci marinate, făcute în casă, salată de scrumbie, borş ucrainean cu carne de calitatea întîi, pilaf de găină şi compot de mere uscate.

– Saschen, spuse Aleksandr Iakovlevici, dă-mi voie să-ţi prezint un tovarăş de la Organizaţia Gubernială de Pază contra Incendiilor.

Ostap se înclină cu multă graţie în faţa amfitrioanei şi-i trase un compliment cu dublu înţeles atît de lung, încît nici el nu fu în stare să-l ducă pînă la capăt. Saschen, o doamnă voinică, a cărei drăgălăşenie era întrucîtva umbrită de nişte favoriţi scurţi, cum se purtau pe vremea lui Nicolae I, rîse încetişor şi ciocni cu bărbaţii.

– Ridic paharul pentru propăşirea gospodăriei voastre comunale! exclamă Ostap.

---

[1] Referire la orfanii rămaşi în urma foametei care a bîntuit regiunea Volgăi după războiul civil.

Masa fu veselă şi abia la compot îşi aduse aminte Ostap de scopul vizitei sale.

– De ce, întrebă el, aveţi un inventar atît de sărăcăcios în lăptăria asta a voastră?

– Cum aşa? se nelinişti Alhen. Dar armoniul?

– Ştiu, ştiu – *vox humanum*. Dar nu-i aici nimic ca lumea pe care să şezi. Numai bănci din alea de parc, ca nişte covate.

– La colţul roşu avem un scaun, replică Alhen supărat, un scaun englezesc. Se spune că e unul rămas din mobilierul vechi.

– Aşa-a? Dar eu n-am văzut colţul vostru roşu. Cum se prezintă din punctul de vedere al pazei împotriva incendiilor? Nu cumva e ceva în neregulă pe acolo? Aş vrea să controlez.

– Poftiţi, vă rog.

Ostap îi mulţumi stăpînei casei pentru masă şi o porniră.

La colţul roşu nu se ţineau primusuri, nu existau sobe improvizate, coşurile erau în perfectă stare şi se curăţau regulat, dar, spre sincera uimire a lui Alhen, nici pomeneală de scaun. Se repeziră cu toţii să caute scaunul. Se uitară sub paturi şi sub bănci, dădură nu se ştie de ce la o parte armoniul, întrebară bătrînele, care se uitau cu teamă la Paşa Emilievici, dar scaunul nu-l găsiră. Cel care arătă un zel deosebit în căutarea lui era Paşa Emilievici. Toată lumea se potolise şi numai Paşa Emilievici mai cotrobăia încă prin odăi, se uita pe sub carafele de apă, muta dintr-un loc în altul cănile de tablă pentru ceai şi murmura:

– Unde poate să fie? Chiar astăzi era aici, l-am văzut cu ochii mei! E curat mister.

– Trist, fetelor, spuse Ostap cu un glas ca de gheaţă.

– E curat mister, repeta cu neobrăzare Paşa Emilievici.

Dar tocmai în acea clipă stingătorul cu spumă „Éclair", care cîntase tot timpul, luă un „fa" de sus, cum numai Najdanova, artistă a poporului, e în stare să-l ia, tăcu o secundă, după care, urlînd, scoase un prim şuvoi de spumă cu care stropi tavanul şi dădu jos de pe capul bucătarului tichia de doc. După acest prim şuvoi, stingătorul erupse un al doilea, de culoarea docului, care-l culcă la pămînt pe minorul Isidor Iakovlevici. Apoi „Éclair"-ul începu să funcţioneze perfect.

La locul sinistrului se repeziră Paşa Emilievici, Alhen şi toţi Iakovlevicii care scăpaseră neatinşi.

– Fain! urmă Ostap, adăugînd: Idioată invenţie!

Rămase singure cu Ostap, fără mai-marii azilului, bătrînele începură imediat cu plîngerile:

– Şi-a băgat fraţiorii în casă. Fiecare dintre ei mănîncă cît zece.

– Purceilor le dă lapte, iar nouă ne vîră pe gît caşă.

– A furat tot ce era prin casă.

– Liniştiţi-vă, fetelor, spuse Ostap, dîndu-se cu cîţiva paşi îndărăt. Pentru asta o să vină cineva de la Inspectoratul Muncii. Eu n-am primit împuternicirile necesare de la Senat.

Bătrînele însă nici nu-l ascultau.

– Iar Paşka ăsta, Melentievici, a scos astăzi scaunul ăla şi l-a vîndut. L-am văzut cu ochii mei.

– Cui l-a vîndut? strigă Ostap.

– L-a vîndut şi gata. A vrut să vîndă şi pătura mea.

Pe coridor se desfăşura o luptă înverşunată cu stingătorul. În cele din urmă geniul omenesc fu biruitor şi stingătorul, zdrobit de picioarele de fier ale lui Paşa Emilievici, îşi dădu ultima suflare vlăguită şi amuţi pe veci.

Bătrînele fură chemate să spele pe jos. Inspectorul de la Paza contra Incendiilor îşi aplecă puţin capul şi, legănîndu-şi şoldurile, se apropie de Paşa Emilievici.

– Am avut şi eu un cunoscut, spuse Ostap apăsat, care vindea mobila statului. Acum s-a făcut călugăr: şade într-o chilie la puşcărie.

– Acuzaţiile dumitale neîntemeiate mi se par ciudate, răspunse Paşa Emilievici, care răspîndea un miros pătrunzător de spumă.

– Cui ai vîndut scaunul? întrebă Ostap cu glas tăios.

Paşa Emilievici, care avea un fler supranatural, îşi dădu seama că acuşi o să fie luat la bătaie, poate chiar călcat în picioare, şi răspunse:

– Unui coropcar!

– Adresa?

– L-am văzut pentru prima dată în viaţa mea.

– Pentru prima dată în viaţa dumitale?

– Zău!

– Ţi-aş rupe gura, zise visător Ostap, dar nu mă lasă Zarathustra. Ei, du-te dracului!

Paşa Emilievici zîmbi mieros şi dădu să plece.

– Bă, avorton nenorocit, îl strigă Ostap, privindu-l de sus. Nu ridica încă ancora. Cum arată coropcarul tău: blond, brun?

Paşa Emilievici începu să i-l descrie cu toate amănuntele. Ostap îl ascultă cu luare-aminte şi îşi încheie interviul cu cuvintele:

– Fără discuţie că asta n-are nici o legătură cu Paza contra Incendiilor.

Cînd Bender se pregăti să plece, se apropie de el pe coridor sfiosul Alhen şi-i strecură un cervoneţ[1].

– Asta se încadrează în articolul 114 din Codul penal, spuse Ostap, dare de mită în exerciţiul funcţiunii.

Totuşi primi banii şi, fără să-şi ia rămas-bun, se îndreptă spre ieşire. Uşa, prevăzută cu un mecanism solid, se deschise cu greu, iar cînd se închise, îi trînti lui Ostap sub şale un ghiont care trebuie să fi cîntărit vreo tonă şi jumătate.

– Lovitura s-a produs, exclamă Ostap, frecîndu-se la locul vătămat, şedinţa continuă!

[1] Bancnotă de zece ruble, pusă în circulaţie în 1922.

CAPITOLUL IX

UNDE SÎNT PLETELE DUMITALE?

În timp ce Ostap vizita Azilul nr. 2 al Prevederilor Sociale din Stargorod, Ippolit Matveevici ieşi din odaia portarului şi o porni pe străzile oraşului natal. Chilug cum era, simţi frigul de aproape.

Pe caldarîm şerpuia apa veselă a primăverii. Picăturile ca de briliant care cădeau de pe acoperişuri produceau un zgomot continuu. Vrăbiile forfoteau în căutare de băligar. Soarele se lăfăia pe toate acoperişurile. Caii aurii tropăiau înadins cu putere pe caldarîmul pe care zăpada se topise şi, cu urechile pleoştite, ascultau bucuroşi propriul lor tropăit. Pe stîlpii de telegraf atîrnau zgribulite anunţuri ude cu literele şterse: „Predau chitară după sistemul cifrelor“ sau „Dau lecţii de ştiinţe sociale celor care se pregătesc să intre la Conservatorul Popular“. Un pluton de ostaşi roşii, cu căciuli, traversau o băltoacă, care începea lîngă un magazin al Uniunii Cooperativelor din Stargorod şi se întindea pînă la clădirea Direcţiei Guberniale a Planificării, al cărei fronton era încununat cu tigri, victorii şi cobre de ipsos.

Ippolit Matveevici mergea, uitîndu-se cu interes la trecătorii pe care-i întîlnea în cale. El, care trăise toată viaţa în Rusia, care asistase la Revoluţie, văzuse cum viaţa se sfarmă şi se transformă. Se obişnuise cu asta, dar acum vedea că se obişnuise cu asta numai într-un singur punct de pe glob, şi anume în oraşul capitală de judeţ X. Ajungînd însă în oraşul său natal, îşi dădu seama că nu pricepe nimic. Avea o senzaţie ciudată de stinghereală, ca şi cum ar fi fost într-adevăr emigrant şi ar fi sosit chiar acum de la Paris. Înainte vreme, cînd trecea prin oraş în trăsură, întîlnea veşnic cunoscuţi sau oameni pe care-i ştia din vedere. Acum, deşi străbătuse mai bine de jumătate din strada Evenimentele de pe Lena, nu întîlnise nici un cunoscut. Dispăruseră sau îmbătrînseră într-atît încît nu puteau fi recunoscuţi? Ori nu cumva deveniseră de nerecunoscut fiindcă purtau alte haine sau alte pălării? Poate îşi schimbaseră şi mersul. În orice caz, nu erau de găsit.

Ippolit Matveevici mergea palid la faţă şi stingher la suflet. Uitase cu totul că trebuie să caute Spaţiul Locativ. Trecea de pe un trotuar pe altul şi o cotea mereu pe alte străduţe lăturalnice, unde caii, care nu mai ştiau deloc de frică, chiar că tropăiau dinadins, cît puteau de tare. Pe aceste străduţe era mai multă iarnă şi pe alocuri se mai vedea gheaţă înnegrită. Tot oraşul avea altă culoare. Casele albastre deveniseră verzi, cele galbene se făcuseră cenuşii, în foişor nu se mai plimba nici un pompier, iar pe străzi zgomotul era mult mai mare decît îşi amintea Ippolit Matveevici.

Pe Bolşaia Puşkinskaia, Ippolit Matveevici fu uimit văzînd şine şi stîlpi de tramvai cu sîrme, cum nu avusese Stargorodul niciodată. Ippolit Matveevici nu citea ziarele şi nu ştia că la 1 Mai urma să se inaugureze la Stargorod două linii de tramvai: una pînă la gară şi alta pînă în piaţa unde-şi vînd ţăranii produsele. Uneori Ippolit Matveevici avea impresia că nu părăsisese nicicînd Stargorodul, alteori oraşul i se părea cu totul necunoscut.

Cu aceste gînduri ajunse el în strada Marx şi Engels. Aici avu presimţirea copilărească că, de după casa cu etaj şi cu balcon lung din colţ, va apărea acuşi un cunoscut. Ippolit Matveevici se şi opri să-l aştepte. Dar cunoscutul nu se ivi. Mai întîi răsări de după colţ un geamgiu cu o cutie de geamuri şi o bucată zdravănă de chit arămiu. În urma lui venea un tînăr ferches, care purta o şapcă de antilopă, cu cozoroc galben de piele. Apoi se iviră în fugă nişte şcolari din clasele inferioare, cu cărţile prinse în curele.

Ippolit Matveevici simţi deodată că palmele încep să-i ardă, iar în burtă îl ia cu frig. Drept spre el venea un cetăţean necunoscut, cu o figură blîndă, care ducea un scaun cum ai duce un violoncel. Ippolit Matveevici, pe care-l apucă subit sughiţul, se uită bine şi-şi recunoscu îndată scaunul.

Da! Era scaunul de la Gambs, tapisat cu creton englezesc cu floricele, dar a cărui culoare se mai închisese pesemne din pricina furtunilor revoluţionare, da, era scaunul lui din lemn de nuc, cu picioare curbate. Ippolit Matveevici se simţea ca un om lîngă urechea căruia s-a tras cu puşca.

– Ascute cuţite, foarfeci, brice! se auzi în apropiere o voce baritonală.

Şi în aceeaşi clipă un ecou de tenorino:

– Lighene, tingiri!...

– *Zvestia*[1], din Moscova, revista *Smehaci, Krasnaia Niva!...*

Undeva, sus, auzi un zgomot de geam spart. Făcînd să se cutremure tot oraşul, trecu un autocamion al Organizaţiilor de Construire a Morilor. Un miliţian fluieră. Viaţa era în plin clocot. Nu mai era timp de pierdut. Cu un salt de leopard, Ippolit Matveevici se apropie de sfidătorul necunoscut şi, fără să-i spună o vorbă, trase scaunul spre el. Necunoscutul îl trase înapoi. Atunci, Ippolit Matveevici, ţinînd cu mîna stîngă un picior al scaunului, începu cu dreapta să descleşteze cu forţa degetele groase ale necunoscutului prinse de scaun.

– Ajutor, hoţii, spuse în şoaptă omul, cramponîndu-se şi mai tare de scaun.

– Dă-mi voie, dă-mi voie, bolborosea Ippolit Matveevici, continuînd să descleşteze degetele necunoscutului.

Începu să se adune lumea. Vreo trei inşi se şi apropiaseră, urmărind cu un viu interes desfăşurarea conflictului.

---

[1] Numele deformat al ziarului *Izvestia*.

Atunci cei doi se uitară cu teamă în jur şi, fără să se privească unul pe altul, dar şi fără să lase scaunul din mîinile lor prădalnice, porniră repede înainte, ca şi cum nu s-ar fi întîmplat nimic.

„Ce-o mai fi şi asta?“ se gîndea disperat Ippolit Matveevici.

Ce gîndea necunoscutul era greu de ghicit, dar în orice caz avea un mers cît se poate de hotărît.

Mergeau tot mai repede şi, cînd deodată zăriră într-o fundătură pustie un maidan acoperit cu moloz şi materiale de construcţie, o cotiră într-acolo, ca la comandă. Aici forţele lui Ippolit Matveevici se împătriră.

– Dar dă drumul! strigă el, fără să se mai sfiască.

– A-ju-tor! exclamă necunoscutul, dar cu un glas sfîrşit.

Întrucît mîinile amîndurora erau ocupate cu scaunul, prinseră a se lovi unul pe altul cu picioarele. Necunoscutul avea blacheuri la cizme şi, la început, Ippolit Matveevici văzu cam albastru, dar se adaptă repede situaţiei şi, începînd a sări cînd la dreapta, cînd la stînga, de parcă ar fi dansat krakoveak[1]-ul, se ferea de loviturile adversarului şi căuta să-l lovească pe acesta în pîntece. Nu izbuti s-o facă, deoarece îl împiedica scaunul, în schimb îl pocni în rotula genunchiului drept, după care concurentul nu mai putu să lovească într-însul decît cu piciorul stîng.

– O, Doamne! şopti necunoscutul.

La aceste vorbe, Ippolit Matveevici îşi dădu seama că omul care-i răpise în chipul cel mai revoltător scaunul nu era altul decît Fiodor Vostrikov, preotul de la biserica „Sfinţii Frol şi Lavr“.

Ippolit Matveevici rămase năucit.

– Părinte! exclamă el, lăsînd de uimire să-i scape scaunul din mînă.

Părintele Vostrikov se făcu vînăt la faţă şi-şi descleştă în sfîrşit degetele. Scaunul, rămas fără sprijin de ambele părţi, căzu pe fărîmele de cărămizi.

---

[1] Dans popular polonez.

– Dar unde-ţi sînt mustăţile, stimate Ippolit Matveevici, întrebă Sfinţia sa pe un ton cît se poate de ironic.

– Dar pletele dumitale unde-s? Parcă aveai plete?

Din cuvintele lui Ippolit Matveevici se desprindea un dispreţ de neînchipuit. El îl măsură pe părintele Fiodor cu o privire de o nobleţe extraordinară şi, luînd scaunul la subsuoară, se întoarse şi dădu să plece. Dar părintele Fiodor, care-şi venise în fire, nu vru să-l lase pe Vorobianinov să aibă o victorie atît de uşoară. Strigînd: „Nu, te rog!", el apucă din nou scaunul. Poziţia dinainte fu restabilită. Adversarii se înfruntau ţinînd strîns, ca nişte cotoi sau boxeri, picioarele scaunului şi se învîrteau pe loc, măsurîndu-se cu privirile.

Pauza aceasta plină de încordare ţinu răstimp de un minut întreg.

– Aşadar, dumneata, Sfinţia ta, scrîşni din dinţi Ippolit Matveevici, vînezi averea mea?

Şi, spunînd aceste cuvinte, Ippolit Matveevici îi trase Sfinţiei sale un picior în coastă.

Părintele Fiodor se răsuci şi-l izbi cu furie pe mareşalul nobilimii în burtă, atît de tare, încît acesta se îndoi.

– Nu-i averea dumitale.

– Dar a cui e?

– Nu-i a dumitale.

– Dar a cui e?

– Nu-i a dumitale, nu-i a dumitale şi pace!

– Dar a cui e, a cui?

– A dumitale nu-i.

Şuierînd astfel, ei îşi trăgeau furioşi un picior după altul.

– Dar a cui e averea asta? urlă mareşalul înfigîndu-şi piciorul în pîntecele Sfinţiei sale.

Stăpînindu-şi durerea, Sfinţia sa răspunse răspicat:

– E o avere naţionalizată.

– Naţionalizată?

– Da, da, naţionalizată.

Vorbeau atît de repede, încît cuvintele li se încălecau.

– De cine naţionalizată?

– De puterea sovietică! De puterea sovietică!

– Care putere?

– Puterea oamenilor muncii.

– Aha-a-a!..., spuse Ippolit Matveevici, simţind că-i îngheaţă sîngele în vine. De puterea muncitorilor şi ţăranilor?

– Da-a-a, stimabile!

– Hm-m-m! Poate că Sfinţia ta ăi fi şi membru de partid?

– P-poate!

Ippolit Matveevici nu se putu stăpîni şi, urlînd „Poate!“, acoperi de scuipat faţa blajină a părintelui Fiodor. Acesta îi răspunse pe loc cu aceeaşi monedă. Nenorocirea era că nici nu puteau să-şi şteargă faţa, căci mîinile le erau încleştate pe scaun. Ippolit Matveevici scoase un sunet ca acela pe care-l face o uşă cînd se deschide şi îl îmbrînci cu toată puterea pe adversarul său cu scaunul. Adversarul căzu, trăgîndu-l după el pe Vorobianinov, care gîfîia. Lupta continuă „la parter“.

Deodată se auzi un trosnet şi ambele picioare din faţă ale scaunului se rupseră. Uitînd unul de altul, inamicii începură să sfărîme scheletul de nuc în care trebuia să se găsească comoara. Cu un ţipăt trist de pescăruş, se rupse şi cretonul englezesc cu floricele. Speteaza zbură într-o parte, smulsă cu un avînt puternic. Căutătorii de comori sfîşiară pînza de sac, împreună cu năsturaşii de aramă care o ţineau şi, zdrelindu-se de arcuri, îşi cufundară degetele în umplutura de lînă. Arcurile, tulburate în liniştea lor, protestau cu zbîrnîituri. În cinci minute nu mai rămăsese din scaun decît amintirea. Droturile se rostogoleau în toate părţile. Vîntul purta peste maidan cîlţii de lînă putredă. Picioarele curbate zăceau într-o groapă. Dar briliantele – nicăieri.

– Ei, le-ai găsit? întrebă Ippolit Matveevici, gîfîind.

Părintele Fiodor, acoperit din cap pînă în picioare cu ghemotoace de lînă, îşi trăgea răsuflarea şi tăcea.

– Eşti un escroc! îi strigă Ippolit Matveevici. Am să-ţi sparg măselele, părinte Doyle!

– Chişcă-mă, Eufrosino! ripostă părintele.

– Şi unde ai să te duci aşa, plin de cîlţi?

– Dar pe dumneata ce te priveşte?

– E ruşine, părinte! Eşti un hoţ ordinar!

– N-am furat nimic de la dumneata!

– Dar cum ai aflat de giuvaiericale? Te-ai slujit în folosul dumitale de taina spovedaniei! Foarte frumos! Nimic de zis!

Şi după ce-i trînti un „pfui!“ de indignare, Ippolit Matveevici părăsi maidanul şi, scuturîndu-şi în mers mînecile paltonului, porni spre casă. În colţul străzii Evenimentele de pe Lena cu fundătura Erofeevski, Vorobianinov îşi zări asociatul. Directorul tehnic şi conducătorul firmei stătea cu capul întors pe jumătate spre stradă şi cu piciorul stîng ridicat în unghi drept. Un lustragiu îi făcea cu o cremă galbenă de culoarea canarului feţele de antilopă ale pantofilor. Directorul fredona cu seninătate un „şimi“:

„Altădat-aşa jucau doar ielele,
Caprele şi tiribombonelele,
Astăzi şimi e, şi-l dansează
Toate demoazelele.“

– Ei, ce s-aude cu Spaţiul Locativ? întrebă el pe un ton serios şi adăugă pe dată: Stai puţin, nu povesti, că eşti prea emoţionat. Mai răcoreşte-te.

După ce-i dădu lustragiului şapte copeici, Bender îl luă pe Vorobianinov la braţ şi-l tîrî după el pe stradă. Ostap ascultă cu multă atenţie tot ce-i povesti Ippolit Matveevici, care încă nu-şi revenise.

– Aha! O bărbuţă neagră? Ăsta-i! Palton cu guler de astrahan? Am înţeles. E scaunul de la azil. A fost cumpărat azi-dimineaţă cu trei ruble.

– Stai că asta nu-i totul...

Şi Ippolit Matveevici îi povesti directorului societăţii toate ticăloşiile părintelui Fiodor.

Ostap se întunecă la faţă.

– Parşivă parascovenie, spuse el. *Peştera lui Leichtweis*[1]. Un concurent misterios. Trebuie să i-o luăm înainte; măselele avem tot timpul să i le sfărîmăm.

Pînă ce luară amîndoi masa la berăria „Stenka Razin" şi pînă ce Ostap se interesă unde a fost înainte Spaţiul Locativ şi ce instituţie se află acum în clădurea aceea, ziua se sfîrşi.

Caii aurii deveniră iar cafenii. Picăturile ca briliantele se răceau în zbor şi cădeau grele pe pămînt. În berării şi la restaurantul „Phoenix" berea se scumpi: se lăsa seara. Pe strada Bolşaia Puşkinskaia se aprinseră becurile electrice şi un detaşament de pionieri, în drum spre casă după prima plimbare de primăvară, trecu în răpăit de tobe.

Tigrii, victoriile şi cobrele de la Direcţia Gubernială a Planificării apăreau misterioase sub razele lunii ce se înălţa deasupra oraşului.

Îndreptîndu-se la rîndul lui spre casă, cu Ostap care amuţise deodată, Ippolit Matveevici se uită la tigrii şi cobrele de pe clădirea Direcţiei Guberniale a Planificării. Pe vremuri îşi avea acolo sediul Zemstva Gubernială şi cetăţenii se mîndreau foarte mult cu cobrele, socotindu-le un punct de atracţie al Stargorodului.

„O să le găsesc", îşi zise Ippolit Matveevici, uitîndu-se la o victorie de ghips.

Tigrii dădeau prietenos din coadă, cobrele îşi ondulau vesele trupurile şi în sufletul lui Ippolit Matveevici încolţi speranţa.

---

[1] Titlul unei cărţi de aventuri.

CAPITOLUL X

LĂCĂTUŞUL, PAPAGALUL ŞI GHICITOAREA

Casa de la nr. 7 din fundătura Pereleşinski nu era dintre cele mai bune din Stargorod. Parterul şi etajul, construite în stilul celui de-al doilea Imperiu, erau împodobite cu capete de lei ciuntite, care semănau grozav cu scriitorul Arţîbaşev[1], cunoscut la vremea sa. Erau opt capete ale lui Arţîbaşev, cîte erau şi ferestrele care dădeau în fundătură, căci fiecare gură de leu era fixată deasupra unei ferestre.

Casa mai avea două podoabe, dar cu un caracter pur comercial. Într-o parte atîrna o firmă azurie:

ARTEL DE COVRIGI
DIN ODESSA
La covrigii de Moscova

Şi, pe această firmă, era zugrăvit un tînăr cu cravată şi pantaloni scurţi franţuzeşti, care ţinea în îndoitura cotului cornul legendar al

---

[1] M. P. Arţîbaşev (1878– 1927), scriitor rus.

abundenţei, din care se revărsau în avalanşă covrigi de Moscova de culoare galben-roşiatică, ce puteau trece la nevoie şi drept covrigi de Odessa. Tînărul zîmbea dulceag. În cealaltă parte, biroul de expediţie „Bîstroupak“[1] atrăgea asupră-i atenţia mult onoratei clientele, printr-o firmă neagră cu litere rotunde de aur.

Cu toată deosebirea apreciabilă dintre cele două firme şi a valorii capitalului lor de rulment, aceste întreprinderi atît de diferite se ocupau de acelaşi lucru: făceau speculă cu manufactură de toate felurile – din lînă aspră, din lînă fină, de bumbac şi, dacă se nimerea şi mătase în culori şi cu desene frumoase, apoi şi cu mătase.

Dacă treceai de gangul în care domnea un întuneric beznă şi unde călcai în nenumărate băltoace şi coteai la stînga, în curtea înzestrată cu un puţ de ciment, puteai să vezi două uşi, fără trepte în faţă, la care ajungeai de-a dreptul de pe bolovanii ascuţiţi din curte. Pe uşa din dreapta era o tăbliţă de aramă fără luciu, purtînd săpat pe ea cu litere de mînă numele:

V. M. POLESOV

Pe uşa din stînga tăbliţa era albă şi de tablă şi pe ea scria:

CROITORIE ŞI MODE

Şi asta tot numai de ochii lumii era.

În atelierul de croitorie şi mode nu se afla nici pînză tare, nici furnituri, nici manechine din acelea fără cap, dar care se ţin ţanţoşe ca ofiţerii, nici butuci în chip de căpăţînă pentru pălării elegante de damă. Nu! În locul acestei întregi recuzite domnea nevinovat, în respectivul apartament de trei odăi, un papagal alb, cu pulpişoare ca îmbrăcate în chiloţi roşii. Pe papagal îl mîncau

[1] Prescurtare de la *Bîstraia upakovka* („Ambalaj rapid“).

puricii, dar n-avea cui să se plîngă, fiindcă nu vorbea ca oamenii... Papagalul rodea toată ziua semințe și arunca cojile pe covor, scuipîndu-le printre gratiile coliviei. Îi lipseau numai armonica și niște galoși noi cu scîrț, ca să semene cu un meseriaș afumat, dintre cei care lucrează pe cont propriu, nu la cooperativă. La ferestre fluturau niște draperii de culoare cafeniu-închis, cu ciucuri. De altfel, predominau în tot apartamentul tonurile cafeniu-închis. Deasupra pianului atîrna o reproducere după tabloul *Insula morților* de Boecklin[1], într-o ramă *fantaisie* din stejar lăcuit, de culoare verde-închis. Tabloul era cu sticlă. Un colț al sticlei se spărsese de mult și partea descoperită se murdărise atît de tare de muște, încît se contopea cu rama. Ce se petrecea în această parte a insulei morților nu se mai putea ști.

În dormitor, pe pat, ședea stăpîna casei, care, cu coatele pe o măsuță octogonală, acoperită cu o față de masă murdară brodată în stil Richelieu, dădea în cărți. În fața ei ședea văduva Grițațueva cu un șal pufos pe umeri.

– Trebuie să-ți spun dinainte, fetico, că nu iau mai puțin de cincizeci de copeici pe ședință, o preveni gazda.

Văduva, a cărei dorință de a-și găsi un nou soț nu mai cunoștea margini, se învoi să plătească prețul stabilit.

– Te rog numai să-mi ghicești și viitorul, se rugă ea pe un ton plîngăreț.

– Pe dumneata trebuie să te pun de ghindă.

Văduva obiectă:

– Eu am fost totdeauna de roșu.

Ghicitoarea consimți nepăsătoare și începu să dea în cărți. După cîteva minute îi și desemna văduvei soarta în linii mari. O așteptau mai multe neplăceri, unele așa, altele mai așa, și-i cădea la așternut popa de ghindă, care se avea bine cu dama de tobă.

---

[1] Arnold Boeklin (1827– 1901), celebru pictor elvețian simbolist.

Apoi se trecu la ghicitul în palmă. Liniile din palma văduvei Griţaţueva erau netede, viguroase şi fără cusur. Linia vieţii era atît de lungă, încît capătul ei trecea dincolo de puls şi dacă nu minţea, arăta că văduva va trăi pînă la Judecata de Apoi. Linia inteligenţei şi a artelor îndrituia să se spere că văduva va părăsi comerţul de coloniale şi va dărui omenirii capodopere neîntrecute pe fel de fel de tărîmuri ale artei, ştiinţei şi sociologiei. Munţii Venerei semănau cu colinele manciuriene şi arătau că văduva poseda rezerve miraculoase de tandreţe şi dragoste.

Ghicitoarea îi explică toate acestea văduvei, folosind cuvintele şi termenii din limbajul grafologilor, chiromanţilor şi geambaşilor.

– Îţi mulţumesc, dragă *madame,* zise văduva. Ştiu deja cine-i popa de ghindă. Şi o cunosc şi pe dama de tobă foarte bine. Dar popa are gînduri serioase?

– Serioase, fetico.

Plină de speranţe, văduva plecă acasă, iar ghicitoarea zvîrli cărţile într-un sertar, căscă fără să-şi ducă mîna spre a-şi acoperi gura de femeie de cincizeci de ani şi se duse la bucătărie. Acolo potrivi de gust mîncarea ce se încălzea pe o lampă de gaz „Greţ", îşi şterse mîinile de şorţ aşa cum fac bucătăresele, luă găleata cu smalţul sărit prin cîteva locuri şi ieşi în curte după apă.

Străbătu curtea, călcînd greu pe tălpile-i plate. Sînii ei, pe jumătate căzuţi, abia săltau sub bluza revopsită. Pe cap îi atîrna un smoc de păr care începuse să încărunţească. Era bătrînă, cam murdară, se uita bănuitor la toată lumea şi murea după dulciuri. Dacă Ippolit Matveevici ar fi văzut-o, n-ar fi zis niciodată că ea e Elena Bour, vechea lui iubită, despre care grefierul tribunalului declarase odinioară în versuri că „e atît de diafană, încît s-o săruţi mereu te-ndeamnă". La fîntînă doamna Bour fu salutată de vecinul ei, Viktor Mihailovici Polesov, lăcătuş intelectual, care-şi lua apa într-un bidon de benzină. Polesov avea faţa unui diavol de operă, care a fost bine mînjit cu funingine înainte de a i se da drumul pe scenă.

După saluturile de rigoare, vecinii începură să vorbească de problema care preocupa tot Stargorodul.

– Bine am ajuns, spuse ironic Polesov. Am alergat ieri prin tot orașul și n-am putut găsi filiere de trei optimi de țol. Nici urmă! Dar tramvai au de gînd să pună.

Elena Stanislavovna, care știa despre filierele de trei optimi de țol tot atîta cît știe despre agricultură o elevă de la școala de coregrafie „Leonardo da Vinci“, care își închipuie că brînza de vaci se obține din colțunași, clătină din cap cu înțelegere:

– Parcă mai sînt magazine acum?! Azi ai numai cozi, dar magazine, nici de sămînță. Și ce nume îngrozitoare au – Starcoop[1]!...

– Zău, Elena Stanislavovna, dacă mai pricep ce e asta! Le-au rămas patru motoare, fabricate de Compania Generală de Electricitate[2]. Ei, astea or să mai meargă cum or să meargă, cu toate că vagoanele sînt curat fiare vechi!... Geamurile nici n-au cauciuc. Am văzut cu ochii mei. Vai de capul meu. Ce-o să mai zăngănească!... Restul motoarelor sînt făcute la Harkov. Toate la industria de stat a metalelor neferoase. Nici o verstă n-or să tragă. Am văzut cu ochii mei...

Lăcătușul, enervat, tăcu. Fața lui neagră lucea în soare. Albul ochilor avea o nuanță gălbuie. Printre meșteșugarii necooperativizați care se ocupau de motoare și care se găseau cu duiumul la Stargorod, Viktor Mihailovici Polesov era cel mai nepriceput și se făcea de rîs mai des decît alții. Cauza era firea lui peste măsură de vulcanică. Era un trîntor vulcanic. Totdeauna agitat. Puteai să dai cu pușca să-l găsești în atelierul lui situat în a doua curte a casei din fundătura Pereleșinski nr. 7. Forja mobilă stătea stinsă și părăsită în mijlocul magaziei de cărămidă, prin ale cărei colțuri ședeau aruncate claie peste grămadă camere sparte, apărătoare „Triunghiul“, bineînțeles rupte, lacăte ruginite și atît de mari, că puteai încuia cu ele cetăți, bidoane pliante pentru carburanți, pe care scria „Indian“ și „Wanderer“, un cărucior cu arcuri pentru copii, un dinam

[1] Cooperația din Stargorod.

[2] Firmă belgiană de motoare de tramvai – Compagnie Générale d'Électricité.

adormit pe veci, nişte curele netăbăcite putrede, cîlţi îmbîcsiţi cu ulei, glaspapir uzat, o baionetă austriacă şi o mulţime de alte nimicuri stricate, îndoite, turtite. Clienţii nu-l găseau niciodată pe Viktor Mihailovici. El era pe undeva şi dădea ordine. Nu-i ardea de lucru. Nu putea să vadă o căruţă încărcată, intrînd în curtea lui sau a altora şi să stea locului. Ieşea imediat în curte şi începea să urmărească dispreţuitor, cu mîinile la spate, manevrele căruţaşului. În cele din urmă nu se mai putea abţine.

– Cine intră aşa într-o curte? striga el îngrozindu-se. Coteşte-o!

Speriat, căruţaşul o cotea.

– Unde coteşti, bivole? ţipa Viktor Mihailovici cu suferinţă în glas, repezindu-se la cal. Dacă te-ar fi cotonogit mai vîrtos pe vremea ţarilor, ai fi ştiut să coteşti!

După ce dirija astfel vreo jumătate de ceas, Polesov dădea să se întoarcă în atelier, unde-l aştepta o pompă de bicicletă nereparată, dar tocmai atunci viaţa tihnită a oraşului era din nou tulburată de vreo întîmplare. Ori se încurcau una în alta, pe stradă, osiile de la două căruţe şi Viktor Mihailovici arăta cum pot fi ele desprinse mai bine şi mai repede, ori se înlocuia un stîlp de telegraf cu altul şi Polesov verifica dacă a fost pus perfect perpendicular, în care scop aducea din atelier propriul său fir de plumb, ori, în sfîrşit, treceau pompierii şi Polesov, alarmat de sunetele trompetei şi mistuit de focul neastîmpărului, alerga după tulumbe.

Dar cîteodată Viktor Mihailovici cădea în zodia muncii febrile. Şi atunci, timp de cîteva zile, nu ieşea din atelier şi lucra în tăcere. Copiii zburdau prin curte cît voiau şi ţipau ce le trăsnea prin cap, căruţaşii descriau prin curte ce curbe pofteau, căruţele pe stradă încetau să se mai împleticească una în alta, iar tulumbele pompierilor se îndreptau fără escortă spre locul incendiului – Viktor Mihailovici lucra. Odată, după un asemenea acces de hărnicie, scoase în curte, de coarne, ca pe un berbec, o motocicletă alcătuită din bucăţi de automobile, de stingătoare, de biciclete şi de maşini de scris. Motorul, de un cal jumătate putere, era un Wanderer, roţile erau marca Davidson, dar celelalte piese importante nu mai aveau bietele de mult emblema fabricii-mame. De şa atîrna, prins cu o sforicică, un cartonaş pe care scria „Probă". Se strînse grămadă de lume. Fără să se uite la nimeni, Viktor Mihailovici începu să învîrtă pedala cu mîna. Timp de vreo zece minute contactul nu vru deloc să se producă. Apoi se auzi un duduit metalic, vehiculul începu să trepideze şi se învălui într-un fum murdar. Viktor Mihailovici sări în şa şi, cu o viteză nebună, motocicleta zbură prin gang pînă în mijlocul străzii, unde se opri brusc, parcă lovită de un glonţ. Viktor Mihailovici era deja gata să se dea jos ca să-şi controleze misterioasa velocipedă, cînd deodată ea porni în *marche-arrière* şi, după ce-l trecu pe făuritorul ei prin acelaşi gang, se opri în mijlocul curţii de unde pornise, se stropşi supărată şi explodă. Viktor Mihailovici scăpă ca prin minune, iar cînd îl apucă următorul acces de muncomanie, fabrică din sfărîmăturile motocicletei un motor electric care semăna foarte mult cu unul adevărat, dar nu funcţiona.

Dar lăcătuşul nostru intelectual atinse culmea activităţii sale academice cu epopeea porţii casei vecine de la nr. 5. Asociaţia locatarilor din această casă încheiase cu Viktor Mihailovici un contract prin care acesta se obliga să repare poarta de fier a casei şi s-o vopsească într-o culoare convenabilă ca preţ, pe care o va crede de cuviinţă. Pe de altă parte, asociaţia locatarilor îşi asuma obligaţia să-i plătească lui V.M. Polesov, după recepţionarea lucrării de către o comisie specială, suma de douăzeci şi una de ruble şi şaptezeci şi cinci de copeici, timbrele fiscale căzînd în sarcina furnizorului.

Viktor Mihailovici cără poarta la atelier ca un adevărat Samson şi se apucă cu frenezie de lucru. Două zile ţinu demontatul porţii pe care o desfăcu bucată cu bucată în toate părţile ei componente. Puse ornamentele de tuci în căruciorul de copii, iar barele de fier sub bancul de lucru. Apoi mai pierdu cîteva zile ca să vadă ce e stricat. Dar, după asta, se întîmplă în oraş un accident tare neplăcut: plesni conducta principală de apă pe strada Droveanaia şi Viktor Mihailovici îşi pierdu tot restul săptămînii la locul dezastrului, zîmbind ironic, răstindu-se la muncitori şi uitîndu-se în fiecare minut în groapă.

Cînd Viktor Mihailovici îşi mai potoli oarecum zelul organizatoric, se întoarse la poarta lui, dar era prea tîrziu: copiii din curte se jucau cu ornamentele de tuci şi cu barele de la poarta casei nr. 5. Cînd dădură cu ochii de lăcătuşul mînios, copiii aruncară speriaţi jucăriile şi o luară la fugă. Jumătate din ornamente lipseau şi îi era cu neputinţă să le mai găsească. După această întîmplare, Viktor Mihailovici îşi pierdu cu totul entuziasmul pentru poartă.

Între timp, în casa cu nr. 5 lăsată vraişte, se petreceau lucruri îngrozitoare. Se furau rufele ude din pod şi într-o seară fu răpit din curte pînă şi un samovar care tocmai începuse să fiarbă. Viktor Mihailovici luă parte personal la urmărirea hoţului, dar acesta, deşi avea în mîini samovarul care fierbea şi din al cărui coş de tablă ţîşneau flăcări, alerga totuşi foarte repede şi, întorcînd înapoi capul, îl împroşca cu înjurături pe Viktor Mihailovici, care fugea după el în fruntea tuturor. Dar cel mai mult avu de suferit portarul casei de la nr. 5, căci îşi pierdu cîştigul cel de toate nopţile: nemaifiind poartă, nu mai avea ce să deschidă, iar locatarii cheflii nu mai aveau de ce să-i verse în palmă monedele de cîte zece copeici. La început, portarul venea şi se interesa cînd va fi montată poarta, apoi începu să-l roage de toţi dumnezeii pe lăcătuş să termine lucrarea, iar în cele din urmă recurse şi la vagi ameninţări. Asociaţia locatarilor îi aminti de cîteva ori în scris lui Viktor Mihailovici că trebuie să predea lucrarea. Mirosea a judecată. Situaţia devenea din ce în ce mai încordată.

Stînd amîndoi la fîntînă, ghicitoarea şi lăcătuşul entuziast îşi continuau conversaţia.

– Dată fiind prezenţa lipsei de traverse impregnate, striga Viktor Mihailovici de răsuna toată curtea, ăsta n-o să fie tramvai, ci o nenorocire!

– Cînd or să se termine odată toate astea? spuse Elena Stanislavovna. Trăim ca nişte sălbatici!

– Şi nu se mai vede sfîrşitul... A, chiar uitasem! Ştii pe cine am întîlnit astăzi? Pe Vorobianinov.

Elena Stanislavovna se sprijini de fîntînă şi de mirare continuă să ţină în mînă găleata plină cu apă.

– M-am dus la gospodăria comunală să prelungesc contractul de închiriere al atelierului şi deodată, pe un coridor, se apropie de mine doi inşi. Unul dintre ei mi s-a părut o mutră cunoscută. Semăna cu Vorobianinov. M-au întrebat: „Spuneţi-ne, vă rog, ce instituţie a fost clădirea asta înainte?“ Le-am zis că înainte a fost liceul de fete, iar apoi Spaţiul Locativ. După aceea i-am întrebat: „Dar de ce vă interesează?“ Ei însă mi-au mulţumit şi au plecat mai departe. În momentul acela mi-am dat seama că e chiar Vorobianinov, numai că fără mustăţi. De unde o fi apărut?... Celălalt era o frumuseţe de bărbat. Se vedea cît de colo că trebuie să fie un fost ofiţer. Şi atunci m-am gîndit...

Viktor Mihailovici se întrerupse la mijlocul frazei, căci zări ceva neplăcut şi, luînd repede bidonul, se ascunse în spatele lăzii de gunoi. În curte intră încet portarul casei de la nr. 5. El se opri lîngă fîntînă şi îşi roti privirea în jur, peste diversele construcţii de acolo. Nedescoperindu-l nicăieri pe Viktor Mihailovici, se întristă.

– Iar nu-i acasă lăcătuşul Vitka? o întrebă el pe Elena Stanislavovna.

– Ah, nu ştiu nimic, spuse ghicitoarea, nu ştiu nimic.

Şi, teribil de emoţionată, porni repede spre locuinţa ei, vărsînd pe drum apa din găleată.

Portarul mîngîie ghizdul de ciment al fîntînii şi o luă spre atelier. La doi paşi de firma:

SPRE ATELIERUL DE LĂCĂTUŞERIE

se vedea încă una:

ATELIER DE LĂCĂTUŞERIE ŞI DE REPARAT PRIMUSURI

sub care atîrna un lacăt mare. Portarul izbi cu piciorul în lacăt şi spuse cu un glas plin de ură:

– Of, buboiul dracului!

Mai rămase în faţa atelierului vreo trei minute, fierbînd de mînie şi venin, apoi smulse cu zgomot firma, o duse în mijlocul curţii, lîngă fîntînă, o trînti de pămînt şi, călcînd-o cu amîndouă picioarele, începu să facă scandal.

– Numai hoţi stau la voi la nr. 7! Potlogari! Auzi a dracului năpîrcă cu şapte capete! Are şcoala medie!... Puţin îmi pasă mie de şcoala lui medie!... Afurisit să fie de buboi!...

În timpul acesta năpîrca cu şapte capete şi cu şcoală medie la bază şedea tristă pe bidon, în spatele lăzii de gunoi.

Ferestrele se deschideau cu zgomot şi mereu alt locatar scotea capul şi rîdea. Din stradă intrau alene în curte diverşi curioşi. Văzînd că are public, portarul se aprinse şi mai tare.

– Lăcătuş-mecanic! zbiera el. Porc de aristocrat!

Amesteca berechet expresiile parlamentare cu altele nepublicabile, cărora le dădea preferinţă. Tagma slabă a femeilor care se înghesuiau la toate ferestrele era foarte revoltată de atitudinea portarului, dar nu-şi părăsea punctele de observaţie.

– O să-i sparg capul! spumega portarul de furie. Auzi, om cu carte!

Cînd scandalul ajunse la apogeu, îşi făcu apariţia un miliţian care, fără să spună o vorbă, începu să-l tragă pe scandalagiu la raionul de miliţie. Cîţiva hamali zdraveni de la „Bîstroupak“ îi dădeau cîte o mînă de ajutor.

Supus, portarul îl cuprinse pe milițian de după gît și începu să plîngă.

Primejdia trecuse.

Atunci Viktor Mihailovici, care-și pierduse de tot răbdarea, ieși de după lada de gunoi. Prin public trecu un freamăt.

– Mîrlan ce ești! strigă Viktor Mihailovici în urma procesiunii ce se îndepărta. Mîrlan! O să-ți arăt eu! Ticălosule!

Portarul, care plîngea amarnic, nu auzi nimic din toate acestea. Era dus de subsuoară la secție. Tot într-acolo fu cărată, ca probă materială, firma „Atelier de lăcătușerie și de reparat primusuri".

Viktor Mihailovici mai făcu încă mult timp pe viteazul.

– Javrele! țipa el adresîndu-se spectatorilor. Își închipuie că e ceva de capul lor! Mîrlanii!

– Ajunge, Viktor Mihailovici! strigă Elena Stanislavovna de la fereastră. Treci pe la mine o clipă.

Ea îi puse lui Viktor Mihailovici în față o farfurioară cu compot și, plimbîndu-se prin odaie, începu să-l asalteze cu tot felul de întrebări.

– Ți-am spus doar că el e; fără mustăți, dar el în persoană, țipă Viktor Mihailovici ca de obicei. Ei, asta-i, doar îl cunosc perfect! Vorobianinov în carne și oase!

– Mai încet, ce Dumnezeu! Pentru ce a venit, ce crezi?

Pe fața ca tăciunele a lui Viktor Mihailovici apăru un zîmbet ironic.

– Dar dumneata ce crezi?

Zîmbetul său deveni și mai ironic.

– În orice caz, nu ca să semneze un tratat cu bolșevicii.

– Nu crezi că îl pîndește vreo primejdie?

Rezervele de ironie acumulate de Viktor Mihailovici de-a lungul celor zece ani ce trecuseră de la Revoluție erau nesecate. Pe fața lui prinseră a juca o serie întreagă de zîmbete de diferite intensități și diferite grade de scepticism.

– Pe cine nu pîndeşte în Rusia Sovietică primejdia? Cu atît mai mult pe un om ca Vorobianinov. Nimeni, Elena Stanislavovna, nu-şi rade mustăţile de florile mărului.

– Crezi că a fost trimis de peste graniţă? întrebă Elena Stanislavovna, aproape sufocată de emoţie.

– Fără îndoială, răspunse genialul lăcătuş.

– Dar cu ce scop o fi venit aici?

– Nu fi copil.

– Mi-e totuna. Trebuie să-l văd.

– Dar ştii ce rişti?

– Ah, mi-e totuna! După zece ani de despărţire, nu se poate să nu-l văd pe Ippolit Matveevici.

Avea reala convingere în clipa aceea că soarta îi despărţise chiar în perioada cînd se iubeau.

– Te implor, găseşte-l! Află unde e! Dumneata umbli prin tot oraşul! N-o să-ţi fie greu! Spune-i că vreau să-l văd. Mă auzi?

Papagalul cu chiloţi roşii, care moţăia pe stinghie, se sperie din pricina acestei discuţii zgomotoase, se răsturnă cu capul în jos şi încremeni în această poziţie.

– Elena Stanislavovna, spuse lăcătuşul-mecanic dînd să se scoale de pe scaun şi ducîndu-şi mîna la inimă, o să-l găsesc şi o să iau legătura cu el.

– Nu mai serveşti puţin compot? îi oferi înduioşată ghicitoarea.

Viktor Mihailovici mîncă compotul, ţinu o conferinţă furibundă despre construcţia greşită a coliviei papagalului şi îşi luă apoi rămas-bun de la Elena Stanislavovna, recomandîndu-i să păstreze în jurul celor discutate cel mai strict secret.

CAPITOLUL XI

REPERTORIUL ALFABETIC „OGLINDA VIEŢII“

A doua zi, asociaţii îşi dădură seama că nu pot locui mai departe în camera portarului Tihon, care înnebunise de-a binelea după ce îl văzuse pe boierul lui mai întîi cu mustăţi negre, apoi cu mustăţi verzi şi, în sfîrşit, fără mustăţi, şi mîrîia supărat. În primul rînd n-aveau pe ce dormi. În afară de asta, în odaie stăruia un miros de băligar intrat în putrefacţie, pe care-l răspîndeau pîslarii noi ai lui Tihon. Cei vechi stăteau într-un colţ şi nu contribuiau nici ei la ozonificarea aerului.

– Socot seara amintirilor încheiată, spuse Ostap, trebuie să ne mutăm la hotel.

Ippolit Matveevici tresări.

– Asta nu se poate.

– De ce, mă rog?

– Va trebui să ne înscriem în registru.

– Şi n-ai buletinul în ordine?

– Ba da, buletinul e în regulă, dar numele meu e prea cunoscut în oraş şi o să înceapă să se vorbească.

Asociaţii rămaseră tăcuţi, pe gînduri.

– Dar numele de Michelson îţi place? întrebă deodată genialul Ostap.

– Care Michelson? Senatorul?

– Nu. Membru al Sindicatului Funcţionarilor Comerciali Sovietici.

– Nu te înţeleg.

– Asta din pricină că-ţi lipsesc deprinderile tehnice. Nu mai fi naiv ca un nou-născut.

Bender scoase dintr-un buzunar al hainei sale verzi un carnet sindical şi i-l dădu lui Ippolit Matveevici.

– Konrad Karlovici Michelson, în vîrstă de patruzeci şi opt de ani, fără partid, necăsătorit, membru al Sindicatului din 1921, o persoană de o moralitate ireproşabilă, un bun cunoscut de-al meu, dacă nu mă înşel – îi plac copiii... Dar dumneata eşti liber să nu-ţi placă copiii: miliţia n-o să-ţi ceară lucrul ăsta.

Ippolit Matveevici se făcu roşu ca un rac.

– Dar se cade oare să fac aşa ceva?

– În comparaţie cu societatea pe care am constituit-o, acest fapt, deşi prevăzut în Codul penal, pare un joc nevinovat de copii.

Vorobianinov se mai codi totuşi.

– Eşti un idealist, Konrad Karlovici. Ai avut noroc. Gîndeşte-te ce-ar fi fost dacă ţi-ar fi revenit un nume ca Papa-Hristozopulos, sau unul ca Puturozov.

După aceste cuvinte Ippolit Matveevici se învoi numaidecît şi, fără a-şi mai lua rămas-bun de la Tihon, cei doi legatari plecară în oraş.

Asociaţii traseră la hotelul „Sorbona". Ostap puse pe jăratic tot personalul, ce-i drept, puţin numeros al hotelului. Mai întîi vizită camerele de şapte ruble, dar rămase nemulţumit de felul cum erau mobilate. Mobilierul din camerele de cinci ruble îi plăcea mai mult, dar covoarele erau roase şi stăruia acolo un miros supărător. În camerele de trei ruble totul era în ordine, cu excepţia tablourilor.

– Nu pot să stau într-o odaie cu peisaje pe pereţi, spuse Ostap.

În cele din urmă fură nevoiţi să se instaleze într-o cameră de o rublă şi optzeci de copeici. Aici nu existau nici peisaje, nici covoare, iar mobila era cît se poate de sobră: două paturi şi o noptieră.

– Stil „epoca de piatră“, spuse Ostap aprobator. Dar nu cumva există prin saltele şi ceva animale preistorice?

– Depinde de sezon, răspunse şiretul om de serviciu. Dacă e vreun congres gubernial, de pildă, atunci fireşte că nu-s, fiindcă vin mulţi pasageri şi se face înainte de asta curăţenie mare. În restul timpului se întîmplă într-adevăr să se pripăşească. Vin de la „Livadia“, hotelul de alături.

În aceeaşi zi, legatarii făcură o vizită la Gospodăria Comunală din Stargorod, unde obţinură toate informaţiile necesare. Aflară că Secţia Locativă fusese desfiinţată în 1921, iar vasta ei arhivă – contopită cu aceea a Gospodăriei Comunale din Stargorod.

Acum trecu la acţiune marele maestru al combinaţiilor. Pînă seara asociaţii fură în posesia adresei de acasă a şefului arhivei, Varfolmei Korobeinikov, fost funcţionar la primărie, în prezent funcţionar de birou.

Ostap îşi puse vesta de lînă, îşi scutură haina de tăblia patului, îi ceru lui Ippolit Matveevici o rublă şi douăzeci de copeici pentru cheltuieli de reprezentare şi se duse să-i facă o vizită arhivarului. Ippolit Matveevici rămase la „Sorbona“ şi, de emoţie, începu să se plimbe prin defileul dintre cele două paturi. În seara aceea friguroasă de primăvară, urma să se hotărască soarta întregii afaceri. Dacă izbuteau să pună mîna pe copiile ordinelor de repartiţie în baza cărora fusese distribuită mobila confiscată din casa lui Vorobianinov, puteau socoti că treaba e pe jumătate terminată. Desigur că îi mai aşteptau greutăţi excepţionale, dar ar fi avut totuşi firul în mînă.

– Numai de-am pune mîna pe ordinele de repartiţie, şopti Ippolit Matveevici, trîntindu-se pe pat. Pe ordinele astea de repartiţie!...

Arcurile de la somiera ruptă îl înţepau ca nişte purici, dar el nu simţea nimic. Nu-şi dădea încă seama limpede ce va urma după ce va obţine ordinele de repartiţie, dar era încredinţat că atunci lucrurile vor merge ca pe roate: „Şi roţile, după cum se ştie, se gîndea el fără să priceapă de ce, sînt cu învîrteală, iar învîrteala..."

Deocamdată i se învîrteau creierii în cap, şi încă serios de tot. Legănat de visuri trandafirii, Ippolit Matveevici se învîrtea la rîndul lui, sucindu-se în pat de pe o parte pe alta, iar arcurile zbîrnîiau sub el.

Ostap fu nevoit să străbată tot oraşul. Korobeinikov locuia în Gusişce – un cartier de la marginea Stargorodului.

Acolo stăteau mai ales muncitori de la căile ferate. Din cînd în cînd, deasupra caselor, pe terasamentul străjuit de un gard subţire de beton, trecea gîfîind în *marche-arrière* cîte o locomotivă. O clipă acoperişurile caselor erau luminate de flăcările ce ţîşneau din focarul locomotivei. Uneori treceau ţăcănind pe traverse vagoane goale, alteori explodau petarde. Printre cocioabe şi barăci provizorii se întindeau corpurile lungi de cărămidă, umede încă, ale caselor construite de cooperative.

Ostap trecu de o insulă luminată – clubul feroviarilor – se mai uită o dată la adresa pe care o avea scrisă pe o hîrtiuţă şi se opri în faţa căsuţei arhivarului. Răsuci soneria în dreptul căreia scria cu litere în relief: „Rog învîrtiţi".

După mai multe întrebări cum ar fi: „Pe cine căutaţi?" „În ce chestiune?" ş.a.m.d., uşa se deschise şi Ostap se pomeni într-un vestibul întunecos, plin de dulapuri. Simţea în întuneric respiraţia cuiva, dar acel cineva nu scotea nici o vorbă.

– Unde stă aici cetăţeanul Korobeinikov? întrebă Bender.

Omul cu respiraţia îl luă pe Ostap de mînă şi-l duse într-o sufragerie luminată de o lampă cu gaz suspendată. Ostap văzu în faţa lui un bătrînel mărunt, cum nu se poate mai îngrijit şi cu o spinare extraordinar de elastică. Nu încăpea îndoială că bătrînul era cetăţeanul Korobeinikov în persoană. Fără a mai aştepta vreo invitaţie, Ostap trase un scaun şi se aşeză.

Bătrînelul se uită fără pic de teamă la acest oaspe olecuţă cam prea ca la el acasă şi tăcea. Ostap, amabil, începu cel dintîi vorba:

– Am venit la dumneata pentru o afacere. Eşti funcţionar la arhiva gospodăriei comunale din Stargorod?

Spinarea bătrînelului se puse în mişcare şi se încovoie afirmativ.

– Iar înainte ai lucrat la secţia locativă?

– Am lucrat peste tot, spuse bătrînul vesel.

– Chiar şi la secretariatul primăriei?

La aceste cuvinte, Ostap zîmbi graţios. Spinarea bătrînului se îndoi îndelung şi în cele din urmă se opri într-o poziţie care voia să spună că serviciul la primărie e o chestie veche şi că este absolut imposibil să-şi aducă aminte de toate.

– Îmi dai voie totuşi să te întreb cărui fapt îi datoresc plăcerea de a te vedea aici? întrebă gazda, uitîndu-se cu interes la oaspete.

– Dau voie, răspunse oaspetele. Sînt fiul lui Vorobianinov.

– Care Vorobianinov? Mareşalul nobilimii?

– Întocmai.

– Dar ce s-a mai întîmplat cu el? Mai trăieşte?

– A murit, cetăţene Korobeinikov. A răposat întru Domnul.

– Da, zise bătrînelul fără prea mare durere. Trist! Dar, după cît mi se pare, el n-a avut copii?

– N-a avut, confirmă amabil Ostap.

– Şi atunci?...

– Uite aşa, eu sînt dintr-o căsătorie morganatică.

– Nu cumva eşti fiul Elenei Stanislavovna?

– Ba da. Exact.

– Şi cum o mai duce ea cu sănătatea?

– *Maman* a trecut de mult în lumea celor drepţi.

– Aşa, aşa, vai, ce trist!

Şi bătrînul se uită îndelung, cu lacrimi de compătimire în ochi, la Ostap, deşi chiar în ziua aceea o văzuse pe Elena Stanislavovna cumpărînd carne în piaţă.

– Cu toţii sîntem muritori, spuse el. Dar îmi dai voie totuşi să te întreb în ce chestiune ai venit la mine, stimate... Care-i numele dumitale?

– Woldemar, răspunse repede Ostap.

– Vladimir Ippolitovici? Foarte bine. Aşa. Te ascult, Vladimir Ippolitovici.

Bătrînelul se aşeză la masa acoperită cu o muşama cu desene şi îşi aţinti privirea drept în ochii lui Ostap.

În cuvinte alese, Ostap îşi exprimă adînca mîhnire ce-o resimţea în urma pierderii iubiţilor săi părinţi. Îi părea foarte rău că picase la o oră atît de tîrzie şi că-l deranjase cu vizita sa pe mult stimatul arhivar, dar nădăjduia că prea stimatul arhivar îl va ierta cînd va afla ce sentiment l-a împins să facă acest pas.

– Aş vrea, încheie Ostap şi în glasu-i se simţea o copleşitoare dragoste filială, aş vrea să regăsesc cîte ceva din mobila lui *papa*, ca să-i păstrez amintirea. Nu ştii cumva cui a fost dată mobila din casa lui *papa*?

– Complicată chestie, răspunse bătrînul, după ce rămase puţin pe gînduri. Asta ar putea s-o rezolve numai un om cu stare... Dar dumneata, să-mi fie cu iertare, cu ce te ocupi?

– Liber-profesionist. Am un abator cu frigorifer propriu, pe baze cooperatiste, la Samara.

Bătrînul se uită cu îndoială la hainele verzi ale tînărului Vorobianinov, dar nu-l contrazise.

„Dezgheţat tînăr!“ se gîndi el.

Ostap, care între timp îşi încheiase şi el observaţiile asupra lui Korobeinikov, ajunse la concluzia că „bătrînul este o pramatie model“.

– Aşadar, spuse Ostap.

– Aşadar, zise şi arhivarul, e greu, dar se poate...

– Va necesita cheltuieli? îi veni într-ajutor proprietarul abatorului cu frigorifer.

– O sumă modestă...

– Mai la subiect, cum spune Maupassant. Informaţiile îţi vor fi plătite.

– Asta o să te coste şaptezeci de ruble.

– De ce aşa de mult? A ajuns ovăzul astăzi aşa de scump?

Bătrînul chicoti, unduindu-şi şira spinării.

– Eşti hîtru...

– Bine, moşule. Îmi dai ordinele de repartiţie, îţi dau banii. Cînd să trec pe la dumneata?

– Ai banii la dumneata?

Ostap se bătu peste buzunar ca să-i arate că-i are.

– Atunci pot să ţi le dau chiar acum, spuse pe ton solemn Korobeinikov.

Aprinse o lumînare şi-l duse pe Ostap în odaia de alături. Acolo, în afară de patul pe care pesemne că dormea stăpînul casei, se mai aflau un birou cu o serie de registre de contabilitate îngrămădite deasupra şi un dulap cu rafturi deschise. De marginea rafturilor erau prinse litere de tipar: A, B, C şi aşa mai departe, pînă la litera de ariergardă Z, iar pe rafturi, maldăre de ordine de repartiţie, legate de curînd cu sfoară.

– Oho! exclamă Ostap entuziasmat. Arhivă completă la domiciliu.

– Absolut completă, răspunse cu un aer modest arhivarul. Eu, înţelegi, pentru orice eventualitate... Gospodăria comunală n-are nevoie de ea, iar mie, la bătrîneţe, ar putea să-mi prindă bine... Ştii doar că trăim ca pe un vulcan... Ehe, multe se mai pot întîmpla!... Şi atunci or să se repeadă oamenii să-şi caute mobila, dar, dar unde e? Iată unde e! Aici e! În dulap. Şi cine a păstrat-o, cine a păzit-o? Korobeinikov! Şi atunci domnii proprietari or să-i mulţumească bătrînului şi au să-l ajute cu bani în ultimii ani ai vieţii... De altminteri, nici n-am pretenţie la cine ştie ce. Dacă au să-mi dea cîte zece ruble la fiecare ordin de repartiţie, o să zic bogdaproste... Altfel, du-te de caută acul în carul cu fîn. Fără mine n-o să poată da de urmă la nimic!

Ostap se uită entuziasmat la bătrîn.

– Minunată arhivă, exclamă el. Mecanizare totală. Eşti un adevărat erou al muncii!

Arhivarul, măgulit, începu să-i explice oaspetelui în amănunt ocupaţia sa preferată. El deschise registrele groase de evidenţă şi repartiţie.

– Aici găseşti totul, spuse el, tot Stargorodul! Toată mobila! De la cine şi cînd s-a luat, cui şi cînd s-a dat. Iar ăsta e repertoriul alfabetic: oglinda vieţii! Ce mobilă vă interesează? Cumva a lui Anghelov, negustor din prima ghildie? Pof-tiţi! Căutăm la litera A. Litera A, Ac..., Am..., An..., Anghelov... Ce număr scrie în dreptul lui? 82 742?! Acum să ne uităm în registrul de evidenţă. Pagina 142. Unde e Anghelov? Iată-l. La 18 decembrie 1918 s-au luat de la Anghelov: un pian de concert „Becker“ nr. 97 012, cu un taburet tapisat, două birouri, patru şifoniere (două din mahon), un scrin etc... Şi cui au fost date?... Să vedem registrul de repartiţie. Tot la nr. 82 742... S-au dat: scrinul – la Comandamentul Militar Orăşenesc, trei şifoniere la Internatul de Copii „Ciocîrlia“... Celălalt şifonier – în folosinţă personală secretarului Comitetului Gubernial de Aprovizionare Stargorod. Dar cu pianul de concert ce s-a întîmplat? A fost dat Prevederilor Sociale pentru Azilul nr. 2, unde se află şi astăzi...

„Parcă nu l-am văzut“, se gîndi Ostap, aducîndu-şi aminte de figura sfioasă a lui Alhen.

– Sau să vedem, de pildă, ce s-a întîmplat cu lucrurile lui Murin, secretarul primăriei... Să căutăm prin urmare la litera M. Aici găseşti totul. Tot oraşul. Piane de concert, taburete de tot felul, oglinzi, fotolii, divane, pufuri, candelabre... Şi chiar tot felul de servicii de masă...

– Ei, spuse Ostap, ar trebui să ţi se ridice un monument nepieritor. Dar să trecem la ale noastre. De pildă, litera V.

– Poftim litera V, răspunse bucuros Korobeinikov. Imediat. Vm..., Vn..., Voriţki. Nr. 48 238 Vorobianinov Ippolit Matveevici, părintele dumitale, fie-i ţărîna uşoară, că tare a fost om cumsecade... Un pian cu coadă „Becker“, nr. 54 809, vaze chinezeşti marcate – patru, de la fabrica franţuzească „Sčvres“, tapiserii de

Aubusson, de diferite mărimi – opt, un goblen – *Păstoriţa,* un goblen – *Păstorul,* covoare de Tekinia – două, covoare de Horosan – unul, un urs împăiat cu o tavă în mînă – un dormitor alcătuit din douăsprezece piese, o sufragerie din şaisprezece piese, un salon din paisprezece piese, din lemn de nuc, lucrat de meşterul Gambs...

– Şi cui au fost date? întrebă nerăbdător Ostap.

– Asta o să vedem îndată. Ursul împăiat cu tavă – la Raionul 2 de Miliţie. Goblenul *Păstorul* – la Fondul de Valori Artistice. Goblenul *Păstoriţa* – la Clubul Marinarilor. Covoarele de Aubusson, de Tekinia şi de Horosan – la Comisariatul Poporului pentru Comerţul Exterior. Dormitorul – la Uniunea Vînătorilor, sufrageria – la filiala din Stargorod a Direcţiei Generale a Ceaiului. Garnitura de nuc din salon s-a împărţit în mai multe locuri: masa rotundă şi un scaun – la Azilul nr. 2 al Prevederilor Sociale, canapeaua cu spetează curbată a fost pusă la dispoziţia Secţiei Locative şi mai stă şi astăzi acolo în antreu, (toată tapiţeria au mînjit-o cu ulei, ticăloşii!); alt scaun a fost dat tovarăşului Griţaţuev, în calitatea sa de invalid din războiul imperialist, la cererea sa şi în baza aprobării tovarăşului Burkin, şeful Secţiei Locative. Celelalte zece scaune au fost trimise la Moscova, la Muzeul de Mobilă de Artă, în urma circularei Comisariatului Poporului pentru Instrucţiune... Vazele chinezeşti cu marcă...

– Eşti demn de toată lauda! exclamă Ostap jubilînd. E fantasmagoric! Mi-ar plăcea să văd şi ordinele de repartiţie.

– Imediat, imediat, ajungem şi la ordine. La nr. 48 238, litera V.

Arhivarul se duse la dulap şi, ridicîndu-se în vîrfurile picioarelor, scoase dosarul respectiv.

– Poftim, stimabile. Aici e toată mobila tatălui dumitale. Ai nevoie de toate ordinele?

– Ce să fac cu toate?... Doar aşa... Amintiri din copilărie – mobila din salon... Ţin minte cum mă jucam în salon pe un covor de Horosan, şi mă uitam la goblenul *Păstoriţa*... Frumoase vremuri, copilărie de aur!... Aşa că, nenişorule, să ne mărginim la mobila din salon.

Arhivarul netezi drăgăstos teancul de cotoare verzi şi începu să caute ordinele care îi erau cerute. Alese cinci bucăţi: un ordin pentru cele zece scaune, două pentru cîte un scaun, unul pentru masa rotundă şi unul pentru goblenul *Păstoriţa.*

– Controlează, te rog. Totul e în regulă. Este indicat exact unde se află fiecare piesă. Pe cotoare sînt trecute toate adresele şi ai şi semnăturile beneficiarilor. Aşa că, în caz de ceva, nimeni nu poate să nege. Dacă vrei cumva şi garnitura de salon a generălesei Popova, o am. Foarte bună. Lucrată tot de Gambs.

Dar Ostap, care nu simţea dragoste decît pentru părinţii săi, apucă repede ordinele, le vîrî în fundul buzunarului lateral de la haină şi refuză garnitura generălesei.

– Să-ţi fac şi chitanţa? întrebă arhivarul cu o plecăciune de toată frumuseţea.

– Fă-o, răspunse amabil Bender. Fă-o, idealistule!

– O clipă şi o fac.

– Arde-o, haide!

Trecură în prima cameră. Korobeinikov completă cu un scris caligrafic chitanţa şi, zîmbind, i-o întinse oaspetelui. Principalul legatar luă deosebit de politicos, cu două degete de la mîna dreaptă, hîrtiuţa şi o băgă în acelaşi buzunar unde pusese şi preţioasele ordine.

– Ei, cu bine! spuse închizînd pe jumătate ochii. Am impresia că te-am deranjat cam mult. Nu îndrăznesc să te mai supăr cu prezenţa mea. Dă-mi voie să-ţi strîng mîna, stimate şef al cancelariei.

Buimăcit, arhivarul abia strînse mîna care-i fusese întinsă.

– Cu bine! repetă Ostap şi se îndreptă spre uşă.

Korobeinikov nu pricepea nimic. Se uită pe masă ca să vadă dacă musafirul nu i-a lăsat banii acolo, dar banii nu erau nici pe masă. Atunci arhivarul întrebă foarte încet:

– Dar banii?

– Care bani? făcu Ostap, deschizînd uşa. Mi se pare că ai întrebat de nişte bani?

– Păi, sigur! Pentru mobilă! Pentru ordine!

– Puişorule scump, reluă Ostap cu foc, zău, îţi jur pe onoarea răposatului meu părinte că ţi i-aş fi dat bucuros, dar nu-i am la mine, am uitat să-i scot din contul curent.

Bătrînul începu să tremure şi întinse mîna-i slăbănoagă să-l oprească pe nocturnul vizitator.

– Mai uşurel, măgarule, se răsti Ostap ameninţător. Ţi-am spus doar limpede că ai să-i primeşti mîine, înseamnă că ai să-i primeşti mîine. Aşadar, cu bine şi să-mi scrii!...

Uşa se închise cu un pocnet puternic. Korobeinikov o deschise din nou şi ieşi alergînd în stradă, dar Ostap dispăruse. El străbătu repede drumul pe lîngă pod. O locomotivă, care tocmai trecea pe viaduct, îl lumină cu farurile ei şi-l învălui în fum.

– S-a spart gheaţa! îi strigă Ostap S-a spart gheaţa, domnilor juraţi!

Mecanicul nu-i desluşi cuvintele, dar făcu un semn cu mîna. Roţile traseră mai tare membrele de oţel ale manivelelor şi locomotiva dispăru în viteză.

Korobeinikov mai rămase vreo două minute în bătaia vîntului rece ca gheaţa, apoi, înjurînd de mama focului, se întoarse în căscioara lui. Suferea năprasnic. Se opri în mijlocul odăii şi, de furie, începu să izbească în masă cu piciorul. Scrumiera în formă de galoş, cu marca în roşu „Triunghiul", sări în sus, iar paharul se izbi de carafă.

Varfolomei Korobeinikov nu fusese încă niciodată înşelat într-un mod atît de ruşinos. El putea să înşele pe oricine, dar de data aceasta fusese păcălit într-un chip atît de genial de simplu, încît îi venea să sfarme picioarele groase ale mesei din sufragerie, asupra cărora îşi vărsa necazul.

Lui Korobeinikov i se spunea în cartierul Gusişce – Varfolomeici. Oamenii i se adresau numai cînd îi strîngea greu nevoia. Varfolomeici lua lucruri în gaj şi cerea o dobîndă canibalică. Se îndeletnicea cu asta de cîţiva ani fără să i se fi făcut niciodată vreun pocinog. Şi iată că acum intrase la apă tocmai cu afacerea lui cea mai bună şi de la care aştepta cîştiguri grase şi o bătrîneţe asigurată.

– Ce, asta-i glumă?! strigă el, aducîndu-şi aminte de ordinele pierdute. De acum încolo nu mai dau nimic fără să iau banii înainte. Cum am putut face o asemenea prostie? Cu mîinile mele am dat garnitura de salon din nuc!... Numai goblenul *Păstoriţa* cît merită! Lucru de mînă!...

De mult nişte degete şovăitoare învîrteau soneria deasupra căreia scria „Rog învîrtiţi" şi Varfolomeici nici nu prinse să-şi aducă aminte că uşa de la intrare rămăsese deschisă, cînd în antreu se auzi un bocănit şi un om care se rătăcise în labirintul dulapurilor întrebă:

– Pe unde se intră aici?

Varfolomeici ieşi în antreu, apucă cu mîna de un palton (care, pipăit, părea de postav) şi-l trase după sine în sufragerie pe părintele Fiodor.

– Vă rog să aveţi bunătatea să mă iertaţi, spuse părintele Fiodor.

După vreo zece minute de manevre şi de încercări de a se trage reciproc de limbă, se lămuri că cetăţeanul Korobeinikov are într-adevăr unele informaţii despre mobila lui Vorobianinov şi că părintele Fiodor este dispus să plătească pentru ele. În afară de asta, spre marea bucurie a arhivarului, vizitatorul se dovedi a fi frate bun cu fostul mareşal al nobilimii şi ţinea din tot sufletul să păstreze o amintire de la el, cumpărînd garnitura de nuc din salon. Fratele lui Vorobianinov era legat de această garnitură prin cele mai emoţionante amintiri din tinereţe.

Varfolomeici ceru o sută de ruble. Vizitatorul preţuia memoria fratelui său mult mai puţin, şi anume la vreo treizeci de ruble. Se învoiră la cincizeci.

– V-aş ruga să-mi daţi banii înainte, declară arhivarul. Aşa-i obiceiul la mine.

– Nu face nimic dacă ţi-i dau în monede de cîte zece ruble de aur? întrebă părintele Fiodor desfăcînd grăbit căptuşeala hainei.

– Le primesc la cursul zilei. Cîte nouă ruble şi jumătate bucata. Cursul de astăzi.

Vostrikov scutură din fişicul cusut în pînză cinci monede de aur, adăugă două ruble şi cincizeci de copeici în monede de argint şi împinse toată grămăjoara spre arhivar. Varfolomeici numără de două ori monedele, apoi le strînse în palmă, îl rugă pe musafir să aştepte puţin şi se duse să aducă ordinele. În biroul său secret, Varfolomeici nu stătu mult pe gînduri, deschise repertoriul „oglinda vieţii" la litera P, găsi repede numărul de care avea nevoie şi scoase din raft teancul de ordine privitoare la lucrurile generălesei Popova. După ce desfăcu teancul, Varfolomeici extrase din el ordinul prin care se repartizau douăsprezece scaune din nuc, lucrate la fabrica Gambs, tovarăşului Bruns din strada Vinogradnaia 34. Admirîndu-şi prezenţa de spirit şi priceperea de a se descurca repede, arhivarul zîmbi ironic şi duse ordinele cumpărătorului.

– Toate scaunele au fost date în acelaşi loc? se minună cumpărătorul.

– După cum vedeţi. Toate se află acolo. O garnitură straşnică! O să vă lingeţi pe degete de plăcere. De altfel, ce să vă mai spun! Cunoaşteţi doar singur!

Părintele Fiodor scutură îndelung şi cu efuziune mîna arhivarului şi, după ce se lovi de nenumărate ori de dulapurile din antreu, o zbughi afară, în întunericul nopţii.

Varfolomeici mai rîse mult de cumpărătorul păcălit. Întinse monedele de aur una lîngă alta pe masă şi rămase lungă vreme fără a-şi lua ochii somnoroşi de la cele cinci cerculeţe strălucitoare.

„Da' ce dracu' le-o fi venit să alerge după mobila lui Vorobianinov? se întrebă el. Să ştii că au înnebunit."

Se dezbrăcă, îşi făcu distrat rugăciunea, se culcă în patul îngust ca de fecioară şi adormi preocupat.

CAPITOLUL XII

O FEMEIE TORIDĂ – CUM VISEAZĂ POEŢII

În timpul nopţii, frigul se topi de nu mai rămase urmă. Se făcu atît de cald, încît primii trecători simţiră junghiuri la picioare. Vrăbiile pălăvrăgeau, îngînînd tot felul de prostii. Pînă şi o găină, care ieşise din bucătărie în curtea hotelului, simţi un aflux de forţe noi şi încercă să se înalţe în văzduh. Cerul era presărat cu petice de nori ca nişte găluşte, iar dinspre lada de gunoi venea un miros de violete şi ciorbă *à la paysanne*. Vîntul abia adia pe sub cornişe. Cotoii stăteau tolăniţi pe acoperiş şi, uitîndu-se îngăduitori pe sub pleoape, priveau curtea pe care o traversa în fugă servitorul Aleksandr, cu un balot de rufe murdare.

Pe coridoarele hotelului „Sorbona“ începu forfota. Din toate judeţele soseau delegaţi veniţi să ia parte la inaugurarea solemnă a tramvaiului. Din brecul hotelului cu firma „Sorbona“, coborî o mulţime de asemenea delegaţi.

Soarele ardea din plin. Se ridicau obloanele de fier ale magazinelor. Funcţionarii sovietici, care plecaseră la slujbă în paltoane groase, se sufocau şi se descheiau la toţi nasturii, copleşiţi de primăvară.

Pe strada Kooperativnaia, un arc de la autocamionul Organizaţiei de Construire a Morilor plesnise de supraîncărcat ce era şi Viktor Mihailovici Polesov, sosit la faţa locului, dădea sfaturi.

În camera mobilată cu un lux practic (două paturi şi o noptieră) se auzi fornăit şi nechezat de cal: Ippolit Matveevici se spăla cu vioiciune şi-şi sufla nasul. Marele maestru al combinaţiilor stătea întins pe pat şi îşi examina rupturile de la ghete.

– Apropo, spuse el, te rog să-ţi plăteşti datoria.

Ippolit Matveevici apăru de după prosop şi se uită la asociatul său cu nişte ochi holbaţi, fără pince-nez.

– Ce te uiţi la mine cum s-ar uita un soldat la un păduche? Ce te miră? Datoria? Da! Îmi eşti dator bani. Am uitat să-ţi spun ieri că am plătit pentru ordine, în baza împuternicirilor pe care mi le-ai dat, şaptezeci de ruble. Îţi anexez chitanţa. Fii bun şi scoate treizeci şi cinci de ruble. Sper că la cheltuieli asociaţii contribuie în părţi egale?

Ippolit Matveevici îşi puse pince-nez-ul, citi chitanţa şi, plouat, dădu banii. De fapt însă, nici lucrul acesta nu izbuti să-i întunece bucuria. Bogăţia se afla în mîinile lui. Firicelul de praf al celor treizeci şi cinci de ruble nu se mai văzu în strălucirea muntelui de briliante.

Zîmbind radios, Ippolit Matveevici ieşi din cameră şi începu să se plimbe pe coridor. Era sub vraja planurilor pentru viaţa lui cea nouă, clădită pe temelia giuvaiericalelor. „Da' ce o fi cu Sfinţia sa? se întreba el ironic în gînd. Prostul tot prost rămîne. O să vadă el scaunele, cînd şi-o vedea ceafa."

Ajuns la capătul coridorului, Vorobianinov se întoarse. Uşa albă, plină de crăpături, de la nr. 13 se deschise şi drept spre el veni părintele Fiodor, într-o cămaşă albastră rusească strînsă în jurul taliei cu un şnur negru, ros, ce se termina cu un ciucure mare. Faţa lui blajină radia de fericire. Ieşise şi el pe coridor să se plimbe. Rivalii se încrucişară de cîteva ori şi, uitîndu-se triumfător unul la altul, trecură mai departe. La capetele coridorului se întorceau amîndoi deodată şi se apropiau din nou... Pieptul lui Ippolit Matveevici clocotea de euforie. Acelaşi sentiment îl stăpînea şi pe părintele Fiodor. Dar mila faţă de adversarul înfrînt îi copleşea pe amîndoi. În sfîrşit, la a cincea cursă, pe Ippolit Matveevici nu-l mai răbdă inima.

– Bună ziua, părinte, spuse el pe un ton nespus de mieros.

Părintele Fiodor îşi adună tot sarcasmul cu care îl binecuvîntase Dumnezeu şi răspunse:

– Bună dimineaţa, Ippolit Matveevici.

Duşmanii trecură mai departe. Cînd drumurile lor se întîlniră iarăşi, Vorobianinov întrebă într-o doară:

– Nu te-am lovit cumva cu prilejul ultimei noastre întîlniri?

– Nu, vai de mine, mi-a făcut deosebită plăcere, răspunse părintele Fiodor triumfător.

Se depărtară iar unul de altul. Expresia pe care o avea pe faţă părintele Fiodor începu să-l înfurie pe Ippolit Matveevici.

– De slujbă pesemne că te-ai lăsat? întrebă el la următoarea întîlnire.

– Parcă mai pot face slujbă! Enoriaşii s-au risipit care încotro să caute comori.

– Nu uita că sînt comorile lor! Ale lor!

– Nu ştiu ale cui sînt, ştiu numai că le caută.

Ippolit Matveevici vru să spună o vorbă urîtă şi deschise gura în acest scop, dar nu-i veni nimic pe limbă şi intră furios în camera sa. După un minut ieşi de acolo fiul supusului turc, Ostap Bender, îmbrăcat cu vesta albastră.Călcînd pe şireturile de la pantofi, el se îndreptă spre Vostrikov. Bujorii din obrajii părintelui Fiodor se ofiliră şi deveniră pămîntii.

– Cumperi lucruri vechi? întrebă Ostap ameninţător. Scaune? Bulendre? Cutii goale de cremă de ghete?

– Ce doriţi? rosti în şoaptă părintele Fiodor.

– Vreau să-ţi vînd nişte pantofi vechi.

Preotul îngheţă şi se dădu cu doi paşi înapoi.

– De ce taci ca un arhiereu în orele de primire?

Părintele Fiodor se îndreptă încet spre camera sa.

– Lucruri vechi cumpărăm, lucruri noi furăm! strigă după el Ostap.

Vostrikov îşi vîrî capul între umeri şi se opri în uşa camerei sale. Ostap continuă să-l ia peste picior:

– Ei, ce zici de pantaloni, stimabile slujitor al cultului? Îi iei? Mai am de vînzare mînecile de la jiletcă, o gaură de covrig şi ziua de ieri. Îţi dau toată partida angro, ca să-ţi revie mai ieftin. Şi unde mai pui că nici nu sînt ascunse în scaune, aşa că nu trebuie căutate! Ce zici?

Slujitorul cultului închise uşa după el.

Ostap, satisfăcut, porni încet înapoi, tîrîndu-şi şireturile pe covor. Cînd silueta lui masivă se îndepărtă îndeajuns, părintele Fiodor scoase repede capul pe uşă şi, cu o indignare îndelung reţinută, strigă cu glas subţire:

– Ba prost eşti tu!

– Cum? ţipă Ostap repezindu-se înapoi, dar uşa era închisă şi se mai auzi numai ţăcănitul zăvorului.

Ostap se aplecă spre gaura cheii, duse palmele pîlnie la gură şi spuse rar şi răspicat:

– La ce preţ vinzi opiul pentru popor?

De dincolo de uşă nu veni nici un răspuns.

– Părinte, eşti un tip josnic! strigă Ostap.

În aceeaşi clipă, din gaura cheii apăru învîrtindu-se un creion, cu vîrful căruia părintele Fiodor încerca să-şi înţepe adversarul. Legatarul sări la timp înapoi şi prinse creionul. Combatanţii, despărţiţi de uşă, începură fiecare să tragă creionul spre el. Tinereţea birui. Anevoios, aşa cum iese o aşchie intrată sub piele, creionul ieşi încet din gaura cheii. Cu acest trofeu Ostap se întoarse în odaia sa. Asociaţii se înveseliră şi mai mult.

– Duşmanul fuge, fuge, fuge! fredonă Ostap.

El crestă cu briceagul pe o latură a creionului un cuvînt jignitor, ieşi repede pe coridor şi, după ce vîrî creionul în broască, se întoarse imediat.

Companionii scoaseră afară cotoarele verzi ale ordinelor şi se apucară să le studieze cu grijă.

– Ordinul pentru goblenul *Păstoriţa,* spuse Ippolit Matveevici visător. Am cumpărat acest goblen de la un magazin de antichităţi din Petersburg.

– Ducă-se la dracu' de păstoriţă! strigă Ostap, rupînd ordinul în bucăţele.

– O masă rotundă... Se vede că din garnitură...

– Dă masa încoace. La dracu' cu ea!

Mai rămăseseră două ordine: unul pentru zece scaune, eliberat Muzeului de Mobile din Moscova, şi altul pentru un scaun, dat tovarăşului Griţaţuev din Stargorod, strada Plehanov nr. 15.

– Pregăteşte banii, spuse Ostap, o să trebuiască probabil să plecăm la Moscova.

– Dar mai există şi aici un scaun.

– O şansă contra zece. Calculul probabilităţilor, şi asta numai dacă cetăţeanul Griţaţuev n-o fi făcut cu el foc în burjuikă[1].

– Nu-i bine să faci asemenea glume.

– Nu-i nimic, nu-i nimic, *lieber Vater* Konrad Karlovici Michelson, le găsim noi. Cum mă vezi şi cum te văd! Dacă n-om purta noi obiecte de olandă şi n-om mînca noi cremă Margot, lasă...

– Nu ştiu de ce, spuse Ippolit Matveevici, dar am eu simţămîntul că bijuteriile trebuie să fie tocmai în scaunul ăsta.

– Aha! Ai simţămîntul? Şi ce simţămînt mai ai încă? Nici unul? Ei, bine. Hai să lucrăm în mod marxist. Să lăsăm norii deoparte şi să coborîm la scaune. Ard de dorinţa de a mă întîlni cît mai curînd cu cetăţeanul Griţaţuev, invalid din războiul imperialist, domiciliat în strada Plehanov nr. 15. Hai să zburăm într-acolo. Să nu-mi rămîi cumva în urmă, Konrad Karlovici. Planul îl facem pe drum.

Trecînd pe lîngă uşa părintelui Fiodor, răzbunătorul fiu al supusului turc îi trase o izbitură cu piciorul. Din odaie se auzi răgetul slab al concurentului hăituit.

---

1 Sobiţă rudimentară de tablă.

– Numai să nu se ţie după noi! spuse cu teamă Ippolit Matveevici.

– Nici o grijă. După întrevederea de astăzi a miniştrilor pe iaht, nici o apropiere nu mai este cu putinţă. I-e frică de mine.

Asociaţii se întoarseră abia pe seară. Ippolit Matveevici avea o mutră preocupată. Dimpotrivă, chipul lui Ostap radia de mulţumire. El purta pantofi noi de culoarea zmeurei, în tocurile cărora erau înşurubate nişte cauciucuri rotunde, ciorapi cu pătrăţele verzi şi negre aşezate ca pătrăţelele de pe tabla de şah, o şapcă crem şi un fular de mătase artificială, cu motive româneşti.

– Scaunul există într-adevăr, spuse Ippolit Matveevici amintindu-şi de vizita făcută la văduva Griţaţueva. Dar cum punem mîna pe el? Să-l cumpărăm?

– Nu se poate, răspunse Ostap. Lăsînd deoparte faptul că ar fi o cheltuială cu totul neproductivă, încercarea de a-l cumpăra ar stîrni comentarii. De ce un singur scaun? Şi de ce tocmai acest scaun?

– Atunci ce-i de făcut?

Ostap îşi examină afectuos călcîiele de la pantofii lui cei noi şi zise:

– Şic modern, ai? Ce-i de făcut? Nu fi îngrijorat, dragă preşedinte, iau eu această operaţiune asupra mea. În faţa pantofiorilor ăstora nu rezistă nici un scaun.

– Ştii, interveni înviorat Ippolit Matveevici, cînd stăteai de vorbă cu *madame* Griţaţueva despre inundaţie, m-am aşezat pe scaunul nostru şi, pe cuvînt de onoare îţi spun, am simţit sub mine ceva tare. Sînt acolo, îţi jur, sînt acolo... Zău, simt doar.

– Nu te pierde cu firea, cetăţene Michelson.

– Trebuie să-l furăm la noapte! Zău, trebuie să-l furăm!

– Ştii că pentru un mareşal al nobilimii ai un orizont cam îngust. Dar tehnica acestei operaţiuni o cunoşti? Nu cumva ai ascunsă în valiză şi o trusă cu o garnitură de şperacle? Scoate-ţi din cap chestia asta! Este o meschinărie în toată puterea cuvîntului să jefuieşti o biată văduvă.

Ippolit Matveevici îşi veni în fire.

– Vreau numai să le găsim cît mai repede, spuse el pe un ton rugător.

– Repede se nasc numai pisicile, declară Ostap pe un ton profesoral. O să mă însor cu ea.

– Cu cine?

– Cu *madame* Griţaţueva.

– Pentru ce?

– Pentru ca să pot scotoci prin scaun în linişte, fără scandal.

– Dar bine, în felul acesta te legi pe toată viaţa!

– Ce nu face omul pentru binele asociaţiei?

– Pe toată viaţa! şopti Ippolit Matveevici.

Şi, mirat la culme, ridică braţele. Chipul lui ras, ca de pastor, se strîmbă şi i se văzură nişte dinţi negri, necurăţaţi din ziua cînd plecase din oraşul X.

– Pe toată viaţa! şopti iar Ippolit Matveevici. Ăsta e un mare sacrificiu.

– Viaţa! exclamă Ostap. Sacrificiu! Ce ştii dumneata despre viaţă şi despre sacrificii? Crezi că dacă ai fost dat afară din casa dumitale boierească, ştii ce este viaţa? Şi dacă ţi s-a rechiziţionat o vază chinezească falsă, ăsta e sacrificiu? Viaţa, domnilor juraţi, este o chestie complicată, dar, domnilor juraţi, chestia asta complicată se dezleagă foarte simplu. Trebuie numai să ştii s-o dezlegi. Cine nu poate s-o dezlege, acela piere. Ai auzit de husarul sihastru?

Ippolit Matveevici nu auzise.

– Bulanov! N-ai auzit de Bulanov? Eroul Petersburgului aristocratic? Acuşi ai să auzi.

Şi Ostap îi istorisi lui Ippolit Matveevici o întîmplare al cărei început uimitor impresionase toată lumea bună din Petersburg şi al cărei sfîrşit – şi mai uimitor – se pierduse, petrecîndu-se neobservat de absolut nimeni în ultimii ani.

„POVESTEA HUSARULUI SIHASTRU

Superbul husar, contele Aleksei Bulanov, era într-adevăr, cum spusese Bender, eroul Petersburgului aristocratic. Numele acestui splendid cavalerist şi chefliu era mereu prezent pe buzele locatarilor rigizi ai palatelor de pe cheiul Angliiskaia şi în coloanele cronicii mondene. În revistele ilustrate apărea foarte des fotografia frumosului husar cu nasul mic, triumfător, şi cu părul lins, pieptănat peste cap, şi care purta o tunică cu brandenburguri, tivită cu cel mai fin astrahan persan.

Contele Bulanov avea faima de a fi luat parte la o mulţime de dueluri tainice cu sfîrşit fatal, de a fi avut aventuri cunoscute cu doamnele cele mai frumoase şi mai inaccesibile din lumea bună, de a fi sfidat nebuneşte anumite persoane respectate în societate şi de a fi fost sufletul unor chefuri monstre, ce se terminau întotdeauna prin maltratarea civililor ce-i cădeau sub mînă.

Contele era frumos, tînăr şi bogat, cu noroc în dragoste, la cărţi şi la moşteniri. Rudele lui mureau des şi moştenirile veneau să sporească mereu averea şi aşa uriaşă a husarului.

Era cutezător şi viteaz. Îl ajutase pe negusul Menelic[1] al Abisiniei în războiul împotriva italienilor. Şedea sub cerul înstelat al Abisiniei, înfăşurat într-un burnus alb, şi examina o hartă militară a regiunii. Lumina făcliilor arunca umbre tremurînde pe părul său lins la tîmple. La picioarele sale şedea noul său prieten – băieţaşul abisinian Vaska.

După ce a zdrobit trupele regelui Italiei, contele s-a întors la Petersburg aducîndu-l cu el pe abisinianul Vaska. Petersburgul l-a primit pe erou cu flori şi şampanie. Contele Aleksei s-a cufundat din nou, nepăsător, în vîrtejul plăcerilor, după cum se spune în romanele despre lumea bună. Cei din jur continuau să vorbească despre el cu dublă admiraţie, femeile se otrăveau din pricina lui, bărbaţii îl invidiau. Pe bancheta din spatele caretei contelui, care trecea în goană pe strada Millionnaia, stătea întotdeauna abisinianul, stîrnind uimirea trecătorilor prin culoarea sa neagră şi prin trupul său trecut ca prin inel.

---

[1] Menelic (1844–1943), împărat al Abisiniei începînd din 1800. A condus lupta pentru independenţa ţării, învingînd trupele italiene în războiul din 1895–1896.

Şi deodată totul luă sfîrşit. Contele Aleksei Bulanov dispăru. Contesa de Bielorusia şi Baltica, ultima pasiune a contelui, era nemîngîiată. Dispariţia lui făcu mare vîlvă. Gazetele se străduiau din răsputeri să ghicească motivul. Detectivii cădeau din picioare de oboseală căutîndu-l. Dar totul era zadarnic. Imposibil să se dea de urma contelui.

Cînd zarva începu să se potolească, sosi din schitul Averkiev o scrisoare care lămuri misterul. Superbul conte, eroul Petersburgului aristocratic, Baltazarul[1] secolului al XIX-lea, se făcuse sihastru. Se povesteau amănunte înfiorătoare. Se spunea că acum contele-călugăr poartă lanţuri în greutate de cîteva puduri, că el, care era învăţat cu bucătăria fină, franţuzească, mănîncă numai coji de cartofi. Se făceau tot soiul de presupuneri. Se zicea că răposata maică-sa i se arătase. Femeile plîngeau. În faţa casei unde locuia contesa de Bielorusia şi Baltica stăteau şiruri de trăsuri. Contesa şi soţul ei primeau condoleanţe. Se iviră apoi alte zvonuri. Se aştepta ca dispărutul conte să se întoarcă. Se spunea că ar fi vorba de o manie religioasă trecătoare. Alţii ziceau că fugise ca să scape de datorii. Mulţi pretindeau că motivul ar fi o dragoste nenorocită.

În realitate însă, contele se călugărise ca să afle sensul vieţii. El nu se mai întoarse. Treptat, lumea uită de dînsul. Contesa de Baltica cunoscu un cîntăreţ italian, iar abisinianul Vaska se înapoie în patrie.

La schit, contele Aleksei Bulanov, care-şi luase numele de Evpl, îşi chinuia trupul, punîndu-l la grele cazne. Purta într-adevăr lanţuri, dar i se păru că aceasta nu-i de ajuns pentru a cunoaşte viaţa. Îşi inventă atunci o uniformă specială de călugăr: o camilafcă cu cozoroc oblic, care îi acoperea faţa, şi o sutană care îl împiedica să se mişte. Cu binecuvîntarea stareţului, el începu să poarte această uniformă. Dar şi asta i se păru prea puţin. Stăpînit de cerbicie, se retrase în pădure, într-un bordei, şi începu să trăiască într-un coşciug de stejar.

Fapta sihastrului Evpl uimi întregul schit. El mînca numai pesmeţi, cu care era aprovizionat o dată la trei luni.

---

[1] Potrivit Bibliei, ultimul rege al Babilonului, cunoscut prin bogăţia şi viaţa sa uşuratică.

Astfel trecură douăzeci de ani. Evpl socotea că duce o viaţă înţeleaptă, dreaptă şi singura cu cale. Îi era acum deosebit de uşor să trăiască şi gîndurile îi erau pure cum e cristalul. Cunoscuse viaţa şi-şi dăduse seama că altfel nu se poate trăi.

Dar într-o zi constată mirat că în locul unde se obişnuise timp de douăzeci de ani să găsească pesmeţi, nu găseşte nimic. Patru zile nu mîncă. A cincea zi sosi un bătrîn în opinci, pe care nu-l cunoştea, şi-i spuse că bolşevicii i-au dat afară pe călugări şi au înfiinţat la schit un sovhoz. După ce-i lăsă cîţiva pesmeţi, bătrînul plecă plîngînd. Sihastrul nu înţelese cuvintele bătrînului. Senin şi liniştit, zăcea mai departe în coşciug şi se bucura că a cunoscut viaţa. Bătrînul ţăran continua să-i aducă pesmeţi.

Astfel mai trecură cîţiva ani, în care răstimp nu-l tulbură nimeni.

Într-o bună zi însă, uşa bordeiului se deschise şi, încovoindu-şi spinările ca să poată intra, pătrunseră înăuntru cîţiva oameni. Ei se apropiară de coşciug şi începură să se uite lung şi în tăcere la bătrîn. Erau nişte oameni înalţi, care purtau cizme cu pinteni, pantaloni exagerat de bufanţi şi mausere[1] în tocuri de lemn lustruit. Bătrînul zăcea în coşciug cu mîinile întinse şi se uita la aceşti străini cu privirea lui senină. Barba-i albă, lungă şi pufoasă, acoperea jumătate din coşciug. Necunoscuţii zăngăniră din pinteni, dădură din umeri şi plecară închizînd cu grijă uşa după ei.

Timpul trecea. Viaţa se dezvăluise sihastrului în toată plinătatea şi frumuseţea ei. În noaptea următoare zilei cînd sihastrul se încredinţase de-a binelea că în sufletul lui totul e senin, el se trezi pe neaşteptate. Acest lucru îl miră, căci nu avea obiceiul să se trezească noaptea niciodată. Cugetînd ce anume a putut să-l trezească, adormi din nou, dar se trezi imediat iarăşi, simţind o pişcătură puternică în spate. Căutînd să-şi dea seama de la ce putea să-i vină această pişcătură, se străduia să adoarmă, dar nu izbutea. Ceva îl stînjenea. Nu închise ochii pînă dimineaţa. În noaptea următoare, iar îl trezi ceva. Se răsuci pînă dimineaţa,

[1] Marcă de revolver.

gemînd încet şi tot scărpinîndu-se pe braţe, cu un gest maşinal. Sculîndu-se în timpul zilei, aruncă din întîmplare o privire în coşciug şi atunci pricepu totul: pe marginile culcuşului său lugubru alergau nişte ploşniţe vişinii. Sihastrului i se făcu greaţă.

În aceeaşi zi sosi bătrînul cu pesmeţi. Şi iată că schimnicul, care tăcuse timp de douăzeci şi cinci de ani, începu să vorbească. El ceru bătrînului să-i aducă puţin gaz. Auzind glasul marelui taciturn, ţăranul rămase ca lovit cu leuca. Totuşi se duse şi după o bucată de vreme veni cu o sticluţă de gaz ascunsă în sîn. Îndată ce bătrînul plecă, sihastrul unse cu mîna-i tremurătoare toate încheieturile şi crăpăturile coşciugului cu gaz. Pentru prima oară după trei zile Evpl adormi liniştit. Nu-l tulbură nimic. Unse coşciugul cu gaz şi în zilele următoare. Dar după două luni îşi dădu seama că nu-i chip să stîrpească ploşniţele cu ajutorul gazului. Noaptea se sucea întruna pe o parte şi pe alta şi se ruga cu glas tare, dar rugăciunile îi ajutau încă şi mai puţin decît gazul.

Petrecu astfel şase luni în nişte chinuri de nedescris, pînă cînd se hotărî să se adreseze din nou bătrînului. A doua rugăminte a sihastrului îl uimi şi mai mult pe ţăran. Cuvioşia sa îl ruga să-i aducă de la oraş praf „Aragaţ“ contra ploşniţelor. Dar nici „Aragaţ“-ul nu fu de folos. Ploşniţele se înmulţeau cu o repeziciune uimitoare. Sănătatea perfectă a sihastrului, pe care nici cei douăzeci şi cinci de ani de post nu izbutiseră s-o şubrezească simţitor, se înrăutăţi acum. Viaţa îi devenise un calvar, ceva dezolant. Coşciugul începu acum să i se pară sihastrului dezgustător şi incomod. Ascultînd de sfatul ţăranului, se apucă să ardă noapte de noapte ploşniţele cu opaiţul. Ploşniţele mureau, dar nu se predau.

Încercă şi ultimul mijloc: produsele firmei „Fraţii Glik“ – un lichid trandafiriu, cu miros de piersică otrăvită, purtînd denumirea de „Klopin“[1]. Dar nici asta nu ajută. Situaţia se înrăutăţea. Marele război pornit împotriva ploşniţăraiei ţinea de doi ani, cînd sihastrul

---

[1] De la *klop* – „ploşniţă“, în limba rusă.

băgă întîmplător de seamă că încetase cu totul să mai cugete la tîlcul vieţii, deoarece zi şi noapte era ocupat cu urmăritul condrăţeilor.

Pricepu atunci că a greşit. Viaţa îi apărea, ca şi în urmă cu douăzeci şi cinci de ani, sumbră şi misterioasă. Nu izbutise să se îndepărteze de lumeasca deşertăciune. Se dovedise că e cu neputinţă să trăieşti cu trupul pe pămînt şi cu sufletul în ceruri.

Văzînd aşa, bătrînul se sculă în picioare şi ieşi repede din bordei. Se trezi în mijlocul unui codru verde şi des. Era un început de toamnă uscată. Chiar lîngă bordei răsărise din pămînt o familie întreagă de ciuperci albe şi grase. O păsărică necunoscută şedea pe o creangă şi cînta solo. Se auzi zgomotul unui tren care trecea prin apropiere. Pămîntul se cutremură. Viaţa era minunată. Fără să se uite în urmă, bătrînul o porni înainte.

Astăzi e vizitiu la baza hipo a Gospodăriei Comunale din Moscova."

După ce-i povesti lui Ippolit Matveevici această întîmplare cît se poate de instructivă, Ostap îşi şterse cu mîneca hainei pantofii zmeurii, începu să fredoneze un marş şi plecă.

Spre dimineaţă intră ca o furtună în cameră, se descălţă, îşi puse pantofii zmeurii pe noptieră şi începu să le netezească pielea lucioasă, rostind drăgăstos şi gingaş:

– Micuţii mei prieteni.

– Unde ai fost? îl întrebă Ippolit Matveevici, buimac de somn.

– La văduvă, îi răspunse Ostap cu o voce surdă.

– Ei? făcu Ippolit Matveevici sprijinindu-se într-un cot şi întrebă din nou: Şi cum rămîne? Te însori cu ea?

Lui Ostap începură să-i scapere ochii.

– Acum nu mai am ce face. Ca om cinstit, trebuie să mă însor cu ea.

Ippolit Matveevici mîrîi de ruşine.

– Toridă femeie, urmă Ostap, cum visează poeţii. Spontaneitate şi simplitate provincială. La centru nu mai există de mult asemenea temperamente subtropicale, dar în regiunile periferice, în provincie, se mai întîlnesc.

– Şi cînd e nunta?

– Poimîine. Mîine nu se poate, fiindcă e 1 Mai şi totul este închis.

– Dar ce se va întîmpla cu afacerea noastră? Dumneata te căsătoreşti... Or, s-ar putea să trebuiască să plecăm la Moscova.

– Şi de ce te nelinişteşti? Şedinţa continuă!

– Dar nevasta?

– Nevasta? Văduvioara nestemată? Asta nu-i o problemă. Fiind convocat la centru, plec pe neaşteptate. Trebuie să prezint un raport nu prea mare la Micul Consiliu al Comisarilor Poporului... Scenă de despărţire şi un pui pentru drum. O să plecăm cu tot confortul. Dormi! Mîine avem zi liberă.

CAPITOLUL XIII

RESPIRĂ MAI ADÎNC: EŞTI EMOŢIONATĂ!

În dimineaţa zilei de 1 Mai, Viktor Mihailovici Polesov, ros de obişnuita lui sete de activitate, ieşi în stradă şi o luă la goană spre centrul oraşului. La început, multiplele lui talente nu-şi putură găsi întrebuinţarea cuvenită, fiindcă deocamdată era puţină lume pe străzi, iar tribunele sărbătoreşti, păzite de miliţieni călare, erau goale. Dar pe la ora nouă, din diferite capete ale oraşului începură să se audă miorlăituri, fornăituri şi şuierături de fanfare. Gospodinele se arătau fuga la poartă.

O coloană de muzicanţi, cu gulere moi răsfrînte, pătrunsese nu se ştie cum în mijlocul cortegiului feroviarilor, încurcîndu-li-se printre picioare şi stînjenind pe toată lumea.

Un autocamion, pe care era instalată o locomotivă verde din placaj, de tipul „S", dădea mereu cu spatele peste muzicanţi şi în acelaşi timp ieşeau din pîntecele locomotivei ţipete adresate truditorilor oboiului şi flautului:

– Unde e organizatorul vostru? Voi trebuia s-o luaţi pe Krasnoarmeiskaia?! Ce, sînteţi chiori? V-aţi băgat aici şi încurcaţi circulaţia!

În acest moment, spre nenorocirea muzicanţilor, interveni Viktor Mihailovici.

– Bineînţeles că trebuie s-o cotiţi aici în fundătură! Nu sînt în stare nici măcar să organizeze o defilare! zbiera Polesov cît îl ţinea gura. Încoace! Încoace! Asta-i o porcărie ce nu s-a mai văzut!

Autocamioanele Gospodăriei Comunale din Stargorod şi ale Organizaţiei de Construire a Morilor transportau copii. Cei mai mici stăteau la marginea camioanelor, iar cei mai înalţi – la mijloc. Oastea aceasta minoră flutura steguleţe de hîrtie şi se distra de minune.

Tobele pionierilor răpăiau. Adolescenţii neajunşi încă la vîrsta recrutării scoteau pieptul în afară şi căutau să meargă în pas. Era înghesuială, zgomot şi zăpuşeală. La fiecare minut se formau grupuri care nu puteau înainta şi tot la fiecare minut ele se topeau în mulţime. Ca să le mai treacă timpul, cînd se opreau, oamenii îi săltau în sus pe bătrînei şi pe activişti. Bătrîneii ţipau cu nişte glasuri muiereşti. Activiştii pluteau tăcuţi, cu feţe serioase. O coloană veselă îl luă pe Viktor Mihailovici, care încerca să treacă în partea cealaltă, drept organizator şi începu să-l salte în aer. Polesov dădea din picioare ca o paiaţă.

Un grup purta o momîie înfăţişîndu-l pe ministrul englez Chamberlain, pe care un muncitor cu o musculatură anatomică îl pocnea peste cilindru cu un baros de carton. Trecu un automobil cu trei comsomolişti îmbrăcaţi în fracuri şi cu mănuşi albe, care se uitau aiuriţi la mulţime.

– Vaska! strigau unii de pe trotuar. Burjuiule! Dă bretelele înapoi.

Nişte fete cîntau. În rîndurile salariaţilor de la Prevederile Sociale se afla Alhen, care mergea cu o fundă mare, roşie, la piept şi, îngîndurat, cînta pe nas:

„Din taiga pînă hăt la mările engleze,
Armata Roşie-i fruntea oştilor viteze!...“

Sportivii, la comandă, scandau ceva ce nu se putea înţelege.

Şi toţi mărşăluiau, înaintau pe jos sau în automobile spre noul depou de tramvaie, de unde, fix la ora unu, trebuia să iasă primul tramvai electric din Stargorod.

Nimeni nu ştia cu precizie cînd s-a început construirea tramvaiului din Stargorod.

Într-o zi, prin anul 1920, cînd au început subotnicele, muncitorii de la Depoul de Cale Ferată şi de la Fabrica de Frînghii porniră cu fanfara în frunte spre cartierul Gusişce şi săpară toată ziua nişte gropi.

Fură săpate foarte multe gropi mari şi adînci.

Printre cei care lucrau, alerga de colo-colo un tovarăş cu şapcă de inginer. După el – şefii de lucrări cu nişte pari multicolori în mînă. În subotnicul următor s-a lucrat tot unde se mai lucrase. Două gropi care nu fuseseră săpate unde trebuie fură astupate la loc. Tovarăşul cu şapcă de inginer se repezea la şefii de lucrări şi le cerea explicaţii. Noile gropi săpate erau de data aceasta şi mai adînci, şi mai mari.

Se aduse apoi cărămidă şi apărură muncitori care erau constructori adevăraţi. Ei începură să pună fundaţia. Dar după asta se aşternu linişte. Tovarăşul cu şapcă de inginer mai venea uneori pe şantierul rămas pustiu şi se plimba îndelung prin groapa căptuşită cu cărămizi, bombănind:

– Hozrasciot!

Ciocănea cu un băţ în fundaţie şi apoi fugea acasă, în oraş, acoperindu-şi cu palmele urechile îngheţate.

Pe inginer îl chema Treuhov.

Centrala pentru tramvaie, a cărei construcţie se oprise la fundaţie, fusese proiectată de Treuhov mai demult, încă din 1912, dar primăria oraşului respinsese atunci proiectul. După doi ani, Treuhov reîncepu să dea asalt primăriei, dar i se puse de-a curmezişul războiul. După război i se puse de-a curmezişul Revoluţia. Acum i se puneau de-a curmezişul nep-ul, hozrasciot-ul, autoamortizarea. În timpul verii, fundaţia se acoperea cu flori, iar iarna copiii îşi făceau acolo un deluşor.

Treuhov visa o lucrare importantă. Slujba la Serviciul de Urbanistică al Gospodăriei Comunale din Stargorod îl plictisea şi îi era silă să tot repare rigolele trotuarelor şi să întocmească devize pentru instalarea stîlpilor de afişaj. Dar o lucrare importantă nu se ivea. Proiectul tramvaiului, supus din nou spre examinare, zăcea pe la forurile guberniale superioare, era aprobat, respins, înaintat spre cercetare la centru, dar, aprobat sau respins, tot se aduna praful pe el, deoarece şi într-un caz, şi în celălalt tot nu se alocau bani.

– Asta e o barbarie! ţipa Treuhov către nevastă-sa. Nu sînt bani? Dar ca să plătească mai mult decît trebuie cărăuşilor, ca să se cheltuiască pentru transportul mărfurilor la gară cu mijloace hipo, sînt bani? Birjarii din Stargorod iau pielea de pe om! Un monopol al tîlharilor, fireşte! Ia încearcă să mergi pe jos cinci verste pînă la gară dacă ai bagaje! Poţi?... Tramvaiul se va amortiza în şase ani!

Mustăţile lui veştejite atîrnau mînioase. Toată faţa, împreună cu nasu-i cîrn, se mişca. Scotea din birou planurile heliogravate pe hîrtie albastră şi, furios, le arăta nevestei pentru a mia oară. Erau planurile centralei, ale depoului şi a douăsprezece linii de tramvai.

– Dracu' să le ia, nu stărui să fie de la început douăsprezece. Pot să mai aştepte! Dar trei, trei linii! Dacă nu le avem nici pe astea, Stargorodul se va sufoca.

Treuhov pufnea înciudat şi se ducea la bucătărie să spargă lemne.

Toate treburile gospodăriei le făcea singur. Făcuse proiectele şi confecţionase personal un leagăn pentru copil şi o maşină de spălat. La început spălase singur rufele, ca să-i explice soţiei cum trebuie manipulată maşina. Treuhov cheltuia cel puţin o cincime din salariu pentru a-şi procura literatură tehnică din străinătate. Ca s-o poată scoate la capăt, se lăsase de fumat.

Inginerul se dusese să-şi prezinte proiectul şi noului responsabil al Gospodăriei Comunale din Stargorod, Gavrilin, care fusese mutat aici din Samarkand. Noul responsabil, cu obrazul înnegrit de soarele Turkestanului, îl ascultă îndelung, dar fără o atenţie deosebită, răsfoi distrat planurile şi în cele din urmă spuse:

– Ştii că la Samarkand n-avem nevoie de nici un fel de tramvai. Acolo toată lumea merge pe măgari. Un măgar costă o nimica toată – trei ruble. Şi poate să care în spinare vreo zece puduri!... Te şi minunezi cînd vezi ce-i în stare să ducă un măgar din ăsta mititel!

– Uitaţi-vă ce va să zică Asia înapoiată! exclamă supărat Treuhov. Un măgar costă trei ruble – iar nutreţul pentru el treizeci de ruble pe an.

– Dar cu tramvaiul dumitale mergi cu treizeci de ruble? De trei sute de ori! Nici măcar o dată pe zi în decurs de un an.

– Atunci n-aveţi decît să aduceţi şi aici măgarii dumneavoastră, ţipă Treuhov şi ieşi din birou trîntind uşa.

Din ziua aceea noul responsabil îşi făcu obiceiul, ori de cîte ori se întîlnea cu Treuhov, să-l întrebe ironic:

– Ei, ce zici? Aducem măgari sau facem tramvai?

Gavrilin semăna la faţă cu un nap perfect netezit cu cuţitul. Ochii îi sclipeau şiret.

După vreo două luni, Gavrilin îl chemă pe inginer şi-i spuse serios:

– Mi-am făcut un mic plan. Un singur lucru e limpede pentru mine, şi anume că bani n-avem, iar tramvaiul nu-i un măgar ca să-l cumperi cu trei ruble. Trebuie să ne creăm fondurile. Ce soluţie practică există pentru asta? Societatea pe acţiuni! Şi care încă? Un împrumut! Cu dobîndă. În cîţi ani crezi că s-ar amortiza tramvaiul?

– În şase ani de la darea în exploatare a celor trei linii din prima tranşă.

– Bine, să zicem că în zece. Să vedem acum cu cine putem face societatea pe acţiuni. Cine va participa? Trustul Alimentar. Oficiul Untului. Fabrica de Frînghie are nevoie de tramvai? Are! O să punem să circule vagoane de marfă pînă la gară. Prin urmare, şi fabrica de frînghie! Poate o să dea ceva şi Comisariatul Poporului pentru Căile de Comunicaţii. Cu siguranţă că o să dea o cotă şi Comitetul Executiv Gubernial. Iar cînd o să începem, o să obţinem un împrumut de la Banca de Stat şi Banca Comercială. Ăsta-i planul meu. Vineri vom discuta problema în şedinţa prezidiului

Comitetului Executiv Gubernial. Dacă se hotărăşte s-o facem, nu va mai rămîne decît ca dumneata să te apuci de lucru.

Treuhov spălă emoţionat rufele pînă noaptea tîrziu, explicîndu-i nevestei sale superioritatea tramvaiului faţă de transportul hipo.

Vineri problema fu soluţionată favorabil. Şi calvarul începu. Societatea pe acţiuni fu pusă pe picioare cu mare greutate. Comisariatul Poporului pentru Căile de Comunicaţii iată acum accepta, acum refuza să intre în rîndurile acţionarilor. Trustul Alimentar încerca prin toate mijloacele ca, în loc de 15% din acţiuni, să subscrie numai 10%. În cele din urmă însă, tot pachetul de acţiuni fu distribuit, deşi avură loc şi conflicte. Gavrilin fu convocat la Comisia Gubernială de Control, sub învinuirea că exercitase presiuni. Dar pînă la urmă totul se termină cu bine. Rămînea doar să se înceapă lucrările.

– Ei, tovarăşe Treuhov, spuse Gavrilin, dă-i drumul. Te simţi în stare să-l faci? Prea bine! Să ştii că asta e cu totul altceva decît să cumperi un măgar.

Treuhov se adînci în lucru. Sosise vremea să întreprindă acea mare faptă la care visase atîţia ani de zile. Se întocmeau devize, se elabora planul de construcţie, se făceau comenzi. Dar greutăţile se iveau acolo unde te aşteptai mai puţin. De pildă, nu găsiră în oraş specialişti în turnarea betonului şi a trebuit să fie aduşi de la Leningrad. Gavrilin căuta să zorească lucrurile, şi cînd colo uzinele făgăduiră să livreze maşinile abia peste un an şi jumătate. Or, era nevoie de ele cel tîrziu peste un an. Reuşi să le constrîngă numai cu ameninţarea că va comanda maşinile în străinătate. Urmară şi alte neplăceri, mai mărunte. Ba nu găsea oţel profilat de dimensiunile necesare, ba în loc de traverse impregnate se ofereau traverse neimpregnate. În sfîrşit se dădu materialul pretins, dar Treuhov, care se dusese personal la Fabrica de Impregnat Traverse, se văzu nevoit să refuze 60% din ele. Piesele de fontă aveau defecte. Cheresteaua era udă. Şinele erau bune, dar începură să sosească după o lună de întîrziere. Gavrilin venea des pe şantierul Centralei Electrice a Tramvaielor, într-un Fiat vechi şi răguşit. Şi de cîte ori venea, se certa cu Treuhov.

Tot timpul cît se construiau şi se montau Centrala şi Depoul, locuitorii Stargorodului nu făceau decît să glumească pe socoteala constructorilor.

În *Pravda Stargorodului* se ocupa de această problemă a tramvaiului foiletonistul care semna pe vremuri „Prinţul de Danemarca" şi era cunoscut în tot oraşul, iar acum scrisa sub pseudonimul „Piston". Cel puţin de trei ori pe săptămînă, Piston trîntea un reportaj cît toate zilele despre felul cum merg lucrările. În pagina a treia a ziarului, în care abundau note cu titluri sceptice ca de pildă: „Nu prea miroase a club", „Pe urmele punctelor slabe", „Inspecţiile sînt necesare, dar ce amestec au în chestia asta luxul şi cozile lungi", „Bine şi... rău", „Ce ne bucură şi ce nu ne bucură", „Să fie puşi la punct sabotorii din învăţămînt" şi „E timpul să se pună capăt torentului de hîrtii" – începură să apară, spre bucuria cititorilor, titlurile senine şi optimiste ale reportajelor lui Piston: „Cum construim, cum trăim", „Gigantica întreprindere va începe în curînd să funcţioneze", „Modestul constructor" şi altele în acelaşi spirit.

Treuhov deschidea tremurînd ziarul şi, cu o senzaţie de dezgust faţă de semenii săi scriitori, citea despre propria sa persoană rînduri pline de patos ca acestea:

„... Urc pe căpriori. Vîntul îmi şuieră în urechi.

Sus, se află el, acest constructor modest al puternicei noastre Centrale de Tramvaie, acest om slăbuţ, cîrn, ce poartă pe cap o cascheta veche cu ciocănaşe.

Îmi amintesc de versurile:

«Pe ţărmul apelor deşarte,
El, plin de gînduri mari, privea...»

Mă apropii de dînsul. Nici o adiere. Căpriorii stau neclintiţi.

Îl întreb:

– Cum sînt îndeplinite sarcinile?

Chipul colţuros al constructorului – inginerul Treuhov – se animă...

El îmi strînge mîna, şi-mi spune:

– Sarcina a fost îndeplinită în proporţie de 70%."

Articolul se încheia astfel:

„La despărţire îmi strînge mîna... În spatele meu vuiesc căpriorii.

Muncitorii forfotesc în toate părţile.

Cine poate uita acest freamăt al şantierului, această figură modestă a constructorului nostru?

PISTON“

Pe Treuhov îl salva numai faptul că nu avea timp să citească ziarul şi cîteodată scăpa cîte o operă a tovarăşului Piston.

Într-o zi însă, Treuhov nu se mai putu stăpîni şi-i trînti o punere la punct pe cît de bine chibzuită, pe atît de sarcastică:

„Fireşte, scria el, că bulonii pot fi numiţi transmisie, dar aceasta numai de către cei care habar n-au de construcţii. Şi apoi aş vrea să-i atrag atenţia tovarăşului Piston că, de fapt, căpriorii vuiesc numai atunci cînd construcţia este pe cale să se prăbuşească. A vorbi în felul acesta despre căpriori e la fel ca şi cum ai spune despre violoncel că face copii. Vă rog să primiţi expresia etc.“

După această punere la punct, Prinţul de Danemarca, care nu-şi găsea astîmpăr, încetă să mai vină pe şantier, dar reportajele lui continuară să împodobească pagina a treia, distingîndu-se net printre celelalte obişnuite titluri ca: „15 000 de ruble ruginesc“, „Durerile locative“, „Materialul plînge“ şi „Ciudăţenii şi lacrimi“.

Construcţia se apropia de sfîrşit. Şinele erau sudate cu termit şi se întindeau neîntrerupt de la gară pînă la abator şi de la piaţa oborului pînă la cimitir.

La început se hotărîse ca inaugurarea tramvaiului să fie cu prilejul celei de-a IX-a aniversări a Revoluţiei din Octombrie, dar, invocînd ca pretext „armatura“, Uzina de Vagoane n-a livrat tramvaiele la timp. Inaugurarea a trebuit să fie amînată pentru 1 Mai, dată la care a fost gata absolut totul.

În plimbarea lor, cei doi legatari ajunseră împreună cu demonstranţii pînă în cartierul Gusişce, unde se adunase tot Stargorodul. Clădirea nouă a Depoului era împodobită cu crengi de brad, steagurile fluturau, vîntul ondula pancartele cu lozinci. Un miliţian călare îl fugărea în galop pe primul vînzător ambulant de îngheţată, care nimerise, Dumnezeu ştie cum, în locul gol din mijlocul tramvaiştilor. Între cele două porţi ale Depoului se înălţa o tribună mică, goală deocamdată, pe care erau instalate un microfon şi un difuzor. Spre tribună se îndreptau delegaţii. Membrii fanfarei reunite a personalului de la întreprinderile comunale şi a muncitorilor de la Fabrica de Frînghie îşi încercau puterea plămînilor. Toba era aşezată pe jos.

Prin hala luminoasă a Depoului, unde se aflau zece vagoane vopsite în verde-deschis şi numerotate de la 701 la 710, se plimba un corespondent al unui ziar din Moscova, cu o şapcă păroasă pe cap. La piept îi atîrna o oglinjoară în care se uita foarte des şi preocupat. Corespondentul îl căuta pe inginerul-şef ca să-i pună cîteva întrebări în legătură cu tramvaiul. Cu toate că în capul corespondentului reportajul despre inaugurarea tramvaiului, cuprinzînd şi conspectul cuvîntărilor încă nerostite, era gata, el îşi continua conştiincios căutările, negăsind altă greşeală decît faptul că nu exista bufet.

Oamenii din mulţime cîntau, ţipau şi ronţăiau seminţe aşteptînd să se dea drumul tramvaiului.

La tribună urcă prezidiul Comitetului Executiv Gubernial. Bîlbîindu-se, Prinţul de Danemarca stătea de vorbă cu confratele său în ale condeiului. Se aştepta sosirea operatorilor de la Studioul Jurnalului de Actualităţi din Moscova.

– Tovarăşi! începu Gavrilin. Daţi-mi voie să declar deschis mitingul festiv convocat cu prilejul inaugurării tramvaiului din Stargorod.

Trompetele de alamă se mişcară, răsuflară adînc şi intonară de trei ori la rînd *Internaţionala*.

– Dăm cuvîntul tovarăşului Gavrilin, care va prezenta raportul! strigă Gavrilin.

Fără a se fi înţeles în prealabil, Prinţul de Danemarca, alias Piston, şi oaspetele din Moscova notară amîndoi în carneţelele lor.

„Mitingul festiv s-a deschis cu raportul prezentat de tovarăşul Gavrilin, preşedintele Gospodăriei Comunale din Stargorod. Mulţimea l-a ascultat cu o atenţie încordată.“

Cei doi gazetari erau oameni cu totul diferiţi. Oaspetele din Moscova era tînăr şi necăsătorit. Prinţul-Piston avea pe umeri o familie numeroasă şi trecuse de mult peste patruzeci. Unul trăise la Moscova totdeauna, celălalt nu fusese la Moscova niciodată. Confratelui din Moscova îi plăcea berea, pe cînd Piston de Danemarca nu bea nimic altceva decît votcă. Dar în ciuda acestor deosebiri de caracter, vîrstă, obiceiuri şi educaţie, cei doi ziarişti îşi notau impresiile în aceleaşi fraze banale, răsuflate, tăvălite prin praf. Creioanele lor prinseră a scîrţîi şi, în carnetele pe care le ţineau în mînă, apăru o nouă însemnare: „În ziua festivităţii, străzile Stargorodului au devenit parcă mai largi..."

Gavrilin îşi începu cuvîntarea simplu şi frumos:

– A construi o reţea de tramvaie, spuse el, e cu totul altceva decît a cumpăra un măgar.

În mulţime răsună deodată rîsul zgomotos al lui Ostap Bender, care apreciase această frază. Încurajat de primirea ce i se făcu, Gavrilin începu să vorbească, pe neaşteptate, fără să-şi dea seama nici el singur de ce, despre situaţia internaţională. Încercă de cîteva ori să-şi îndrume raportul spre şinele de tramvai, dar constată cu groază că nu e în stare s-o facă. Împotriva voinţei îi ieşeau din gură cuvinte „internaţionale". După Chamberlain, căruia Gavrilin îi consacră o jumătate de oră, îl aduse în arena internaţională pe senatorul american Borah[1]. Entuziasmul mulţimii se răci. Corespondenţii notară în acelaşi timp amîndoi: „În expresii plastice, oratorul a înfăţişat situaţia internaţională a ţării noastre..." Gavrilin, care se înflăcărase, rosti cîteva vorbe tari la adresa boierilor români, iar apoi trecu la Mussolini. Şi abia la sfîrşitul cuvîntării izbuti să-şi biruie a doua sa natură, cea internaţională, şi pronunţă cuvinte potrivite cu împrejurarea:

– Şi mă întreb, tovarăşi, mulţumită cui va ieşi acuşi din Depou tramvaiul? Fireşte, tovarăşi, mulţumită dumneavoastră, mulţumită

[1] William Borah (1865–1940), om politic american, lider al izolaţioniştilor. S-a pronunţat în favoarea stabilirii relaţiilor diplomatice între S.U.A. şi U.R.S.S.

tuturor muncitorilor care au lucrat cu abnegaţie, tovarăşi, cu tot entuziasmul. Şi apoi, tovarăşi, daţi-mi voie să exprim mulţumiri cinstitului specialist sovietic, inginerului-şef Treuhov. Îi mulţumim şi lui!...

Cei de faţă începură să-l caute pe Treuhov, dar nu dădură de el. Reprezentantul Oficiului Untului, pe care de mult îl mînca limba, îşi făcu loc, se apropie de balustrada tribunei, ridică mîna şi începu să vorbească tare despre situaţia internaţională. La terminarea discursului, ambii corespondenţi, ascultînd cele cîteva aplauze care izbucniră, notară repede: „Aplauze furtunoase, transformate în ovaţii..." Apoi îşi ziseră în gînd că „transformate în ovaţii..." e poate exagerat. Ziaristul din Moscova se hotărî şi şterse ovaţiile. Piston oftă, dar le lăsă.

Soarele cobora repede ca pe un plan înclinat. De la tribună se rosteau saluturile. La fiecare minut fanfara intona *Mulţi ani trăiască!* Se ivi pîcla albăstruie a amurgului şi mitingul tot mai continua. Atît cei care vorbeau, cît şi cei care ascultau simţeau de mult că ceva nu-i cum trebuie, că festivitatea s-a prelungit peste măsură şi că e necesar să se dea drumul cît mai repede la tramvai. Dar cu toţii se obişnuiseră atît de mult să vorbească, încît nu se puteau opri.

În sfîrşit, îl găsiră pe Treuhov. Acesta era în aşa hal mînjit de ulei, încît, înainte de a se urca la tribună, se văzu nevoit să se ducă în birou să se spele o grămadă de vreme cu săpun, pe mîini şi pe faţă.

– Dăm cuvîntul inginerului-şef, tovarăşului Treuhov! anunţă bucuros Gavrilin. Hai, vorbeşte, că eu nu am spus deloc ceea ce trebuia, adăugă el în şoaptă.

Treuhov ar fi vrut să vorbească despre multe: şi despre subotnice, şi despre munca ce-a fost depusă, şi despre tot ce s-a făcut şi ce s-ar mai putea face. Căci se mai puteau face multe: se putea descotorosi oraşul de piaţa rudimentară unde îşi vindeau ţăranii produsele şi care constituia un focar de molime şi să se construiască hale cu tavan de sticlă, se putea ridica un pod permanent în locul celui provizoriu, care era distrus în fiecare an cînd porneau zăpoarele, în sfîrşit, se putea înfăptui proiectul de a construi un uriaş abator cu instalaţii frigorifice.

Treuhov deschise gura şi, tot poticnindu-se la fiecare cuvînt, începu să vorbească:

– Tovarăşi! Situaţia internaţională a statului nostru..., şi în continuare îngăimă adevăruri atît de răsuflate, încît mulţimii, care asculta al şaselea discurs despre situaţia internaţională, îi pieri tot cheful.

Abia cînd termină, Treuhov îşi dădu seama că nici el nu spusese nici un cuvînt despre tramvai. „Ce păcat, se gîndi el, că nu ştim să vorbim, dar deloc nu ştim să vorbim."

Şi îşi aduse aminte de cuvîntarea unui comunist francez pe care îl auzise cîndva la o adunare, la Moscova. Francezul vorbise despre presa burgheză. „Aceşti saltimbanci ai condeiului, exclama el, aceşti virtuoşi ai farsei, aceşti şacali ai rotativelor..." Francezul îşi rostise prima parte a cuvîntării în „la", a doua – la înălţimea lui „do" şi ultima, patetică – sus, pe „mi". Avea gesturi stăpînite şi frumoase.

„Iar noi nu facem decît să batem apa în piuă, se gîndi Treuhov. Mai bine n-am mai vorbi deloc."

Se întunecase de-a binelea, cînd preşedintele Comitetului Executiv Gubernial tăie cu foarfecele panglica roşie care bara ieşirea din Depou. Muncitorii şi reprezentanţii organizaţiilor obşteşti începură, gălăgioşi, să se instaleze în vagoane. Clopoţeii sunară cu glas subţire şi primul vagon de tramvai, condus de Treuhov personal, ieşi din Depou în aclamaţiile asurzitoare ale mulţimii şi gemetele fanfarei. Vagoanele luminate parcă străluceau încă şi mai tare decît ziua. Mergeau toate în şir prin cartierul Gusişce; după ce trecură pe sub podul de cale ferată, urcară uşor în oraş şi cotiră pe Bolşaia Puşkinskaia. În cel de-al doilea vagon se afla fanfara; cu trompetele scoase afară pe ferestre, muzicanţii cîntau marşul lui Budionnîi.

Gavrilin, într-o tunică de taxator şi cu o geantă peste umăr, sărea dintr-un vagon în altul, zîmbea prietenos, suna netam-nesam din clopoţel şi împărţea pasagerilor invitaţii la

1 mai, la orele 9 seara	SERBAREA FESTIVĂ *care va avea loc la Clubul Lucrătorilor din Întreprinderile Comunale, cu următorul program:* 1. Raport prezentat de tov. Mosin. 2. Înmînarea diplomei de către Sindicatul Lucrătorilor din Întreprinderile Comunale. 3. Partea neoficială: un mare spectacol şi dineu intim cu bufet.

Pe platforma ultimului vagon se afla Viktor Mihailovici, care se nimerise, nu se ştie cum, printre oaspeţii de onoare. El sta şi nu mai contenea să tot examineze motorul. Spre extrema lui mirare, motorul arăta cît se poate de bine şi funcţiona pare-se perfect. Geamurile nu zăngăneau. După ce le cercetă cu de-amănuntul, Viktor Mihailovici se convinse că sînt totuşi fixate pe benzi de cauciuc. Prinsese a face între timp cîteva observaţii manipulantului, şi publicul îl considera un mare cunoscător al tramvaielor din Occident.

– Frîna pneumatică nu funcţionează prea grozav, declară Polesov, uitîndu-se triumfător la pasageri. Nu prinde.

– Nu te întreabă nimeni, îl apostrofă manipulantul. Vezi că poate tot o să prindă.

După ce făcură un tur de gală prin oraş, vagoanele se întoarseră repede la Depou, unde le aştepta mulţimea. Treuhov fu săltat sus pe braţe, de data aceasta în lumina strălucitoare a becurilor electrice. Fu săltat în sus şi Gavrilin, dar întrucît acesta cîntărea vreo şase puduri şi nu lua prea mare altitudine, fu lăsat curînd în pace. Fură ridicaţi în sus şi tovarăşul Mosin şi diverşi tehnicieni şi muncitori.

Pentru a doua oară în acea zi fu purtat în braţe şi Viktor Mihailovici. Dar acum nu mai dădea din picioare, ci sta drept şi plana în întunericul nopţii, privind serios şi grav cerul înstelat. După ce fu înălţat pentru ultima oară, Polesov băgă de seamă că cel care îl ţinea de un picior şi rîdea dezgustător nu era nimeni altul decît fostul mareşal al nobilimii, Ippolit Matveevici Vorobianinov. Polesov se desprinse politicos, se dădu puţin la o parte, dar nu-l mai scăpă din ochi pe mareşal. Observînd că Ippolit Matveevici pleacă împreună cu tînărul necunoscut care se vedea cît de colo că e fost ofiţer, Viktor Mihailovici îi urmă cu luare-aminte.

După ce totul se sfîrşi şi Gavrilin luă loc în Fiat-ul lui liliachiu, aşteptîndu-l pe Treuhov, care dădea ultimele dispoziţii, pentru ca să se ducă împreună la club, se opri în poarta depoului o camionetă Ford cu operatorii de la Studioul Jurnalului de Actualităţi.

Primul sări uşor din maşină un bărbat cu ochelari în douăsprezece colţuri, cu ramă de baga, şi cu o scurtă elegantă, de piele, fără mîneci. O barbă lungă şi ascuţită îi creştea de-a dreptul din mărul lui Adam. Al doilea bărbat căra un aparat de filmat, încurcîndu-se într-un fular lung, de un stil pe care Ostap Bender îl numea de obicei „şic modern". Apoi din camionetă coborîră încet asistenţii, reflectoarele şi nişte fete.

Tot grupul se repezi vociferînd în Depou.

– Atenţie! strigă bărbosul posesor al scurtei. Kolea! Aşază reflectoarele!

Treuhov se făcu roşu ca un rac şi se îndreptă spre vizitatorii nocturni.

– Dumneavoastră sînteţi cu cinematograful? întrebă el. De ce n-aţi venit ziua?

– Dar pentru cînd e fixată inaugurarea tramvaiului?

– S-a şi inaugurat.

– Da, da, am întîrziat puţin. Am dat peste un colţ minunat de natură. Am avut o mulţime de lucru. Apus de soare. Dar nu-i nimic, aranjăm noi şi aşa. Kolea! Lumina! O roată învîrtindu-se. Prim-plan!

Picioarele mulţimii care se mişcă – prim-plan. Liuda! Drăguţo! Plimbă-te niţel! Kolea, începem! Am început! Dă-i drumul! Mergi, mergi, mergi... Destul! Mulţumesc. Acuma o să-l filmăm pe constructor. Tovarăşul Treuhov? Fii bun, tovarăşe Treuhov. Nu, nu aşa. Dintr-o parte... Uite aşa, mai original, să avem ca fond un tramvai... Kolea! Începem! Spune cîteva cuvinte!...

– Zău, nu mă simt bine!...

– Admirabil!... Perfect!... Mai spune ceva!... Acum stai de vorbă cu prima pasageră a tramvaiului... Liuda! Intră în cadru. Aşa! Respiră mai adînc: eşti emoţionată!... Kolea! Picioarele în prim-plan!... Începem!... Aşa, aşa... Foarte mulţumesc... Stop!...

Gavrilin coborî greoi din Fiat-ul care trepida de mult şi se duse să-l cheme pe colegul care tot întîrzia. Regizorul cu barba atîrnîndă de mărul lui Adam se învioră.

– Kolea! Vino încoa'! Un cadru admirabil. Un muncitor! Pasager în tramvai! Respiră mai adînc. Eşti emoţionat. N-ai mai mers niciodată cu tramvaiul. Începem! Respiră!

Gavrilin mîrîi furios.

– Admirabil!... Drăguţo!... Vino aici! Salut din partea comsomolului!... Respiră mai adînc. Eşti emoţionată... Aşa... Perfect, Kolea, am isprăvit.

– Dar tramvaiul nu-l filmaţi? întrebă Treuhov cu sfială.

– Vedeţi dumneavoastră, mormăi regizorul cu scurta de piele, nu ne permite lumina. O să trebuiască să completăm filmul la Moscova. Vă sărut!

Şi camioneta cu cineaştii dispăru fulgerător.

– Ei, hai să mergem, colega, să ne odihnim, spuse Gavrilin. Văd că iar te-ai apucat de fumat?

– Am aprins şi eu o ţigară, mărturisi Treuhov. N-am mai putut rezista.

La dineul intim, Treuhov, care nu mîncase nimic toată ziua şi fumase ţigară după ţigară, se îmbătă criţă după trei păhărele de votcă. Săruta pe toată lumea şi toţi îl sărutau. Vru să-i spună ceva drăguţ soţiei sale, dar nu izbuti decît să rîdă. Apoi scutură îndelung mîna lui Gavrilin şi-i spuse:

– Eşti un caraghios! Trebuie să înveţi să faci proiecte de poduri de cale ferată! E o ştiinţă minunată. Şi, mai ales, cît se poate de simplă. Podul peste Hudson...

După o jumătate de oră se turti de tot şi rosti o filipică împotriva presei burgheze:

– Aceşti saltimbanci ai farsei, aceste hiene ale condeiului! Aceşti virtuoşi ai rotativelor! zbiera el.

Nevastă-sa îl duse acasă cu o birjă.

– Vreau să merg cu tramvaiul, ţipa el. Cum nu pricepi tu atîta lucru? De vreme ce există tramvai, trebuie să mergi cu el!... De ce? În primul rînd fiindcă e ieftin...

Polesov îi urmări pe cei doi legatari, se reţinu multă vreme, dar apoi, profitînd de un moment cînd nu era nimeni în jur, se apropie de Vorobianinov.

– Bună seara, domnule Ippolit Matveevici! spuse el respectuos.

Vorobianinov fu surprins cît se poate de neplăcut.

– N-am cinstea să vă cunosc, mormăi el.

Ostap se înfipse cu umărul drept înainte şi se apropie de lăcătuşul intelectual.

– Hai, hai, zise el, ce vrei să-i spui prietenului meu?

– Nu trebuie să fiţi neliniştiţi, şopti Polesov, uitîndu-se în jur. Vin din partea Elenei Stanislavovna...

– Cum? E aici?

– Aici. Şi vrea foarte mult să vă vadă.

– Pentru ce? întrebă Ostap. Şi dumneata cine eşti?

– Eu?... Nu trebuie să bănuiţi nimic rău, Ippolit Matveevici. Dumneavoastră nu mă cunoaşteţi, dar eu vă ţin foarte bine minte.

– Aş vrea să trec pe la Elena Stanislavovna, spuse nehotărît Vorobianinov.

– V-a rugat tare mult să veniţi.

– Dar de unde a aflat că sînt aici?

– V-am întîlnit eu pe coridor la Gospodăria Comunală și, văzîndu-vă, mi-am zis: „O figură cunoscută! Cine să fie? Cine să fie?“ Apoi mi-am adus aminte. Nu aveți de ce să fiți neliniștit, Ippolit Matveevici! Totul o să fie absolut secret.

– E o femeie pe care o cunoști? întrebă grav Ostap.

– M-da, o veche cunoștință...

– Atunci, poate trecem să luăm masa la această veche cunoștință? Mie, de pildă, mi-e foame de mor și peste tot e închis.

– Poate că n-ar fi rău.

– Atunci să mergem. Condu-ne într-acolo, misteriosule necunoscut.

Și Viktor Mihailovici, tot aruncînd mereu cîte o privire în urmă, îi conduse pe cei doi asociați prin curți care dădeau în cîte două străzi, spre casa ghicitoarei din fundătura Pereleșinski.

CAPITOLUL XIV

UNIUNEA „SPADA ŞI PLUGUL"

Unei femei care îmbătrîneşte i se pot întîmpla o mulţime de lucruri neplăcute: îi pot cădea dinţii, poate încărunţi sau i se poate rări părul, poate căpăta o respiraţie astmatică, poate deveni obeză sau, dimpotrivă, să se smochinească, dar vocea nu i se schimbă. Ea îi rămîne aceeaşi ca pe vremea cînd a fost liceană, mireasă sau amantă a unui tînăr pierde-vară.

De aceea, cînd Polesov bătu la uşă şi Elena Stanislavovna întrebă: „Cine e acolo?" Vorobianinov tresări. Vocea iubitei lui era aceeaşi ca în 1899, în ajunul inaugurării Expoziţiei de la Paris. Dar, reintrînd în odaie şi strîngînd puţin ochii din pricina luminii, Ippolit Matveevici văzu că din frumuseţea ei de altădată nu mai rămăsese nici urmă.

– Cum te-ai schimbat! exclamă el fără să vrea.

Bătrîna îi sări de gît.

– Îţi mulţumesc, îi spuse ea, ştiu la ce risc te-ai supus venind la mine. Ai rămas acelaşi cavaler mărinimos. Nu te întreb de ce te-ai întors de la Paris. Vezi, nu sînt curioasă.

– Dar nici nu vin de la Paris, spuse stînjenit Vorobianinov.

– Colega şi cu mine venim de la Berlin, îl corectă Ostap, apăsîndu-l totodată pe cot pe Ippolit Matveevici. Dar despre asta nu-i recomandabil să discutăm cu glas tare.

– Ah, sînt atît de bucuroasă că vă văd! strigă ghicitoarea. Poftiţi dincoace, în odaia asta... Iar dumneata, Viktor Mihailovici, te rog să mă ierţi, n-ai vrea să treci peste o jumătate de oră?

– O! făcu Ostap. Prima întîlnire! Clipe grele! Daţi-mi voie şi mie să mă retrag. Îmi permiţi să te însoţesc, prea amabile Viktor Mihailovici?

Lăcătuşul începu să tremure de bucurie. Îl luă cu el pe Ostap în locuinţa sa, unde, aşezîndu-se pe o bucată din poarta casei din fundătura Pereleşinski nr. 5, marele maestru începu să-i dezvolte meseriaşului necooperativizat, năucit, nişte teorii mirobolante în legătură cu salvarea patriei.

După un ceas se întoarseră şi-i găsiră pe cei doi bătrîni complet toropiţi.

– Îţi aduci aminte, Elena Stanislavovna? spunea Ippolit Matveevici.

– Îţi aduci aminte, Ippolit Matveevici? întreba Elena Stanislavovna.

„Cred că a venit momentul psihologic pentru cină", se gîndi Ostap. Şi, întrerupîndu-l pe Ippolit Matveevici, care-şi amintea de alegerile pentru primăria oraşului, spuse:

– La Berlin există un obicei foarte ciudat: acolo se mănîncă atît de tîrziu, încît nu poţi să-ţi dai seama dacă e vorba de o cină servită devreme sau de un prînz servit tîrziu.

Elena Stanislavovna se învioră, îşi dezlipi privirea ei de iepure de casă de pe Vorobianinov şi se tîrî la bucătărie.

– Acum să acţionăm, să acţionăm, să acţionăm! spuse Ostap, cu glasul coborît pînă la nivelul unui desăvîrşit ton conspirativ.

Apoi îl luă pe Polesov de mînă.

– Bătrîna asta n-o să ne facă figura? E o femeie de încredere?

Polesov îşi împreună palmele ca pentru rugăciune.

– Care e crezul dumitale politic?

– Gata oricînd! răspunse cu înflăcărare Polesov.

– Sper că eşti kirilovist[1]?

---

[1] Kiriloviştii – emigranţi ruşi albgardişti, partizani ai marelui duce Kiril Vladimirovici, văr al ţarului Nicolae al II-lea, unul dintre numeroşii „pretendenţi la tronul Rusiei", sprijinit de anglo-francezi după Revoluţia din Octombrie.

– Exact!

Polesov luă poziţie de drepţi.

– Rusia nu te va uita! răcni Ostap.

Cu un pateu dulce în mînă, Ippolit Matveevici îl asculta nedumerit pe Ostap, dar acesta nu mai putea fi oprit. Parcă era luat de valuri. Marele maestru al combinaţiilor simţea că e inspirat, era în acea stare îmbătătoare dinaintea unui şantaj care depăşeşte media. Se plimba prin odaie ca o panteră.

În această stare de agitaţie îl găsi Elena Stanislavovna, care venea cu samovarul din bucătărie, abia putînd să-l ducă. Ostap se repezi galant la ea, îi luă din mers samovarul şi-l puse pe masă. Samovarul şuieră. Ostap se hotărî să treacă la acţiune.

– *Madame*, spuse el, sîntem fericiţi să salutăm în persoana dumneavoastră...

Nu ştia pe cine e fericit să salute în persoana Elenei Stanislavovna. De aceea fu nevoit s-o ia de la capăt. Dintre toate formulele bombastice de pe vremea regimului ţarist, i se învîrtea în cap ceva cam cum ar fi: „Din mila lui Dumnezeu, noi, împărat..." Dar asta nu se potrivea. De aceea începu răspicat:

– Strict confidenţial! Secret de stat!

Ostap arătă cu mîna spre Vorobianinov.

– Cine credeţi că este acest bătrîn viguros? Să nu vă pripiţi cu răspunsul, căci nu puteţi şti. E un titan al gîndirii, părintele democraţiei ruse şi o persoană din apropierea împăratului.

Ippolit Matveevici se sculă în picioare lăsînd să i se admire impunătoarea statură şi se uită năucit în jur. Nu pricepea nimic, dar, ştiind din experienţă că Ostap Bender nu vorbeşte niciodată fără rost, tăcea. Pe Polesov, cele ce se petreceau îl făceau să tremure. Stătea cu bărbia ridicată în tavan, în poziţia unui om gata să defileze în marş de paradă. Elena Stanislavovna şedea pe scaun şi se uita cu teamă la Ostap.

– Sînt mulţi de-ai noştri în oraş? întrebă Ostap fără ocol. Care e starea de spirit?

– Dată fiind prezența lipsei..., răspunse Viktor Mihailovici, și începu, confuz, să-și povestească necazurile. Vorbi și de portarul de la nr. 5, un mîrlan care și-a luat-o în cap, și de filierele de trei pe opt țoli, și de tramvai, și de toate celelalte.

– Bine! aprobă Ostap cu glas de tunet. Elena Stanislavovna! Cu ajutorul dumitale vrem să stabilim legătura cu cei mai vrednici oameni din oraș, pe care soarta crudă i-a făcut să treacă în clandestinitate. Pe cine putem invita la dumneata?

– Pe cine putem invita? Poate doar Maksim Petrovici cu soția?

– Fără soție, o corectă Ostap, fără soție! Dumneata vei fi singura excepție plăcută. Altcineva?

În discuția care urmă și la care participă activ și Viktor Mihailovici, se stabili că pot fi invitați același Maksim Petrovici Cearușnikov, fost consilier comunal pe vremea cînd orașul era condus de o dumă și, încadrat acum în mod miraculos, printre funcționarii sovietici, Deadiev, proprietarul „Bîstroupak“-ului, Kislearski, președintele Artelului de Producție a Covrigilor de Odessa „Covrigii de Moscova“, și doi tineri anonimi, dar de toată încrederea.

– În cazul acesta vă rog să-i poftiți imediat la o scurtă consfătuire. În cel mai strict secret.

Polesov spuse:

– Eu dau o fugă la Maksim Petrovici și îi aduc pe Nikeșa și pe Vladea, iar dumneata, Elena Stanislavovna, fii bună și du-te la „Bîstroupak“ și la Kislearski.

Polesov plecă în goană. Ghicitoarea se uită cu venerație la Ippolit Matveevici și plecă la rîndul ei.

– Ce înseamnă asta? întrebă Ippolit Matveevici.

– Asta înseamnă, îi răspunse Ostap, că ești un om retrograd.

– De ce?

– Fiindcă asta-i situația! Iartă-mi, te rog, întrebarea prozaică: cîți bani ai?

– Ce fel de bani?

– De tot felul. Inclusiv argint și aramă.

– Treizeci şi cinci de ruble.

– Şi cu suma asta te gîndeşti să acoperi toate cheltuielile necesare pentru afacerea noastră?

Ippolit Matveevici tăcea.

– Uite ce este, patroane dragă. Am impresia că mă înţelegi. Va trebui să fii vreme de un ceas un titan al gîndirii şi o persoană din apropierea împăratului.

– Pentru ce?

– Pentru că avem nevoie de capital de rulment. Mîine e nunta mea. Şi nu sînt un cerşetor. Vreau ca în această zi memorabilă să-i trag un chef să zbîrnîie.

– Şi eu ce trebuie să fac? gemu Ippolit Matveevici.

– Să taci. Din cînd în cînd doar să-ţi umfli obrajii ca să-ţi dai importanţă.

– Dar asta e o... înşelăciune.

– Uite cine vorbeşte de înşelăciune! Parcă ar fi cel puţin contele Tolstoi! Sau Darwin! Cînd colo vorbele astea ies din gura unui om care nu mai departe decît ieri avea de gînd să se furişeze noaptea în locuinţa Griţaţuevei şi să-i fure bietei văduve mobila. Aşa că, te rog, nu te mai codi. Taci şi nu uita să-ţi umfli obrajii.

– Ce rost are să ne băgăm într-o afacere atît de primejdioasă? S-ar mai putea ca unul să ne denunţe.

– Să n-ai nici o grijă. În chestii care miros a pîrnaie nu mă bag. O să aranjez astfel lucrurile, încît nimeni n-o să înţeleagă nimic. Hai să bem un ceai.

În timp ce legatarii beau şi mîncau, iar papagalul ronţăia seminţe de floarea-soarelui, oaspeţii începură să sosească.

Nikeşa şi Vladea sosiră împreună cu Polesov. Viktor Mihailovici nu îndrăzni să-i prezinte pe cei doi tineri titanului gîndirii. Ei se instalară într-un colţ şi începură să se uite la părintele democraţiei ruse, care mînca friptură rece de viţel. Nikeşa şi Vladea erau nişte neisprăviţi în toată firea. Aveau aproape treizeci de ani fiecare. Se citea pe faţa lor că sînt încîntaţi că au fost poftiţi la şedinţă.

Fostul consilier al dumei comunale, Cearuşnikov, un bătrîn mătăhălos, îi scutură îndelung mîna lui Ippolit Matveevici uitîndu-i-se fericit în ochi. Cei doi vechi locuitori ai oraşului începură, sub supravegherea lui Ostap, să-şi depene amintirile. După ce îi lăsă un timp să vorbească, Ostap i se adresă lui Cearuşnikov:

– Din ce regiment ai făcut parte?

Cearuşnikov începu să gîfîie.

– Eu... eu, ca să zic aşa, n-am făcut în general armată, deoarece, învestit cu încrederea cetăţenilor, am fost ales consilier.

– Eşti nobil?

– Da. Am fost.

– Sper că ai rămas şi pînă astăzi? Fii tare. Va fi nevoie de ajutorul dumitale. Polesov ţi-a spus despre ce este vorba? Străinătatea ne sprijină. Totul depinde însă acum de opinia publică. Secret absolut în privinţa organizării. Atenţie!

Ostap îl dădu la o parte pe Polesov de lîngă Nikeşa şi Vladea şi, cu o severitate neprefăcută, îi întrebă:

– Din ce regiment aţi făcut parte? Va trebui să slujiţi patria. Sînteţi nobili? Foarte bine! Occidentul ne sprijină. Fiţi tari. Secretul absolut al cotizaţiilor, adică al organizării. Atenţie!

Ostap era în plină efervescenţă. Lucrurile păreau să se aranjeze. El îl luă deoparte pe proprietarul „Bîstroupak"-ului, căruia îi fusese prezentat de Elena Stanislavovna, îi ceru să fie tare, îl întrebă din ce regiment a făcut parte şi-i făgădui sprijinul străinătăţii şi secretul absolut în ceea ce priveşte organizaţia. Primul sentiment pe care-l avu proprietarul „Bîstroupak"-ului fu dorinţa s-o şteargă cît mai repede din această locuinţă conspirativă. El îşi considera firma prea serioasă ca să se bage într-o afacere cu atîta risc. Dar, după ce examină figura ageră a lui Ostap, şovăi şi începu să se gîndească: „Dar dacă iese ceva?... De altfel, totul depinde de felul cum vor fi prezentate lucrurile acestea."

Discuţia prietenească, la un pahar de ceai, se însufleţi. Iniţiaţii păstrau cu sfinţenie taina şi discutau despre noutăţile din oraş.

Ultimul care sosi fu cetăţeanul Kislearski. Ca unul ce nu era nobil şi nu făcuse parte niciodată din vreun regiment de gardă, pricepu numaidecît din cele cîteva cuvinte schimbate cu Ostap cum stau lucrurile.

– Fii tare, îi spuse Ostap sfătos.

Kislearski făgădui.

– Ca reprezentant al capitalului privat, nu poţi rămîne surd la gemetele poporului.

Kislearski se întristă compătimitor.

– Ştii cine şade acolo pe scaun? îl întrebă Ostap, arătîndu-i-l pe Ippolit Matveevici.

– Cum să nu, răspunse Kislearski. Domnul Vorobianinov.

– E un titan al gîndirii, spuse Ostap, părintele democraţiei ruse, o persoană din apropierea împăratului.

„În cel mai bun caz, asta înseamnă doi ani cu regim celular strict, se gîndi Kislearski, începînd să tremure. Cine m-a pus să vin încoa'?"

– Uniunea secretă „Spada şi plugul", şopti pe un ton lugubru Ostap.

„Zece ani", îl străfulgeră prin minte pe Kislearski.

– De altfel poţi pleca, dar te previn că te găsim noi.

„Îţi arăt eu ţie, pezevenghiule, îşi spuse în gînd Ostap. Cu mai puţin de o sută de ruble nu scapi de aici."

Kislearski se făcuse alb ca varul. Luase în linişte chiar în ziua aceea o masă atît de gustoasă, cu pipote de găină şi supă cu găluşte, fără să ştie nimic de această îngrozitoare uniune „Spada şi plugul". Rămase, căci „te găsim noi" îi făcuse o impresie nu prea plăcută.

– Cetăţeni! declară Ostap deschizînd şedinţa. Viaţa îşi dictează legile, legile ei aspre. Nu voi începe să vă expun scopul adunării noastre, căci îl cunoaşteţi. E un scop sfînt. De pretutindeni auzim gemete. Din toate colţurile întinsei noastre ţări răsună chemări de ajutor. Trebuie să întindem o mînă frăţească şi o vom întinde. Unii dintre voi au o slujbă şi mănîncă pîine cu unt, alţii au diferite profesii libere şi mănîncă sandvişuri cu icre. Şi unii, şi ceilalţi dorm în paturile lor şi se învelesc cu plăpumi călduroase. Numai bieţii copilaşi, copiii vagabonzi, sînt lăsaţi fără ocrotire. Aceste flori ale străzii sau – cum îi numesc proletarii intelectuali – flori de trotuar merită o soartă mai bună. Noi, domnilor juraţi, trebuie să-i ajutăm. Şi noi, domnilor juraţi, îi vom ajuta.

Discursul marelui maestru al combinaţiilor trezi în sufletele ascultătorilor simţăminte diferite.

Polesov nu-l pricepu pe noul său prieten, tînărul ofiţer de gardă.

„Care copii? se întrebă el. De unde şi pînă unde copii?“

Ippolit Matveevici nici nu mai încerca să înţeleagă. De mult era la toate rece. Şedea fără să scoată un cuvînt şi-şi umfla obrajii.

Elena Stanislavovna şedea abătută într-un colţ.

Nikeşa şi Vladea se uitau cu devotament la vesta albastră a lui Ostap.

Proprietarul „Bîstroupak“-ului era cît se poate de mulţumit.

„Frumos brodit, îşi zise el. Aşa cum ţi-o prezintă ăsta, poţi da şi bani. Dacă reuşeşte – onoruri! Dacă nu iese nimic – n-am nici în clin, nici în mînecă. Am ajutat nişte copii – şi gata socoteala.“

Cearuşnikov schimbă cîteva priviri pline de înţeles cu Deadiev şi, apreciind la justa ei valoare abilitatea conspirativă a vorbitorului, continuă să se joace pe masă cu nişte cocoloaşe de pîine.

Kislearski era în al şaptelea cer.

„Ce minte luminată!“, se gîndea el. Avea impresia că nu iubise încă niciodată copiii vagabonzi cu atîta pasiune ca în seara aceea.

– Tovarăşi! urmă Ostap. Este nevoie de un ajutor imediat. Trebuie să smulgem copiii din ghearele în care îi ţine strada, şi îi vom smulge. Să ajutăm copiii. Să nu uităm că ei sînt florile vieţii. Vă rog să donaţi pe loc ce vreţi să donaţi, spre a veni în ajutorul copiilor, numai al copiilor şi a nimănui altcuiva. Mă înţelegeţi?

Ostap scoase din buzunarul de la piept al hainei un chitanţier.

– Vă rog, faceţi donaţiile. Ippolit Matveevici vă va confirma împuternicirile mele.

Ippolit Matveevici îşi umflă obrajii şi dădu din cap. Acum pînă şi Nikeşa şi Vladea, care erau cam tari de căpăţînă, precum şi neastîmpăratul lăcătuş pricepură dedesubtul misterios al metaforelor lui Ostap.

– În ordinea vîrstei, domnilor!! spuse Ostap. Să începem cu onorabilul Maksim Petrovici.

Maksim Petrovici se suci pe scaun şi dădu cu greutate treizeci de ruble.

– Să vie vremuri mai bune şi o să dau mai mult! declară el.

– Vremurile bune vor veni în curînd, zise Ostap. Dar, de altfel, asta nu are nici o legătură cu copiii vagabonzi pe care îi reprezint în momentul de faţă.

Nikeşa şi Vladea dădură opt ruble.

– Cam puţin, tinerilor, cam puţin.

Tinerii roşiră.

Polesov dădu fuga pînă acasă şi aduse cincizeci de ruble.

– Bravo, husarule! exclamă Ostap. Pentru un husar necooperativizat, cu motor, asta e suficient pentru prima dată. Ce zice negustorimea?

Deadiev şi Kislearski stătură mai multă vreme la tocmeală, plîngîndu-se de impozitul progresiv. Dar Ostap era neîndurător:

– Consider aceste discuţii de prisos în prezenţa persoanei lui Ippolit Matveevici.

Ippolit Matveevici îl aprobă din cap. Negustorii donară pentru copii cîte două sute de ruble.

– În total patru sute optzeci şi opt de ruble, exclamă Ostap. Eh! Mai lipsesc douăsprezece ruble ca să fie suma rotundă.

Elena Stanislavovna, care stătea mai de mult şi se codea, se duse în dormitor, îşi luă geanta şi dădu cele douăsprezece ruble care mai lipseau.

Restul şedinţei ţinu mult mai puţin şi nu mai avu acelaşi caracter solemn. Ostap se porni pe bazaconii. Elena Stanislavovna era topită. Oaspeţii începură pe rînd să plece, luîndu-şi respectuos rămas-bun de la organizatori.

– În ceea ce priveşte data viitoarei şedinţe, veţi fi înştiinţaţi în mod special, le spunea Ostap la plecare. Să păstraţi cel mai desăvîrşit secret. Opera de ajutorare a copiilor trebuie să rămînă o taină... De altfel, acest lucru este şi în interesul dumneavoastră.

La auzul acestor cuvinte, Kislearski simţi dorinţa de a mai da cincizeci de ruble, cu condiţia numai să nu mai vină la nici un fel de şedinţe. Abia izbuti să-şi stăpînească această efuziune.

– Ei, zise Ostap, hai să ne vedem de drum. Dumneata, Ippolit Matveevici, sper că vei profita de ospitalitatea Elenei Stanislavovna şi vei rămîne să dormi aici. De altfel, şi din considerente conspirative e bine pentru noi să ne despărţim cîtva timp. Aşa că eu am plecat.

Ippolit Matveevici îi făcea deznădăjduit cu ochiul, dar Ostap se prefăcu că nu vede şi plecă.

După o bucată de drum pe jos, îşi aminti că are în buzunar cinci sute de ruble cîştigate în mod cinstit.

– Birjar! strigă el. Du-mă la „Phoenix“!

– Se poate, răspunse birjarul.

Şi, tacticos, îl duse pe Ostap pînă la acest restaurant.

– Ce-i asta? Închis?

– Păi, dacă-i 1 Mai.

– Ah, fir-ar să fie al ciorilor! Să ai bani cu ghiotura şi să n-ai unde să petreci? Hai să mergem atunci pe strada Plehanov. Ştii unde e?

Ostap hotărîse să se ducă la logodnica sa.

– Dar cum se chema înainte strada asta? întrebă birjarul.

– Nu ştiu.

– Păi, atunci ce ne facem? Că nici eu nu ştiu.

Totuşi Ostap îi porunci să-i dea drumul şi să caute.

Colindară vreun ceas şi jumătate oraşul pustiu şi cufundat în beznă, întrebînd cînd pe cîte un paznic, cînd pe cîte un miliţian.

După multă cazná, un miliţian le spuse în cele din urmă că strada Plehanov trebuie să fie fosta Gubernatorskaia.

– Aha, Gubernatorskaia! Păi, Gubernatorskaia o cunosc bine. De douăzeci şi cinci de ani tot duc clienţi pe Gubernatorskaia.

– Ei, hai, dă-i drumul atunci!

Ajunseră pe Gubernatorskaia, dar constatară că ea se chema acum nu strada Plehanov, ci strada Karl Marx.

Furios, Ostap reîncepu să caute strada cu numele lui Plehanov, dar străduinţele lui fură zadarnice.

Zorile prinseră a lumina slab chipul nefericitului îmbogăţit, care nici pînă la urmă nu izbuti să se distreze.

– Du-mă la „Sorbona“! strigă el. Straşnic birjar mai eşti, n-am ce zice. Să nu-l cunoşti pe Plehanov!!...

Castelul văduvei Griţaţueva strălucea, scăldat în lumini. În capul mesei nupţiale şedea, elegant şi beat, craiul căzut la aşternut – fiul supusului turc. Oaspeţii făceau o gălăgie infernală.

Tînăra mireasă nu era chiar aşa de tînără. Să fi avut cel puţin treizeci şi cinci de ani. Şi natura o înzestrase cu dărnicie. Găseai la ea de toate: şi nişte sîni ca pepenii, şi un nas ca o muchie de topor, şi obraji sulemeniţi, şi o ceafă de atlet. Îl adora pe noul ei soţ, dar, în acelaşi timp, se temea grozav de el. De aceea nu-i spunea pe numele mic şi nici pe cel al tatălui pe care nici nu reuşi să-l afle vreodată, ci pe numele de familie: „tovarăşe Bender“.

Ippolit Matveevici şedea din nou pe scaunul mult rîvnit. Cît timp ţinu masa de nuntă, el se săltă mereu pe scaun în speranţa că va simţi ceva tare. Uneori i se părea că simte. Atunci toţi cei de faţă îi erau nespus de dragi, şi începea să strige cît îl ţinea gura: „Amar“[1].

Ostap rostea tot timpul discursuri şi toasturi. Se bău şi în cinstea instrucţiunii publice şi a irigării Uzbekistanului. După aceasta

---

[1] Datină veche la nunţile ruseşti. Oaspeţii strigă că vinul e amar şi cer ca el să fie îndulcit prin sărutarea mirilor.

oaspeţii începură să plece. Ippolit Matveevici zăbovi în antreu şi-i şopti lui Bender:

– N-o lungi prea mult. Bijuteriile sînt acolo.

– Eşti un hrăpăreţ, îi răspunse Ostap, care era beat. Aşteaptă-mă la hotel. Să nu pleci nicăieri. S-ar putea să viu dintr-un moment într-altul. Achită contul la hotel şi vezi să fie totul gata. *Adieu*, feldmareşale! Urează-mi noapte bună.

Ippolit Matveevici îi făcu urarea şi se duse la „Sorbona“ să se frămîne.

La cinci dimineaţa sosi Ostap cu scaunul. Ippolit Matveevici fu profund emoţionat. Ostap puse scaunul în mijlocul odăii şi se aşeză.

– Cum ai izbutit să-l şterpeleşti? reuşi în cele din urmă să-l întrebe Vorobianinov.

– Foarte simplu, ca în familie. Văduva doarme şi visează. Mi-a fost milă s-o trezesc. „În zori de zi tu n-o trezi“ – cum zice poetul. Am fost deci nevoit, vai!, să-i las iubitei un bilet: „Plec să prezint un raport la Novohopersk. Să nu mă aşteptaţi cu masa. Iepuraşul tău.“ Iar scaunul l-am luat din sufragerie. Cum la ora asta matinală tramvaiul nu circulă, mi-a prins bine; m-am odihnit pe el tot drumul.

Ippolit Matveevici se repezi, mîrîind, la scaun.

– Mai încet, îi zise Ostap, nu trebuie să facem zgomot.

Scoase din buzunar un cleşte-patent şi începu să lucreze cu sîrg.

– Ai închis uşa? întrebă Ostap.

Îmbrîncindu-l la o parte pe nerăbdătorul Vorobianinov, Ostap desfăcu cu grijă scaunul, căutînd să nu rupă cretonul englezesc cu floricele.

– Aşa material nu mai găseşti astăzi, trebuie păstrat. Ce să-i faci, dacă-i o lipsă cumplită de mărfuri!

Toate acestea îl enervară pe Ippolit Matveevici la culme.

– Gata, spuse Ostap încet.

Scoase tapiţeria şi începu să scormonească apoi cu amîndouă mîinile printre arcuri. O vînă i se umflă pe frunte.

– Ei? întreba mereu Ippolit Matveevici pe toate tonurile. Ei? Ei?

– Ei şi ei, răspunse în cele din urmă Ostap enervat, aveam o şansă la unsprezece. Şi această şansă...

Mai scormoni o dată bine prin măruntaiele scaunului şi încheie:

– Şi această şansă deocamdată nu ne surîde.

Îşi îndreptă spinarea şi începu să-şi scuture pantalonii la genunchi. Ippolit Matveevici se repezi la scaun.

Briliantele nu erau acolo. De disperare, Ippolit Matveevici lăsă braţele în jos. Ostap însă continua să fie optimist.

– Acum şansele noastre au sporit.

Făcu cîţiva paşi prin odaie şi zise iar:

– Nu-i nimic! Pe văduvă acest scaun a costat-o mai mult decît pe noi.

Şi Ostap scoase din buzunarul de la piept al hainei o broşă de aur cu pietre de sticlă colorată în ea, o brăţară de aur, goală pe dinăuntru, şase linguriţe aurite şi o strecurătoare de ceai.

De supărare, Ippolit Matveevici nici nu-şi dădu seama că devenise complice la un furt calificat.

– E o faptă ruşinoasă, spuse Ostap, dar cred că eşti de acord cu mine că nu puteam să-mi las femeia iubită, fără să iau nici o amintire de la ea. Dar nu trebuie să pierdem timpul. Acesta este abia începutul. Sfîrşitul – la Moscova. Şi Muzeul de Mobile nu-i o văduvă; acolo o să fie ceva mai greu!

Asociaţii băgară resturile scaunului sub pat şi, după ce-şi numărară banii (care împreună cu donaţiile pentru copii făceau în totul cinci sute treizeci şi cinci de ruble), plecară la gară să ia trenul spre Moscova.

Fură nevoiţi să străbată tot oraşul cu birja.

Pe Kooperativnaia îl zăriră pe Polesov, care alerga pe trotuar ca o antilopă sperioasă, urmărit de portarul casei din fundătura Pereleşinski nr. 5. Legatarii apucară să mai vadă, înainte de a coti după colţ, cum portarul îl ajunsese pe Viktor Mihailovici şi începuse să-l ciomăgească. Polesov ţipa „Ajutor!“ şi „Mîrlane!“.

Pînă la plecarea trenului se retraseră la toaletă, de teamă să n-o întîlnească pe femeia iubită.

Trenul îi ducea acum pe cei doi prieteni spre capitala gălăgioasă. Amîndoi stăteau la fereastra vagonului.

Trenul trecea în viteză prin dreptul cartierului Gusişce.

Deodată, Ostap scoase un ţipăt şi-l apucă pe Vorobianinov de braţ.

– Uită-te! Uită-te! strigă el. Mai repede! Alhen, afurisitul!...

Ippolit Matveevici se uită în jos. Sub pod, un tînăr voinic şi mustăcios trăgea o roabă pe care se găseau un armoniu roşu şi cinci rame de fereastră. Roaba era împinsă din spate de un cetăţean cu o mutră ruşinată, purtînd o bluză cenuşie, închisă pînă la gît.

Razele soarelui ieşeau de printre nori. Crucile bisericilor sclipeau.

Rîzînd în hohote, Ostap scoase capul pe fereastră şi ţipă:

– Paşka! Te duci la talcioc?

Paşa Emilievici ridică ochii, dar nu mai prinse a vedea decît tampoanele ultimului vagon şi începu s-o ia şi mai iute la picior.

– Ai văzut? întrebă vesel Ostap. O frumuseţe! Grozav mai lucrează unii oameni!

Apoi, bătîndu-l pe spate pe Vorobianinov, care stătea trist, îi zise:

– Nu face nimic, nenişorule! Nu te pierde cu firea! Şedinţa continuă. Mîine seara sîntem la Moscova!

PARTEA A DOUA

LA MOSCOVA

CAPITOLUL XV

ÎN MIJLOCUL UNUI OCEAN DE SCAUNE

Statistica ştie tot.

Există o evidenţă precisă a suprafeţei de pămînt arabil existente în U.R.S.S., clasificată în cernoziom, sol argilo-nisipos şi loess. Există registre groase, ordonat ţinute, şi atît de bine cunoscute lui Ippolit Matveevici Vorobianinov – registrele oficiilor de stare civilă, unde sînt înscrişi toţi cetăţenii de ambe sexe. Se ştie cîtă şi ce anume hrană consumă pe an un cetăţean mediu al republicii. Se ştie cîtă votcă bea în medie acest cetăţen mediu şi aproximativ gustările pe care le-a ingurgitat. Se ştie cîţi vînători sînt în ţară, cîte balerine, cîte strunguri-revolver, cîţi cîini de toate rasele, cîte biciclete, cîte monumente, cîte fete, cîte farfurii şi cîte maşini de cusut.

Ce viaţă tumultuoasă, clocotitoare, plină de însufleţire, pasiuni şi gînduri se desprinde din tabelele statistice!

Cine este individul cu obrajii rumeni şi cu un şervet legat la gît, care şade la masă şi înfulecă pofticios o mîncare aburindă? În jurul lui se văd cirezi de boi în miniatură. Nişte porci graşi stau înghesuiţi în colţul tabelului. Într-un anume bazin statistic se bălăcesc nenumăraţi nisetri, mihalţi şi crapi. Pe umerii, pe braţele şi pe capul individului stau cocoţate găini. În nişte nori de fulgi zboară gîşte, raţe şi curci. Sub masă stau pitiţi doi iepuri de casă. La orizont se înaltă egiptice piramide şi babilonice turnuri de pîine. Pe malul unui rîu de lapte, stă o cetate nu prea mare, făcută din dulceaţă. În zare se vede un castravete de mărimea turnului din Pisa. În spatele unor metereze din sare şi piper mărşăluiesc pe companii sticle de vin, de votcă şi de lichior. În ariergarda lor se tîrăsc într-un grup de ţi-e mai mare mila băuturile nealcoolice necombatante: sticlele de apă minerală, sticlele de limonadă şi sifoanele în cămăşi de sîrmă.

Cine este acest individ cu obrajii rumeni? O fi un mare mîncău, un beţivan, un pofticios? O fi Gargantua, o fi regele dipsomanilor? O fi Silaf Foss? O fi legendarul soldat Iaşka Cămaşă-Roşie? O fi Lucullus?

Nu, nu-i Lucullus. E Ivan Ivanovici Sidorov, sau Sidor Sidorovici Ivanov; un cetăţean mediu, care de-a lungul vieţii lui înghite în medie toată hrana zugrăvită pe tabel. E un consumator normal de calorii şi vitamine, un burlac cuminte, de vreo patruzeci de ani, funcţionar la un magazin de stat de galanterie şi tricotaje.

De statistică nu te poţi ascunde nicăieri. Ea nu numai că posedă date precise cu privire la numărul de dentişti, de mezelării, de seringi, de portari, de regizori de cinema, de prostituate, de acoperişuri de stuf şi de văduve, de birjari şi clopote, care există, dar ştie chiar şi cîţi statisticieni sînt în ţară.

Un singur lucru nu ştie.

Nu ştie cîte scaune sînt în U.R.S.S.

Şi scaune sînt foarte multe...

Ultimul recensămînt a stabilit că populaţia republicilor unionale se cifrează la o sută patruzeci şi trei de milioane de oameni. Dacă lăsăm deoparte cele nouăzeci de milioane de ţărani, care în locul scaunelor preferă laviţele, locurile de pe cuptor şi prispele, iar în Orient – covoarele roase şi rogojinile, tot mai rămîn vreo cincizeci de milioane de oameni, în gospodăriile cărora scaunele constituie obiecte de primă necesitate; dacă ţinem seama însă, pe de altă parte, de erorile de calcul posibile şi de obiceiul anumitor cetăţeni ai Uniunii de a sta, cu ce nu spun, între două scaune, ceea ce eventual ar reduce cifra totală la jumătate, vom găsi că în ţară trebuie să existe cel puţin douăzeci şi şase de milioane şi jumătate de scaune. Pentru mai multă exactitate, să mai tăiem şase milioane şi jumătate. Rămîn deci douăzeci de milioane, ceea ce, desigur, e o cifră minimă.

Şi în acest ocean de scaune de nuc, stejar, frasin, palisandru, mahon şi mesteacăn de Carelia, printre milioanele de scaune de brad şi pin, eroii romanului nostru trebuiau să găsească scaunul de nuc cu picioare curbate fabricat de Gambs, care ascundea în pîntecele său tapisat cu creton englezesc comorile doamnei Petuhova.

Legatarii stăteau întinşi pe cuşetele de sus şi mai dormeau încă, atunci cînd trenul, după ce traversă încet rîul Oka, îşi mări viteza şi începu să se apropie de Moscova.

CAPITOLUL XVI

CĂMINUL „CĂLUGĂRUL BERTHOLD SCHWARTZ"[1]

Înghesuiţi unul în altul, Ippolit Matveevici şi Ostap stăteau la fereastra deschisă a vagonului necapitonat şi se uitau atent la vacile ce coborau încet de pe terasament, la pădurile de conifere, la platformele de scînduri din gările staţiunilor climaterice.

Îşi povestiră toate anecdotele care se povestesc de obicei pe drum. Citiseră ziarul *Stargorodskaia pravda* de marţi de la primul la ultimul rînd, inclusiv anunţurile, şi-l pătaseră cu grăsime. Mîncaseră toţi puii, toate ouăle şi măslinele pe care le luaseră cu ei.

Rămînea acum partea cea mai plicticoasă a călătoriei – ultima oră pînă la Moscova.

Din pădurile şi crîngurile cu rarişti apăreau şi dispăreau vile vesele. Printre ele se vedeau palate de lemn, care sclipeau cu geamurile verandelor şi cu acoperişurile lor de tablă proaspăt vopsite. Erau şi căsuţe simple – căsuţe înjghebate din bîrne, cu ferestruici pătrate – adevărate capcane pentru vilegiaturişti.

---

[1] Călugăr benedictin (din sec. al XIV-lea), despre care se crede că a inventat praful de puşcă.

În timp ce călătorii priveau cu un aer de cunoscători orizontul şi, redînd fals ce-au reţinut în memorie despre lupta de la Kalka[1], îşi povesteau unul altuia trecutul şi prezentul Moscovei, Ippolit Matveevici se strădui să-şi reprezinte în minte Muzeul de Mobile. Muzeul îi apărea în închipuire ca un coridor lung de mai multe verste şi de-a lungul pereţilor lui – şiruri de scaune perfect aliniate. Iar el se vedea defilînd repede printre ele.

– Nu prea văd ce o să facem la Muzeul de Mobile. Crezi că izbutim? întrebă el neliniştit.

– Ar fi timpul, mareşale, să-ţi faci un tratament cu electricitate. Ce-s crizele astea premature de isterie? Dacă nu poţi să nu te frămînţi, frămîntă-te în tăcere.

Trenul sărea la macazuri. Uitîndu-se la el, semafoarele căscau gura. Liniile ferate deveneau din ce în ce mai dese. Se simţea că se apropie de un uriaş nod de cale ferată. Iarba dispăru, înlocuită de zgură. Locomotivele de manevră şuierau. Acarii fluierau. Deodată vuietul se întări. Trenul pătrunse în culoarul dintre două garnituri goale şi, ţăcănind ca un tambur, începu să numere vagoanele.

Liniile se ramificau.

Trenul ieşi din culoar şi intră într-o baie de soare. Pe pămînt, jos, se zăreau şirurile de felinare de la macazuri, care parcă erau nişte toporaşe. Fumul ţîşnea în valuri. Gîfîind, locomotiva făcu să-i răsară nişte favoriţi albi ca zăpada. La masa rotativă se auzeau ţipete. Muncitorii de la depou băgau o locomotivă în „grajd".

Din cauza frînării bruşte, tendoanele trenului pîrîiră. Totul scrîşni de i se păru lui Ippolit Matveevici că a nimerit în împărăţia durerilor de dinţi. Trenul opri la peronul asfaltat.

Era Moscova. Era gara Reazan – cea mai nouă dintre gările Moscovei.

---

[1] Afluent al rîului Kalmius, care se varsă în Marea Azov. Aici a avut loc, în 1223, prima bătălie între oastea rusească şi mongoli, terminată cu victoria mongolilor din cauza dezbinării dintre cnejii ruşi.

În nici una dintre celelalte opt gări ale Moscovei nu există încăperi atît de largi şi de înalte ca la gara Reazan. Toată gara Iaroslavl, cu crestele ei pseudoruseşti şi cu găinuşele ei heraldice, poate fi uşor înghiţită de restaurantul cel mare al gării Reazan.

Gările Moscovei sînt porţile oraşului. În fiecare zi sosesc şi pleacă de aici cîte treizeci de mii de călători. Prin gara Aleksandrovski, descinde la Moscova străinul cu tălpi de cauciuc şi costum de golf (pantaloni bufanţi şi ciorapi groşi de lînă puşi peste pantalon). Prin gara Kursk ajung la Moscova caucazianul cel cu căciulă cafenie de oaie, prevăzută cu găurele pentru ventilaţie, şi înaltul locuitor de pe malurile Volgăi, cu barbă cînepie. La gara Oktiabrski sare jos din tren, în mînă cu o servietă dintr-o minunată piele de porc, funcţionarul cu post de semirăspundere, sosit din Leningrad pentru a discuta problemele coordonării, planificării şi conducerii operative pe concret. Cei din Kiev şi Odessa îşi fac intrarea în capitală prin gara Briansk. Încă de la gara „Schitul Tihonov", cei din Kiev încep să zîmbească dispreţuitor. Ei ştiu perfect de bine că cea mai frumoasă stradă din lume e Kreşciatik-ul lor. Odesiţii vin încărcaţi cu coşuri şi cutii plate cu scrumbie afumată. Şi ei ştiu care este cea mai frumoasă stradă din lume. Dar bineînţeles că nu-i tot Kreşciatik-ul, ci strada Lassalle, fostă Deribasovskaia. Locuitorii din Saratov, Atkarsk, Tambov, Rtişcevo şi Kozlov coboară la Moscova prin gara Paveleţki. Numărul cel mai mic de călători soseşte la Moscova prin gara Savelovski. Aceştia sînt pantofarii din Taldom, cei care vin din oraşul Dmitrov, muncitorii de la manufactura din Iahroma, sau cîte un vilegiaturist plictisit, care locuieşte iarna şi vara în gara Hlebnikovo, de unde nu e mult pînă la Moscova. De altfel, pe această linie n-ai călător care să vină de la o distanţă mai mare de o sută treizeci de verste. În schimb, prin gara Iaroslavl sosesc în capitală oameni veniţi tocmai din Vladivostok, Habarovsk şi Cita – oraşe mari şi foarte depărtate.

Dar pe călătorii cel mai puţin obişnuiţi îi întîlneşti în gara Reazan. Aici dai peste uzbeci cu turbane albe de muselină şi halate multicolore, peste tadjici cu bărbi roşcate, peste turkmeni ce locuiesc la Hiva şi Buhara şi peste alţii, ale căror republici se scaldă veşnic în soare.

Asociaţii îşi croiră cu greu drum spre ieşire şi ajunseră în piaţa Kalancevskaia. În dreapta lor se înălţau găinuşele heraldice ale gării Iaroslavl. În faţă lucea palid gara Oktiabrski, vopsită în ulei în două culori. Orologiul de pe frontispiciul ei arăta ora zece şi cinci minute. Ceasul gării Iaroslavl era la zece fix. Iar cînd se uitară la cadranul de un albastru-închis, împodobit cu semnele Zodiacului, al ornicului de la gara Reazan, călătorii văzură că e ora zece fără cinci minute.

– Foarte comod pentru întîlniri! spuse Ostap. Ai totdeauna zece minute în avans.

Birjarul scoase cu buzele un sunet de parcă ar fi sărutat pe cineva şi o porni. Trecură pe sub un pod şi, deodată, în faţa ochilor lor se deschise panorama maiestuoasă a capitalei.

– Dar unde ne ducem totuşi? întrebă Ippolit Matveevici.

– La oameni buni, răspunse Ostap. La Moscova găseşti o mulţime de oameni din ăştia. Şi toţi sînt cunoscuţii mei.

– Şi o să tragem la ei?

– Deocamdată ne ducem la un cămin. Dacă n-o fi loc la unul, găsim loc la altul.

În Ohotnîi Read domnea panica. Negustorii ambulanţi, care n-aveau autorizaţie goneau care încotro cu tarabele lor pe cap. Un miliţian alerga după ei cu paşi mărunţi. Nişte copii vagabonzi şedeau lîngă un cazan unde se fierbea asfaltul şi aspirau, delectîndu-se, mirosul de smoală topită.

Birja intră în piaţa Arbat, trecu pe bulevardul Precistenski şi, după ce coti la dreapta, se opri pe Sivţev Vrajok.

– Ce casă e asta? întrebă Ippolit Matveevici.

Ostap se uită la căsuţa cu mezanin vopsită în roz şi răspunse:

– Căminul „Călugărul Berthold Schwartz“ al studenţilor în chimie.

– Chiar aşa îi zice?

– Hai, hai, că am glumit, am glumit! E căminul „Semaşko“[1].

După cum bine se cuvenea unui cămin studenţesc din Moscova, casa studenţilor în chimie era de mult locuită de oameni care aveau o legătură destul de vagă cu chimia. Studenţii se împrăştiaseră. O parte absolviseră facultatea şi plecaseră la locurile unde fuseseră numiţi, altă parte fuseseră examatriculaţi pentru că nu reuşiseră la examene. Şi tocmai aceştia din urmă, al căror număr creştea an de an, ajunseseră să alcătuiască în căsuţa vopsită în roz ceva intermediar între o asociaţie a locatarilor şi o aşezare feudală. Zadarnic încercaseră noile serii de studenţi să pătrundă în cămin. Ex-chimiştii erau excepţional de inventivi şi izbuteau să respingă toate atacurile. Oficialităţile nu se mai amestecară în această problemă. Căsuţa începu să fie considerată sălbatică şi dispăru din toate planurile Universităţii din Moscova. Era ca şi cum n-ar fi fost. Şi totuşi exista, şi în ea locuiau oameni.

Asociaţii noştri urcară pe scară la etaj şi cotiră într-un coridor complet întunecos.

– Lumină şi aer, spuse Ostap.

Deodată, în întuneric se auzi un fîsîit, chiar lîngă cotul lui Ippolit Matveevici.

– Nu te speria, zise Ostap, nu-i pe coridor. E dincolo de perete. După cum ştim din fizică, placajul este cel mai bun conducător de sunet. Bagă de seamă! Ţin-te de mine! Pe aici, pe undeva, trebuie să fie o casă de bani.

Şi, într-adevăr, ţipătul pe care-l scoase în aceeaşi clipă Vorobianinov, lovindu-se cu pieptul de un colţ ascuţit de fier, îi dovedi că acea casă de bani era chiar pe aici, pe aproape.

– Te doare? se informă Ostap. Asta încă nu e nimic. Simple chinuri fizice! Dacă ai şti ce chinuri morale au fost pe aici, ah, mi-e şi

---

[1] N.A. Semaşko (1874-1949), organizator al sistemului de ocrotire a sănătăţii din fosta U.R.S.S., specialist în igienă socială, membru al Academiei de Ştiinţe Medicale a U.R.S.S.

groază să-mi amintesc. Uite, colo stătea un schelet, proprietatea studentului Ivanopulo, care îl cumpărase la Suharevka şi îi era frică să-l ţină în odaie. Aşa că vizitatorii se loveau întîi de casa de fier, apoi se pomeneau cu scheletul în cap. Femeile însărcinate nu erau deloc încîntate să treacă pe aici.

Pe o scară în spirală, asociaţii urcară la mezanin. Încăperea mare de la mezanin era împărţită prin pereţi de placaj într-o serie de felii lunguieţe, avînd o lăţime de doi arşini fiecare. Camerele semănau cu nişte penare, cu singura deosebire că, în loc de creioane şi tocuri, se aflau în ele oameni şi primusuri.

– Eşti acasă, Kolea? întrebă încet Ostap, oprindu-se în faţa uşii din mijloc.

Drept răspuns, în toate cele cinci penare oamenii începură să se agite şi să vocifereze.

– Sînt acasă, se auzi de după uşă.

– Iar au venit la dobitocul ăsta musafiri cu noaptea în cap! şopti o voce femeiască din penarul de la extrema stîngă.

– Dar lăsaţi odată oamenii să doarmă! bombăni penarul nr. 2.

În penarul al treilea se auziră nişte şoapte pline de bucurie izvorîtă din răutate:

– A venit miliţia să-l caute pe Kolka. Pentru geamul de ieri, se vede.

În penarul al cincilea era tăcere. Acolo fîsîia un primus şi se auzeau sărutări.

Ostap împinse uşa cu piciorul. Toată şandramaua de placaj se cutremură şi cei doi asociaţi pătrunseră în vizuina lui Kolka. Tabloul ce se înfăţişă privirilor lui Ostap era înspăimîntător, deşi în aparenţă nevinovat. Ca mobilă, în cameră nu exista decît o somieră cu dungi roşii, aşezată pe patru cărămizi. Dar nu acest lucru îl nelinişti pe Ostap. El cunoştea de mult mobila lui Kolka. Nu-l miră nici Kolka, aşa cum stătea cu picioarele pe somieră. Dar alături de el şedea o fiinţă atît de angelică, încît Ostap se întunecă imediat la faţă. Asemenea fete nu sînt niciodată legături de afaceri: au ochii prea albaştri şi gîtul prea curat. Ele sînt amante sau – ceea ce e şi mai rău – soţii, şi încă soţii iubite. Într-adevăr, Kolea îi spunea fiinţei de lîngă el – Liza, o tutuia şi îi făcea ochi dulci.

Ippolit Matveevici îşi scoase pălăria moale. Ostap îl chemă pe Kolea pe coridor şi acolo rămaseră multă vreme de vorbă, în şoaptă.

– E o dimineaţă minunată, stimată doamnă, spuse Ippolit Matveevici.

Doamna cu ochi albaştri rîse şi, aparent fără nici o legătură cu reflecţia lui Ippolit Matveevici, începu să-i povestească ce proşti locuiesc în penarul de alături.

– Pun dinadins primusul, ca să nu se audă cum se sărută. Dar îţi dai dumneata seama ce prostie e asta? Noi auzim totul. Ei într-adevăr nu aud nimic din pricina primusului. Dacă vrei, îţi arăt numaidecît. Ascultă!

Şi nevasta lui Kolea, care cunoştea toate tainele primusului, spuse cu glas tare:

– Zverevii sînt nişte proşti!

Dincolo de perete se auzeau mai departe sărutările şi fîsîitul infernal al primusului.

– Ai văzut? Nu aud nimic. Zverevii sînt nişte proşti, nişte dobitoci, nişte nebuni... Vezi?

– Da, zise Ippolit Matveevici.

– Noi nu ţinem primus. Ce nevoie avem de el? Mîncăm la restaurantul vegetarian, deşi sînt împotriva lui. Dar cînd Kolea şi cu mine ne-am căsătorit, el visa cum o să mergem împreună la restaurantul vegetarian. Aşa că mergem acolo. Mie îmi place foarte mult carnea. Iar acolo se fac chiftele din tăieţei. Numai, te rog, să nu-i spui nimic lui Kolea...

În acest moment, Kolea şi Ostap se întoarseră.

– Ce să-i faci, dacă la tine într-adevăr nu putem rămîne cu nici un chip, ne ducem la Pantelei.

– Aşa-i băieţi! strigă Kolea. Duceţi-vă la Ivanopulo. E de-ai noştri.

– Să mai veniţi în vizită pe la noi, spuse nevasta lui Kolea. Bărbatul meu şi cu mine vom fi foarte bucuroşi să vă primim.

– Iar cheamă musafiri! se auzi o voce revoltată în penarul din margine. Nu le mai ajung musafirii!

– Sînteţi nişte proşti, dobitoci şi nebuni şi asta nu e treaba voastră! spuse nevasta lui Kolea, fără să ridice glasul.

– Auzi, Ivan Andreevici, scîrţîi o voce enervată în penarul din margine. Îţi insultă nevasta şi tu taci din gură.

Îşi mai spuseră părerea şi cîţiva comentatori nevăzuţi din alte penare. Schimbul de focuri verbal se înteţea. Asociaţii coborîră la Ivanopulo.

Studentul nu era acasă. Ippolit Matveevici aprinse un chibrit şi descoperi prins pe uşă un bilet: „Voi fi cel mai devreme acasă la ora nouă, Pantelei."

– Nu-i nici o nenorocire, zise Ostap, ştiu unde e cheia.

Scotoci sub casa de bani, găsi cheia şi descuie uşa.

Camera studentului Ivanopulo avea exact aceleaşi dimensiuni ca a lui Kolea, numai că avea un perete de cărămidă, fapt cu care studentul se mîndrea grozav. Ippolit Matveevici constată cu mîhnire că studentul nu avea nici măcar somieră.

– O să ne aranjăm de minune, spuse Ostap. E un spaţiu onorabil pentru Moscova. Dacă ne culcăm toţi trei pe jos, mai rămîne chiar şi puţin loc. Dar lua-l-ar dracii pe Pantelei ăsta! Tare aş vrea să ştiu ce-o fi făcut cu somiera.

Fereastra dădea într-o fundătură pe care se plimba un miliţian. Peste drum, într-o căsuţă construită în stilul unui turn gotic, se afla ambasada unei ţări minuscule. În curtea ei, împrejmuită cu un grilaj de fier, se juca tenis. Mingea albă zbura sprinten. Se auzeau scurte exclamaţii.

– *Out!* strigă Ostap. Nivelul jocului nu-i prea ridicat. Hai să ne odihnim.

Milionarii *in spe* întinseseră pe jos nişte ziare. Ippolit Matveevici scoase perniţa pe care o purta întotdeauna cu el.

Ostap se trînti pe ultimele telegrame şi adormi. Ippolit Matveevici dormea de mult.

CAPITOLUL XVII

CETĂŢENI, RESPECTAŢI SOMIERELE!

– Liza, hai să mergem la masă!

– N-am chef. Am mîncat ieri.

– Nu te înţeleg.

– Nu vreau să mănînc iepure fals.

– Ce prostie mai e şi asta?

– Nu pot să mă hrănesc cu crenvurşti vegetarieni.

– Astăzi o să mănînci o şarlotă.

– N-am chef.

– Vorbeşte mai încet. Se aude tot.

Şi tinerii soţi începură să vorbească dramatic, în şoaptă.

După două minute, Kolea îşi dădu seama pentru prima oară după trei luni de viaţă conjugală că femeii iubite crenvurştii din morcov, cartofi şi mazăre îi plac mult mai puţin decît lui.

– Prin urmare e mai bună carnea de cîine, decît mîncarea dietetică? ţipă Kolea, nemaiţinînd seamă, în înflăcărarea lui, de vecinii care trăgeau cu urechea.

– Vorbeşte mai încet! strigă Liza. De ce te porţi urît cu mine? Da! Îmi place carnea! Din cînd în cînd. Ce vezi rău în asta?

Kolea tăcu înmărmurit. Această mărturisire îl lovise pe nepregătite. Carnea însemna pentru bugetul lui o gaură cu neputinţă de umplut. Plimbîndu-se de-a lungul somierei pe care Liza şedea ghemuită, cu obrajii încinşi, tînărul soţ făcea disperat tot felul de socoteli.

Copiatul pe calc la biroul de proiectări „Tehnosila“ nu-i aducea lui Kolea Kalaciov, nici chiar în lunile cele mai bune, mai mult de patruzeci de ruble. Locuinţa, e adevărat, n-o plătea. În acest condominiu nu exista administrator, iar chiria constituia o noţiune abstractă. Zece ruble cheltuia cu Liza pentru ca ea să înveţe croitoria la nişte cursuri cu drept de şcoală medie tehnică pentru construcţii. Masa pentru amîndoi (o porţie – felul întîi: ciorbă călugărească şi o porţie – felul doi: iepure fals sau tăieţei veritabili), împărţită cinstit pe din două în restaurantul vegetarian „Să nu furi!“, smulgea din bugetul soţilor încă treisprezece ruble pe lună. Ceilalţi bani se duceau nu se ştie pe ce. Acest lucru îl supăra cel mai mult pe Kolea. „Unde se duc banii?“ se gîndea el, desenînd cu trăgătorul o linie lungă şi subţire pe calcul de culoarea cerului. În aceste condiţii, a trece la consumul de carne însemna – pur şi simplu – dezastru. De aceea, Kolea se aprinse foarte tare:

– Gîndeşte-te şi tu, să mănînci cadavre de animale! E curat canibalism sub masca civilizaţiei! Toate bolile vin de la carne.

– Desigur, spuse Liza cu sfioasă ironie, de pildă anghina.

– Da, da, şi anghina! Ce crezi? Organismul, slăbit din pricina consumului continuu de carne, nu e în stare să se împotrivească infecţiei.

– Ce prostie şi asta!

– Nu-i nici o prostie. Prost e acela care nu urmăreşte decît să-şi umple burta, fără să se gîndească la cantitatea de vitamine.

Deodată, Kolea tăcu. În faţa ochilor minţii lui apăru un imens cotlet de porc, care acoperea tot mai mult fondul alcătuit numai din budinci de tăieţei fără gust, din caşă şi tot soiul de combinaţii de cartofi. Cotletul părea abia scos din tigaie. Mai sfîrîia încă şi scotea un abur ce mirosea plăcut. Osul care ieşea în afară părea un pistol din acelea pentru duel.

– Înţelege, pentru numele lui Dumnezeu, ţipă Kolea, un cotlet de porc îi ia omului o săptămînă din viaţă!

– N-are decît să-i ia, răspunse Liza. Iepurele fals îi ia şase luni din viaţă. Ieri, cînd am mîncat friptura de morcovi, am simţit că mor. Numai că n-am vrut să-ţi spun ţie.

– Şi de ce n-ai vrut să-mi spui?

– Nu mai aveam putere. Mi-era frică să nu încep să plîng.

– Şi acum nu-ţi mai este frică?

– Acum mi-e totuna.

Şi Liza începu să plîngă.

– Nici Lev Tolstoi n-a mîncat carne, spuse Kolea cu glas tremurător.

– Da, răspunse Liza, sughiţînd din pricina lacrimilor. Contele mînca sparanghel.

– Sparanghelul nu-i carne.

– Dar cînd a scris *Război şi pace,* a mîncat totuşi carne! A mîncat, a mîncat, a mîncat! Şi cînd a scris *Anna Karenina,* şi atunci s-a înfruptat, s-a înfruptat, s-a înfruptat!

– Da' mai taci odată!

– Da, s-a înfruptat, s-a înfruptat, s-a înfruptat!

– Şi cînd a scris *Sonata Kreutzer,* tot s-a înfruptat? întrebă sarcastic Kolea.

– *Sonata Kreutzer* e scurtă. Ia să vedem, să fi încercat să scrie *Război şi pace,* mîncînd numai crenvurşti vegetarieni!

– Dar, în definitiv, ce te-ai legat de mine cu Tolstoi al tău?

– Eu m-am legat de tine cu Tolstoi? Eu? Eu m-am legat de dumneata cu Tolstoi?

Kolea trecu şi el la „dumneata". Locatarii din celelalte penare jubilau gălăgios. Liza îşi trase grăbită de pe ceafă pe frunte căciuliţa de lînă albastră.

– Unde te duci?

– Lasă-mă-n pace. Am treabă.

„Unde s-o fi dus?“ se întrebă Kolea. Apoi se apucă să asculte ce se spunea în jur.

– Prea multă libertate vi s-a dat vouă, femeilor, sub puterea sovietică, răsună un glas din penarul de la extrema stîngă.

– S-a dus să se înece! îşi dădură cu părerea cei din penarul nr. 3.

Locatarii din penarul nr. 5 aprinseră primusul şi se dedară iar sărutărilor, ca de obicei.

Liza, tulburată, alerga pe străzi.

Era într-o duminică, la ora cînd norocoşii duc în trăsură, pe Arbat, somiere cumpărate în piaţă.

Tinerii căsătoriţi şi mijlocaşii sovietici sînt principalii cumpărători de somiere cu arcuri. Ei le transportă în picioare, ţinîndu-le îmbrăţişate cu amîndouă mîinile. Şi cum să nu îmbrăţişeze temelia albastră cu floricele lucioase a fericirii lor!

Cetăţeni! Respectaţi somiera cu arcuri şi cu floricele albastre! Ea reprezintă căminul, alfa şi omega mobilei, ansamblul unui interior plăcut, ea este baza dragostei şi mama primusului. Ce bine doarme cetăţeanul în scîrţîitul democratic al arcurilor ei! Ce vise minunate are omul care adoarme pe pînza ei albastră! De cît respect se bucură fiecare posesor de somieră!!

Omul care n-are somieră e vrednic de plîns. El nu există. Nu plăteşte impozite, nu are nevastă, cunoscuţii nu-i dau bani cu împrumut „pînă miercuri“, şoferii de taxiuri strigă în urma lui cuvinte jignitoare, iar fetele rîd de el, căci nu le plac idealiştii.

Omul fără somieră scrie de cele mai multe ori versuri în genul:

> „Ce dulce e s-adormi într-un hamac,
> Într-al unui Bourré plăcut tic-tac,
> Cînd fulgi uşor prin curte se rotesc
> Şi ca un vis stăncuţele plutesc.“

El creează la măsuţa înaltă de la Oficiul Telegrafic, încurcîndu-i pe posesorii de somiere ce vin preocupaţi să expedieze telegrame.

Somiera schimbă complet viaţa omului. În tapiţeria şi în arcurile ei există o forţă de atracţie care a rămas pînă acum necercetată. La scîrţîitul magnetic al arcurilor ei se adună oameni şi lucruri. Vine agentul financiar, vin fete care vor să întreţină legături de prietenie cu proprietarii de somiere. Agentul o face în scopuri fiscale, în folosul statului, fetele o fac dezinteresat, supunîndu-se legilor naturii.

Începe perioada de înflorire a tinereţii. Agentul financiar, după ce a strîns impozitul, aşa cum strînge albina mita ei de primăvară, zboară zumzăind voios spre stupul său de circumscripţie, iar fetele, care bat în retragere, sînt înlocuite de nevastă şi de primusul „Juvel nr.1".

Somiera este nesăţioasă. Ea cere să i se aducă mereu alte tributuri. Noaptea, face zgomotul unei mingi care cade. Are nevoie de o etajeră. Are nevoie de o masă aşezată pe nişte picioare caraghioase. Zăngănind din arcuri, cere perdele, draperii şi vase de bucătărie. Ea îi dă brînci omului şi-i spune:

– Du-te! Cumpără un tocător şi un retevei!

– Mi-e ruşine pentru tine, omule, că n-ai pînă acum covor!

– Munceşte! În curînd o să-ţi aduc copii! Ai nevoie de bani pentru scutece şi cărucior.

Somiera nu uită nimic şi face tot ce-i dă prin cap.

Nici măcar poetul nu poate evita soarta tuturor. Iată-l transportînd din piaţă o somieră, lipit cu groază de pîntecele ei moale.

– O să-ţi frîng încăpăţînarea, poete! spune somiera. N-o să mai trebuiască să alergi la telegraf ca să-ţi scrii versurile. Şi, la urma urmei, parcă merită să le scrii? Ia-ţi o slujbă! Şi soldul va fi totdeauna în favoarea ta. Gîndeşte-te la nevastă şi copii.

– Dar n-am nevastă! ţipă poetul, depărtîndu-se de sfătuitorul său cu arcuri.

– O să ai! Şi nu-ţi garantez că va fi cea mai frumoasă fată din lume. Nu ştiu nici măcar dacă va fi bună. Fii pregătit pentru orice. O să ai copii.

– Nu-mi plac copiii!

– Or să-ţi placă!

– Mă sperii, cetăţeană somieră!

– Taci, prostule! Nici nu ştii încă totul! Ai să iei şi mobilă în rate de la Moslemn.

– Te omor, somiero!

– Nenorocitule! Dacă îndrăzneşti s-o faci, au să te denunţe vecinii la administraţia imobilului.

Şi iată aşa, în fiecare duminică circulă prin Moscova fericiţii în zăngănitul voios al somierelor.

Dar desigur că duminica la Moscova nu se remarcă numai prin asta. Duminica este şi ziua muzeelor.

Există la Moscova o anumită categorie de oameni care nu se pricep cîtuşi de puţin la pictură, pe care nu-i interesează deloc arhitectura şi nu găsesc nimic frumos în monumentele trecutului. Oamenii din această categorie se duc la muzee numai fiindcă ele se află instalate în clădiri frumoase. Se plimbă prin sălile strălucitoare, se uită cu invidie la tavanele acoperite cu picturi, pun mîna pe ceea ce e interzis să se pună mîna şi bombăne necontenit:

– Hehei! Halal de ăştia cum au ştiut să trăiască!

Pe ei nu-i interesează că picturile de pe pereţi au fost făcute de francezul Puvis de Chavannes. Pentru ei e important să afle cît l-a costat asta pe fostul proprietar al casei. Ei urcă scara cu sculpturi în marmură pe paliere şi îşi închipuie cîţi lachei stăteau pe această scară, cîtă leafă şi ce bacşişuri căpăta fiecare lacheu. Pe cămin se află preţioase vase de porţelan, dar ei nu le bagă de seamă, ci se gîndesc că acest cămin nu e deloc practic, căci prea înghite multe lemne. În sufrageria căptuşită cu lemn de stejar, ei, în loc să se uite la minunatele incrustaţii, se chinuie cu întrebarea: ce mînca aici negustorul căruia i-a aparţinut odată casa şi cît i-ar fi revenit asta la scumpetea de acum?

Poţi găsi în orice muzeu astfel de oameni. În timp ce grupuri de vizitatori trec voios de la o capodoperă la alta, aceşti oameni stau în mijlocul sălii şi, fără să se uite la nimic, bombănesc melancolic:

– Hehei! Halal de ei cum au ştiut să trăiască!

Liza alerga pe stradă, înghiţindu-şi lacrimile. Gîndurile o mînau din urmă. Se gîndea la viaţa ei fericită şi săracă.

„Dacă am avea barem o masă şi două scaune, totul ar fi minunat. Dar, la urma urmei, trebuie să ne cumpărăm şi un primus. Trebuie să ne aranjăm şi noi într-un fel.“

Îşi încetini pasul, deoarece îşi aduse aminte deodată de cearta cu Kolea. În afară de asta, îi era teribil de foame. Ura împotriva soţului i se înteţi brusc.

– Asta e pur şi simplu o porcărie! spuse ea cu glas tare.

Foamea începu s-o chinuiască şi mai cumplit.

– Bine, bine. Las' că ştiu eu ce am de făcut.

Şi, roşind, Liza cumpără de la o negustoreasă un sandviş cu cîrnat fiert. Deşi era tare flămîndă, socoti că nu e frumos să mănînce în stradă. Oricum, era totuşi o persoană cu somieră şi ştia cum să se poarte în viaţă. Se uită în jur şi intră în gangul unei case cu etaj. Acolo, începu să muşte cu multă plăcere din sandviş. Cîrnatul era ispititor. Un grup numeros de oameni intră în gang. Trecînd pe lîngă Liza, care stătea rezemată de perete, cei din grup o măsurau cu privirea.

„Las' să se uite“, se gîndi Liza furioasă.

CAPITOLUL XVIII

MUZEUL DE MOBILĂ

Liza se şterse cu batista la gură şi-şi scutură firimiturile de pe bluză. Se simţi mai veselă. Se afla în faţa unei firme pe care scria:

MUZEUL DE MOBILĂ DE ARTĂ

Nu-i venea la îndemînă să se întoarcă acasă şi nici n-avea la cine să se ducă. În buzunar nu-i rămăseseră decît douăzeci de copeici. Cumpăni şi hotărî să-şi înceapă viaţa independentă prin vizitarea muzeului. După ce-şi mai controlă o dată numerarul, intră în hol.

Aici dădu imediat peste un om cu o barbă mîncată de molii, care, fixînd cu o privire nostalgică o coloană de malahit, bombănea pe sub mustaţă:

– Bine-au mai trăit altădată oamenii!

Liza se uită cu respect la coloană şi urcă la etaj. Rătăci vreo zece minute prin nişte odăi mici, pătrate şi cu tavanul atît de jos, încît orice om intra acolo părea un uriaş.

În aceste odăi se afla mobilă stil Empire, de pe vremea lui Pavel din mahon şi mesteacăn de Carelia, mobilă sobră, frumoasă şi cu aspect belicos. Se vedeau două dulapuri pătrate, pe ale căror uşiţe de sticlă erau aşezate în cruce nişte lănci, şi, în faţa lor, o masă de scris. O masă nemărginită. Să te aşezi la ea era ca şi cum te-ai fi aşezat la piaţa Teatrului, iar Balşoi Teatr, cu coloanele lui şi cu cei patru armăsari de bronz care-l tîrăsc cu de-a sila pe Apollo la premiera *Macului roşu* ar fi părut pe masă cît un serviciu de birou. Cel puţin aşa i se păru Lizei, crescută cu morcovi ca un iepure de casă. În colţuri stăteau fotolii cu speteze înalte, ale căror capete erau îndoite ca nişte coarne de berbec. Şi soarele le lumina tapiseria de o culoare ca de piersică.

Într-un astfel de fotoliu îţi venea să te aşezi numaidecît, dar din păcate era interzis.

Liza se gîndi cum ar fi arătat fotoliul acesta în minunatul stil Empire de pe vremea lui Pavel, alături de somiera ei cu dungi roşii, şi ajunse la concluzia că n-ar fi fost rău. Citi pe perete explicaţia ştiinţifică şi ideologică a stilului Empire de pe vremea lui Pavel şi, mîhnită că ea şi cu Kolea nu au o cameră în acest palat, intră într-un coridor care i se deschise pe neaşteptate în faţă.

În stînga, chiar de jos, de la nivelul podelei, porneau nişte ferestre scunde în formă de semicerc. Prin ele, Liza văzu dedesubt o uriaşă sală albă cu coloane. Sala aceasta era şi ea plină cu mobilă şi, de-a lungul şi de-a latul ei, se plimbau vizitatori. Liza se opri. Nu văzuse încă niciodată o sală la picioarele sale.

Minunîndu-se, se uită mult timp încîntată în jos. Deodată, îi zări trecînd de la nişte fotolii spre un birou pe noii săi cunoscuţi: Bender şi cu însoţitorul său, bătrînul acela impunător, cu capul ras.

– Ce bine! exclamă Liza. N-o să mă mai plictisesc.

Foarte bucuroasă, dădu fuga pe scări în jos şi se rătăci imediat. Nimeri într-un salon roşu, în care se aflau vreo patruzeci de obiecte: mobilă de nuc cu tot felul de picioare crăcănate. Din salonul acesta nu se putea trece mai departe. Fu nevoită să alerge înapoi printr-o încăpere rotundă unde lumina venea de sus şi care era mobilată, după cît se pare, numai cu perne înflorate.

Trecu pe dinaintea unor fotolii tapisate cu brocart în stilul Renaşterii italiene, prin faţa unor dulapuri olandeze şi a unui pat mare, gotic, cu un baldachin pe nişte coloane negre în spirală, în care pat un om n-ar fi părut mai mare decît o nucă.

În sfîrşit, Liza auzi zumzetul vizitatorilor care-l ascultau distraţi pe ghidul ce demasca planurile imperialiste ale Ekaterinei a II-a, în legătură cu pasiunea răposatei împărătese pentru mobila stil Ludovic al XVI-lea.

Ajunse chiar în sala cea mare cu coloane şi cu două rînduri de ferestre şi se îndreptă spre capătul opus, unde tovarăşul Bender, cunoscutul ei, discuta foarte aprins cu însoţitorul lui ras în cap.

Apropiindu-se, Liza îi auzi glasul sonor:

– Mobilă stil şic-modern. Dar mi se pare că asta nu e ceea ce ne trebuie nouă.

– Da, dar aici există probabil şi alte săli. Trebuie neapărat să vedem totul sistematic.

– Bună ziua, spuse Liza.

Amîndoi întoarseră capul şi se încruntară instantaneu.

– Bună ziua, tovarăşe Bender. Ce bine că v-am găsit aici! Mă plictiseam singură. Hai să vizităm muzeul împreună.

Asociaţii schimbară între ei o privire cu înţeles. Ippolit Matveevici adoptă o ţinută gravă, deşi nu era deloc bucuros că Liza îi întîrzie în treaba lor importantă: căutarea mobilei cu briliante.

– Noi sîntem nişte provinciali tipici, spuse Bender nerăbdător. Dar cum de-ai nimerit aici dumneata, o locuitoare a Moscovei?

– Cu totul întîmplător. M-am certat cu Kolea.

– Aşa? făcu Ippolit Matveevici.

– Ei, hai să plecăm din sala asta, spuse Ostap.

– Dar eu n-am văzut-o încă. E aşa de frumoasă!

– Începe! şopti Ostap la urechea lui Ippolit Matveevici.

Şi, adresîndu-se Lizei, îi zise:

– Aici n-avem ce să vedem. Stil decadent. Epoca lui Kerenski.

– Mi s-a spus că există undeva pe aici mobilă lucrată de meşterul Gambs, zise Ippolit Matveevici. Hai să mergem acolo.

Liza se învoi şi, luîndu-l pe Vorobianinov la braţ (îl socotea un reprezentant nespus de simpatic al ştiinţei), se îndreptă spre ieşirea din sală. Cu toate că situaţia era gravă şi sosise momentul hotărîtor în căutarea comorii, Bender, care mergea în urma perechii, rîdea amuzat. Mareşalul comanşilor i se părea caraghios în rolul de cavaler.

Liza îi stînjenea grozav pe cei doi asociaţi. În timp ce ei, după ce constatau dintr-o singură privire că în sala respectivă nu se afla mobila de care aveau nevoie, voiau, fără să se mai oprească, să treacă în sala următoare, Liza, dimpotrivă, ţinea să facă halte lungi peste tot. Citea cu glas tare toate explicaţiile tipărite în legătură cu mobila, făcea observaţii caustice pe socoteala vizitatorilor şi zăbovea îndelung în faţa fiecărei piese expuse. Fără să vrea şi fără să-şi dea seama, căuta să potrivească în minte mobila văzută la odaia şi la necesităţile sale. Patul în stil gotic nu-i plăcu deloc. Era prea mare. Chiar dacă, printr-o minune, Kolea ar fi izbutit să capete o cameră de trei stînjeni pătraţi, patul acesta medieval tot n-ar fi încăput. Totuşi, Liza se învîrti multă vreme în jurul patului, măsurînd cu paşii ei mici cam ce suprafaţă are. Era foarte veselă şi nu observa mutrele acre ale însoţitorilor ei, pe care spiritul de cavalerism îi împiedica s-o ia la repezeală spre sala unde se afla expusă mobila lucrată de meşterul Gambs.

– Să avem răbdare, şopti Ostap. Mobila n-o s-o ia la fugă nicăieri. Iar dumneata, mareşale, nu mai pipăi fata. Mă faci gelos.

Vorobianinov zîmbi încîntat de sine.

Treceau încet dintr-o sală în alta şi li se părea că sălile nu mai au sfîrşit. Mobila din epoca lui Alexandru[1] era reprezentată prin numeroase garnituri. Dimensiunile ei relativ mici îi stîrniră Lizei tot entuziasmul.

---

[1] Alexandru I (1777–1825), ţar al Rusiei.

– Uitaţi-vă, uitaţi-vă! strigă ea cu naivitate, apucîndu-l pe Vorobianinov de mînecă. Vedeţi biroul ăsta? S-ar potrivi de minune cu camera noastră. Nu-i aşa?

– Superbă mobilă! spuse mînios Ostap. Numai că e decadentă.

– Aici am mai fost, zise Liza intrînd în salonul roşu, şi cred că nu merită să ne oprim.

Spre uimirea ei, cei doi companioni, care pînă atunci se arătaseră nepăsători faţă de mobilă, încremeniră în uşă ca nişte santinele.

– De ce v-aţi oprit? Haideţi să mergem. Am obosit.

– Stai puţin, îi spuse Ippolit Matveevici, eliberîndu-şi braţul. Un minut numai.

Camera era mare şi plină de mobilă. Scaunele lucrate de Gambs se înşirau de-a lungul unui întreg perete şi în jurul mesei. Canapeaua din colţ era şi ea înconjurată de scaune. Picioarele lor curbate şi spetezele comode îi erau teribil de cunoscute lui Ippolit Matveevici. Ostap se uita iscoditor la el. Ippolit Matveevici se făcuse roşu ca un rac.

– Ai obosit, domnişoară, îi zise el Lizei, aşa că şezi puţin aici şi odihneşte-te, iar noi o să ne plimbăm un pic. Se pare că e o sală interesantă.

O instalară pe Liza.

Asociaţii se duseră la fereastră.

– Ele sînt? întrebă Ostap.

– Pare-se că da. Trebuie să mă uit mai bine.

– Sînt toate aici?

– Le număr acuşi. Stai puţin, stai puţin...

Vorobianinov începu să-şi plimbe ochii de la un scaun la altul.

– Dar ce-i asta? exclamă el, în cele din urmă. Sînt douăzeci de scaune. Nu se poate! Trebuie să fie numai zece.

– Uită-te bine. Poate că nu sînt scaunele acelea.

Începură să se plimbe printre scaune.

– Ei? îl grăbea Ostap.

– Parcă speteaza nu-i cum era la ale mele.

– Prin urmare nu sînt scaunele pe care le căutăm?

– Nu sînt.

– Am impresia că degeaba m-am încurcat cu dumneata.

Ippolit Matveevici era complet deprimat.

– Nu-i nimic, zise Ostap. Şedinţa continuă! Un scaun nu-i un ac. O să se găsească. Dă încoace ordinele de repartiţie. O să trebuiască să stabilim un contact cam neplăcut cu administraţia muzeului. Stai colea, alături de fetiţă, şi aşteaptă-mă. Vin acuşi.

– De ce sînteţi atît de trist? întrebă Liza. Aţi obosit?

Ippolit Matveevici se făcu că nu aude.

– Vă doare capul? îl întrebă iar fata.

– Da, puţin. Ştii... grijile. Cînd n-ai mîngîierea unei femei, lucrul ăsta se resimte în felul de viaţă.

Liza mai întîi se miră, apoi, cînd se uită mai bine la interlocutorul ei ras în cap, i se făcu într-adevăr milă de el. Vorobianinov avea ochii unui om care suferă. Pince-nez-ul nu reuşea să-i ascundă pungile pronunţate pe care le avea sub ochi. Trecerea bruscă de la viaţa sa tihnită de funcţionar la Oficiul Stării Civile dintr-o mică capitală de judeţ la traiul greu şi agitat al unui vînător de briliante şi aventurier nu se produsese fără a lăsa urme. Ippolit Matveevici slăbise mult şi ficatul începuse să-l supere. Sub supravegherea severă a lui Bender, îşi pierdea personalitatea şi se lichefia rapid în puternica agerime de minte a acestui fiu de supus turc. Acum, rămînînd pentru cîteva clipe singur cu fermecătoarea cetăţeană Kalaciova, simţi arzătoarea dorinţă de a-i povesti toate amărăciunile şi emoţiile, dar nu îndrăzni s-o facă.

– Da, spuse el, uitîndu-se cu duioşie la partenera sa. Asta-i! Dar dumneata cum o duci, Elizaveta...

– Petrovna! completă ea şi întrebă la rîndul ei: Dar pe dumneata cum te cheamă?

Îşi spuseră unul altuia toate trei numele.

„A dragostei poveste minunată“ – se gîndi Ippolit Matveevici, uitîndu-se la faţa cam comună a Lizei. Şi bătrînul mareşal al nobilimii simţi puternic dorinţa unei mîngîieri feminine de care, dacă eşti lipsit, se resimte întregul tău fel de viaţă. Aşa că luă deîndată mînuţa Lizei în palmele sale zbîrcite şi începu să-i vorbească cu căldură despre Paris. Voia în acea clipă să fie bogat, risipitor şi irezistibil. Simţea dorinţa de a cuceri femei şi de a bea Rederer[1] în sunetele orchestrei, într-un separeu, în compania unei frumoase muzicante. Ce putea să vorbească cu fetişcana asta care nu ştie, desigur, absolut nimic nici despre Rederer, nici despre orchestrele de femei şi care, prin însăşi natura ei, nu poate nici măcar să priceapă farmecul acestui gen?! Şi cît de mult ar fi vrut să fie cuceritor! Şi Ippolit Matveevici încercă s-o cucerească pe Liza, povestindu-i despre Paris.

– Eşti om de ştiinţă? îl întrebă Liza.

– Da, întrucîtva, răspunse Ippolit Matveevici, simţind că de cînd l-a cunoscut pe Bender şi-a recăpătat tupeul pe care în ultimii ani îl pierduse.

– Dar, iartă-mi întrebarea indiscretă, cîţi ani ai?

– Asta n-are nici o legătură cu ştiinţa pe care o reprezint în momentul de faţă.

Liza fu cucerită de acest răspuns prompt şi inteligent.

– Totuşi? Cîţi? Treizeci? Patruzeci? Cincizeci?

– Aproape. Treizeci şi opt.

– O-o! Dar arăţi mult mai tînăr.

Ippolit Matveevici se topi de plăcere.

– Cînd o să am fericirea de a te vedea din nou? o întrebă Ippolit Matveevici, vorbind pe nas.

Liza se simţi tare ruşinată. Începu să se sucească pe fotoliu şi deveni melancolică.

– Dar unde o fi dispărut tovarăşul Bender? întrebă ea cu glas subţirel.

– Ei, cum rămîne? o întrebă Vorobianinov nerăbdător. Cînd şi unde ne vedem?

---

[1] Marcă de şampanie.

– Nu ştiu. Cînd vrei.

– Astăzi, se poate?

– Astăzi?

– Te implor!

– Ei bine, fie şi astăzi. Treci pe la noi.

– Nu, hai să ne întîlnim undeva în oraş. E o vreme atît de minunată. Cunoşti versurile:

„E luna lui Florar,
Cel vrăjitor ştrengar,
Ce-ţi dă sărut de miere
Cu dulcea lui adiere.“

– Sînt de Jarov?

– Hm... Mi se pare. Aşadar, astăzi? Unde?

– Ce ciudat eşti! Unde vrei! Vrei lîngă casa de bani? Cunoşti locul? Cînd s-o întuneca...

Abia prinse Ippolit Matveevici a-i săruta Lizei mîna în chip foarte solemn şi în trei reprize, că se şi întoarse Ostap. Era foarte preocupat.

– Vă rog să ne iertaţi, *mademoiselle,* spuse el repede, dar amicul meu şi cu mine n-o să vă putem conduce mai departe. A intervenit o chestiune măruntă, dar foarte importantă. Trebuie să ne ducem urgent undeva.

Ippolit Matveevici simţi că i se taie răsuflarea.

– La revedere, Elizaveta Petrovna, spuse el, înghiţind cuvintele. Te rog să ne ierţi, să ne ierţi, să ne ierţi, dar sîntem teribil de grăbiţi.

Şi asociaţii plecară în fugă, lăsînd-o pe Liza uluită în salonul plin cu mobile lucrate de Gambs.

– Dacă n-aş fi fost eu, spuse Ostap în timp ce coborau scara, nu te alegeai cu nimica. Ai putea să te rogi pentru sănătatea mea! Închină-te, închină-te, că n-o să-ţi cadă capul, nu te teme! Ascultă aici! Mobila dumitale nu are valoare de obiect de muzeu. Locul ei nu e aici, ci în cazarma unui batalion disciplinar. Eşti satisfăcut de această situaţie?

– Ce-i bătaia asta de joc! exclamă Vorobianinov, care începuse să dea semne că vrea să scuture de jugul puternicei agerimii de minte a fiului de supus turc.

– Gura! spuse rece Ostap. Habar n-ai ce se petrece. Dacă nu punem mîna acum pe mobila noastră, s-a terminat. N-o s-o mai vedem niciodată. Chiar adineauri am avut la birou o discuţie cam spinoasă cu administratorul acestei hale de vechituri istorice.

– Şi ce s-aude? întrebă ţipînd Ippolit Matveevici. Ce ţi-a spus administratorul?

– Mi-a spus tot ce trebuie. Linişteşte-te. „Aş vrea să ştiu, l-am întrebat eu, cum se explică faptul că o mobilă ce v-a fost trimisă pe bază de ordin de repartiţie din Stargorod nu există în muzeu?“ Fireşte că am vorbit cu dînsul amabil, tovărăşeşte. „Despre ce mobilă e vorba?“ m-a întrebat el. „În muzeul nostru nu s-a întîmplat niciodată aşa ceva.“ I-am băgat imediat ordinele de repartiţie sub nas. A început să cotrobăiască prin registre şi, după ce a căutat vreo jumătate de oră, s-a întors. Ei, ce crezi că s-a întîmplat? Unde-i mobila?

– S-a pierdut pe drum? exclamă Vorobianinov cu o voce piţigăiată.

– Închipuie-ţi că nu. Închipuie-ţi că în tot haosul ăsta a scăpat nevătămată. După cum ţi-am mai spus, ea nu are valoare ca piesă de muzeu. A fost ţinută la magazie şi abia ieri – bagă de seamă – ieri, după şapte ani (a stat în magazie şapte ani!), a fost trimisă spre a fi vîndută la licitaţie. E vorba de o licitaţie organizată de Direcţia Generală Ştiinţifică. Şi, dacă n-a cumpărat-o nimeni ieri sau azi-dimineaţă, e a noastră! Eşti satisfăcut?

– Mai repede! strigă Ippolit Matveevici.

– Birjar! urlă Ostap.

Urcară într-o birjă fără să se mai tocmească.

– Roagă-te pentru sănătatea mea, roagă-te! Nu te teme, mareşal al curţii! Vinul, femeile şi jocul de cărţi ni-s asigurate. Atunci o să ne socotim noi şi pentru vesta albastră.

Asociaţii intrară alergînd vioi, ca nişte mînji, în pasajul de pe Petrovka, unde se afla sala de licitaţii.

Chiar în prima încăpere dădură cu ochii de ceea ce căutau de atîta amar de vreme. Toate cele zece scaune ale lui Ippolit Matveevici stăteau înşirate de-a lungul peretelui, pe piciorușele lor curbate. Nici măcar cretonul nu se stricase, nu se închisese la culoare și nici nu se decolorase. Scaunele erau curate și străluceau, de parcă atunci ieşiseră de sub supravegherea grijuliei Klavdia Ivanovna.

– Astea sînt? întrebă Ostap.

– Doamne, Doamne, repeta întruna Ippolit Matveevici. Astea-s, astea. Ce mai vorbă?! De data asta nu încape nici o îndoială.

– Pentru orice eventualitate, să controlăm, zise Ostap, străduindu-se să fie calm.

Se apropie de un vizitator şi-l întrebă:

– Mi se pare că scaunele astea sînt de la Muzeul de Mobilă de Artă?

– Astea? Da, da.

– Şi sînt de vînzare?

– De vînzare!

– La ce preţ?

– Preţul încă nu-i fixat. La noi lucrurile se vînd la licitaţie.

– Aha! Astăzi?

– Nu. Astăzi licitaţia s-a terminat. Mîine, cu începere de la ora cinci.

– Şi astăzi nu se pot vinde?

– Nu! Mîine cu începere de la ora cinci.

Totuşi, asociaţii nu se îndurau să părăsească chiar imediat scaunele.

– Ne daţi voie să ne uităm la ele? bîigui Ippolit Matveevici. Se poate?

Asociaţii examinară îndelung scaunele, se aşezară ba pe unul, ba pe altul şi, de ochii lumii, se mai uitară şi la alte lucruri. Vorobianinov gîfîia şi-l înghiontea tot timpul pe Ostap cu cotul.

– Roagă-te pentru sănătatea mea! îi şoptea Ostap. Roagă-te, mareşale.

Ippolit Matveevici era gata nu numai să se roage pentru sănătatea lui Ostap, dar chiar să-i şi sărute tălpile pantofilor lui zmeurii.

– Mîine, spunea el, mîine, mîine, mîine.

Simţea o poftă nebună de a cînta.

CAPITOLUL XIX

VOT ÎN STIL EUROPEAN

Pe cînd cei doi prieteni duceau o intensă viaţă culturală, vizitau muzeele şi făceau curte fetelor, pe strada Plehanov din Stargorod, Griţaţueva, de două ori văduvă, femeia grasă, dar totodată slabă ca toate femeile, se sfătuia şi complota cu vecinele ei. Toate grămadă examinau biletul lăsat de Bender, ba îl puneau şi la lumină şi-l priveau în zare. Dar hîrtia pe care fusese scris biletul nu avea nici un filigran şi, chiar dacă ar fi avut, misterioasa mîzgăleală a superbului Ostap tot n-ar fi devenit mai limpede.

Trecură trei zile, şi la orizont nu se vedea nimic. Nu se arăta nici Bender, nici strecurătoarea de ceai, nici brăţara suflată cu aur şi nici scaunul. Toate aceste obiecte, care însufleţite, care neînsufleţite, dispăruseră în modul cel mai misterios.

Văzînd aşa, văduva se hotărî să ia măsuri radicale. Se duse la administraţia ziarului *Stargorodskaia Pravda* şi acolo i se întocmi repede următorul anunţ:

„IMPLOR persoanele care ştiu unde se află Tov. Bender, în vîrstă de 25-30 ani. Costum verde, pantofi galbeni, vestă albastră. Brunet. Plecat de acasă fără urmă. Rog pe cei care ştiu ceva despre el să anunţe pe Griţaţueva, str. Plehanov nr. 15. Bună recompensă.“

– E fiul dumitale? întrebară cu compătimire cei de la administraţie.

– E soţul meu! răspunse nefericita acoperindu-şi faţa cu batista.

– A, soţul!

– Legitim. Dar de ce?

– Ei, aşa! Ar fi bine să te adresezi miliţiei.

Văduva se sperie. Îi era tamă de miliţie. Plecă urmărită de priviri ciudate.

Apelul răsună de trei ori în coloanele ziarului *Stargorodskaia Pravda*. Dar marea ţară tăcea. Nimeni nu ştia unde se află brunetul cu pantofi galbeni. Nimeni nu se prezenta să încaseze buna recompensă. Vecinele bîrfeau.

Văduva se întuneca la faţă zi de zi, tot mai mult. Dar, ciudat lucru, deşi soţul trecuse prin viaţa ei ca o rachetă, ducînd cu sine în cerul învăluit în beznă un scaun de toată frumuseţea şi strecurătoarea pe care o păstra ca pe o amintire de familie, ea totuşi îl iubea. Cine să mai înţeleagă inima unei femei, şi mai ales a unei văduve?

La Stargorod oamenii se obişnuiseră cu tramvaiul şi se urcau acum în el fără teamă. Taxatorii strigau cu glasuri voioase: „Nu mai e locuri“ şi lucrurile mergeu ca şi cum tramvaiul ar fi existat în oraş încă de pe vremea lui Vladimir Mîndru-Soare[1]. Invalizii de toate categoriile, femeile cu copii în braţe şi Viktor Mihailovici Polesov se urcau prin faţă. La strigătul taxatorului: „Taxa, vă rog!“, Polesov răspundea plin de demnitate: „Abonament anual“, şi rămînea alături de vatman. Bineînţeles că n-avea şi nici nu putea să aibă abonament anual.

Vizita lui Vorobianinov şi a marelui maestru al combinaţiilor lăsase în oraş urme adînci.

Conspiratorii păstrau cu sfinţenie taina ce li se încredinţase. Tăcea pînă şi Viktor Mihailovici, care abia izbutea să-şi stăpînească dorinţa de a împărtăşi primului venit secretele ce-l frămîntau. Dar,

[1] Vladimir Sviatoslavici, mare cneaz al statului kievean (978-1015).

amintindu-şi de umerii laţi ai lui Ostap, Polesov se ţinea tare. Îşi vărsa năduful numai în discuţiile cu ghicitoarea.

– Ce părere ai, Elena Stanislavovna, întrebă el. Cum se explică prezenţa absenţei conducătorilor noştri?

Lucrul acesta o interesa foarte mult şi pe Elena Stanislavovna, dar ea nu-i putea da nici o veste.

– Nu crezi, Elena Stanislavovna, continuă lăcătuşul fără astîmpăr, că ei îndeplinesc acum o misiune specială?

Ghicitoarea era încredinţată că aşa trebuie să fie. De aceeaşi părere era, pare-se, şi papagalul cu chiloţi roşii. El se uita la Polesov cu ochii lui rotunzi şi inteligenţi de parcă i-ar fi spus: „Dă-mi nişte seminţe şi am să-ţi povestesc acuşi totul. Vei fi guvernator. Toţi lăcătuşii vor fi sub ordinele tale. Iar portarul de la nr. 5 va rămîne tot portar, tot un mîrlan înfumurat."

– Nu crezi, Elena Stanislavovna, că ar trebui să recontinuăm activitatea? Doar nu putem sta cu braţele încrucişate?

Ghicitoarea fu de acord şi spuse:

– Ippolit Matveevici e un mare erou!

– Mare, mare, Elena Stanislavovna! Asta-i limpede. Dar ce zici de ofiţerul care era cu el? Ăsta-i un om care ştie ce vrea! În orice caz, Elena Stanislavovna, lucrurile nu mai pot merge aşa. În nici un chip!

Şi Polesov începu să acţioneze. Făcea regulat vizite tuturor membrilor uniunii secrete „Spada şi plugul", sîcîindu-l în special pe cetăţeanul Kislearski, prudentul proprietar al Artelului de Covrigi de Odessa „La covrigii de Moscova". Cînd îl vedea pe Polesov, Kislearski se făcea negru la faţă, iar cînd acesta îi spunea că trebuie să treacă la acţiune, fricosul covrigar simţea că-şi pierde minţile.

Pe la sfîrşitul săptămînii se adunară cu toţii la Elena Stanislavovna, în odaia unde aceasta îşi ţinea papagalul. Polesov fierbea.

– Ascultă, Viktor. Nu te mai agita, îi spunea cumpătatul Deadiev. Ce tot alergi toată ziua prin oraş?

– Trebuie să acţionăm! ţipa Polesov.

– Trebuie să acţionăm, dar nu trebuie nicidecum să ţipăm. Iată, domnilor, cum văd eu lucrurile. Din moment ce Ippolit Matveevici a spus o vorbă – e lucru sfînt. Şi e de presupus că nu mai avem mult de aşteptat. Cum anume se vor desfăşura evenimentele, nici nu-i nevoie să ştim: pentru asta există militarii. Noi sîntem partea civilă – reprezentanţii intelectualităţii şi a negustorimii din oraş. Lucrul important pentru noi care este? Să fim gata. Oare avem pregătit ceva? Avem o organizaţie centrală? Nu. Cine va conduce oraşul? Nimic nu este stabilit. Or, asta este principalul, domnilor. Se pare, domnilor, că englezii nu se vor mai purta cu mănuşi cu bolşevicii. Acesta este primul semn că lucrurile se vor schimba, domnilor, şi chiar foarte curînd. Vă asigur.

– Nici nu ne îndoim de asta, spuse Cearuşnikov cu ifos.

– Şi-i foarte bine că nu vă îndoiţi. Care e părerea dumitale, domnule Kislearski? Şi dumneavoastră, tinerilor, ce aveţi de spus?

Tinerii erau Nikeşa şi Vladea, care prin toată atitudinea lor îşi exprimau convingerea că schimbarea va veni curînd. Cît despre Kislearski, care din spusele directorului casei „Bîstroupak“ pricepuse că nu va trebui să ia parte direct la vreo ciocnire armată, acesta se ataşă bucuros la părerea oratorului.

– Dar ce trebuie să întreprindem acum? întrebă nerăbdător Viktor Mihailovici.

– Ai răbdare, zise Deadiev. Ia exemplu de la tovarăşul domnului Vorobianinov. Ce abilitate! Cîtă prudenţă! Aţi băgat de seamă ce repede a întors-o el cu ajutorarea copiilor vagabonzi? Aşa trebuie să procedăm şi noi. Noi nu facem decît să-i ajutăm pe copii. Aşadar, domnilor, să stabilim candidaturile!

– Propunem ca Ippolit Matveevici Vorobianinov să fie ales mareşal al nobilimii! exclamară tinerii Nikeşa şi Vladea.

Cearuşnikov tuşi îngăduitor.

– Ce umblaţi cu funcţii din astea? El o să fie cel puţin ministru. Sau poate chiar şi mai mult – dictator!

– Are dreptate, domnilor, spuse Deadiev. Postul de mareşal al nobilimii e de o importanţă cu totul secundară! Trebuie să ne gîndim cine va fi guvernator, nu mareşal al nobilimii. Să începem deci cu postul de guvernator. Cred că...

– Să-l alegem pe domnul Deadiev! strigă în focul entuziasmului Polesov. Cine altul ar putea să ţină frîiele guberniei?

– Sînt foarte măgulit de încrederea..., începu Deadiev, dar fu întrerupt de Cearuşnikov, care se făcuse roşu ca un rac.

– Asta e o problemă care ar mai trebui studiată, domnilor, spuse el cu glas frînt şi căutînd să evite privirea lui Deadiev.

Proprietarul casei „Bîstroupak“ îsi examina mîndru cizmele de care se lipise nişte talaş.

– Nu mă opun, zise el în cele din urmă. Să trecem la vot. Cum doriţi? Vot pe faţă sau secret?

– N-avem nevoie de metodele sovietice, zise jignit Cearuşnikov. Să votăm cinstit, în stil european: secret.

Votară cu bileţele. Deadiev întruni patru voturi, iar Cearuşnikov – două. Cineva se abţinuse de la vot. După faţa lui Kislearski, se vedea că el fusese cu abţinerea. Nu voia să-şi strice relaţiile cu viitorul guvernator, indiferent care ar fi.

Cînd Polesov anunţă emoţionat rezultatul votului cinstit, în stil european, se făcu în cameră o tăcere apăsătoare. Cei prezenţi căutau să nu se uite la Cearuşnikov. Iar el, candidatul fără noroc la postul de guvernator, şedea de parcă l-ar fi scuipat cineva.

Elenei Stanislavovna îi era tare milă de el. De altfel, îl şi votase.

Celălalt vot pentru Cearuşnikov fusese chiar al domnului Cearuşnikov personal, om cu experienţă în materie electorală. Inimoasa Elena Stanislavovna spuse numaidecît:

– Propun să-l alegem totuşi pe *monsieur* Cearuşnikov primar.

– De ce „totuşi“? sări mărinimosul guvernator. Nu „totuşi“, ci bineînţeles. Cunoaştem cu toţii prea bine activitatea obştească a domnului Cearuşnikov şi socotim că acest loc îi revine lui şi numai lui.

– Îl rugăm să primească, îl rugăm şi stăruim! strigară cu toţii.

– După aclamaţiile dumneavoastră, îl putem considera ales?

Cearuşnikov, care sta mofluz, învie şi chiar începu să protesteze:

– Nu, nu, domnilor, cer să fiu ales prin vot. Primarul, mai degrabă chiar decît guvernatorul, trebuie ales prin vot. Dacă vreţi cu adevărat să-mi acordaţi încrederea dumneavoastră, vă rog foarte mult, domnilor, să procedaţi prin vot!

Bileţelele începură să curgă în zaharniţa goală.

– Şase voturi pentru, anunţă Polesov, şi o abţinere.

– Vă felicit, domnule primar! zise Kislearski, pe faţa căruia se vedea că şi de data aceasta se abţinuse de la vot. Vă felicit din toată inima.

Cearuşnikov se lumină la faţă.

– Rămîne să udăm evenimentul, Excelenţă, îi spuse el lui Deadiev. Ia dă o fugă, Polesov, pînă la „Oktiabr". Ai bani?

Polesov făcu un gest misterios şi o şterse în grabă. Alegerile fură întrerupte pentru o bucată de vreme şi reluate apoi la masă.

Inspector şcolar fu numit Raspopov, fostul director al gimnaziului nobilimii, actulamente anticar. El fu lăudat foarte mult. Numai Vladea, care băuse trei păhărele de votcă, protestă:

– Nu trebuie să-l alegem. La examenul de absolvire mi-a pus doi la logică.

Toţi ceilalţi se repeziră la el:

– Într-un ceas hotărîtoar ca acesta, ţipau ei, nu-i permis să te gîndeşti la tine. Trebuie să te gîndeşti la patrie.

Vladea fu atît de repede adus la raţiune, încît pînă şi el îşi dădu votul pentru călăul său. Raspopov fu ales în unanimitate, cu o singură abţinere...

Lui Kislearski i se oferi postul de preşedinte al Comitetului Bursei. El nu se împotrivi, dar cînd i se puse candidatura la vot, consecvent şi pentru orice eventualitate, se abţinu.

Fură aleşi apoi din diverşi cunoscuţi şi rude, luaţi la rînd, şeful poliţiei, directorul Oficiului de Măsuri şi Greutăţi, inspectorii fiscali de încasare a taxelor şi pentru problemele muncii. Fură de asemenea completate posturile vacante de procuror de district, de preşedinte de tribunal, de grefier şi de judecători. Fură stabiliţi preşedinţii Zemstvei şi ai Camerei de Comerţ, precum şi ai Societăţii pentru Protecţia Copiilor şi, în sfîrşit, ai Uniunii Micii Burghezii. Elena Stanislavovna fu aleasă preşedintă a societăţilor „Picătura de Lapte“ şi „Floarea Albă“. Dată fiind vîrsta lor fragedă, Nikeşa şi Vladea fură numiţi funcţionari cu însărcinări speciale pe lîngă guvernator.

– Daţi-mi voie! exclamă deodată Cearuşnikov. Cum asta? Guvernatorul să capete doi funcţionari dintr-o dată! Şi eu nici unul?

– Conform schemei, îi răspunse blînd guvernatorul, primarul n-are drept la funcţionari pentru însărcinări speciale.

– Bine, atunci măcar un secretar.

Deadiev se învoi. Prinse curaj şi Elena Stanislavovna.

– Nu s-ar putea, întrebă cu oarecare stînjeneală... Cunosc eu un tînăr, un băiat foarte drăguţ şi bine crescut. Fiul lui *madame* Cerkesova... Foarte, foarte drăguţ şi foarte capabil... Acum e şomer. E înscris la Oficiul de Plasare a Braţelor de Muncă. Are şi adeverinţă. I s-a promis că zilele astea au să-l primească în sindicat... N-aţi putea să-l luaţi la dumneavoastră? Maică-sa o să vă fie foarte recunoscătoare.

– Ba cred că s-ar putea, răspunse mărinimos Cearuşnikov. Ce părere aveţi, domnilor? În general, nu-i aşa, pare-se că treaba o să meargă.

– Ei, încheie Deadiev, socot că în linii mari... cu asta basta? Mai vedeţi că ar fi ceva?

– Da' eu? se auzi deodată un glas subţire şi emoţionat.

Toţi întoarseră capul spre colţul unde era papagalul, alături de care Polesov stătea amărît ca vai de el. Pe genele lui negre sclipeau lacrimi. Toţi să intre în pămînt de ruşine, nu altceva. Îşi aduseră deodată aminte că beau votca lui Polesov şi că, în general, el este unul dintre fondatorii principali ai filialei din Stargorod a uniunii secrete „Spada şi plugul“.

Elena Stanislavovna îşi duse mîinile la tîmple şi scoase speriată un ţipăt.

– Viktor Mihailovici! se auzi ca un geamăt din piepturile tuturor. Scumpul nostru! Iubitul nostru Viktor Mihailovici! Cum, nu ţi-e ruşine să te ascunzi acolo, în colţ? Vino imediat încoace!

Polesov se apropie. Suferea. Nu se aşteptase la atîta nesimţire din partea tovarăşilor săi întru spadă şi plug.

Elena Stanislavovna nu se mai putu stăpîni.

– Domnilor, spuse ea, e îngrozitor! Cum de l-aţi putut uita pe Viktor Mihailovici, care ne este atît de drag tuturor?

Şi se ridică de pe scaun şi-l sărută pe lăcătuşul aristocrat pe fruntea neagră de fum.

– Credeţi oare, domnilor, că Viktor Mihailovici nu va putea fi un demn inspector şcolar sau şef al poliţiei?

– Ce zici, Viktor Mihailovici? îl întrebă guvernatorul. Vrei să fii inspector?

– Nici vorbă, nici vorbă, el va fi un inspector admirabil, plin de omenie! îl susţinu primarul, înghiţind o ciupercă marinată şi făcînd o mutră acră.

– Da' atunci cu Raspopov cum rămîne? mormăi pe sub nas Viktor Mihailovici. L-aţi numit doar pe el?

– Aşa e, are dreptate, ce ne facem cu Raspopov?

– Ce-ar fi să-l punem şef de pompieri?...

– Şef de pompieri! exclamă deodată Viktor Mihailovici.

Şi văzu deodată în faţa ochilor tulumbele, sclipirea văpăilor, şi auzi goarnele şi clopotele. Topoarele luceau, torţele tremurau, pămîntul se deschidea şi telegarii negri ca nişte zmei îl purtau în goană spre teatrul oraşului, care luase foc.

– Şef de pompieri? Eu vreau să fiu şef de pompieri!

– Admirabil! Felicitările noastre. De azi înainte eşti şef de pompieri.

– Pentru propăşirea postului de pompieri! strigă ironic preşedintele Comitetului Bursei.

Toţi cei de faţă săriră la Kislearski:

– Totdeauna ai fost de stînga! Te ştim noi!

– Domnilor, cum puteţi spune despre mine că sînt de stînga?

– Las' că ştim noi!...

– De stînga!

– Toţi evreii sînt de stînga.

– Zău, domnilor, nu pricep glumele astea.

– Eşti de stînga, de stînga, nu te ascunde!

– Noaptea îl visează pe Miliukov!

– E cadet! Cadet!

– Cadeţii[1] au vîndut Finlanda, urlă deodată Cearuşnikov. Au luat bani de la japonezi! Au adus armeni în ţară.

Kislearski nu mai putu să îndure avalanşa atîtor acuzaţii neîntemeiate. Palid, cu ochii sticloşi, preşedintele Comitetului Bursei se sprijini de speteaza scaunului şi proclamă cu o voce răsunătoare:

– Am fost şi voi rămîne întotdeauna octombrist[2].

De aici se porni o întreagă discuţie cine cu ce partid simpatizează.

– În primul rînd, domnilor, democraţie, declară Cearuşnikov. Administraţia noastră comunală trebuie să fie democratică. Dar fără cadeţi. Destule porcării ne-au făcut în 1917!

– Sper că printre noi nu există aşa-numiţii social-democraţi? întrebă cu sarcasm guvernatorul.

Nu, mai de stînga decît octombriştii, reprezentaţi la şedinţă prin Kislearski, nu era nimeni. Cearuşnikov se declară „de centru". La extrema dreaptă se afla şeful pompierilor. El era atît de la dreapta, încît nici nu mai ştia din ce partid face parte.

Se apucară să discute şi despre război.

– Azi-mîine va izbucni, spuse Deadiev.

– O să avem cu siguranţă război, vă spun eu: cu siguranţă.

– Vă sfătuiesc să vă faceţi ceva provizii, cît nu-i încă prea tîrziu.

---

[1] Cadeţii – membrii ai Partidului Constituţional-Democrat (K.D.), principalul partid liberal-monarhic al burgheziei din Rusia, creat în anul 1905.

[2] Octombriştii – membri ai partidului „Uniunea din 17 octombrie", creat în anul 1905.

– Zău? întrebă Kislearski alarmat.

– Dar dumneata ce crezi? Îţi închipui că în timp de război ai să-ţi mai poţi procura ceva? Făina o să dispară imediat de pe piaţă. Monedele de argint parcă or să intre în pămînt şi au să înceapă să circule tot felul de hîrtiuţe, timbre poştale şi alte aiureli.

– Războiul e cert.

– Voi puteţi face ce ştiţi, zise Deadiev, dar eu unul vîr toţi banii disponibili ca să-mi cumpăr obiecte de primă necesitate.

– Dar cu negoţul dumitale de manufactură ce o să fie?

– Manufactura e una, făina şi zahărul – alta. Vă sfătuiesc şi pe voi. Şi vă sfătuiesc chiar foarte insistent.

Polesov zîmbi ironic.

– Dar cum să facă război bolşevicii? Cu ce? Cu ce vreţi să lupte? Cu puşti vechi? Dar ce? Au aviaţie? Mi-a spus un comunist care-i sus de tot că au... cîte avioane credeţi că au?

– Vreo două sute!

– Două sute? Ha, două sute ar fi bine, dar n-au decît treizeci şi două! Iar Franţa are optzeci de mii de avioane de luptă.

Se despărţiră după miezul nopţii.

– Da-a... Bine am ajuns cu bolşevicii ăştia...

Guvernatorul se duse să-l conducă pe primarul oraşului. Amîndoi mergeau ţinîndu-se mai drept ca niciodată.

– Guvernatorule! îi spuse Cearuşnikov. Păi, ce fel de guvernator eşti tu, dacă nu eşti general?

– O să fiu general civil. Ce, te roade invidia? Oricînd mi-o veni pofta, am să te bag la beci. Ai să te saturi de atîta puşcărie.

– Pe mine nu mă poţi dumneata băga la puşcărie. Eu sînt ales, învestit cu încrederea cetăţenilor.

– Unul ales face cît doi nealeşi.

– Te rog să nu faci cu mine glume proaste! strigă deodată Cearuşnikov cît îl ţinea gura.

– Ce urli, tîmpitule? îl întrebă guvernatorul. Vrei să dormi la miliţie?

– Nu mi-e permis să dorm la miliţie, răspunse primarul. Sînt funcţionar sovietic...

Pe cer strălucea o stea. Era o noapte încîntătoare. Pe strada Vtoraia Sovetskaia, guvernatorul şi primarul oraşului continuau să se ciondănească.

CAPITOLUL XX

DE LA SEVILLA LA GRENADA

O, dar daţi-mi voie, unde este părintele Fiodor? Unde-i popa cela tuns de la biserica „Sfinţii Frol şi Lavr“? Dacă nu mă înşel, avea de gînd să se ducă în strada Vinogradnaia, nr. 34, la cetăţeanul Bruns? Şi, atunci, unde o fi acest căutător de comori cu chip angelic şi duşman de moarte al lui Ippolit Matveevici Vorobianinov, care în clipa aceasta stătea la pîndă pe coridorul cel întunecos, lîngă casa de bani?

Părintele Fiodor dispăruse, mînat de Necuratul. Unii ziceau că l-ar fi zărit în gara Popasnaia din bazinul Donețului, alergînd pe peron, cu un ceainic de apă fiartă în mînă...

Se lăcomise părintele Fiodor. Jinduise să se îmbogăţească peste noapte. Şi acum cutreiera Rusia în căutarea garniturii de salon a generălesei Popova, în care, trebuie să mărturisim, oricît ai fi scormonit, nu puteai da decît de ziua de ieri.

Cutreiera părintele Rusia şi îi tot trimitea scrisori nevesti-sii.

„SCRISOARE TRIMISĂ DE PĂRINTELE FIODOR, DIN GARA HARKOV, SOŢIEI SALE, ÎN ORAŞUL X, CAPITALA JUDEŢULUI Y

Porumbiţa mea dragă, Katerina Aleksandrovna,

Mă simt foarte vinovat faţă de tine. Te-am părăsit, sărăcuţa de tine, te-am lăsat singură în vremuri atît de grele.

Trebuie să-ţi povestesc totul. Tu ai să mă înţelegi şi nădăjduiesc că ai să-mi dai dreptate.

Să nu-ţi închipui care cumva că m-am dat cu ăştia de credinţa nouă, să mă ferească Dumnezeu de aşa ceva, n-am făcut-o şi nici n-am de gînd s-o fac.

Acum, citeşte cu băgare de seamă ce-ţi scriu. În curînd vom avea cu totul altă viaţă. Îţi aduci aminte cînd îţi vorbeam de fabricuţa de lumînări. O să avem o fabricuţă şi poate şi ceva peste asta. N-ai să mai fii nevoită să găteşti pentru străini şi nici pentru noi. O să plecăm la Samara şi o să ne luăm servitoare.

Iată despre ce este vorba, dar să ştii că tot ceea ce îţi încredinţez e un mare secret şi să nu spui nimănui, nici măcar Mariei Ivanovna. Caut o comoară. O ţii minte pe răposata Klavdia Ivanovna Petuhova, soacra lui Vorobianinov? Află că înainte de moarte mi-a mărturisit că a lăsat în casa ei din Stargorod toate giuvaierele ascunse într-unul dintre scaunele din salon (în total douăsprezece).

Să nu crezi, Katenka dragă, că sînt un hoţ. Ea mi-a lăsat acele giuvaiere moştenire şi cu limbă de moarte mi-a spus să le păzesc de Ippolit Matveevici, care a chinuit-o toată viaţa.

Iată de ce te-am părăsit pe neaşteptate, sărăcuţa de tine.

Să nu mă învinovăţeşti.

Am sosit la Stargorod şi, închipuieşte-ţi, draga mea, că şi muieraticul ăsta bătrîn se afla acolo. Aflase, nu ştiu cum, de giuvaiere. Pesemne că o torturase pe bătrînă înainte de moarte. E un om groaznic! Şi-i nedespărţit tot timpul de un delincvent de drept comun. Şi-a năimit un bandit. Amîndoi au tăbărît asupra mea, au vrut să mă omoare. Dar eu nu-s din ăia care se lasă cu una, cu două, şi nu m-am lăsat.

Întîi am nimerit pe o pistă falsă. Am găsit un scaun în casa lui Vorobianinov (unde se află acum o instituţie de binefacere) şi, pe cînd îl duceam acasă, la hotelul «Sorbona», mă pomenesc deodată că de după colţ sare la mine un om, răcnind ca un leu, şi pune mîna pe scaun. Cît p-aci să ajungem la bătaie. Voia să mă facă de rîs. Cînd mă uit mai bine la el, pe cine crezi că văd? Pe Vorobianinov, care, închipuieşte-ţi, draga mea, şi spune-mi şi tu dacă nu-i mai mare ruşinea să faci aşa la bătrîneţe: îşi răsese barba şi se răsese şi pe cap, escrocul!

Am făcut scaunul ţăndări, dar n-am găsit nimic înăuntru. Abia după aceea mi-am dat seama că fusesem pus pe un drum greşit. Dar atunci eram foarte necăjit.

M-am mîniat şi i-am trîntit în faţă tot adevărul desfrînatului ăluia. «Ce ruşine, i-am zis, la bătrîneţe! În ce hal, Doamne, a decăzut Rusia! Unde s-a mai văzut ca un mareşal al nobilimii să se repeadă ca un leu la o faţă bisericească şi să-i arunce vina că e fără partid! Eşti un om josnic, i-am zis, ai fost călăul Klavdiei Ivanovna şi acum vînezi bunuri străine, bunuri care sînt ale statului, nu ale dumitale.»

I s-a făcut ruşine şi a plecat, desigur, la vreo casă de toleranţă.

Eu m-am dus la hotel «Sorbona» şi am început să chibzuiesc ce să fac de acum înainte. Şi mi-a venit o idee care dobitocului ăluia ras în cap nu i-ar fi trecut niciodată prin tigvă: am hotărît să dau de omul care repartiza mobila rechiziţionată. După cum vezi, Katenka, n-am învăţat degeaba la Facultatea de Drept. Mi-a prins bine. L-am găsit pe omul în chestie chiar a doua zi. Îl cheamă Varfolomeici şi e un bătrînel foarte cumsecade. Locuieşte împreună cu bătrîna sa bunică şi îşi agoniseşte pîinea muncind din greu. Mi-a dat toate actele. E drept că a trebuit să-l răsplătesc pentru acest serviciu. Am rămas fără bani (dar despre asta îţi scriu eu mai jos). Am aflat că toate cele douăsprezece scaune din salonul casei Vorobianinov au nimerit la inginerul Bruns din strada Vinogradnaia, nr. 34. Bagă de seamă ce noroc, să ajungă toate scaunele la o singură persoană! Nici nu mă aşteptam la aşa pleaşcă (mi-era teamă că scaunele vor fi fost împrăştiate unul ici, altul colea). M-am bucurat tare mult de lucrul acesta. Şi dă Dumnezeu taman atunci să mă întîlnesc iar la «Sorbona» cu ticălosul de Vorobianinov. I-am tras o praftură bună şi nu l-am cruţat nici pe prietenul lui, banditul. Cum însă îmi era frică să nu-mi afle secretul, am stat pitit la hotel pînă cînd au plecat ei.

Bruns s-a mutat în 1923 din Stargorod la Harkov, unde a fost numit într-o slujbă. Am aflat de la portar că şi-a luat cu el toată mobila şi c-o păstrează cu foarte multă grijă. Se zice că e un om de ispravă.

Acum sînt în gară la Harkov, de unde îți scriu. În primul rînd, află că te iubesc foarte mult și că nu te-am uitat, în al doilea rînd află că Bruns nu mai stă aici. Dar nu te necăji. După cum am aflat, are acum o slujbă la Rostov, la Novoroștement. Nu mi-au mai rămas însă bani decît pentru drum. Peste un ceas plec cu un tren mixt. Tu, draga mea, fii te rog bună și treci pe la cumnatul nostru, ia de la el cincizeci de ruble (mi-e dator și mi-a făgăduit să mi le dea înapoi) și trimite-mi-le la Rostov pe adresa: Fiodor Ioannovici Vostrikov, Poșta Centrală, post-restant. Pentru mai multă economie, expediază-mi cu mandat simplu. O să coste numai treizeci de copeici.

Ce se mai aude pe la noi prin oraș? Ce mai e nou?

Kondratievna a mai dat pe la tine? Părintelui Kiril să-i spui că mă întorc curînd, că m-am dus la Voronej, la mătușă-mea care trage să moară. Caută să cheltuiești cît mai puțin. Evstigneev mai ia masa la noi? Transmite-i salutări din partea mea. Spune-i și lui că am plecat la mătușă-mea.

Cum mai e vremea pe acolo? Aici, la Harkov, e vară în toată puterea cuvîntului. Orașul e zgomotos – e un centru al Republicii Ucrainene. Cînd vii din orășelul nostru de provincie, ai impresia că ești aici în străinătate.

Te rog următoarele lucruri:

1. Să dai la curățat anteriul meu de vară (mai bine trei ruble pentru curățat, decît să trebuiască apoi să cumpărăm unul nou).
2. Să-ți păzești sănătatea.
3. Cînd îi scrii lui Gulenka, pomenește-i în treacăt că am plecat la mătușă-mea la Voronej.

Salută-i pe toți din partea mea. Spune-le că mă întorc curînd.
Te sărut cu drag, te îmbrățișez și îți dau binecuvîntarea mea.

Soțul tău, Fedea

P.S. Pe unde o fi hoinărind acum Vorobianinov?“

Dragostea îl face pe om să slăbească. Taurul mugește cînd e prins de pasiune, cocoșul nu-și mai găsește locul. Mareșalul nobilimii își pierdu pofta de mîncare.

Lăsîndu-i pe Ostap şi pe studentul Ivanopulo la birt, Ippolit Matveevici se strecură în căsuţa vopsită în roz şi îşi ocupă poziţia lîngă casa de bani. Parcă auzea zgomotul trenurilor care plecau spre Castilia şi plescăitul valurilor stîrnite de vapoarele ce părăseau portul.

„Se topeşte-n aur seara
Îndepărtata Alpuhara."

Inima îi bătea ca un pendul. În urechi îi suna parcă un ticăit de ceasornic.

„Cînd vei auzi chitara
Vino, vino, scumpă Clara."

Pe coridor se simţea parcă plutind neliniştea. Nimic nu ar fi putut încălzi pereţii îngheţaţi ai casei de bani.

„Din Sevilla la Grenada,
Sună-n beznă serenada..."

În penare oftau patefoanele. Se auzea zumzetul ca de albină al primusurilor.

„Şi, în zvon de serenade,
Se încrucişează spade..."

Într-un cuvînt, Ippolit Matveevici era îndrăgostit pînă peste urechi de Liza Kalaciova.

Mulţi inşi treceau pe coridor pe lîngă Ippolit Matveevici, dar ei duhneau fie a tutun, fie a votcă, fie a farmacie, fie a ciorbă din ajun. În bezna din coridor nu-i puteai deosebi pe oameni decît după miros sau după pas. Şi, atît după miros, cît şi după pas, Ippolit Matveevici era sigur că nici unul dintre ei nu putea fi Liza. Ea nu fuma, nu bea votcă şi nu purta cizme cu blacheuri de fier. De asemenea, ea nu putea să miroasă a iod sau a ciorbă de peşte. Ea nu putea răspîndi decît mirosul delicat al orezului cu lapte sau al fulgilor de ovăz, gustos gătiţi, cu care doamna Nordman-Severova îl hrănise atîta vreme odinioară pe celebrul pictor Ilia Repin.

Dar iată că răsunară nişte paşi uşori şi şovăielnici. Cineva mergea pe coridor, împiedicîndu-se de pereţii lui şubrezi şi murmurînd cu glas dulce.

– Dumneata eşti, Elizaveta Petrovna? întrebă Ippolit Matveevici cu o voce ca de zefir.

– Spuneţi-mi, vă rog, îi răspunse un glas de bas, aici locuieşte familia Pfeferkorn? Pe întunericul ăsta nu poţi să desluşeşti nimic.

Ippolit Matveevici tăcu speriat. Nedumerit, cel care căuta familia Pfeferkorn aşteptă un timp răspunsul şi, văzînd că nu vine, o porni bîjbîind mai departe.

Liza sosi abia pe la nouă. Coborîră în stradă, sub bolta cerului de seară, verzui ca o caramea.

– Unde mergem la plimbare? întrebă Liza.

Ippolit Matveevici se uită la alba-i faţă, care parcă iradia un nimb de raze şi, în loc să-i spună de-a dreptul: „Sînt aici, Iñes, aici stau sub geamul tău", începu o poveste lungă şi plicticoasă cum că n-a mai fost de mult la Moscova şi că Parisul e mult mai frumos decît Moscova, care, orice ai spune, rămîne un sat mare, împărţit fără nici o socoteală.

– Eu, Elizaveta Petrovna, ţin minte o altă Moscovă. Acum se simte în toate zgîrcenia. Noi însă, pe vremea noastră, nu precupeţeam banii. „O dată trăieşte omul" – spune un cîntec.

Traversară tot parcul Precistenski şi ajunseră pe chei, în faţa Catedralei Mîntuitorului.

De partea cealaltă a podului peste rîul Moscova se înălţau nişte cozi negre-cafenii ca de vulpe. Uzinele electrice ale Moscovei fumegau ca o escadră. Pe pod treceau tramvaie, iar pe rîu lunecau bărci. O armonică depăna o melodie tristă.

Sprijinindu-se de braţul lui Ippolit Matveevici, Liza îi povesti amărăciunile ei. Îi vorbi despre cearta cu soţul ei, despre viaţa grea ce-o duce lîngă vecinii ei, nişte foşti chimişti care trag mereu cu urechea, şi despre monotonia meselor vegetariene.

Ippolit Matveevici asculta şi se gîndea. Se trezeau demonii într-însul. Vedea în faţa ochilor o cină ca-n poveşti. În cele din urmă ajunse la concluzia că pe o fată ca asta trebuie neapărat s-o impresioneze cu ceva.

– Să mergem la un teatru, îi propuse Ippolit Matveevici.

– Mai bine la cinematograf, zise Liza. La cinematograf e mai ieftin.

– O! Ce contează banii? Pe o noapte ca asta nici n-are rost să vorbeşti de bani.

Demonii dintr-însul, care nu mai aveau acum nici un fel de astîmpăr, îi urcară pe amîndoi într-o birjă fără să se tocmească şi-i conduseră la cinematograful „Ars“. Ippolit Matveevici se întrecu pe sine însuşi. Luă biletele cele mai scumpe. De altfel, nu rămaseră pînă la sfîrşitul filmului. Liza, obişnuită să stea în faţă, pe locurile ieftine, vedea prost în rîndul al treizeci şi patrulea, unde erau locurile scumpe.

Ippolit Matveevici avea la el în buzunar jumătate din suma luată de cei doi asociaţi de la complotiştii din Stargorod. Sumă frumuşică pentru Vorobianinov, care se dezvăţase de lux. Dar, mişcat de perspectiva unei cuceriri uşoare, avea de gînd acum s-o lase paf pe Liza cu dărnicia lui. Se socotea admirabil pregătit pentru aşa ceva. Îşi aduse aminte cu mîndrie ce uşor cucerise cîndva inima frumoasei Elena Bour. Era obişnuit să cheltuiască banii uşor şi cu eleganţă. Fusese vestit pe vremuri la Stargorod pentru bunele sale maniere şi pentru arta cu care ştia să întreţină o convorbire cu o doamnă. I se păru însă ridicol să cheltuiască toată strălucirea sa de om al vechiului regim pentru cucerirea unei fetişcane sovietice, care n-a văzut încă nimic şi nu ştie nimic.

După ce stărui puţin, Ippolit Matveevici o duse pe Liza la „Praga“ – restaurantul-model al Trustului de Alimentaţie Publică din Moscova, „cel mai bun local din Moscova“, după cum îi spusese Bender.

„Praga“ o impresionă pe Liza prin profuziunea de oglinzi, lumină şi ghivece cu flori. Era şi explicabil: ea nu fusese încă niciodată într-un mare restaurant-model. Mai curios este că sala cu oglinzi îl impresionă într-un mod cu totul neaşteptat şi pe Ippolit Matveevici, care rămăsese puţin locului, căci uitase între timp cum e pe la marile restaurante. I se făcuse subit ruşine de cizmele lui baroneşti, cu botul pătrat, de pantalonii luaţi de gata înainte de război şi de vesta sa de culoarea lunii, presărată cu stele argintii.

Se simţiră amîndoi stînjeniţi şi încremeniră în faţa publicului, de altfel destul de amestecat.

– Hai să trecem acolo în colţ, propuse Vorobianinov, deşi erau măsuţe libere chiar lîngă estradă, unde orchestra cînta un potpuriu din *Baiadera*.

Simţind că toţi ochii sînt aţintiţi asupra ei, Liza acceptă numaidecît. În urma ei păşea cu stîngăcie Vorobianinov, omul de lume şi cuceritorul femeilor. Pantalonii ponosiţi ai omului de lume îi atîrnau ca un sac sub deierul lui slab. Cuceritorul femeilor înainta gîrbovit şi, ca să-şi înfrîngă sfiiciunea, începu să-şi şteargă pince-nez-ul.

Nimeni nu se apropie de masa lor. Ippolit Matveevici nu se aşteptase la una ca asta. Şi, în loc să întreţină o conversaţie galantă cu doamna sa, tăcea, se sucea, bătea timid cu scrumiera în masă şi chihăia încontinuu ca să-şi dreagă glasul. Liza se uita curioasă în jur şi tăcerea deveni apăsătoare. Ippolit Matveevici nu izbutea să scoată o vorbă. Uitase ce anume spunea de obicei în astfel de ocazii.

– Fii atît de bun! se adresa el ospătarilor din alimentaţia publică care treceau în goană pe lîngă masa lor.

– Imediat! îi răspundeau ei din mers.

În sfîrşit li se aduse lista. Ippolit Matveevici se cufundă în lectura ei cu un sentiment de uşurare.

– Dar ştii că..., mormăi el. Cotlete de viţel – două ruble douăzeci şi cinci, friptură – două ruble douăzeci şi cinci, votcă cinci ruble.

– Cinci ruble o carafă mare, îi spuse ospătarul uitîndu-se nerăbdător în jur.

„Ce s-o fi întîmplînd cu mine? îşi spunea îngrozit Ippolit Matveevici. Devin ridicol."

– Poftim, îi spuse el Lizei cu o politeţe tardivă. Vrei să alegi? Ce iei?

Liza era ruşinată. Vedea că ospătarul îl priveşte de sus pe însoţitorul ei şi-şi dădea seama din asta că Ippolit Matveevici nu se comportă aşa cum se cere în asemenea împrejurări.

– Nu mi-e foame deloc, spuse ea cu o voce tremurîndă. Sau stai... Spune-mi, te rog, tovarăşe, nu aveţi ceva vegetarian?

Ospătarul începu să bată nerăbdător cu călcîiul, ca un cal.

– La noi nu se servesc mîncăruri vegetariene. Poate doar omletă cu şuncă.

– Atunci uite ce e, spuse Ippolit Matveevici, hotărîndu-se. Dă-ne nişte crenvurşti. Doreşti crenvurşti, Elizaveta Petrovna?

– Da.

– Bine. Atunci crenvurşti. Din ăştia de o rublă şi douăzeci şi cinci perechea. Şi o sticlă de votcă.

– Servim în carafe.

– Atunci o carafă mare.

Ospătarul se uită cu dispreţ la Liza, care stătea lipsită de apărare.

– Ce serviţi la votcă? Să vă dau nişte icre proaspete. Un file de somon? Sau pateuri?

Dar în Ippolit Matveevici stăruia mai departe micul funcţionar de la Oficiul Stării Civile.

– Nu, nu, nu-i nevoie, spuse el cu o grosolănie neplăcută. Castraveţi muraţi aveţi? Cît costă? Bine, dă-ne doi!

Ospătarul plecă şi la masa lor se lăsă din nou tăcerea. Liza rupse această tăcere:

– N-am fost niciodată aici. E foarte drăguţ.

– Da-a, răspunse tărăgănat Ippolit Matveevici, calculînd în cap cît costă cele comandate.

„Nu face nimic, își zise el. O să beau puțină votcă și o să mă dezgheț. Așa, chiar că-i penibil.“

Dar după ce bău votca și mușcă din castravete, în loc să se înviorezе, se întunecă și mai mult la față. Liza nu bea. Stinghereala de la masă nu dispărea. Între timp se apropie de ei un om care, uitîndu-se duios la Liza, oferi flori.

Ippolit Matveevici se prefăcu că nu-l vede, dar mustăciosul vînzător de flori nu pleca. Și în fața lui era cu neputință să spui lucruri galante.

Pentru cîtva timp îl scoase din încurcătură programul artistic. Pe estradă apăru un bărbat rotofei, purtînd o jachetă și pantofi de lac.

– Iată-ne iar împreună, se adresă el degajat publicului. Numărul următor al programului nostru de concert va fi executat de Varvara Ivanovna Godlevskaia, interpretă cu renume mondial de cîntece populare ruse și bine cunoscută la Marina Roșcea. Varvara Ivanovna! Poftim!

Ippolit Matveevici bea votcă și tăcea. Întrucît Liza nu bea și tot timpul îi spunea că vrea să plece acasă, trebui să se grăbească să bea toată carafa.

Și cînd pe scenă apăru un cupletist într-o cămașă rusească de catifea, înlocuind-o pe estradă pe cîntăreața cunoscută la „Marina Roșcea“, și începu să cînte:

„Te plimbi, alergi,
Întruna mergi
Ca și cum colita ta
Ți-ar da... colindarita,
Te plimbi, așa
Tra-la-la-la.“

Ippolit Matveevici era destul de serios cherchelit și împreună cu toți vizitatorii din localul model, pe care pînă cu o jumătate de oră înainte îi socotise mîrlani și bandiți sovietici cu nouă băieri la pungă, începu să bată din palme tactul și să fredoneze:

„Te plimbi, așa
Tra-la-la-la...“

Se ridica mereu în picioare şi, fără să-şi ceară scuze, se ducea la toaletă. Cei de la mesele vecine începuseră să-l trateze cu „nene“ şi să-l poftească la un pahar cu bere. Dar el nu răspundea invitaţiilor. Devenise deodată mîndru şi bănuitor. La un moment dat, Liza se sculă hotărîtă de la masă şi spuse:

– Plec. Dumneata rămîi. Ajung şi singură acasă.

– Nu, vai de mine, cum se poate una ca asta? Eu, un nobil, cum am să admit aşa ceva! Señor! Socoteala! Mîr-lani!...

Ippolit Matveevici se uită lung la notă, clătinîndu-se pe scaun.

– Nouă ruble şi douăzeci de copeici! bombănea el. Nu vreţi cumva să vă dau şi cheia de la casa unde ţin banii?

În cele din urmă, Ippolit Matveevici fu condus pînă jos de doi ospătari, care-l ţineau cu grijă de subsuori. Liza nu putu s-o şteargă, deoarece numărul de la garderobă îl avea „leul“ din lumea mare.

Chiar în prima fundătură, Ippolit Matveevici se sprijini cu umărul de Liza şi mîinile îi trecură la acţiune. Liza se apără mai întîi fără să scoată un cuvînt.

– Ascultă! spuse ea apoi. Ascultă! Ascultă!

– Hai să mergem la hotel! căuta s-o convingă Vorobianinov.

Smucindu-se cu putere din mîinile lui, Liza îi repezi, fără să ţintească, un pumn în nas cuceritorului de femei. Pince-nez-ul cu arc de aur îi căzu jos şi, nimerind sub botul pătrat al cizmelor sale, se făcu praf.

„Zefirul noptatic
Adie molatic...“

Înecată în lacrimi, Liza alerga spre casă pe fundătura Serebreanaia.

„Spumos,
Aleargă prin şirul
Muntos
Guadalquivirul.“

Ippolit Matveevici, care nu mai vedea nimic, fugi cu paşi mărunţi în direcţia opusă strigînd:

– Hoţii!

Apoi, izbucnind în plîns şi tot plîngînd, cumpără de la o bătrînică un coş întreg cu covrigi. Ieşi pe urmă în piaţa Smolensk, care era pustie şi întunecoasă, şi, plimbîndu-se îndelung de-a curmezişul şi curmezişul ei, presără cu covrigi caldarîmul, cum zvîrle semănătorul seminţele la semănat, cu deosebirea că el mai şi urla tot timpul, cîntînd fals:

„Te plimbi, alergi
Colinzi şi mergi,
Te plimbi aşa
Tra-la-la-la..."

La urmă de tot, Ippolit Matveevici se împrieteni cu un birjar, îşi deschise sufletul în faţa lui şi îi povesti cam încîlcit şi împleticit povestea cu giuvaierele.

– Da' vesel mai eşti, boierule! exclamă birjarul.

Şi, într-adevăr, Ippolit Matveevici se înveselise straşnic. Probabil însă că veselia lui nu era în totul legiuită, pentru că pe la unsprezece dimineaţa se trezi la o secţie de miliţie. Din cele două sute de ruble cu care începuse atît de ruşinos noaptea de desfătări şi distracţii, mai găsi în buzunar numai douăsprezece.

Avea senzaţia că e în agonie. Şira spinării îl durea, ficatul îl înţepa şi i se părea că i-a pus cineva pe cap o gambetă de plumb. Lucrul cel mai îngrozitor însă era că nu izbutea să-şi amintească unde şi cum reuşise să cheltuiască o sumă atît de mare de bani. În drum spre casă trebui să treacă pe la optician şi să-şi pună alte sticle la pince-nez.

Ostap examină îndelung şi cu mirare mutra boţită a lui Ippolit Matveevici, dar nu spuse nimic. Era rece şi pregătit de luptă.

CAPITOLUL XXI

RĂFUIALA

Licitaţia începea la ora cinci. La ora patru se deschiseră porţile spre a permite intrarea cetăţenilor care voiau să examineze lucrurile. Cei doi amici veniseră încă de pe la trei şi o oră întreagă vizitară o expoziţie de maşini care se afla alături.

– Cred, spuse Ostap, că mîine, dacă om vrea, vom putea să ne cumpărăm locomotiva asta. Păcat că nu e pus preţul. E plăcut să ai o locomotivă proprie.

Ippolit Matveevici era trist, frămîntat. Numai scaunele puteau să-l consoleze.

Se îndepărtară de ele numai în clipa cînd la tribună se urcă funcţionarul însărcinat cu ţinerea licitaţiei, în nişte pantaloni pepit, aşa cum se purtau în secolul trecut, şi avea o barbă care îi cădea maiestuos pe o bluză de covercot rusesc.

Asociaţii luară loc în rîndul al patrulea din dreapta. Ippolit Matveevici era teribil de emoţionat. Credea că scaunele se vor pune imediat în vînzare. Dar ele figurau tocmai la nr. 43 şi mai întîi fură puse în vînzare obişnuitele vechituri ce se vînd pe la licitaţii: un serviciu de masă cu blazon, dar cu piese lipsă, o sosieră, un suport de argint pentru pahar, un peisaj al pictorului Petunin, o poşetă din mărgele, un cap de primus absolut nou, un mic bust al lui

Napoleon, nişte sutiene de pînză, un goblen reprezentînd *Un vînător împuşcînd raţe sălbatice* şi alte aiureli.

Trebuiau să rabde şi să aştepte. Aşteptarea era foarte grea, căci scaunele erau toate sub ochii lor, la doi paşi, să întinzi numai mîna şi gata.

„Ce zarvă ar mai fi aici, se gîndi Ostap, uitîndu-se la publicul venit la licitaţie, dacă ăştia ar afla ce bucăţică grasă se va vinde azi sub înfăţişarea acestor scaune.“

– O statuetă înfăţişînd justiţia! anunţă funcţionarul. Din bronz! Stare perfectă. Cinci ruble! Cine dă mai mult? Şase şi jumătate, colţul din dreapta, în fund – şapte. Primul rînd din faţă – opt ruble. Opt ruble o dată, opt ruble de două ori! Opt ruble a treia oară. Adjudecat cetăţeanului din primul rînd din faţă.

O fată cu un chitanţier se îndreptă de îndată spre cetăţeanul din rîndul întîi.

Ciocănelul funcţionarului bocănea. Se vindeau scrumiere de la palat, cristaluri de bacara, o pudrieră de porţelan.

Timpul trecea înfiorător de greu.

– Un bust de bronz al lui Alexandru al III-lea. Poate servi ca presse-papier. Pentru altceva pare-se că nu mai e bun. Se vinde la preţul oferit! Cine ce dă pe bustul lui Alexandru al III-lea?

În public se auziră rîsete.

– Cumpără-l, mareşale, zise ironic Ostap. Mi se pare că îţi plac chestiile astea.

Ippolit Matveevici nu-şi lua ochii de la scaune şi tăcea.

– Nu există amatori? Se scoate din licitaţie bustul de bronz al lui Alexsandru al III-lea. O statuetă înfăţişînd Justiţia. Pare-se că e perechea celei cumpărate adineauri. Vasili, arată publicului *Justiţia*. Cinci ruble. Cine dă mai mult?

În primul rînd, în dreapta, se auzi un pufăit. Cetăţeanul respectiv voia pesemne să aibă *Justiţia* în garnitură completă.

– Cine ruble – *Justiţia* de bronz!

– Şase! rosti răspicat cetăţeanul.

– Şase ruble în faţă. Şapte! Nouă ruble la capătul din dreapta.

– Nouă şi jumătate, spuse încet amatorul de *Justiţie,* ridicînd mîna.

– Şi jumătate în faţă. O dată! Şi jumătate a doua oară! Şi jumătate a treia oară!

Izbi cu ciocănaşul în masă. Domnişoara cu chitanţierul se repezi la cetăţeanul din rîndul întîi.

Acesta plăti şi se duse în cealaltă odaie să-şi primească bronzurile.

– Zece scaune de la Palat! anunţă deodată funcţionarul.

– De ce de la Palat? se miră încet Ippolit Matveevici.

Ostap se supără:

– Da' mai du-te dracului! Ascultă şi nu te mai foi!

– Zece scaune de la Palat! Din lemn de nuc! Epoca Alexandru al II-lea. În perfectă stare. Lucrate la Atelierul de Mobilă „Gambs". Vasili, adu un scaun să se vadă la lumină.

Vasili apucă atît de brutal scaunul, încît Ippolit Matveevici sări în sus ca ars.

– Stai jos, idiot afurisit; dracu' mi te-a scos în cale! şuieră Ostap. Stai jos, ţi-am spus!

Ippolit Matveevici simţi că-i tremură bărbia. Ostap îşi îndreptă ţinuta, ochii i se luminară.

– Zece scaune din lemn de nuc. Optzeci de ruble!

Sala prinse viaţă. Se vindeau obiecte de uz casnic. Mîinile se ridicau una după alta din toate părţile. Ostap era calm.

– De ce nu licitezi? se repezi Vorobianinov.

– Ieşi afară, îi răspunse Ostap, strîngînd din dinţi.

– O sută douăzeci de ruble, în fund! O sută treizeci şi cinci, tot acolo! O sută patruzeci!

Ostap se întoarse liniştit cu spatele la tribună şi, cu un zîmbet ironic, începu să-şi rotească privirea asupra concurenţilor.

Licitaţia era în toi. Nu mai exista nici un loc liber. Chiar în spatele lui Ostap, o doamnă pe care scaunele o ispiteau stătea de vorbă cu soţul ei („Ce scaune minunate! O lucrătură admirabilă! Sanea! Doar sînt de la Palat!"). În cele din urmă se hotărî şi ridică mîna.

– O sută patruzeci şi cinci, în rîndul al cincilea, dreapta. O dată!

În sală se făcu linişte. Era prea scump.

– O sută patruzeci şi cinci de două ori!

Ostap se uita cu nepăsare la cornişa sculptată. Ippolit Matveevici şedea cu capul lăsat în jos şi tremura.

– O sută patruzeci şi cinci de trei ori.

Dar tocmai cînd funcţionarul da să lovească cu ciocănaşul negru în tribuna de placaj, Ostap se întoarse, ridică o mînă şi zise încet:

– Două sute!

Toate capetele se întoarseră spre cei doi asociaţi. Şepci, chipiuri şi pălării se puseră în mişcare. Funcţionarul îşi ridică ochii plictisiţi şi se uită la Ostap.

– Două sute o dată, spuse el, două sute în rîndul patru dreapta, de două ori. Dă cineva mai mult? Două sute de ruble, o garnitură de zece scaune din lemn de nuc, de la Palat. Două sute de ruble de trei ori, în rîndul al patrulea, dreapta.

Mîna cu ciocanul se ridică deasupra tribunei.

– Mamă! exclamă Ippolit Matveevici cu glas tare.

Ostap, îmbujorat şi calm, zîmbea. Ciocanul lovi placajul, scoţînd un sunet divin.

– Adjudecat! proclamă funcţionarul. Domnişoară! În rîndul al patrulea, dreapta.

– Ei, preşedinte, ce zici, a fost frumos? întrebă Ostap. Tare aş fi curios să ştiu ce te-ai fi făcut fără directorul dumitale tehnic?

Ippolit Matveevici oftă fericit. Domnişoara se apropia cu paşi repezi de ei.

– Dumneavoastră aţi cumpărat scaunele?

– Noi! exclamă Ippolit Matveevici, care se stăpînise atîta vreme. Noi, noi. Cînd putem să le ridicăm?

– Cînd doriţi. Chiar şi acum!

Refrenul „Te plimbi, alergi, colinzi şi mergi“ răsuna furibund în capul lui Ippolit Matveevici. „Scaunele sînt ale noastre, ale noastre, ale noastre!“ Toată fiinţa lui striga aceste cuvinte. „Ale noastre!“ ţipa ficatul. „Ale noastre!“ îi dădea ecoul pipota.

Se bucura atît de tare, încît simţea că-i bate pulsul în cele mai neaşteptate locuri. Totul într-însul vibra, sălta şi plesnea sub presiunea acestei nemaiîntîlnite fericiri. Începu să vadă un tren care se apropie de Saint-Gothard. Pe platforma deschisă a ultimului vagon sta el, Ippolit Matveevici Vorobianinov, în pantaloni albi şi cu o ţigară de foi în gură. Peste capul lui împodobit parcă cu un bogat păr cărunt, strălucitor ca aluminiul, ploua încet cu floarea-reginei. Se îndrepta spre Eden.

– Dar de ce două sute treizeci şi nu două sute? auzi Ippolit Matveevici.

Era glasul lui Ostap, care învîrtea chitanţa în mînă.

– Se adaugă cincisprezece la sută taxa de consignaţie, răspunse domnişoara.

– Ei, ce să-i faci! Poftim!

Ostap scoase portofelul, numără două sute de ruble şi apoi se întoarse spre directorul general al întreprinderii:

– Dă-mi treizeci de ruble, scumpule. Dar mai repede: nu vezi că domnişoara aşteaptă? Ei?

Dar Ippolit Matveevici nu făcea nici cel mai mic gest de a scoate banii.

– Ei? Ce te uiţi la mine ca un soldat la un păduche? Ai înnebunit de fericire?

– N-am bani, îngăimă în cele din urmă Ippolit Matveevici.

– Cine n-are bani? întrebă Ostap foarte încet.

– Eu.

– Dar cele două sutare?!

– Le-am... m-m-m... le-am pierdut.

Ostap se uită la Vorobianinov şi-i cîntări repede din ochi faţa puhavă, obrajii verzi şi pungile de sub ochi.

– Dă încoa' banii! îi şopti el cu ură. Ticălos bătrîn!

– Aveţi de gînd să plătiţi sau nu? întrebă domnişoara.

– O clipă! îi răspunse Ostap cu un zîmbet fermecător. E o mică încurcătură.

Mai era încă o mică speranţă. Să obţină poate ca să mai fie aşteptaţi cu banii.

În clipa aceea, Ippolit Matveevici, care-şi venise în fire, interveni în discuţie.

– Daţi-mi voie! ţipă el cît îl ţinea gura. De ce taxă de consignaţie? N-am auzit niciodată de o asemenea taxă! Ar trebui să preveniţi lumea. Refuz să plătesc aceste treizeci de ruble.

– Bine, spuse domnişoara cu blîndeţe. Aranjez eu acuşi totul.

Luă chitanţa, se duse la funcţionarul care conducea licitaţia şi îi spuse cîteva cuvinte. Acesta se ridică îndată în picioare. Barba îi lucea în lumina puternicelor becuri electrice.

– Potrivit regulamentului licitaţiilor, declară el cu glas răsunător, persoana care refuză să achite valoarea completă a obiectului cumpărat trebuie să părăsească sala. Licitaţia pentru adjudecarea scaunelor se anulează.

Cei doi prieteni şedeau înmărmuriţi.

– Vă rog să părăsiţi sala! le spuse funcţionarul.

Efectul fu grandios. În public izbucniră rîsete batjocoritoare. Ostap nu izbutea totuşi să se scoale. De multă vreme nu mai primise o asemenea lovitură.

– Vă rog să pă-ră-si-ţi sa-la!

Funcţionarul vorbea cu un glas care nu admitea replică.

În sală rîsetele deveniră şi mai puternice.

Fură nevoiţi să plece şi plecară. Dar rar să mai fi plecat cineva dintr-o sală de licitaţie cu un sentiment atît de amar. În frunte mergea Vorobianinov. Cu capul între umerii lui drepţi şi osoşi, în hăinuţa-i scurtă şi cu cizmele-i caraghioase, păşea ca un cocostîrc, simţind în spate privirea caldă şi prietenoasă a marelui maestru al combinaţiilor.

Cei doi asociaţi se opriră în încăperea alăturată sălii de licitaţii. Acum, tot ce puteau face era numai că privească de aici, prin uşa cu geamuri, ce se petrecea dincolo. Intrarea nu le mai era permisă. Ostap tăcea cu un aer prietenos.

– Ce reguli revoltătoare, murmură cu teamă Ippolit Matveevici. Curată porcărie! Ar trebui să ne plîngem la miliţie.

Ostap tăcea.

– Zău că-i o adevărată porcărie! continuă Vorobianinov furios. Iau şapte piei de pe oamenii muncii. Zău! Să ceară două sute treizeci de ruble pentru zece scaune uzate! Poţi să înnebuneşti...

– Da, spuse Ostap cu o voce îngheţată.

– Nu-i aşa? repetă Vorobianinov. Poţi să înnebuneşti!

– Da, nici vorbă.

Ostap se apropie de Vorobianinov şi, după ce se uită în jur, îi trînti pe neobservate mareşalului o lovitură scurtă, seacă... între coaste.

– Na-ţi miliţie! Na-ţi scumpetea scaunelor pentru oamenii muncii din toate ţările! Na-ţi plimbări nocturne de agăţare a fetelor! Na-ţi fire cărunte în barbă! Na-ţi pe dracu' în coaste!

În tot timpul acestei corecţii, Ippolit Matveevici nu scoase nici un sunet.

Cei din jur puteau avea impresia că un fiu respectuos stă de vorbă cu tatăl său şi numai că tatăl scutură prea des din cap.

– Şi acum, ieşi afară!

Ostap întoarse spatele directorului şi-şi îndreptă privirile spre sala de licitaţii. După un minut se uită din nou înapoi.

Ippolit Matveevici stătea tot acolo, în poziţie de drepţi.

– Aha, eşti încă aici, regele crailor? Ieşi afară! Ai înţeles?

– Tovarăşe Bender, îl imploră Vorobianinov. Tovarăşe Bender!

– Ieşi! Ieşi! Şi să nu mai vii pe la Ivanopulo, că te dau afară!

– Tova-răşe Bender!

Ostap nu mai întoarse capul. În sală se petrecea ceva care îi stîrni atît de mult interesul, încît întredeschise uşa şi începu să tragă cu urechea.

– S-a dus dracului tot! murmură el.

– Ce s-a dus dracului? întrebă Vorobianinov, gudurîndu-se.

– Se vînd scaunele separat, asta e. Poate vrei să cumperi? Poftim. Nu te reţin. Mă cam îndoiesc însă că te-or lăsa înăuntru. De altfel, pare-se că nici cu banii nu stai pe roze.

În timpul ăsta, în sala de licitaţie se petrecea următorul lucru: funcţionarul care conducea licitaţia, dîndu-şi seama că n-o să poată stoarce dintr-o dată de la public două sute de ruble (suma era prea mare pentru pîrliţii rămaşi în sală), hotărî să-i obţină separat. Scaunele fură puse din nou în vînzare, dar de data aceasta nu toate la un loc.

– Patru scaune de la Palat! Din lemn de nuc. Capitonate. Lucrate de Gambs. Treizeci de ruble. Cine dă mai mult?

Ostap îşi recăpătă repede hotărîrea şi sîngele rece.

– Uite ce e, fante cuceritor, stai aici şi nu te mişca. Mă întorc peste cinci minute. Între timp, vezi ce se întîmplă. Să nu dispară nici un scaun.

În mintea lui Bender se făurise dintr-o dată singurul plan posibil în situaţia grea în care se aflau.

Dădu fuga pînă la Petrovka, se apropie de primul cazan cu smoală de pe asfalt şi începu o discuţie de afaceri cu nişte copii vagabonzi.

Aşa precum făgăduise, se întoarse la Ippolit Matveevici după cinci minute. Copiii vagabonzi stăteau gata de acţiune la intrarea în sala de licitaţie.

– Se vînd, se vînd, îl informă în şoaptă Ippolit Matveevici. S-au vîndut mai întîi patru, apoi încă două.

– Poţi să te bucuri, îi spuse Ostap, asta-i datorită numai dumitale. Am avut totul în mînă, totul, mă înţelegi? Eşti în stare să pricepi asta?

În sală se auzea un glas dogit, din acelea cu care natura îi înzestrează numai pe funcţionarii de la licitaţie, pe crupieri şi pe geamgii:

– Şi jumătate, în stînga. Trei! Încă un scaun de la Palat. Din lemn de nuc. Perfectă stare Şi jumătate, în dreapta. O dată – şi jumătate, în dreapta.

Trei scaune fură vîndute cîte unul. Funcţionarul anunţă licitaţia pentru ultimul scaun. Ostap se înăbuşea de furie. El se năpusti din nou asupra lui Vorobianinov. Observaţiile lui jignitoare erau pline de amărăciune. Şi cine ştie unde ar fi ajuns Ostap în divagaţiile sale satirice, dacă nu l-ar fi întrerupt un bărbat care se apropiase repede de ei şi care purta un costum de stofă maro, din acelea care se fabrică la Lodz. El dădea din mîinile sale durdulii, se înclina, sărea înainte şi înapoi, de parcă ar fi jucat tenis.

– Spune-mi, te rog, îl întrebă el pe Ostap, e adevărat că aici se ţine o licitaţie? Da? Licitaţie? Şi chiar se vînd aici diferite lucruri? Bravo!

Necunoscutul sări doi paşi înapoi şi pe faţă îi înflori o gamă întreagă de zîmbete.

– Vasăzică e adevărat că aici se vînd felurite lucruri? Şi chiar e adevărat că se pot cumpăra ieftin? Înaltă clasă? Straşnic!...

Şi, bălălăindu-şi şoldurile dolofane, necunoscutul se repezi în sală, lăsîndu-i buimăciţi pe cei doi asociaţi şi cumpără atît de repede ultimul scaun, încît Vorobianinov avu timp doar să icnească. Cu chitanţa în mînă, necunoscutul dădu fuga spre tejgheaua unde se eliberau lucrurile.

– Spuneţi-mi, vă rog, pot să iau scaunul chiar acum? Ei bravo!... Bra...

Vorbind şi agitîndu-se necontenit, necunoscutul încărcă scaunul într-o birjă şi plecă. Unul dintre copiii vagabonzi se luă fuga după el.

Treptat se împrăştiară toţi noii proprietari ai scaunelor. Şi după ei – în goana mare – agenţii minori ai lui Ostap. La urmă plecă şi el. Ippolit Matveevici mergea cu teamă în spatele lui. Tot ce se petrecuse în ziua aceea i se părea un vis. Evenimentele se desfăşuraseră cu repeziciune şi cu totul altfel de cum se aşteptase el.

Pe Sivţev Vrajek pianele, mandolinele şi armonicele sărbătoreau primăvara. Ferestrele erau larg deschise. Pe pervazuri – adevărate grădini în ghivece de lut. Un grăsun numai în bretele şi cu cămaşa desfăcută, lăsînd să i se vadă pieptul păros, stătea la una dintre ferestre şi cînta cu foc. Pe zid se căţăra încet un cotoi. În chioşcurile unde se vindeau alimente, ardeau lămpi cu gaz.

În faţa casei zugrăvite în roz se plimba Kolea. Cînd îl văzu pe Ostap, care mergea înainte, se înclină respectuos în faţa lui şi apoi se apropie de Vorobianinov. Ippolit Matveevici îl salută cu prietenie. Dar Kolea nu-şi cheltui vremea cu prea multă politeţe.

– Bună seara, spuse el cu un glas hotărît şi, nemaifiind în stare să se stăpînească, îl plesni pe Ippolit Matveevici peste ureche, însoţind gestul şi cu cîteva cuvinte destul de banale, după părerea lui Ostap, care asista la scenă.

– Aşa vor plăti toţi cei, spuse Kolea cu un glas ca de copil, care vor atenta...

Dar nu mai spuse la ce anume vor atenta, ci, ridicîndu-se în vîrful picioarelor şi închizînd ochii, îi trase lui Vorobianinov o palmă peste obraz.

Ippolit Matveevici ridică puţin cotul, dar gura nu îndrăzni s-o deschidă.

– Foarte bine, zise Ostap. Şi acum şi una după ceafă. Încă una. Aşa. Ce să-i faci! Cîteodată mai trebuie şi ouăle să înveţe găina bunele maniere... Şi la maxilar... Perfect! Dă-i înainte, nu te sfii. Numai nu-i da atîta în cap. Că-i punctul lui cel mai slab...

Dacă complotiştii din Stargorod l-ar fi văzut pe titanul gîndirii şi pe părintele democraţiei ruse în acest moment critic pentru el, probabil că uniunea secretă „Spada şi plugul" şi-ar fi încetat existenţa.

– Ei, cred că ajunge, spuse Kolea, vîrîndu-şi mîinile în buzunar.

– Măcar încă o dată, uşurel, îl imploră Ostap.

– Dă-l dracului! O să ştie altă dată!

Şi-şi văzu de drum. Ostap urcă în odaia lui Ivanopulo şi se uită jos de la fereastră. Ippolit Matveevici stătea peste drum, rezemat de grilajul de fier al ambasadei.

– Cetăţene Michelson! strigă Ostap. Konrad Karlovici! Pofteşte în casă! Îţi dau voie!

Ippolit Matveevici intră în odaie mai înviorat.

– Nemaipomenită neruşinare, spuse el mînios. Abia am putut să mă ţin.

– Vai-vai-vai, făcu cu compătimire Ostap. Ce ţi-e şi cu tineretul de astăzi! Groaznic tineret! Se ţine de nevestele altora! Cheltuieşte bani străini... Adevărată decădere. Dar spune-mi, te rog, cînd ţi se dă în cap, te doare, simţi ceva?

– Am să-l provoc la duel!

– Minunată idee! Şi am să-ţi recomand chiar un bun cunoscut de-al meu, care cunoaşte pe dinafară codul duelului şi are două mături foarte potrivite pentru luptele pe viaţă şi pe moarte. Ca martori, poţi să-i iei pe Ivanopulo şi pe vecinul din dreapta, Kologriv, care-i fost cetăţean de onoare al oraşului şi se făleşte şi astăzi cu titlul ăsta. Am putea aranja şi un duel cu maşini de tocat carne – e mai elegant. Rănirile trebuie să fie, în cazul ăsta, indiscutabil mortale. Adversarul doborît urmează să fie prefăcut automat în chiftea. Îţi convine asta, mareşale?

În clipa aceea se auzi din stradă o fluierătură şi Ostap coborî să strîngă informaţiile de la copiii vagabonzi.

Aceştia făcuseră perfect faţă misiunii primite. Patru scaune nimeriseră la teatrul „Columb". Unul dintre agenţi relată amănunţit cum au fost duse aceste scaune cu o roabă, cum au fost descărcate şi băgate în clădire prin intrarea artiştilor. Ostap ştia bine unde se află teatrul.

Două scaune le dusese într-o birjă – după cum declarase un alt imberb căutător de urme – „o dameză de lux". Pe cît se pare însă, băieţandrul nu prea era isteţ. Cunoştea fundătura Varsonofievski, unde fuseseră duse scaunele, ţinea minte şi numărul apartamentului – 17, dar uitase numărul casei.

– Am fugit foarte repede, spuse copilul vagabond, şi mi-a ieşit din cap.

– N-ai să-ţi primeşti banii, zise patronul.

– Ne-ene!... Păi, vii cu mine şi-ţi arăt unde e.

– Bine! Rămîi aici. O să mergem împreună.

Cetăţeanul cel vorbăreţ locuia pe Sadovaia-Spasskaia. Ostap îşi notă în carnet adresa lui exactă.

Al optulea scaun fusese dus la Casa Popoarelor. Băieţaşul care-l urmărise se dovedise a fi foarte descurcăreţ. Trecuse prin faţa biroului de informaţii, înşelase vigilenţa a numeroşi oameni de serviciu, pătrunsese în casă şi aflase că scaunul fusese cumpărat de administratorul ziarului *Stanok*.

Doi băieţaşi încă nu se întorseseră. Sosiră aproape în acelaşi timp, gîfîind de alergătură.

– Fundătura Kazarmenîi, lîngă Cistîie Prudî.

– Numărul?

– Nouă. Apartamentul, tot numărul nouă. Alături stau nişte tătari. E într-o curte. Chiar eu i-am dus scaunul. Am mers cu el pe jos.

Ultimul sol aduse veşti triste. La început, totul a mers strună, dar apoi lucrurile au luat o întorsătură proastă. Cumpărătorul a intrat cu scaunul în secţia de mărfuri a gării Oktiabrski şi micul vagabond nu s-a mai putut ţine după el, deoarece poarta era păzită de santinele din trupele Căilor Ferate.

– Pesemne că a plecat cu trenul, îşi încheie vagabondul raportul.

Această ştire îl nelinişti pe Ostap. După ce-i răsplăti regeşte pe copiii vagabonzi – cîte o rublă fiecărui sol, în afară de cel venit din fundătura Varsonofievski, care uitase numărul casei (şi căruia i-a poruncit să vie a doua zi, mai de dimineaţă) – directorul tehnic se întoarse acasă unde, închizîndu-se în tăcere şi refuzînd să răspundă la întrebările preşedintelui consiliului de administraţie care se făcuse de rîs, începu iar să combine.

– Încă nimic nu-i pierdut. Adresele există, iar spre a pune mîna pe scaune, se poate recurge la mai multe metode vechi şi încercate: 1) cunoştinţa simplă, 2) o intrigă amoroasă, 3) cunoştinţă cu spargere, 4) schimb, 5) bani. Ultima metodă este cea mai sigură. Dar bani avem prea puţini.

Ostap se uită ironic la Ippolit Matveevici. Marelui maestru al combinaţiilor îi revenise obişnuita agerime de minte şi totodată echilibrul sufletesc. Bani se pot, fireşte, procura. Există ca rezerve: tabloul *Bolşevicii îi scriu o scrisoare lui Chamberlain*, strecurătoarea de ceai şi deplina posibilitate de a-şi continua cariera de bigam.

Îl neliniştea numai cel de-al zecelea scaun. Exista, ce-i drept, o urmă, dar cu totul nesigură şi nebuloasă.

– Ei, ce să-i faci, spuse Ostap cu glas tare. Cu astfel de şanse se poate încerca. Joc nouă contra unu. Şedinţa continuă! Mă auzi? Ei, dumneata! Domnule jurat!

CAPITOLUL XXII

CANIBALA ELLOCIKA

După calculele cercetătorilor, vocabularul lui William Shakespeare cuprinde douăsprezece mii de cuvinte.

Vocabularul negrilor din tribul de canibali Mumbo-Jumbo este alcătuit din trei sute de cuvinte.

Ellocika Şciukina se descurca foarte uşor cu treizeci.

Iată cuvintele, frazele şi interjecţiile alese de ea cu deosebită exigenţă din marea, bogata şi viguroasa limbă rusă:

1. Eşti un necioplit!

2. Ho-ho! (care poate exprima, în funcţie de împrejurări: ironie, uimire, entuziasm, ură, bucurie, dispreţ sau satisfacţie).

3. Faimos!

4. Plicticos (se potriveşte la orice. De pildă: „A venit plicticosul Petea", „E o vreme plicticoasă", „O întîmplare plicticoasă", „Un cotoi plicticos" etc.).

5. Vacs!

6. Catastrofă (catastrofal. De pildă, despre o întîlnire cu o bună cunoştinţă: „Catastrofică întîlnire").

7. June (pentru toţi bărbaţii cunoscuţi, indiferent de vîrstă şi poziţie socială).

8. Nu mă învăţa tu să trăiesc.

9. Ca pe un ţînc („L-am bătut ca pe un ţînc" – la joc de cărţi. „L-am repezit ca pe un ţînc" – după cît se pare, în discuţiile cu chiriaşul principal).
10. F-F! (rostit *ef-ef* şi însemnînd şi fain, şi o frumuseţe, şi formidabil, după cum era spus: cu un *f,* cu *ff* sau cu *fff* la urmă).
11. Grăsuţ sau drăguţ (pentru caracterizarea obiectelor însufleţite şi neînsufleţite).
12. Să luăm o birjă (se spune soţului).
13. Să luăm un *taxo* (se spune cunoştinţelor de sex masculin).
14. Eşti murdar de var pe spate (glumă).
15. Ei, nu zău!
16. Ulea (sufix alintător pentru orice nume. De pildă: Mişulea, Zinulea).
17. Oho! (exprimă ironie, uimire, entuziasm, ură, bucurie, dispreţ şi satisfacţie).

Celelalte cuvinte, extrem de puţine, serveau ca verigă de legătură între Ellocika şi vînzătorii din magazinele universale.

Dacă te uitai la fotografia Ellocikăi Şciukina atîrnată deasupra patului soţului ei – inginerul Ernest Pavlovici Şciukin (una – *de face*, cealaltă – *de profil*), vedeai numaidecît o frunte frumoasă, înaltă şi bombată, nişte ochi mari, umezi, cel mai drăguţ năsuc din gubernia Moscova şi o bărbie cu un mic benghi făcut cu tuş.

Statura Ellocikăi măgulea bărbaţii. Ellocika era măruntică, aşa încît şi bărbaţii cei mai prichindei arătau pe lîngă ea mari şi voinici.

Cît despre semne particulare, n-avea şi se putea dispensa de ele, căci era o frumuseţe pură.

Cele două sute de ruble pe care soţul ei le primea lunar de la uzina „Policandrul Electric" erau pentru Ellocika o jignire. Ele nu puteau constitui nici pe departe rezerva pentru uriaşa luptă pe care Ellocika o ducea de patru ani, de cînd, devenind soţia lui Şciukin, ocupase poziţia socială de gospodină. Şi ea ducea această luptă cu toată încordarea, înghiţind toate resursele. Ernest Pavlovici îşi aducea seara acasă de lucru ca să mai cîştige ceva peste leafă, renunţase la servitoare, aprindea singur primusul, căra jos gunoiul şi mai prăjea şi chiftelele.

Dar degeaba toate astea. Un duşman periculos distrugea an de an tot mai mult gospodăria lor. Ellocika descoperise în urmă cu patru ani că are o rivală peste ocean. Nenorocirea se întîmplase într-o seară plăcută, pe cînd Ellocika încerca o bluză de *crêpe-de Chine* foarte drăguţă. Arăta în ea aproape ca o zeiţă.

– Ho-ho! exclamase Ellocika, exprimînd prin acest strigăt canibalic sentimentele uimitor de complexe care puseseră stăpînire pe ea.

Aceste sentimente complexe ar putea fi redate în cuvinte mai simple prin fraza următoare: „Cînd bărbaţii au să mă vadă cu bluza asta, or să li se aprindă călcîiele după mine. Vor începe să tremure. Vor fi gata să mă urmeze pînă la capătul pămîntului, bîlbîindu-se de dragoste. Dar voi fi rece. Nu merită ei o femeie atît de frumoasă şi cu o bluză atît de elegantă, cum nu mai are nimeni pe glob."

Dar cum nu avea la îndemînă decît treizeci de cuvinte, Ellocika îl alese dintre ele pe cel mai expresiv: „Ho-ho".

Tocmai în momentul acela culminant sosi la ea Fimka Sobak, care aduse, o dată cu răsuflarea îngheţată a lui gerar, o revistă franceză de mode. Ellocika se opri la prima pagină, pe care o superbă fotografie o înfăţişa pe fiica miliardarului american Vanderbild în rochie de seară. Blănuri şi pene, mătase şi perle; o rochie cu o croială uimitor de elegantă şi o coafură mirobolantă. Această fotografie fu hotărîtoare.

– Oho! îşi spuse Ellocika.

Asta însemna: „Ori eu, ori ea!"

Şi, în dimineaţa zilei următoare, Ellocika plecă glonţ la coafor, unde îşi jertfi minunatele ei cozi negre şi îşi vopsi părul în roşu. Apoi reuşi să mai urce o treaptă pe scara care o apropia de raiul strălucitor unde se plimbă fiicele de miliardari care nu merită nici măcar să şteargă pantofii gospodinei Şciukina. În limitele creditului muncitoresc, ea cumpără o blană de cîine care trebuia să ţină loc de lutru de Hudson şi cu blana aceasta îşi garnisi rochia de seară.

Mister Şciukin, care visa de mult să-şi cumpere o planşetă nouă de desen, se cam întristă.

Rochia garnisită cu blana de cîine dădu prima lovitură grea înfumuratei fiice a lui Vanderbild, după care semeaţa americancă mai primi trei lovituri la şir. Ellocika îşi cumpără de la un blănar cunoscut al Fimocikăi Sobak o mantilă de şinşila (iepure rusesc vînat în gubernia Tula), îşi făcu o pălărie albastră din fetru argentinian, iar dintr-o haină nouă a soţului îşi făcu un taior ultima modă. Miliardara pierdea vizibil terenul de sub picioare, dar noroc că o salvă iubitorul *papa* Vanderbild.

Numărul următor al revistei de mode cuprindea patru fotografii ale blestematei rivale: 1. într-un mantou de vulpi argintii, 2. cu o diademă de briliante pe frunte, 3. într-un costum de aviatoare (cizmuliţe înalte, vestonaş verde de cea mai fină calitate şi mănuşi care, în loc de nasturi, aveau smaralde de mărime mijlocie) şi 4. în toaletă de seară (avalanşă de bijuterii şi mătase foarte puţină).

Ellocika trecu la mobilizare. *Papa* Şciukin făcu un împrumut la Casa de Ajutor Reciproc, unde însă mai mult de treizeci de ruble n-au putut să-i dea. Noul şi imensul efort zdruncină definitiv gospodăria. Lupta trebuia dusă în toate sectoarele vieţii. De curînd sosiseră fotografii care o înfăţişau pe *Miss* V. în noul ei castel din Florida. Ellocika fu deci nevoită să-şi ia mobilă nouă. Ea cumpără la licitaţie două scaune capitonate. (O achiziţie grozavă! Nu putea în ruptul capului să lase să-i scape aşa ceva!) Fără să-l întrebe pe soţul ei, Ellocika întrebuinţă pentru asta banii rezervaţi pentru masă. Îi mai rămîneau pînă la cincisprezece ale lunii zece zile şi patru ruble.

Ellocika aduse cu mult fast scaunele prin fundătura Varsonofievski. Soţul ei nu era acasă. De altfel, veni curînd, ducînd cu greu o servietă mare cît un cufăr.

– Plicticosul a venit, zise răspicat Ellocika.

Ea rostea toate cuvintele răspicat şi ele ieşeau din gura ei sărind sprinten ca nişte boabe de mazăre.

– Bună, Ellenocika, dar ce-i asta? De unde aceste scaune?

– Ho, ho!

– Nu, zău, spune ce-i cu ele?

– Ef-ef!

– Da. Scaunele sînt bune.

– Fai-moa-se!

– Ţi le-a făcut cineva cadou?

– Oho!

– Cum?! Nu cumva le-ai cumpărat? Cu ce bani? Ar avea haz să fi cheltuit banii pentru gospodărie! Doar ţi-am spus de o mie de ori...

– Ernestulea! Eşti un necioplit!

– Cum ai putut să faci una ca asta? N-o să avem ce mînca.

– Ei, nu zău!

– Dar asta e revoltător! Nu vrei deloc să ţii seama de posibilităţile noastre!

– Fii serios!

– Da, da. Nu vrei să ţii seama de posibilită...

– Nu mă învăţa tu să trăiesc!

– Hai să stăm de vorbă serios. Eu cîştig două sute de ruble..

– Vacs!

– Şperţ nu iau, bani nu fur şi nici nu mă pricep să-i fabric...

– Catastrofă!

Ernest Pavlovici tăcu.

– Uite ce e, zise el în sfîrşit. Aşa nu se poate trăi.

– Ho-ho, exclamă Ellocika aşezîndu-se pe unul dintre scaunele cele noi.

– Trebuie să ne despărţim.

– Ei, nu zău!

– Nu ne potrivim. Eu...

– Tu eşti un june grăsuţ şi drăguţ.

– De cîte ori ţi-am spus să nu mă mai iei cu „june“!

– Fii serios!

– De unde dracu' ai mai luat vocabularul ăsta idiot?!

– Nu mă învăţa tu să trăiesc!

– Uf, drace! strigă inginerul.

– Eşti un necioplit, Ernestulea.

– Hai să ne despărţim de bunăvoie.

– Oho!

– Cu asta n-ai să mă convingi! Şi află, te rog...

– Că te bat ca pe un ţînc.

– Asta-i absolut insuportabil. Şi argumentele tale nu mă pot opri de la pasul pe care sînt nevoit să-l fac. Mă duc chiar acum după o căruţă.

– Fii serios!

– Împărţim mobila pe din două.

– Catastrofă!

– Vei căpăta o sută de ruble pe lună. Chiar şi o sută douăzeci. Camera ţi-o las. Trăieşte cum vrei, eu însă aşa nu mai pot...

– Faimos, spuse Ellocika dispreţuitoare.

– Mă mut la Ivan Alekseevici.

– Oho!

– El a plecat la ţară şi mi-a lăsat mie apartamentul pe timpul verii. Cheia e la mine... Numai că nu are mobilă.

– Eff-ff!

După cinci minute, Ernest Pavlovici se întoarse însoţit de portar.

– Garderobul ţi-l las, că ai mai multă nevoie de el decît mine, dar biroul, fii atît de bună... şi... portar, scoate şi unul dintre scaunele astea. Iau unul dintre scaunele astea două. Cred că am dreptul la asta?!

Ernest Pavlovici îşi strînse lucrurile într-o legătură, îşi înfăşură cizmele într-un ziar şi se îndreptă spre uşă.

– Eşti murdar de var pe spate, spuse Ellocika cu o voce ca de patefon.

– La revedere, Elena.

Se aşteptase ca măcar cu acest prilej nevastă-sa să renunţe la obişnuitele-i vorbe zbîrnîitore. Ellocika simţi şi ea întreaga importanţă a momentului. Îşi încordă mintea şi începu să caute nişte cuvinte potrivite pentru despărţire. Le găsi repede:

– Vezi să iei un *taxo*! Ef, ef!

Inginerul coborî scara ca vîntul.

Ellocika îşi petrecu seara în societatea Fimkăi Sobak. Discutară despre un eveniment extraordinar de însemnat, care ameninţa să dea peste cap toată economia mondială.

– Se pare că se vor purta rochii lungi şi largi, spunea Fimka, înfigîndu-şi capul între umeri ca o găină.

– Vacs!

Şi Ellocika se uită la Fimka Sobak cu respect. *Mademoiselle* Sobak avea renumele de fată cultă: vocabularul ei cuprindea circa o sută optzeci de cuvinte. Totodată cunoştea un cuvînt pe care Ellocika nici măcar de visat nu putea să-l viseze. Un cuvînt cu multă rezonanţă: homosexualitate. A, nici vorbă că Fimka Sobak era o fată cultă...

Discuţia lor aprinsă se prelungi mult după mizeul nopţii.

La zece dimineaţa, marele maestru al combinaţiilor intră în fundătura Varsonofievski. Înaintea lui alerga micul vagabond din ajun. Acesta îi arătă casa.

– Nu minţi?

– Se poate, nene?... Uite aici, prin intrarea din faţă.

Bender îi dădu băiatului rubla cinstit cîştigată.

– Ar trebui să mai îmi daţi ceva, zise băiatul, aşa cum zic birjarii.

– Dacă vrei, pot să-ţi dau nişte potcoave de cai morţi. Du-te şi ia-le de la Puşkin. Le-am lăsat pentru tine. La revedere, detectivule.

Ostap bătu la uşă, fără să-şi facă mai întîi planul ce pretext va invoca spre a-şi justifica vizita. În convorbirile cu cucoanele, prefera să se lase la voia inspiraţiei.

– Oho? se auzi dinăuntru.

– Într-o chestiune de afaceri, răspunse Ostap.

Uşa se deschise. Ostap pătrunse într-o cameră aranjată aşa cum numai o fiinţă cu o imaginaţie de gîscă putea s-o aranjeze. Pe pereţi atîrnau fotografiile unor vedete de cinema, păpuşi şi goblenuri de Tambov. Pe acest fond pestriţ, care făcea să-ţi joace ochii în cap, era greu s-o observi pe micuţa stăpînă a încăperii. Purta un halat transformat tot dintr-o bluză a lui Ernest Pavlovici şi tivit cu o blană misterioasă.

Ostap îşi dădu pe loc seama cum trebuie să se poarte într-o asemenea societate mondenă. Închise pe jumătate ochii şi se depărtă cu un pas înapoi.

– Ce blană minunată! exclamă el.

– Fii serios! zise Ellocika cu gingăşie. E hamster de Mexic.

– Cu neputinţă! Ai fost înşelată. Ţi s-a dat o blană mult mai bună. E leopard de Sanhai. Da, da! Leopard! Îl recunosc după nuanţă. Uite cum sclipeşte blana în soare!... Un adevărat smarald! Smarald!

Ellocika vopsise ea singură hamsterul mexican cu acuarelă verde şi de aceea lauda matinalului vizitator îi făcu deosebită plăcere.

Nelăsînd-o pe gazdă să-şi revină, marele maestru al combinaţiilor îi debită pe nerăsuflate tot ce auzise vreodată despre blănuri. După aceasta trecură la mătase şi Ostap făgădui să-i dăruiască fermecătoarei gazde cîteva sute de gogoşi de mătase pe care i le adusese, spunea el, personal, preşedintele Comitetului Executiv Central al Uzbekistanului.

– Eşti un june cumsecade, spuse Ellocika după primele minute de cunoştinţă.

– Te-a mirat, desigur, vizita matinală a unui bărbat necunoscut?

– Ho-ho!

– Dar am venit într-o chestiune delicată.

– Fii serios!

– Ai fost ieri la licitaţie şi mi-ai făcut o impresie extraordinară.

– Eşti un necioplit!

– Vai de mine! E inuman să fii necioplit cu o femeie atît de încîntătoare.

– Catastrofal!

Convorbirea continuă în acelaşi mod, care, în unele cazuri, dă roade minunate. Dar complimentele lui Ostap deveneau tot mai anemice şi mai scurte. Băgase de seamă că al doilea scaun lipsea din odaie. Trebuia să-i dea de urmă. Alternînd întrebările cu graţiozităţile în bibiluri ale politeţii orientale, Ostap află ce se petrecuse în ajun în viaţa Ellocikăi.

„Altă poveste, se gîndi el, scaunele o iau care încotro, ca gîndacii de bucătărie."

– Scumpă duduie, spuse deodată Ostap. Vinde-mi scaunul ăsta. Îmi place tare mult. Numai dumneata, cu sensibilitatea dumitale de femeie, puteai să alegi un asemenea obiect de artă. Vinde-mi-l, păpuşo, îţi dau pe el şapte ruble.

– Eşti un necioplit, scumpe june, zise şiret Ellocika.

– Ho-ho, căută s-o convingă Ostap.

„Cu ea trebuie să procedez altfel, îşi zise el. Să-i propun un schimb."

– Ştii că acum în Europa şi în cele mai bune case din Philadelphia s-a reintrodus moda veche de a se servi ceaiul cu strecurătoarea. Produce o impresie grozavă şi e foarte elegant.

Ellocika deveni atentă.

– Un bun cunoscut de-al meu din Viena, un diplomat, a sosit de curînd şi mi-a adus una cadou. Foarte nostimă chestie.

– Trebuie să fie ceva faimos, zise Ellocika interesată.

– Oho! Ho-ho! Hai să facem schimb. Dumneata îmi dai scaunul, iar eu îţi dau strecurătoarea. Vrei?

Şi Ostap scoase din buzunar mica strecurătoare aurită.

O rază de soare se învîrtea în strecurătoare ca un ou. Pe tavan se răsfrîngeau jucăuşe sclipirile poleielii. Un colţ mai întunecos al odăii se lumină dintr-o dată. Obiectul acesta îi făcu Ellocikăi impresia uluitoare pe care o face o cutie goală de conserve asupra unui canibal din tribul Mumbo-Jumbo. În asemenea cazuri, canibalul urlă cît îl ţine gura; Ellocika însă gemu încet:

– Ho-ho!

Profitînd de extazul ei, Ostap puse strecurătoarea pe masă, luă scaunul şi, după ce află de la fermecătoarea femeie adresa soţului ei, plecă salutînd-o foarte galant.

CAPITOLUL XXIII

AVESSALOM VLADIMIROVICI IZNURENKOV

Pentru cei doi asociați începu o perioadă de muncă grea. Ostap afirma că trebuie să bați scaunele cît sînt calde. Ippolit Matveevici fu amnistiat, deși din cînd în cînd Ostap îi spunea:

– De ce dracu' m-am asociat cu dumneata? De fapt, ce nevoie am de dumneata? Ai face bine să pleci acasă, la Oficiul Stării Civile. Te așteaptă acolo decedații și nou-născuții. Nu face pruncii să sufere. Pleacă acasă!

Dar în fundul sufletului său, marele maestru al combinațiilor se atașase de mareșalul sălbăticit al nobilimii. „Fără el, viața n-ar fi atît de veselă", își zicea Ostap și se uita cu voie bună la Vorobianinov, pe al cărui cap începuse a răsări un scurt gazon argintiu.

În planul lui de acțiune, el îi rezervase lui Ippolit Matveevici un rol de seamă. Și de îndată ce liniștitul Invanopulo pleca de acasă, Bender începea să-l dăscălească pe asociatul său, indicîndu-i căile cele mai scurte pentru găsirea comorii:

– Trebuie acționat cu curaj. Nu pui nici o întrebare nimănui. Cît mai mult cinism. Oamenilor le place asta. Nu trebuie întreprins nimic prin intermediari. Fraieri nu mai există. Nimeni n-o să scoată pentru dumneata briliantele din buzunarul altuia. Dar totodată: fără conflicte cu legea penală. Codul trebuie respectat.

Cu toate acestea, investigaţiile se desfăşurau fără prea multă strălucire. Pe asociaţi îi stinghereau Codul penal şi uriaşul număr de prejudecăţi burgheze pe care le mai aveau încă locuitorii capitalei. Bunăoară, ei nu puteau să sufere vizitele nocturne prin oberlicht. Prietenii trebuiau să lucreze numai în cadrul legii.

În ziua cînd Ostap o vizită pe Ellocika Şciukina, în odaia studentului Ivanopulo apăru o mobilă. Era scaunul schimbat pe strecurătoarea de ceai – al treilea trofeu al expediţiei. Trecuse de mult vremea cînd vînătoarea de briliante stîrnea în asociaţi emoţii puternice şi cînd ei sfîşiau scaunele cu ghearele şi le smulgeau arcurile.

– Chiar dacă într-un scaun nu găsim nimic, spunea Ostap – trebuie să socotim că am cîştigat cel puţin zece mii de ruble. Fiecare scaun cercetat sporeşte şansele noastre. Ce importanţă are că n-am găsit nimic în scaunul cuconiţei? Asta nu înseamnă că trebuie să-l facem ţăndări. Lasă-l pe Ivanopulo să-şi mobileze casa. E şi pentru noi mai plăcut.

În aceeaşi zi, cei doi asociaţi îşi luară zborul din căsuţa zugrăvită în roz şi porniră în direcţii diferite. Ippolit Matveevici fu însărcinat să se ocupe de necunoscutul vorbăreţ de pe Sadovaia-Spasskaia. Primi douăzeci şi cinci de ruble pentru cheltuieli şi porunca să nu intre în nici o berărie şi să nu se întoarcă fără scaun. Marele maestru al combinaţiilor şi-l luă asupra sa pe soţul Ellocikăi.

Ippolit Matveevici străbătu oraşul în autobuzul nr. 6. Zgîlţîit pe banca lui de piele şi sărind la hopuri pînă în tavanul dat cu lac al maşinii, el se gîndea cum să afle numele cetăţeanului vorbăreţ, sub ce pretext să intre în casa lui, ce frază să spună mai întîi şi cum să treacă la fondul problemei.

După ce coborî lîngă Krasnîie Vorota şi dădu de casa a cărei adresă i-o notase exact Ostap, începu să se învîrtească în jurul ei. Nu se putea hotărî să intre. Casa era un hotel vechi şi murdar din Moscova, transformat în asociaţie a locatarilor şi locuit – judecînd după fațada lui scorojită – de oameni care refuzau sistematic să plătească chiria.

Ippolit Matveevici stătu multă vreme în fața ușii de intrare, se apropie de ea, învăță pe dinafară un aviz scris de mînă, cu amenințări la adresa chiriașilor nepăsători, și, fără a lua nici o hotărîre, urcă la etaj. Pe coridor dădeau diverse camere. Încet, de parcă s-ar fi apropiat în clasă de tablă, ca să demonstreze o teoremă pe care n-o învățase, Ippolit Matveevici se îndreptă spre camera nr. 41. Pe ușă atîrna cu capul în jos, prinsă într-o piuneză, o carte de vizită:

Avessalom Vladimirovici
IZNURENKOV

Complet zăpăcit, Ippolit Matveevici uită să mai bată la ușă, făcu trei pași ca un lunatic și se pomeni în mijlocul odăii.

– Vă rog să mă scuzați, spuse el cu vocea gîtuită. Aș putea să vorbesc cu tovarășul Iznurenkov?

Avessalom Vladimirovici nu răspundea. Vorobianinov ridică apoi capul și abia atunci băgă de seamă că în cameră nu era nimeni.

După aspectul odăii, nu-ți puteai da seama ce fire are stăpînul ei. Era limpede numai că e burlac și că nu are servitoare. Pe pervazul ferestrei zăcea o hîrtie cu coji de salam. Canapeaua de lîngă perete era complet acoperită cu ziare. Pe un raft mic stăteau cîteva cărți prăfuite. Pe pereți atîrnau fotografii colorate de cotoi, pisoi și pisicuțe. În mijlocul camerei, alături de niște ghete murdare și scîlciate, stătea scaunul din lemn de nuc. Pe toate mobilele, inclusiv pe scaunul provenit din casa boierească din Stargorod, atîrnau sigilii de ceară roșie. Ippolit Matveevici nu dădu atenție acestui lucru. El uită pe loc de Codul penal, de instrucțiunile lui Ostap și se repezi la scaun.

Deodată ziarele de pe canapea începură să se mişte. Ippolit Matveevici se sperie. Ziarele alunecară şi căzură pe jos. De sub ele ieşi un pisoi liniştit. El se uită nepăsător la Ippolit Matveevici şi începu să se spele, trecîndu-şi lăbuţa cînd peste ureche, cînd peste mustăţi.

– Ptiu! făcu Ippolit Matveevici.

Şi începu să tragă scaunul spre uşă. Dar uşa se deschise singură. În prag se ivi stăpînul odăii – necunoscutul vorbăreţ. Purta un pardesiu sub care se vedeau nişte izmene liliachii şi îşi ţinea în mînă pantalonii.

Despre Avessalom Vladimirovici Iznurenkov se putea spune că alt om ca el în toată republica nu mai exista. Şi republica îi aprecia meritele. El îi aducea mari servicii. Dar rămăsese un necunoscut, deşi în arta sa era tot atît de mare maestru ca Şaliapin la cîntat, Gorki în literatură, Capablanca la şah, Melnikov la patinaj şi asirianul cel năsos şi tuciuriu plasat în locul cel mai bun de la colţul străzilor Tverskaia şi Kamergherskaia – la văcsuitul cizmelor cu cremă maro.

Şaliapin cînta. Gorki scria un un roman de mari proporţii, Capablanca se pregătea pentru meciul cu Alehin. Melnikov bătea recordurile precedente. Asirianul văcsuia lună pantofii cetăţenilor. Avessalom Iznurenkov făcea spirite.

El nu făcea niciodată spirite fără rost, numai de dragul unei vorbe de duh. Le făcea în serviciu comandat de revistele umoristice. El ducea tot greul campaniilor de cea mai mare răspundere, furniza teme pentru desene şi foiletoane majorităţii revistelor satirice din Moscova.

Oamenii mari fac spirite cam de vreo două ori în viaţă. Aceste spirite le măresc gloria şi intră în istorie. Iznurenkov făcea cel puţin şaizeci de spirite de cea mai bună calitate pe lună, spirite care erau repetate cu zîmbetul pe buze de către toată lumea şi totuşi rămînea necunoscut. Dacă vreun spirit al lui Iznurenkov ilustra un desen, gloria îi revenea pictorului. Numele pictorului apărea sub desen, pe cînd numele lui Iznurenkov nu-l vedeai nicăieri.

– E îngrozitor! ţipa el. Imposibil să semnez. Sub ce să semnez? Sub două rînduri?

Şi continua să lupte cu pasiune împotriva duşmanilor societăţii: cooperatorii neglijenţi, delapidatorii, Chamberlain, birocraţii. Înţepa cu spiritele sale periuţele, pe administratorii de imobile, pe negustorii particulari, pe tot felul de responsabili de magazine, pe scandalagii, pe cetăţenii care nu voiau să reducă preţurile şi pe conducătorii din sectoarele economice care nesocoteau regimul de economii.

După ce revistele apăreau, spiritele lui erau rostite în arena circului, erau repetate de ziarele de seară, fără a se indica sursa, şi erau prezentate publicului de pe estradă de către „autorii revuişti".

Iznurenkov reuşea să facă spirite şi în domenii în care se părea că nu se poate spune nimic hazliu. Dintr-un teren atît de arid ca adaosurile umflate la preţul de cost, Iznurenkov reuşea să extragă aproape o sută de capodopere de umor. Heine ar fi ridicat mîinile în sus şi s-ar fi dat bătut, dacă i s-ar fi cerut să spună ceva hazliu şi totodată folositor pentru societate în legătură cu aplicarea greşită a tarifelor la transportul încărcăturilor expediate cu coletărie simplă. Mark Twain ar fi luat-o la goană dacă ar fi auzit de un asemenea subiect. Dar Iznurenkov rămînea la postul lui.

El alerga prin birourile redacţiilor, împiedicîndu-se de scrumierele cu picior şi vorbind întruna. După zece minute subiectul era elaborat, desenul găsit, titlul făcut.

Cînd dădu cu ochii în odaia sa de un om care voia să-i ia scaunul sechestrat, Avessalom Vladimirovici înălţă ca un pavilion pantalonii pe care-i aducea tocmai de la călcat, sări ca fript şi începu să ţipe:

– Ai înnebunit?! Protestez! N-ai dreptul! Doar există legi! Deşi nu sînt scrise pentru proşti, poate că ai aflat, cel puţin din auzite, că mobila mai poate să stea aici două săptămîni!... O să mă plîng procurorului!... O să plătesc, la urma urmei!

Ippolit Matveevici stătea pe loc, iar Iznurenkov lepădă pardesiul şi, fără a se depărta de uşă, îşi trase pantalonii pe picioarele-i groase ca ale lui Cicikov[1]. Iznurenkov era cam gras la trup, dar la faţă – slab.

Vorobianinov era convins că acu-acu stăpînul casei o să-l ia de guler şi o să-l ducă la miliţie. De aceea fu extrem de uimit cînd văzu că, după ce-şi termină toaleta, acesta se linişti pe neaşteptate.

– Înţelege odată, i se adresă gazda pe un ton împăciuitor. Nu pot admite aşa ceva.

De fapt, în locul lui Iznurenkov, nici Ippolit Matveevici n-ar fi acceptat ca ziua în amiaza mare cineva să-i fure scaunele din casă. Dar el nu ştia ce să spună şi de aceea tăcea.

– Nu sînt eu de vină. De vină este întreprinderea asta, „Muzpied", care dă cu chirie instrumente muzicale. Da, recunosc, n-am plătit chiria pentru pian timp de opt luni, dar nu l-am vîndut, deşi puteam foarte bine s-o fac. Eu am procedat cinstit, iar ei se poartă ca nişte escroci. Mi-au luat pianul, ba m-au dat şi în judecată şi mi-au pus sechestru pe mobilă. Or, la mine nu se poate sechestra nimic. Mobila asta reprezintă o unealtă de producţie. Şi scaunul e şi el o unealtă de producţie!

Ippolit Matveevici începu încetişor să cam priceapă cum stau lucrurile.

– Lasă scaunul! ţipă deodată ascuţit Avessalom Vladimirovici. Nu mă auzi? Dumneata, birocratule!

Ippolit Matveevici lăsă docil scaunul din mînă şi murmură:

– Vă rog să mă iertaţi, e o neînţelegere. Ce să-i faci, dacă asta-i slujba...

Iznurenkov se înveseli deodată. Începu să alerge prin odaie şi să cînte:

„Iar dimineaţa din nou ea zîmbi
La geam ca-n fiecare zi..."

---

[1] Eroul principal din *Suflete moarte* de N.V. Gogol.

Nu mai ştia ce să facă cu mîinile. Le mişca de parcă ar fi fost nişte aripi. Începu să-şi lege cravata, dar o lăsă fără să termine nodul. Apoi puse mîna pe un ziar, dar nici nu se uită la el şi îl aruncă pe jos.

– Aşadar, nu ridici mobila astăzi? Bine!... Ah! Ah!

Profitînd de un moment favorabil, Ippolit Matveevici se îndreptă spre uşă.

– Stai puţin! strigă deodată Iznurenkov. Ai mai văzut vreodată un pisoi ca ăsta? Spune, nu-i aşa că are o blană extraordinar de pufoasă?

Pisoiul se pomeni în mîinile tremurînde ale lui Ippolit Matveevici.

– Înaltă clasă! bolborosea Avessalom Vladimirovici, neştiind ce să facă cu surplusul său de energie. Ah!... Ah!...

Se repezi la fereastră, pocni din palme şi începu să salute, dînd mereu din cap, două fete care se uitau la el de la o fereastră de peste drum. Sălta locului şi ofta languros:

– Fete din suburbii! Cele mai frumoase roade!... Clasă înaltă!... Ah!...

„Iar dimineaţa din nou ea zîmbi
La geam ca-n fiecare zi..."

– Atunci eu plec, cetăţene, zise prosteşte directorul exploatării.

– Stai puţin, stai puţin! începu deodată să se agite Iznurenkov. O clipă!... Ah!... Ce zici de pisoi?! Aşa-i că are o blană extraordinar de pufoasă?... O clipă, te rog!...

Se scotoci stînjenit prin toate buzunarele, dădu fuga într-un colţ al camerei, se întoarse, oftă, se uită din nou pe fereastră, iar alergă undeva şi iar se întoarse.

– Iartă-mă, scumpule, i se adresă el lui Vorobianinov, care în tot timpul acestui du-te-vino stătuse în poziţie de drepţi, ca un soldat.

Şi, spunînd aceste cuvinte, îi dădu mareşalului nobilimii cincizeci de copeici.

– Nu, nu, te rog nu refuza. Orice muncă trebuie răsplătită.

– Vă foarte mulţumesc, spuse Ippolit Matveevici, mirîndu-se singur de iscusinţa sa.

– Mulţumesc, dragul meu, mulţumesc, scumpul meu!...

Mergînd pe coridor, Ippolit Matveevici continuă să audă din camera lui Iznurenkov strigăte înfocate, cîntece şi vorbe.

În stradă, Vorobianinov îşi aduse aminte de Ostap şi începu să tremure de frică.

Ernest Pavlovici Şciukin se plimba prin locuinţa goală pe care prietenul său avusese amabilitatea să i-o cedeze pe timpul verii şi se gîndea dacă să facă sau nu o baie.

Apartamentul acesta de trei camere se afla la mansarda unei clădiri cu opt etaje. În afară de birou şi de scaunul lui Vorobianinov, nu se afla în el decît o oglindă, în care razele soarelui se răsfrîngeau sclipitoare şi-l supărau pe inginer la ochi, făcîndu-l să clipească întruna. Şciukin se întinse o clipă pe birou, dar sări imediat în sus. Totul era încins de căldură.

„Să mă duc să mă spăl", hotărî el.

Se dezbrăcă, se mai răcori un pic, se privi în oglindă şi intră în baie. O răcoare plăcută îl învălui. Se aşeză în cadă, se stropi cu apă dintr-o cană cu smalţ albastru şi se săpuni straşnic, pînă se acoperi atît de tare cu clăbuc, încît începu să semene cu Moş Crăciun.

– Tare-i bine! exclamă Ernest Pavlovici.

Era, într-adevăr, cum nu se poate mai bine. Linişte, răcoare. Singur, fără nevastă. Deplină libertate. Inginerul se întinse în cadă şi deschise robinetul ca să-şi spele săpunul de pe el. Robinetul gîlgîi şi începu să susure încet ceva ininteligibil. Apa nu curgea. Ernest Pavlovici băgă degetul său cel mic şi lunecos în deschizătura robinetului. Pe ţeavă se prelinse o şuviţă subţire de apă şi mai mult nimic. Ernest Pavlovici făcu o mutră acră, ieşi din cadă, scoţînd întîi un picior, apoi pe celălalt, şi se duse la robinetul din bucătărie. Dar nici de acolo nu izbuti să stoarcă nici o picătură.

Ernest Pavlovici trecu în odaie şi se opri în faţa oglinzii. Săpunul îi intra în ochi şi-l ustura, spinarea îl mînca, ghemotoace de clăbuc cădeau pe parchet. După ce trase cu urechea să audă dacă n-a început să curgă apa în baie, Ernest Pavlovici se hotărî să cheme portarul.

„Să-mi aducă barem o găleată de apă, se gîndi inginerul, frecîndu-se la ochi şi înfuriindu-se din ce în ce mai tare. Că doar nu pot sta aşa."

Se duse la fereastră şi scoase capul afară. Jos, în curte, se jucau nişte copii.

– Portar! strigă Ernest Pavlovici. Portar!

Nu-i răspunse nimeni.

Ernest Pavlovici îşi aduse aminte atunci că portarul stă sub scară, la intrarea principală. Ieşi cu picioarele desculţe pe plăcile reci de mozaic şi, ţinînd uşa cu mîna, se aplecă peste balustradă. Nu-i era frică că o să-l vadă cineva în acest ciudat veşmînt din clăbuc de săpun, deoarece sus nu era decît un singur apartament.

– Portar! strigă el aplecîndu-se în jos.

Cuvîntul se rostogoli cu zgomot pe trepte.

– A-ar! îi răspunse ecoul de pe scară.

– Portar! Portar!

– A-ar! A-ar!

În clipa aceea, inginerul, care îşi tot mişca nerăbdător picioarele goale, alunecă şi, vrînd să nu-şi piardă echilibrul, dădu drumul la uşă. Uşa se trînti şi se închise cu yala. Peretele se cutremură. Nedîndu-şi încă seama că ceea ce s-a întîmplat este ireparabil, Ernest Pavlovici smuci clanţa. Dar uşa nu ceda.

Inginerul o mai zgîlţîi buimăcit de cîteva ori, apoi, cu inima bătîndu-i înfrigurată, ciuli urechea la scară. Pe scară însă domnea o linişte ca de biserică. Prin geamurile multicolore din bageacă se furişau sfioase cîteva raze de lumină.

„Frumoasă situaţie", se gîndi Ernest Pavlovici.

– Ticăloasa! spuse el adresîndu-se uşii.

Jos începură să se audă nişte glasuri omeneşti care făceau zgomot ca de petarde care explodează. Apoi începu să latre o javră de casă. Puteai să juri că-i un difuzor.

Cineva împingea în sus pe scară un cărucior de copil.

Ernest Pavlovici începu să se plimbe speriat pe palier.

– Să-ţi vie nebuniile, zău aşa!

I se părea totul prea ridicol ca să poată fi real. Se apropie din nou de uşă. Ascultă atent. Dinspre locuinţă răzbeau nişte sunete noi. Avu mai întîi impresia că cineva umblă prin apartament.

„Poate a intrat cineva pe scara de serviciu?" se gîndi el, deşi ştia că uşa de la scara de serviciu e închisă şi nimeni nu poate să intre în casă.

Zgomotul acela monoton continua. Inginerul îşi reţinu răsuflarea şi ascultă. Îşi dădu seama că zgomotul îl face apa care plescăia. Pesemne că toate robinetele îşi dăduseră drumul. Lui Ernest Pavlovici îi venea să urle.

Situaţia era îngrozitoare. În plin centrul Moscovei, pe palierul etajului opt, un om în toată firea, ba şi cu o mustaţă respectuoasă şi cu studii superioare, stă gol-goluţ, plin de clăbuc, şi se învîrte ca un leu în cuşcă, neavînd unde să intre, unde să se ducă. Ar fi acceptat mai degrabă puşcăria decît să-l vadă cineva în halul ăsta. Nu-i rămînea decît să se sinucidă şi gata. Clăbucii se spărgeau şi-l mîncau la spate. Pe braţe şi pe obraz săpunul i se uscase, semăna cu rîia şi-i strîngea pielea ca piatra de bărbier.

Trecu o jumătate de oră. Inginerul se freca de pereţi, gemea şi încercă de cîteva ori, fără succes, să spargă uşa. Se murdărise şi avea un aspect înfiorător.

Şciukin hotărî în sfîrşit să coboare, orice ar fi, la portar.

„Altă soluţie nu există. N-am altceva de făcut, decît să mă ascund la portar!"

Gîfîind şi acoperindu-se cu mîna, aşa cum fac bărbaţii cînd intră în apă, Ernest Pavlovici începu să se furişeze încet pe lîngă balustradă. Ajunse la cotitura scării între etajele şapte şi opt.

Făptura lui aici căzu în lumina romburilor şi a pătratelor multicolore ale geamurilor. Începu să semene cu un Arlechin care trage cu urechea ca să audă ce vorbeşte Colombina cu Paiaţa. Dădu să coboare mai departe, cînd deodată se auzi ţăcănind broasca de la un apartament de jos şi, dinăuntru, de acolo, ieşi o domnişoară ţinînd în mînă o valijoară din acelea cum au balerinele. Domnişoara nu apucă să facă nici măcar un pas, şi Ernest Pavlovici era deja înapoi sus pe palierul lui. Bătăile inimii îi spărgeau aproape timpanele.

Inginerul îşi reveni abia după o jumătate de oră şi atunci făcu o nouă încercare. De data aceasta hotărîse ferm să dea o fugă vertiginoasă în jos, fără a se sinchisi de nimic, şi să ajungă la camera mult jinduită a portarului.

Şi aşa o porni. Sărind, fără a se uita nici în dreapta, nici în stînga, cîte patru trepte şi miorlăind jalnic, nefericitul membru al corpului de ingineri şi tehnicieni se năpusti pe scară în jos. La palierul de la etajul cinci se opri o clipă. Oprirea aceasta îi fu fatală. De jos urca cineva.

– Ce băiat nesuferit! se auzi un glas de femeie, amplificat de nenumărate ori de ecoul scării. De cîte ori nu ţi-am spus!

Supunîndu-se de data aceasta nu raţiunii, ci instinctului, Ernest Pavlovici zbură înapoi la etajul opt, ca un cotoi urmărit de cîini.

Cînd ajunse pe palierul său, plin de urme murdare, începu să plîngă încet, trăgîndu-se de păr şi clătinîndu-se convulsiv. Lacrimile îi crăpară pojghiţa de săpun de pe faţă, brăzdîndu-i-o cu două şănţuleţe.

– Doamne! suspină inginerul. Doamne, Dumnezeule!

Pentru el viaţa încetase. Totuşi auzi clar huruitul unui autocamion care trecea pe stradă. Prin urmare, undeva oamenii mai trăiau!

Căută încă de cîteva ori să se hotărască să coboare, dar nu mai izbuti: nervii nu-l mai ţineau. Se simţea ca într-un cavou.

– Ia uite ce murdărie au făcut aici, ca porcii! auzi el glasul unei bătrîne de pe palierul de dedesubt.

Inginerul se apropie repede de perete şi se izbi de cîteva ori cu capul de el. Fireşte, cel mai cuminte lucru ar fi fost să strige pînă ar fi venit cineva şi apoi să se predea celui venit. Dar Ernest Pavlovici îşi pierduse complet capacitatea de a raţiona şi se învîrtea gîfîind pe palier.

Nu exista nici o scăpare.

CAPITOLUL XXIV

CLUBUL AUTOMOBILIŞTILOR

În redacţia marelui cotidian *Stanok*, care se afla la primul etaj al Casei Popoarelor, se cocea în grabă materialul pentru a fi dat la cules.

Se scoteau din materialul cules care nu intrase în numărul precedent note şi articole, se calcula cîte rînduri ocupă el în gazetă şi începea tocmeala zilnică pentru spaţiu.

În total, în cele patru pagini ale ziarului puteau să încapă patru mii patru sute de rînduri şi în astea trebuia să intre totul: telegrame, articole, cronici, scrisorile corespondenţilor voluntari, anunţurile, un foileton în versuri şi două în proză, caricaturi, fotografii, rubricile speciale (teatru, sport, şah), articolul de fond şi articolul redacţional, informaţiile organizaţiilor sovietice de partid şi sindicale, un roman care se publica în foileton, reportaje din viaţa capitalei, nişte note scurte cu titlul general „Crîmpeie", articole de popularizare a ştiinţei, rubrica de radio şi diferite materiale ocazionale. În total, se aduna din diverse secţii un material pentru vreo zece mii de rînduri. De aceea, repartizarea locului în pagini era însoţită de obicei de scene dramatice.

Primul care veni fuga la secretarul de redacţie era şeful rubricii de şah, maestrul Sudeikin. El întrebă politicos, dar plin de amărăciune:

– Cum? Azi n-o să fie şah?

– Nu încape, răspunse secretarul. Am un subsol mare. Trei sute de rînduri.

– Bine, dar astăzi e sîmbătă. Cititorul aşteaptă duminică rubrica. Am soluţiile problemelor, am un studiu minunat al lui Neunîvako, am în sfîrşit...

– Bine. Cîte rînduri vrei?

– Cel puţin o sută cincizeci.

– Bine. Dacă ai soluţiile problemelor, pot să-ţi dau şaizeci de rînduri.

Maestrul încerca să mai cerşească treizeci de rînduri măcar pentru studiul lui Neunîvako (admirabila partidă indiană dintre Tartakover şi Bogoliubov zăcea la el de mai bine de o lună), dar nu-i fu cu putinţă să mai capete nici un rînd în plus.

Sosi reporterul Persiţki.

– Trebuie să dăm impresii de la Plenară? întrebă el foarte încet.

– Bineînţeles! ţipă secretarul. Doar am discutat despre asta alaltăieri.

– Am Plenara, spuse Persiţki şi mai încet, am şi două schiţe, dar nu mi se dă loc.

– Cum nu ţi se dă? Cu cine ai vorbit? Ce, au înnebunit?

Secretarul dădu fuga să se certe cu respectivii, urmat de Persiţki, care băga din mers tot felul de pile. După Persiţki alerga redactorul de la secţia de anunţuri.

– Avem un întăritor hormonal! striga el cu o voce dezolată.

În coada celorlalţi trei venea administratorul, cărînd în spinare scaunul capitonat, cumpărat la licitaţie pentru redacţie.

– Întăritorul – marţi! Astăzi publicăm pagina noastră teatrală.

– O să căpătaţi mai mult de o grămadă pentru anunţurile voastre gratuite, pe cînd pentru întăritor s-au şi încasat banii.

– Bine, o să lămurim chestia la noapte, la redacţie. Dă anunţul Paşei. Se duce chiar acum la tipografie, că-i de noapte.

Secretarul se cufundă în lectura articolului de fond. Fu însă imediat întrerupt de la această treabă pasionantă. Venise desenatorul.

– Aha, zise secretarul, foarte bine că ai venit. Avem un subiect pentru caricatură în legătură cu ultimele telegrame din Germania.

– Eu, uite cum m-am gîndit, spuse deseantorul: Casca de oţel şi situaţia generală a Germaniei...

– Bine. Combină ceva şi pe urmă arată-mi şi mie.

Desenatorul se duse în secţia sa. Luă o bucăţică de hîrtie de desen şi schiţă cu creionul un cîine jigărit. Pe capul cîinelui puse o cască germană cu un vîrf de lance. Apoi se apucă să completeze desenul cu inscripţii. Pe trupul cîinelui scrise cu litere de tipar cuvîntul „Germania“, pe coada bîrligată – „Coridorul Danzig“, pe fălci – „Visuri revanşarde“, pe zgardă – „Planul Dawes“, iar pe limba scoasă – „Stresemann“[1]. În faţa cîinelui, caricaturistul îl desenă pe Poincaré[2] ţinînd în mînă o halcă de carne. Se gîndi să scrie ceva şi pe carne, dar bucata era prea mică şi inscripţia nu încăpea. Un om mai puţin ingenios decît un caricaturist de la ziare n-ar fi ştiut ce să facă, dar desenatorul nostru, fără a sta mult pe gînduri, adăugă la carne un mic dreptunghi de forma etichetelor care se prind de gîtul sticlelor la farmacie şi pe el scrise cu litere minuscule: „Propunerile franceze în legătură cu garanţiile de securitate“. Pentru ca Poincaré să nu fie confundat cu vreun alt om de stat, el îi scrise pe burtă: „Poincaré“. Desenul era gata.

Pe birourile din secţia artistică se aflau un teanc de reviste străine, nişte foarfeci mari şi nişte borcănaşe cu tuş şi cu vopsea albă. Pe jos zăceau bucăţi de fotografii: un număr, picioarele nu ştiu cui, crîmpeie de peisaj.

Vreo cinci artişti rădeau fotografiile cu lame de ras „Gillette“, făcîndu-le să fie mai luminoase; apoi întăreau clişeele, dîndu-le cu

---

[1] Fost ministru de externe al Germaniei.

[2] Om politic francez. A jucat un rol de seamă în pregătirea şi dezlănţuirea Primului Război Mondial.

tuş şi cu guaşă, iar pe verso semnau şi notau dimensiunile: 3 cuadraţi 3/4, pe două coloane etc. – indicaţii pentru zincografie.

În biroul redactorului-şef se afla o delegaţie străină. Translatorul redacţiei se uita drept în gura străinului care vorbea, apoi se întorcea spre redactorul-şef şi spunea:

– Tovarăşul Arno ar dori să afle...

Se discuta cum sînt organizate ziarele sovietice. În timp ce translatorul îi explica redactorului-şef ce ar dori să afle tovarăşul Arno, acesta – un tip cu pantaloni bufanţi de catifea din aceia pe care-i folosesc bicicliştii – împreună cu toţi ceilalţi străini contemplau curioşi un toc roşu cu peniţă nr. 86, rezemat de perete în colţul camerei. Peniţa ajungea aproape pînă la tavan, iar tocul avea în partea lui cea mai lată grosimea corpului unui om mijlociu. Cu acest toc se putea scrie, căci peniţa era ca o peniţă normală, deşi depăşea ca mărime o ştiucă mare.

– Oho-ho! rîdeau străinii. Colosal!

Tocul fusese oferit în dar redacţiei de Congresul Corespondenţilor Voluntari.

Redactorul-şef, care stătea pe scaunul lui Vorobianinov, zîmbea şi, clătinînd repede din cap cînd în direcţia tocului, cînd spre oaspeţi, dădea vesel explicaţii.

La secretariat ţipetele nu mai conteneau. Persiţki aduse articolul lui Semaşko şi secretarul şterse repede de pe macheta paginii a treia rubrica de şah. Maestrul Sudeikin nu mai lupta pentru minunatul studiu al lui Neunîvako. Se străduia să salveze măcar soluţiile problemelor. După o luptă mai încordată decît aceea pe care o susţinuse cu Lasker la turneul din San-Sebastian, maestrul îşi cuceri un locşor în paguba rubricii „Justiţia şi fapte diverse“.

Articolul lui Semaşko fu trimis la cules. Secretarul se cufundă din nou în lectura articolului de fond. Hotărîse să-l citească cu orice preţ, din interes pur sportiv.

Cînd ajunse la pasajul: „...Dar conţinutul ultimului act este de aşa natură, încît dacă Liga Naţiunilor îl va înregistra, va trebui să recunoaştem că...“, se apropie de el rubrica „Justiţia şi fapte diverse“, reprezentată printr-un bărbat foarte păros. Secretarul continuă să citească, evitînd dinadins să se uite la „Justiţia şi fapte diverse“ şi făcînd pe marginile articolului de fond tot felul de însemnări inutile.

„Justiţia şi faptele diverse“ trecu în partea opusă şi spuse pe un ton jignit:

– Nu pricep.

– Ei-ei, mormăi secretarul, căutînd să cîştige timp. Ce s-a întîmplat?

– S-a întîmplat că miercuri n-a fost „Justiţia şi fapte diverse“, vineri n-a fost „Justiţia şi fapte diverse“, joi s-a publicat din materialul rămas numai procesul pentru pensia alimentară, iar sîmbătă se scoate un proces despre care scriu de mult toate ziarele, numai noi...

– Unde, în ce ziar? strigă secretarul. N-am citit nimic.

– Mîine o să apară pretutindeni, iar noi iarăşi o să fim cu întîrziere.

– Dar cînd ţi s-a spus să scrii despre procesul din Ciubarov, ce-ai scris? N-am putut să căpătăm un rînd de la dumneata. Ştiu ce-ai făcut. Ai scris despre proces într-un ziar de seară.

– De unde ştii asta?

– Ştiu. Mi s-a spus.

– În cazul ăsta, ştiu cine ţi-a spus. Ţi-a spus Persiţki, dumnealui, Persiţki, care sub ochii întregii Moscove foloseşte aparatul redacţiei ca să trimită materiale la Leningrad.

– Paşa! spuse secretarul încet. Cheamă-l pe Persiţki.

„Justiţia şi faptele diverse“ şedea indiferent pe pervazul ferestrei. În spatele lui se zărea o grădină în care se zbenguiau păsărelele. Discuţia ţinu mult. Secretarul o curmă printr-o manevră abilă: dădu afară şahul şi, în locul lui, puse „Justiţia şi faptele diverse“. Persiţki căpătă un avertisment.

Era ora cinci – ora celei mai intense activităţi în redacţie.

Deasupra maşinilor de scris încinse plutea un abur subţire. Redactorii dictau cu nişte glasuri neplăcute din cauza grabei. Dactilografa-şefă ţipa la mizerabilii care băgau pe neobservate peste rînd materialele lor.

Pe coridor se plimba poetul redacţiei, care îi făcea curte unei dactilografe, ale cărei şolduri modeste dezlănţuiau în el sentimente poetice. El o conducea la capătul coridorului şi, ajunşi lîngă fereastră, îi făcea declaraţii de dragoste, la care fata îi răspundea:

– Am astăzi muncă suplimentară şi sînt foarte ocupată.

Asta însemna că îl iubeşte pe altul.

Poetul se încurca în picioarele celor de la redacţie şi adresa tuturor cunoscuţilor aceeaşi cerere uimitor de monotonă:

– Dă-mi zece copeici pentru tramvai!

Ca să facă rost de această sumă, intră în secţia corespondenţilor voluntari. După ce se învîrti printre mesele la care lucrau „lectorii" şi pipăi teancurile de scrisori, poetul îşi reluă tentativele. „Lectorii", oamenii cei mai severi din redacţie (aduşi la această severitate de obligaţia de a citi pe zi circa o sută de scrisori scrise de mîini care cunoştea mai mult toporul, bidineaua sau roaba decît tocul), tăceau.

Poetul se duse şi la expediţie şi, în cele din urmă, ajunse la administrativ. Dar acolo nu numai că nu căpătă cele zece copeici, dar mai fu şi atacat de comsomolistul Avdotiev, care îi propuse să intre în cercul automobiliştilor. Sufletul lui de îndrăgostit fu învăluit în aburi de benzină. Făcu doi paşi înapoi şi dispăru cu viteza a treia.

Avdotiev nu se descurajă însă. El credea în victoria ideii automobilistice. Se duse la secretariat, unde continuă lupta prin învăluire, împiedicîndu-l pe secretar să termine de citit articolul de fond.

– Ascultă, Aleksandr Iosifovici, îi spuse el secretarului, aşezîndu-se pe biroul lui. Lasă chestia asta deoparte. Să-ţi spun eu ceva serios. La noi s-a constituit un club automobilistic. N-ar putea redacţia să ne împrumute cu vreo cinci sute de ruble pe opt luni de zile? Hm, ce zici?

– Zic să nu-ţi faci iluzii în privinţa asta.

– Cum adică? Crezi că e o afacere moartă?

– Nu cred, ci sînt convins. Cîţi membri are cercul vostru?

– Foarte mulţi.

Deocamdată, cercul era alcătuit numai din fondatorul lui, dar Avdotiev nu voia ca să se ştie acest lucru.

– Cu cinci sute de ruble cumpărăm la „cimitir" o maşină. Egorov a şi pus ochii pe una. Zice că reparaţiile n-au să coste mai mult de cinci sute. Deci, în total – o mie. Am de gînd, prin urmare, să strîng douăzeci de oameni care să dea cincizeci de ruble fiecare. În schimb, o să fie o minune. O să învăţăm cu toţii să conducem. Egor o să ne arate. Peste vreo trei luni – aşa, cam prin august – o să ştim cu toţii să conducem, o să avem maşină şi fiecare s-o duce pe rînd unde-i place.

– Dar cele cinci sute de ruble pentru cumpărarea maşinii?

– O să ni-i dea Casa de Ajutor Reciproc cu dobîndă. Plătim noi pe urmă. Ce zici, te înscriu?

Dar secretarul avea deja un început de chelie, lucra mult, avea pe cap familie şi casă, îi plăcea ca după-amiaza să stea puţin lungit pe canapea, iar înainte de culcare să citească *Pravda*, aşa că după puţină gîndire refuză.

– Eşti bătrîn! îi spuse Avdotiev.

Avdotiev trecea de la un birou la altul şi repeta discursurile sale entuziaste. Dar asupra bătrînilor – el îi considera bătrîni pe toţi redactorii care aveau mai mult de douăzeci de ani – vorbele lui nu prea aveau efect. Ei refuzau acru, pretextînd tot felul de nimicuri şi insistînd asupra faptului că sînt membri ai asociaţiei „Prietenii copiilor" şi că plătesc regulat cîte douăzeci de copeici pe an pentru nobila acţiune de ajutorare a bieţilor micuţi. De fapt, ar accepta el să se înscrie în noul club, dar...

– Ce „dar“? ţipa Avdotiev. Dacă am avea astăzi maşină? Ei? Dacă v-aş pune acum pe masă un Packard albastru cu şase cilindri, pentru care voi să plătiţi cincisprezece copeici pe an, iar benzina şi uleiul să fie în contul statului?!

– Hai circulă, circulă! îi spuneau bătrîneii. Lasă-ne să lucrăm, că pleacă ultimul curier la tipografie.

Ideea automobilismului se stingea şi începea să afume ca un fitil fără gaz. În sfîrşit, se găsi un pionier al noii acţiuni. Persiţki se ridică cu zgomot de la telefon, îl ascultă pe Avdotiev şi-i spuse:

– Nu ştii cum să iei oamenii. Dă încoa' o foaie de hîrtie. Şi hai cu mine.

Şi Persiţki porni împreună cu Avdotiev într-un nou rond prin redacţie.

– Mă, somieră bătrînă, îi spuse Persiţki unui tînăr cu ochi albaştri. Nici nu trebuie să dai bani pentru asta. Obligaţii de împrumut 1927 ai? Pentru ce sumă? Pentru cincizeci de ruble? Perfect! Dai aceste obligaţii clubului nostru. Din obligaţii facem noi capital. Prin august vindem toate obligaţiile (că atunci se vor putea vinde) şi cumpărăm automobilul.

– Dar dacă obligaţia mea iese la tragerea la sorţi? încercă să fugă de propunere tînărul.

– Şi cît vrei să cîştigi?

– Cincizeci de mii de ruble.

– Ei bine, cu aceşti cincizeci de mii vom cumpăra automobile. Şi dacă am să cîştig eu, vom face la fel. Sau dacă cîştigă Avdotiev – idem. Într-un cuvînt, indiferent a cui obligaţie ar ieşi cîştigătoare, vom cumpăra cu banii maşini. Acum ai înţeles? Caraghiosule! Ai să te plimbi în maşină proprie pe şoseaua militară gruzină! Munţi! Tîmpitule!... Iar în spatele tău or să vină, tot cu maşini proprii, „Justiţia şi fapte diverse“, „Cronica“, rubrica „Întîmplări“, reporterii şi duduiţa aia, ştii tu care, aia cu cronica cinematografică... Ei, ce zici? Mamă, mamă, ce curte ai să-i faci!...

În fundul inimii sale, nici un deţinător de obligaţii nu crede că ar putea să cîştige. În schimb, e foarte gelos pe obligaţiile vecinilor şi ale cunoscuţilor lui. Îi e teamă grozav că ei au să cîştige, iar el – veşnic ghinionist – va rămîne din nou cu buza umflată. Gîndul acesta ascuns al fiecăruia, că s-ar putea ca celălalt coleg de redacţie să cîştige, îi împingea pe toţi deţinătorii de obligaţii să se înscrie în noul club. Nu-i reţinea decît o singură temere, şi anume că nici o obligaţie nu va ieşi cîştigătoare. Dar din nu se ştie ce motiv acest lucru li se părea imposibil şi, afară de asta, oricum, clubul automobiliştilor nu pierdea nimic, deoarece cu capitalul rezultat din obligaţii era sigur să poată cumpăra o maşină de la „cimitir".

În cinci minute cele douăzeci de persoane fură găsite. Cînd totul se termină cu succes, sosi şi secretarul care auzise de perspectivele ispititoare ale clubului automobiliştilor.

– Ce ziceţi, copii, să mă înscriu şi eu? întrebă el.

– Înscrie-te, bătrîne, înscrie-te, îi răspunse Avdotiev, dar în altă parte. Din păcate, la noi numărul locurilor s-a completat şi primirea de noi membri s-a sistat pînă în 1929. Înscrie-te mai bine la asociaţia „Prietenii copiilor". E mai ieftin şi fără bătaie de cap. Dai douăzeci de copeici pe an şi nu trebuie să pleci nicăieri.

Secretarul rămase puţin pe gînduri, îşi zise că într-adevăr a cam îmbătrînit, oftă şi se duse să termine de citit pasionantul articol de fond.

– Spune-mi, te rog, tovarăşe, unde e aici redacţia ziarului *Stanok?* îl opri pe coridor un tînăr frumos, cu o figură ca de cerchez.

Era marele maestru al combinaţiilor.

CAPITOLUL XXV

CONVORBIREA CU INGINERUL GOL

Apariţia lui Ostap Bender la redacţie fusese precedată de o serie de evenimente destul de importante.

Negăsindu-l pe Ernest Pavlovici acasă (apartamentul era încuiat şi el se afla probabil la slujbă), marele maestru al combinaţiilor hotărî să treacă pe la el mai tîrziu şi o porni deocamdată la plimbare prin oraş. Setos de activitate, traversa mereu strada, se oprea în fiecare piaţă, făcea cu ochiul miliţienilor, ajuta cucoanele să se urce în autobuz şi se comporta, în general, ca şi cum întreaga Moscovă, cu monumentele ei, cu tramvaiele, bisericuţele, gările, turnurile de afişaj şi muncitoarele de la industria locală, ar fi venit la el, poftite la o serată. Se plimba printre aceşti musafiri ai lui, stătea de vorbă cu ei şi găsea pentru fiecare cîte un cuvînt drăguţ. Primirea unui număr atît de mare de vizitatori îl obosi oarecum pe marele maestru al combinaţiilor. În afară de asta, trecuse de cinci şi trebuia să se ducă la inginerul Şciukin.

Dar soarta făcu ca înainte de întrevederea cu Ernest Pavlovici, Ostap să mai fie reţinut vreo două ore ca să semneze un mic proces-verbal.

În Piaţa Teatrului, marele maestru al combinaţiilor nimeri sub picioarele unui cal. Cu totul pe neaşteptate, animalul acesta sfios şi alb dădu peste el şi-l împinse cu pieptu-i costeliv. Bender căzu, scăldat în sudoare. Era foarte cald. Calul alb îi ceru cu glas tare scuze. Ostap se sculă cît ai clipi. Trupul lui viguros nu suferise nici un fel de leziune, deci era cu atît mai mult în putere şi în posibilitate de a face scandal.

Amfitrionul ospitalier şi amabil al Moscovei deveni de nerecunoscut. El se îndreptă cu pas legănat spre birjarul bătrînel care stătea fîstîcit şi-i trase un pumn în spinarea vătuită. Bătrînelul îndură răbdător pedeapsa. În clipa aceea se apropie în goană un miliţian.

– Cer să se încheie proces-verbal! strigă Ostap pe ton patetic.

În glasul său vibrau note metalice, ca în glasul unui om jignit în cele mai sfinte simţăminte ale sale. Stînd lîngă peretele Teatrului Mic, chiar pe locul unde avea să se înalţe mai tîrziu un monument al marelui dramaturg rus Ostrovski, Ostap semnă procesul-verbal şi îi dădu un scurt interviu lui Persiţki, venit în grabă la locul accidentului. Persiţki nu dispreţuia lucrurile mărunte. El notă cu grijă în carnet numele şi prenumele accidentatului şi o porni mai departe.

Ostap plecă mîndru. Cu gîndul încă la agresiunea calului alb şi cu regretul tardiv de a nu a fi apucat să-i dea birjarului şi una peste ceafă, Ostap urcă, sărind cîte două trepte, pînă la etajul al patrulea al casei unde locuia Şciukin. Aici îl picură în creştet un strop masiv. Ridică capul şi se pomeni drept în ochi cu un duşuleţ de apă murdară, căzut de pe palierul de sus.

„Pentru figuri din astea se trag palme cui ţi le-a făcut!“ îşi zise în gînd Ostap.

Se repezi sus. În faţa uşii apartamentului lui Şciukin şedea rezemat cu spatele un om în costumul lui Adam, plin de pete albe ca de pecingine. Şedea cu picioarele desculţe pe plăcile de mozaic, ţinîndu-se de cap şi clătinîndu-se.

În jurul omului gol era un lac de apă care venea de sub uşa apartamentului.

– O-o-o, gemea omul gol. O-o-o...

– Ia spune-mi, te rog, dumneata torni aici cu apă? întrebă Ostap enervat. Ce, ăsta-i loc pentru baie? Ai înnebunit?

Omul gol se uită la Ostap şi începu să plîngă cu sughiţuri.

– Ascultă, cetăţene, în loc să te uzi cu lacrimi, nu crezi că ar fi mai nimerit să te duci la baia de aburi? Uită-te la dumneata cum arăţi! Parcă ai fi un picador!

– Cheia, mugi inginerul.

– Care cheie? îl întrebă Ostap.

– De la ca-ca-ca-să.

– De la casa unde ţii banii?

Omul gol sughiţa cu o viteză uluitoare.

Nimic nu era de natură să-l lase nedumerit pe Ostap. El începu să priceapă cam ce s-a întîmplat şi, cînd în sfîrşit înţelese de-a binelea, fu cît pe-aci să cadă peste balustradă de rîs. Degeaba ar fi căutat să-şi stăpînească hohotele, că tot n-ar fi reuşit.

– Aşadar, nu poţi să intri în casă? Dom'le, dom'le, dar asta e atît de simplu!

Băgînd de seamă să nu se atingă de omul gol ca să nu se murdărească, Ostap se apropie de uşă, vîrî unghia lungă şi galbenă de la degetul cel mare în crăpătura broaştei de la yală şi începu s-o mişte încetişor, de la dreapta la stînga şi de sus în jos.

Uşa se deschise fără zgomot şi omul gol se năpusti în apartamentul inundat, urlînd de bucurie.

Robinetele făceau un zgomot asurzitor. În sufragerie se formase o bulboană. În dormitor apa stătea ca un iaz liniştit pe care pluteau lin, ca nişte lebede, papucii de casă. Mucurile se adunaseră într-un colţ, ca un roi de peştişori somnoroşi.

Scaunul lui Vorobianinov se afla în sufragerie, unde curentul era cel mai puternic. În jurul celor patru picioare ale lui clocoteau mici vîltori albe înspumate. Scaunul sălta uşor şi parcă se pregătea să plece ca să scape de cel care-l urmăreşte. Ostap se aşeză pe scaun şi-şi strînse picioarele sub el. Strigînd „Pardon! Pardon!“, Ernest Pavlovici care-şi revenise în fire, închise robinetele, se spălă şi apăru în faţa lui Bender gol pînă la brîu şi cu pantalonii uzi suflecaţi pînă la genunchi.

– M-ai salvat, pur şi simplu! strigă el emoţionat. Te rog să mă ierţi că nu pot să-ţi dau mîna, dar sînt ud tot. Ştii că era cît p-aici să înnebunesc.

– Da, se pare că ăsta ar fi fost sfîrşitul.

– Eram într-o situaţie îngrozitoare.

Şi, retrăind înfiorătoarea întîmplare, Ernest Pavlovici îi povesti marelui maestru al combinaţiilor, cînd întunecîndu-se la faţă, cînd rîzînd nervos, amănuntele nenorocirii ce se abătuse asupră-i.

– Dacă n-ai fi venit dumneata, aş fi fost un om pierdut, încheie inginerul.

– Te cred, spuse Ostap, şi mie mi s-a întîmplat o chestie asemănătoare. Chiar ceva mai gravă.

Pe inginer îl interesa acum atît de mult tot ce avea vreo legătură cu întîmplări asemănătoare, încît lăsă jos găleata cu care strîngea apa şi începu să asculte cu încordată atenţie.

– Mi s-a întîmplat aproape la fel ca dumitale, începu Bender, numai că era iarna şi nu la Moscova, ci la Mirgorod, în 1919, într-unul dintre veselele intermezzo-uri dintre Mahno şi Tiutiunik. Locuiam cu chirie la o familie. Nişte bestii de ucraineni! Tipic cărpănoşi: aveau o căsuţă cu un singur cat, dar o mulţime de boarfe de tot felul. Trebuie să-ţi spun că, în materie de canalizare şi în ce priveşte confortul, la Mirgorod n-aveai decît latrine. Ei, şi într-o noapte, pe zăpadă, am ieşit din casă numai în cămaşă şi izmene. Nu mi-era teamă de răceală, că era doar o chestie de un minut. Am ieşit şi maşinaliceşte am trîntit uşa după mine. Afară erau minus douăzeci de grade. Bat la uşă să mi se deschidă, nu răspunde nimeni. Pe loc nu puteam să stau, că aş fi îngheţat, aşa că băteam la uşă, apoi alergam să mă dezmorţesc, iar băteam, iar alergam, dar de deschis, nu venea nimeni să-mi deschidă. Şi poate crezi că în casă dormea vreunul? Da' de unde! A fost o noapte îngrozitoare. Cîinii lătrau. Undeva, prin apropiere se trăgeau focuri de armă. Eu alergam prin nămeţi, numai în nişte izmenuţe subţiri de vară. Un ceas întreg am bătut. Era cît p-aici să crăp. Îşi ascundeau avutul, coseau nişte ruble Kerenski în pernă. Li se păruse că au venit de la stăpînire să le facă percheziţie. Cît p-aici era să-i omor după aia.

Inginerul lua parte din tot sufletul la această întîmplare.

– Aşadar, dumneata eşti inginerul Şciukin? spuse Ostap.

– Eu. Numai că te rog să nu povesteşti nimănui. Ştii, e cam neplăcut...

– O, vai de mine! *Entre nous, tête-à-tête!* Între patru ochi, cum zic francezii. Am venit la dumneata într-o mică chestiune, tovarăşe Şciukin.

– Voi fi foarte bucuros să te pot servi.

– *Grand merci*! E vorba de un fleac. Soţia dumitale m-a rugat să trec pe aici şi să iau scaunul ăsta. Spune că are nevoie de el ca să aibă două la fel. Şi că dumitale o să-ţi trimită în schimb un fotoliu.

– Da' cum să nu! exclamă Ernest Pavlovici. Cu cea mai mare plăcere. Dar de ce să te oboseşti dumneata? I-l duc eu. Chiar astăzi.

– Nu, de ce să te deranjezi! Pentru mine e o nimica toată. Stau aproape şi nu mi-e greu deloc.

Inginerul începu să se agite, îl conduse pe marele maestru al combinaţiilor pînă la uşă, dar îi fu teamă să treacă pragul, deşi, prevăzător, luase de data asta cheia în buzunarul pantalonilor săi uzi leoarcă.

Fostul student Ivanopulo primi în dar încă un scaun. Ce-i adevărat că drept, cretonul de pe el era cam deteriorat, dar era totuşi un scaun minunat şi, pe deasupra, exact la fel cu primul.

Pe Ostap nu-l îngrijora că şi cu acest scaun, al patrulea la număr, avu acelaşi insucces. El cunoştea toate glumele sorţii.

În planul armonios al socotelilor sale, nu exista decît un singur punct negru: scaunul dispărut la secţia de mărfuri a gării Oktiabrski. Gîndul la acest scaun era cel care îl frămînta mai mult şi-i stîrnea chinuitoare semne de întrebare.

Marele maestru al combinațiilor se găsea în situația unui jucător la ruletă care mizează exclusiv pe numere în plin, vrînd să cîștige dintr-o dată de treizeci și șase de ori miza sa. Situația era și mai proastă, căci cei doi asociați jucau la o ruletă la care unsprezece numere din douăsprezece erau zero. În afară de asta, al doisprezecelea număr dispăruse din cîmpul lor vizual, aflîndu-se dracu' știe unde și poate că tocmai în el zăcea ascuns miraculosul cîștig.

Șirul acestor gînduri amare îi fu întrerupt de venirea directorului general. Ostap îi aruncă o simplă privire și se simți cuprins de o senzație neplăcută.

– Oho! strigă directorul tehnic. Văd că faci progrese. Numai că te rog cu mine să nu glumești. De ce ai lăsat scaunul afară? Vrei să te joci cu mine?

– Tovarășe Bender, murmură mareșalul.

– Îți recomand să nu-mi pui nervii la încercare! Adu-l încoace mai repede, înțelegi? Adu-l încoace! Vezi doar că scaunul ăsta nou pe care șed eu acum a mărit cu mult valoarea celui adus de dumneata.

Ostap își lăsă capul într-o parte și-l privi pe sub gene.

– Nu chinui copilul, încheie el cu o voce de bas. Spune-mi odată, unde e scaunul? De ce nu l-ai adus?

Raportul confuz al lui Ippolit Matveevici fu întrerupt de strigăte, aplauze ironice și întrebări insidioase. Vorobianinov își încheie raportul în ilaritatea întregului auditoriu.

– Dar instrucțiunile mele? întrebă Ostap amenințător. De cîte ori nu ți-am spus că furtul constituie un păcat? Încă atunci cînd ai vrut s-o jefuiești la Stargorod pe soția mea, *madame* Grițațueva, mi-am dat seama că ai o fire de mic infractor de drept comun. Cu asemenea apucături, află dumneata că în cazul cel mai bun te poți aștepta la șase luni de închisoare corecțională. Pentru un titan al gîndirii și părinte al democrației ruse, n-ar fi chiar așa de mult, dar poftim rezultatele: scaunul pe care l-ai avut în mînă mi-a scăpat. Mai mult decît atît, ai compromis un loc unde se putea opera cu uşurinţă. Ia încearcă să faci acolo o a doua vizită. Avessalom ăsta îţi va frînge gîtul. Ai avut încă noroc că te-a favorizat o coincidenţă idioată, căci altfel ai fi stat acum în dosul gratiilor şi ai fi aşteptat zadarnic să-ţi aduc pachete. Să-ţi bagi bine în cap că eu pachete n-am să-ţi aduc. La urma urmei, n-am să fac pe Hecuba cu dumneata, nu-mi eşti nici tată, nici mamă, nici soră, nici amantă.

Ippolit Matveevici, conştient de nevolnicia sa, stătea cu capul plecat.

– Uite ce e, scumpule, văd că n-are nici un rost să mai lucrăm împreună. În orice caz, mi se pare absurd să lucrez cu un asociat atît de incult ca dumneata, pentru patruzeci la sută. Volens-nevolens[1], trebuie să-ţi pun condiţii noi.

Ippolit Matveevici începu să răsufle. Înainte de asta făcuse toate eforturile nici să nu respire.

– Da, bătrînul meu prieten, eşti bolnav de impotenţă organizatorică şi de anemie totală. Avînd în vedere această invaliditate, cota dumitale urmează a fi redusă în consecinţă. Să vorbim deschis, douăzeci la sută accepţi?

Ippolit Matveevici refuză, clătinînd foarte hotărît din cap.

– De ce nu vrei? E puţin?

– P-puţin.

– Păi, asta înseamnă treizeci de mii de ruble! Dumneata cît vrei?

– Accept patruzeci de mii.

– Asta-i tîlhărie curată! spuse Ostap, imitînd tonul mareşalului din timpul istoricei tocmeli din odaia portarului din Stargorod. Ce, treizeci de mii nu-ţi ajung? Vrei poate şi cheia de la casa unde ţin banii?!

– Dumneata văd că vrei şi cheia de la casa unde ţin banii, murmură Ippolit Matveevici.

– Acceptă douăzeci la sută cît încă nu-i prea tîrziu, căci aş putea să mă răzgîndesc. Profită că sînt bine dispus.

---

[1] De fapt, nolens-volens.

Vorobianinov îşi pierduse de mult acea alură de om plin de sine cu care pornise în căutarea briliantelor.

Gheaţa care apucase a se urni din loc încă din camera portarului, gheaţa care duruise, trosnise, spărgîndu-se de granitul cheiului, se fărîmiţase de mult şi se topise. Gheaţa nu mai exista. Era numai o apă mare care-l purta nepăsătoare pe valurile ei pe Ippolit Matveevici, azvîrlindu-l dintr-o parte în alta, cînd izbindu-l de cîte o bîrnă, cînd apropiindu-l de scaune şi apoi îndepărtîndu-l de aceleaşi scaune. Ippolit Matveevici era stăpînit de o teamă cumplită. Totul îl speria. Pe rîu pluteau gunoaie, resturi de păcură, coteţe sparte, peşti morţi şi o pălărie îngrozitoare a nu se ştie cui. Poate că era şepcuţa aceea cu cozorocul în formă de cioc de raţă a părintelui Fiodor, pe care vîntul o smulsese de pe capul Sfinţiei sale la Rostov? Cine ştie?! Sfîrşitul drumului nu se vedea. Iar curentul, în loc să-l împingă spre mal, îl lua cu el, şi fostul mareşal al nobilimii nu avea nici putere, nici dorinţa să plutească împotriva curentului.

Aşa că se lăsa dus de valuri în largul mării aventurilor.

CAPITOLUL XXVI

DOUĂ VIZITE

Asemenea unui prunc eliberat din scutece, care dă din picioruşe şi din mînuţe fără să se oprească o clipă, strînge şi-şi desface pumnişorii ca de ceară, învîrte în dreapta şi-n stînga căpşorul cît un măr şi-şi mişcă scufiţa de pe creştet pe ochi şi de pe ochi la spate, făcînd necontenit băşici la gură, Avessalom Iznurenkov era şi el în perpetuă agitaţie. Nu stătea un minut locului, picioarele-i grăsune îi erau tot timpul în mişcare, era cu faţa-i bărbierită ba într-o parte, ba în alta, scotea din două în două minute cîte un „Ah!“ şi gesticula cu braţele-i păroase, de parcă ar fi făcut gimnastică suedeză.

Ducea o viaţă foarte agitată, era peste tot locul şi mereu propunea cîte ceva, alerga pe străzi ca o găină speriată şi vorbea repede, cu glas tare, ca şi cum ar fi calculat asigurarea pentru o casă de piatră acoperită cu tablă. Trăsătura caracteristică principală a vieţii şi activităţii lui era că nu se putea organic ocupa de vreo chestiune, obiect sau idee mai mult de un minut.

Dacă o glumă fabricată de el nu plăcea oamenilor şi nu le stîrnea instantaneu rîsul, Iznurenkov nu căuta, ca alţii, să-l convingă pe redactor că gluma e bună şi că cere numai puţină gîndire spre a fi apreciată aşa cum merită, ci propunea îndată alta nouă.

– Ce-i prost e prost, spunea el.

Cînd intra în magazine, Avessalom Vladimirovici aducea o asemenea tulburare, apărea şi dispărea atît de vertiginos din faţa vînzătorilor uluiţi, cumpăra cu atîta expansivitate o cutie de ciocolată, încît casieriţa se aştepta să încaseze de la el cel puţin vreo treizeci de ruble. Dar, după ce ţopăia niţeluş prin faţa casei, trăgîndu-se de cravată ca şi cum l-ar fi strîns cineva de gît, Iznurenkov arunca pe tejgheaua acoperită cu sticlă o hîrtie mototolită de trei ruble şi se evapora rapid, revărsînd un torent de cuvinte amabile.

Dacă acest om ar fi izbutit să se oprească măcar două ore, s-ar fi produs evenimentele cele mai neaşteptate.

Poate că atunci Iznurenkov s-ar fi aşezat la birou şi ar fi scris o nuvelă minunată, ori poate o cerere către Casa de Ajutor Reciproc pentru a i se acorda un împrumut nerambursabil, ori un nou paragraf la Legea cu privire la folosirea suprafeţei locative, ori o carte intitulată *Arta de a te îmbrăca bine şi de a te purta frumos în societate*.

Dar el nu putea să facă acest lucru. Picioarele, care îi lucrau ca muşcate de streche, îl purtau înainte, creionul îi alerga ca o săgeată între degetele-i în continuă vibraţie, iar gîndurile îi săreau mereu de la una la alta.

Iznurenkov alerga prin odaie şi sigiliile de pe mobilă săltau ca cerceii unei ţigănci care dansează. Pe scaun şedea o fată din suburbii căreai îi plăcea să rîdă.

– Ah, ah! exclama Avessalom Vladimirovici. Divin! „Regina-nviorează cu al ei glas şi-a ei privire masa plină de mîncăruri, de carafe şi potire..." Ah, ah! Înaltă clasă!... Eşti regina Margot.

Regina din suburbii, care nu pricepea nimic din toate astea, rîdea respectuos.

– Hai, serveşte ciocolată, hai, te rog!... Ah, ah!... Superb!

El îi săruta la fiecare clipă mîinile, se entuziasma de toaleta ei modestă, îi punea cotoiul în braţe şi o întreba dulce:

– Aşa-i că seamănă cu un papagal? O, e un leu! Un leu! Un adevărat leu! Spune dacă ai mai văzut aşa blană?... Şi coada! Coada! Ce zici de coadă? Ah-h!

Apoi zvîrli cotoiul într-un colţ şi, ducîndu-şi mîinile la pieptu-i durduliu, începu să salute pe cineva de la fereastră. Deodată, nu se ştie ce supapă se puse în mişcare în capul lui veşnic agitat şi el se porni pe glume provocatoare în legătură cu calităţile fizice şi sufleteşti ale musafirei sale.

– Spune-mi, te rog, broşa asta e chiar de sticlă? Ah! Vai! Cum străluceşte!... M-ai orbit, pe cuvînt de onoare! Dar spune-mi, e adevărat că Parisul e un oraş mare? Există acolo într-adevăr un Turn Eiffel?... Ah! Vai!... Ce mîini!... Ce nas!... Ah!

Nici nu încerca să îmbrăţişeze fata. Se mulţumea cu complimentele şi vorbea fără să se oprească. Şi ar mai fi continuat, dacă n-ar fi fost întrerupt de apariţia neaşteptată a lui Ostap.

Marele maestru al combinaţiilor învîrtea între degete un petic de hîrtie. El întrebă aspru:

– Aici locuieşte Iznurenkov? Dumneata eşti?

Avessalom Vladimirovici se uita neliniştit la chipul ca de piatră al vizitatorului. Căuta să-i citească în ochi cu ce-a venit şi pentru ce a venit: să-i încaseze amenda pentru un geam spart în tramvai în timpul unei discuţii, să-i aducă citaţia la Tribunalul Popular pentru neplata chiriei sau să-i ceară să facă un abonament la o revistă pentru orbi.

– Nu-i frumos, tovarăşe, să dai afară un curier al unei instituţii de stat, îi zise sever Bender.

– Care curier? întrebă îngrozit Iznurenkov.

– Ştii dumeata care. De data asta am să ridic mobila. Te rog, cetăţeană, să eliberezi scaunul, spuse aspru Ostap.

Cetăţeana, căreia cu o clipă înainte i se declamaseră versuri din cei mai lirici poeţi, se sculă în picioare.

– Nu! Stai jos! strigă Iznurenkov, acoperind scaunul cu trupul său. N-are dreptul.

– Cît despre drepturi, mai bine ai tăcea, cetăţene. Ar fi cazul să fii conştient. Eliberează mobila! Legea trebuie respectată!

Spunînd aceste cuvinte, Ostap ridică scaunul şi-l scutură în aer.

– Iau mobila! declară el pe un ton categoric.

– Nu, n-o iei!

– Cum n-o iau, făcu ironic Ostap, ieşind cu scaunul pe coridor, cînd o iau.

Avessalom sărută mîna reginei şi, cu capul plecat în jos, fugi după severul judecător. Acesta tocmai cobora scara.

– Îţi spun că n-ai dreptul. Potrivit legii, mobila mai poate să stea încă două săptămîni şi n-a stat decît trei zile! Între timp, poate că o să plătesc!

Iznurenkov se învîrtea în jurul lui Ostap ca o albină. Şi tot aşa, unul mergînd înainte, iar celălalt bîzîind şi ţinîndu-se după el, ajunseră amîndoi în stradă. Avessalom Vladimirovici mai alergă după scaun pînă la colţ. Acolo văzu cîteva vrăbii săltînd în jurul unui morman de bălegar. Se opri, se uită la ele cu ochii luminaţi deodată, murmură ceva, bătu din palme şi, rîzînd cu hohote, spuse:

– Înaltă clasă! Ah! Ah!... Ce bun subiect!

Şi, absorbit de prelucrarea acestui nou subiect, Iznurenkov se întoarse vesel înapoi şi alergă, ţopăind mereu, spre casă. Îşi aduse aminte de scaun numai cînd o găsi pe fata din suburbii stînd în picioare în mijlocul odăii.

Ostap sosi cu scaunul într-o birjă.

– Învaţă, îi spuse el lui Ippolit Matveevici. Uite, am luat scaunul cu mîinile goale. Fără nici un ban. Ai înţeles?

Desfăcură scaunul şi Ippolit Matveevici se întristă.

– Şansele cresc mereu, zise Ostap, dar bani – ioc. Spune-mi, te rog, răposatei dumitale soacre nu cumva îi plăcea să glumească?

– Cum adică?

– Poate că toată chestia cu briliantele e un bluff?

Ippolit Matveevici începu să protesteze cu atîta disperare cu mîinile, încît haina i se ridică toată în sus.

– În cazul ăsta, totu-i perfect. Să sperăm că avutul lui Ivanopulo nu va mai creşte de acum încolo decît cu un singur scaun.

– Ştii că ziarele de astăzi vorbesc de dumneata, tovarăşe Bender, spuse mieros Ippolit Matveevici.

Ostap se încruntă...

Nu-i plăcea ca presa să stîrnească zarvă în jurul numelui lui.

– Ce tot îndrugi acolo? Care ziar?

Ippolit Matveevici deschise cu un gest triumfător ziarul *Stanok*.

– Iată, aici. La rubrica „Întîmplările zilei".

Ostap se linişti oarecum, deoarece numai notele apărute sub rubricile denunţătoare ca: „Ghimpii noştri" sau „Răufăcătorii să fie daţi pe mîna justiţiei" i-ar fi putut inspira o oarecare teamă.

Într-adevăr, la rubrica „Întîmplările zilei" se putea citi tipărit cu nonpareil:

„CĂLCAT DE UN CAL

Ieri, în piaţa Sverdlov, cetăţeanul O. Bender a fost răsturnat de calul birjarului cu nr. 8974. Accidentatul s-a ales cu o uşoară spaimă."

– Birjarul s-a ales cu o uşoară spaimă, nu eu, bombăni supărat O. Bender. Idioţii! Scriu şi nici ei nu ştiu ce scriu. Aha! Ăsta e *Stanok*. Fain, ultrafain. Ştii, Vorobianinov, s-ar putea ca această notă s-o fi scris unul şezînd pe scaunul nostru? Nostimă întîmplare!

Marele maestru al combinaţiilor căzu pe gînduri.

Pretextul pentru a face o vizită la redacţie era găsit.

După ce află de la secretar că toate odăile din dreapta şi din stînga coridorului sînt ocupate de redacţie, Ostap arboră o expresie candidă şi începu să le cerceteze pe rînd. Voia să afle în ce cameră este scaunul.

Îşi băgă capul pe uşa camerei Comitetului Sindical, unde avea loc o şedinţă a tinerilor automobilişti, dar, întrucît observă imediat că scaunul nu e acolo, trecu alături. La administraţie se prefăcu că aşteaptă o rezoluţie pe o cerere, la secţia corespondenţilor voluntari întrebă unde se vinde maculatura pentru care s-a dat anunţul în ziar, la secretariat se interesă de condiţiile de abonament, iar în biroul foiletoniştilor întrebă unde se primesc anunţurile privitoare la pierderea actelor.

În felul acesta, ajunse în biroul redactorului-şef, care, şezînd pe scaunul mult căutat, vorbea la telefon cu glas de trîmbiţă.

Ostap avea nevoie de timp ca să studieze atent topografia locului.

– Tovarăşe redactor-şef, am fost pur şi simplu calomniat de ziarul dumneavoastră, spuse Bender.

– Cum adică calomniat? întrebă redactorul-şef.

Ostap suci şi învîrti îndelung ziarul pînă îl desfăcu. Aruncînd o privire spre uşă, văzu că ea se închide cu o yală şi că, dacă s-ar tăia o bucăţită de geam, s-ar putea uşor băga mîna înăuntru şi deschide broasca.

Redactorul-şef citi notiţa pe care i-o arătă Ostap.

– Şi unde vezi dumneata calomnia, tovarăşe?

– Cum adică? Uite asta: „Accidentatul s-a ales cu o uşoară spaimă..."

– Nu pricep.

Ostap îl privea prietenos pe redactorul-şef şi în acelaşi timp şi scaunul.

– Sînt eu omul care să mă sperii de un birjar?! M-aţi făcut de rîs în faţa lumii întregi. Trebuie să daţi o dezminţire.

– Uite ce e, cetăţene, îi răspunse redactorul-şef. Nimeni nu te-a făcut de rîs şi noi nu dăm dezminţiri pentru fleacuri din astea.

– Cum vreţi, dar eu n-am să las lucrurile aşa, spuse Ostap părăsind biroul.

Văzuse tot ce-l interesa.

CAPITOLUL XXVII

MIRACULOSUL COŞ PENTRU PUŞCĂRIE

Filiala din Stargorod a efemerei uniuni „Spada şi plugul“, împreună cu toţi găliganii de la „Bîstroupak“, formase o coadă lungă cît toate zilele în faţa depozitului de făină al oficiului „Cerealprodukt“.

Trecătorii se opreau.

– Ce se dă aici? întrebau cetăţenii.

La cozile acestea plicticoase de pe la magazine se găseşte întotdeauna cîte unul cu atît mai vorbăreţ, cu cît se află mai în coada cozii. De data asta cel mai la coadă stătea Polesov.

– Bine-am ajuns, spunea şeful de pompieri. Curînd o să ajungem cu toţii la covrigi. Pînă şi în 1919 era mai bine. Nu-i făină în oraş decît pentru patru zile.

Cetăţenii îşi răsuceau neîncrezători mustăţile, îl contraziceau pe Polesov şi invocau ca argument ce scria ziarul *Stargorodskaia Pravda*.

După ce-i demonstrau lui Polesov că-i clar ca lumina zilei că în oraş este făină cîtă vrei şi n-are nici un sens să se mai facă panică, toţi cetăţenii dădeau fuga acasă, luau toţi banii pe care-i aveau şi veneau să se aşeze iar la coadă la făină.

După ce cumpărară toată făina de la depozit, găliganii de la „Bîstroupak“ trecură la coloniale şi făcură coadă la ceai şi zahăr.

În trei zile se resimţi pe piaţa Stargorodului o mare criză de alimente şi produse industriale. Reprezentanţii cooperaţiei şi ai comerţului de stat propuseră ca pînă la sosirea alimentelor aflate pe drum să nu se mai dea decît cîte un funt de zahăr şi cîte cinci funturi de făină de persoană.

Dar în ziua următoare se găsi leac şi la asta.

Primul la coadă pentru zahăr stătea Alhen. În spatele său erau nevastă-sa – Saschen, Paşa Emilievici, cei patru Iakovlevici şi toate cele cincisprezece bătrîne de la azil, în uniformele lor cenuşii. După ce strînse de la o cooperativă din Stargorod jumătate de pud de zahăr, Alhen îşi mută coada la altă cooperativă, blestemîndu-l pe drum pe Paşa Emilievici, care apucase să mănînce tot funtul de zahăr tos pe care-l luase. Paşa îşi vărsa în palmă cîte o grămăjoară de zahăr şi o deşerta apoi fulgerător în gura lui larg deschisă. Alhen munci toată ziua. Ca să evite pierderile, îl scoase pe Paşa Emilievici de la coadă şi-l folosi pentru transportul mărfurilor cumpărate, făcîndu-le să ajungă prin el la piaţa unde vin ţăranii şi unde Alhen revîndu cu sfiiciune prăvăliilor particulare zahărul, făina, ceaiul şi marchizetul pe care pusese mîna.

Polesov stătea la coadă mai ales din principiu, căci n-avea bani şi oricum nu putea să cumpere nimic. Umbla de la o coadă la alta, trăgea cu urechea la ce se vorbea, făcea reflecţii ironice, îşi încrunta cu înţeles sprîncenele şi se lansa în profeţii. Consecinţa fu că oraşul se umplu de zvonuri că a sosit din... Spada o organizaţie subversivă.

Guvernatorul Deadiev cîştigă într-o singură zi zece mii de ruble. Cît a cîştigat preşedintele Comitetului Bursei, Kislearski, nu ştia nici măcar nevastă-sa.

Gîndul că face parte dintr-o asociaţie secretă nu-i dădea linişte lui Kislearski. Zvonurile care circulau prin oraş îl speriară de-a binelea. După o noapte de insomnie, preşedintele Comitetului Bursei ajunse la concluzia că numai printr-o mărturisire sinceră ar putea scăpa cu mai puţină puşcărie.

– Ascultă, Henrieta, îi spuse el nevesti-sii. E timpul să duci manufactura la cumnatu-meu.

– Dar ce, crezi că au să vină? întrebă Henrieta Kislearskaia.

– S-ar putea să vină. Din moment ce la noi nu există libertatea comerţului, trebuie doar să mă închidă şi pe mine într-o bună zi.

– Şi zi, atunci să-ţi pregătesc rufele? Of, ce viaţă nenorocită! Veşnic să duc pachete la închisoare! De ce nu vrei să te faci funcţionar sovietic? Uite, şi cumnatu-tău e membru în sindicat şi nu i s-a întîmplat nimic. Dar dumnealui are neapărat nevoie să fie nepman!

Henrieta nu ştia că soarta îl înălţase pe soţul ei la rangul de preşedinte al Comitetului Bursei. De aceea era liniştită.

– Poate că nu mă întorc la noapte acasă, zise Kislearski, dacă vezi că n-am venit, prezintă-te mîine cu un pachet. Numai, te rog să nu-mi aduci colţunaşi. Ce plăcere poţi să ai să mănînci colţunaşi reci?

– Poate iei cu tine şi un primus?

– Îi şi văd dîndu-mi voie să ţin un primus în celulă!... Dă-mi coşul.

Kislearski avea un coş special pentru închisoare. Făcut la comandă. Acest coş constituia un fel de piesă universală. Complet desfăcut – alcătuia un pat; pe jumătate desfăcut – o măsuţă; în afară de asta, ţinea perfect de bine loc de dulap, deoarece avea rafturi, cîrlige şi sertare. Nevastă-sa îi puse în acest coş universal cină rece şi rufe curate.

– Poţi să nu mă conduci, spuse soţul, om cu experienţă. Dacă o să vie Rubens după bani, să-i spui că n-am bani. La revedere! Rubens poate să aştepte.

Şi Kislearski ieşi cu un aer demn în stradă, ţinînd de mîner coşul pentru închisoare.

– Unde te duci, cetăţene Kislearski? îl strigă Polesov, care stătea lîngă un stîlp de telegraf şi, cu strigăte, dădea ghes unui muncitor de la telecomunicaţii care, cu gheare de fier la picioare, se căţăra spre izolatori.

– Mă duc să fac mărturisiri, răspunse Kislearski.

– Ce fel de mărturisiri?

– În legătură cu „Spada şi plugul".

Viktor Mihailovici rămase mut. Iar Kislearski, trimiţîndu-şi în avangardă burta-i oviformă, încinsă cu un brîu lat, prevăzut cu buzunărel aplicat – pentru ceas, porni fără grabă spre Procuratura Gubernială.

Viktor Mihailovici făcu cîteva gesturi dezordonate cu braţele, ca şi cînd ar fi dat din aripi, şi zbură într-un suflet la Deadiev.

– Kislearski e un agent provocator! ţipă şeful de pompieri. S-a dus chiar acum să ne denunţe. Uite-l, îl mai poţi încă vedea la capătul străzii.

– Cum? Şi are coşul la el? întrebă îngrozit guvernatorul Stargorodului.

– Da.

Deadiev îşi sărută nevasta, îi strigă că dacă o să vină Rubens, să nu-i dea bani şi se repezi într-o goană nebună în stradă. Viktor Mihailovici se învîrti puţin locului, gemu ca o găină care a ouat şi alergă la Vladea şi Nikeşa.

Între timp, cetăţeanul Kislearski se apropia, mergînd agale, de Procuratura Gubernială. Pe drum se întîlni cu Rubens şi stătu îndelung de vorbă cu el.

– Şi ce s-aude cu banii? îl întrebă Rubens.

– Ai să-i iei de la nevastă-mea.

– Şi de ce eşti cu coşul în mînă? îl întrebă Rubens bănuitor.

– Mă duc la baia de aburi.

– Ei bine, îţi urez baie plăcută.

Apoi Kislearski trecu pe la cofetăria cooperatistă, fostă „Bombons de Varsovie", luă o cafea şi un pateu din aluat franţuzesc, după care hotărî că era timpul să se ducă să se pocăiască. Preşedintele Comitetului Bursei intră în holul Procuraturii Guberniale, unde nu întîlni ţipenie de om. Se apropie de uşa pe care scria „Procuror gubernial" şi bătu politicos.

– Intră! îi răspunse un glas bine cunoscut lui Kislearski.

Kislearski intră şi rămase înmărmurit pe loc. Burticica lui oviformă se dezumflă dintr-o dată şi se zbîrci ca o smochină. Ceea ce văzu acolo îl lovi total în pălărie. Era un spectacol neaşteptat.

Biroul la care şedea procurorul era înconjurat de membrii puternicei organizaţii „Spada şi plugul". Judecînd după gesturile şi vocile lor plîngăreţe, era evident că recunoşteau totul.

– Iată-l! exclamă Deadiev. El e principalul octombrist!

– În primul rînd, spuse Kislearski, punînd jos coşul pentru închisoare şi apropiindu-se de birou, în primul rînd nu sînt octombrist, în al doilea rînd, am fost totdeauna un simpatizant al puterii sovietice şi, în al treilea rînd, principalul vinovat nu sînt eu, ci tovarăşul Cearuşnikov, care stă în strada...

– Krasnoarmeiskaia! – strigă Deadiev.

– Nr. 3! spuseră în cor Vladea şi Nikeşa.

– În curte pe stînga, adaugă Viktor Mihailovici. Pot să vă arăt unde e.

După douăzeci de minute fu adus Cearuşnikov, care declară mai întîi că n-a văzut niciodată în viaţa lui pe vreunul dintre cei aflaţi în biroul procurorului. Apoi, fără nici o pauză, o denunţă pe Elena Stanislavovna.

Preşedintele Comitetului Bursei se simţi uşurat şi liniştit abia în celulă, după ce-şi schimbă rufele şi se întinse pe coşul său minune.

În timpul crizei, *madame* Griţaţueva-Bender apucase a-şi face rezerve de alimente şi mărfuri pentru prăvălioara ei pe cel puţin patru luni. După ce se linişti, o cuprinse din nou dorul după tînărul ei soţ care se plictisea la şedinţele Micului Consiliu al Comisarilor Poporului. Vizita la ghicitoare nu o consolă defel.

Elena Stanislavovna, îngrijorată de dispariţia întregului areopag din Stargorod, dădea în cărţi cu o neglijenţă revoltătoare. Cărţile vesteau: aici sfîrşitul lumii, colo un spor la salariu, dincolo o întrevedere cu soţul într-o casă a statului şi în prezenţa unui rău-voitor – popă de verde.

De altfel, şedinţa de ghicit se termină într-un chip ciudat. Sosiră nişte agenţi-popi de verde şi o duseră pe ghicitoare într-o casă a statului, la procuror.

Rămasă singură cu papagalul, văduva, cuprinsă de panică, dădu să plece, cînd deodată papagalul izbi cu ciocul în colivie şi, pentru prima dată în viaţa lui, vorbi cu glas omenesc.

– Bine am ajuns! spuse el pe un ton sardonic şi, acoperindu-şi capul cu o aripă, îşi smulse o pană de la subsuoară.

Îngrozită, *madame* Griţaţueva-Bender se repezi la uşă.

În urma ei se revărsă un noian de vorbe înflăcărate, confuze. Bătrîna pasăre fusese atît de impresionată de vizita agenţilor care-i ridicaseră stăpîna ca s-o ducă într-o casă a statului, încît dădu drumul tuturor cuvintelor pe care le cunoştea. Locul cel mai de seamă în repertoriul ei îl ocupa Viktor Mihailovici Polesov.

– Dată fiind prezenţa lipsei, exclamă iritată pasărea.

Şi, răsturnîndu-se pe beţişor cu capul în jos, îi făcu cu ochiul văduvei încremenite la uşă, de parcă i-ar fi spus: „Ei, ce zici de asta, văduvioaro?“

– Mamă! gemu Griţaţueva.

– Din ce regiment ai făcut parte? întrebă papagalul cu glasul lui Bender. Crr-r-r-rac... Europa o să ne ajute.

După fuga văduvei, papagalul îşi îndreptă plastronul şi rosti cuvintele pe care oamenii încercaseră zadarnic să i le smulgă timp de treizeci de ani:

– Coco e prost!

Văduva fugea pe stradă bocind. Acasă o aştepta un bătrînel nerăbdător.

Era Varfolomeici.

– Am venit pentru anunţ, spuse Varfolomeici. Te aştept de două ore, domnişoară.

O presimţire o izbi în inimă pe Griţaţueva ca o copită.

– Vai! începu să se tînguie văduva. Mult mi-e sufletul amărît!

– După cît mi se pare, de la dumneata din casă a dispărut cetățeanul Bender? Dumneata ai dat anunțul?

Văduva se prăbuşi pe sacii cu făină.

– Ce organism slab ai, spuse cu glas dulce Varfolomeici. Aş vrea mai întîi să fiu lămurit în privința recompensei...

– Vai!... Poți lua tot! se boci neconsolată văduva. Nu mă mai interesează nimic acum!

– Bine. Ştiu unde se află feciorul dumitale, O. Bender. Ce recompensă dai?

– Şi tot, dacă vrei! repetă văduva.

– Douăzeci de ruble, spuse pe un ton sec Varfolomeici.

Văduva se ridică repede de pe saci. Era murdară de făină. Genele-i lipite clipeau întruna.

– Cît? întrebă ea.

– Cincisprezece ruble, lăsă Varfolomeici mai ieftin.

Simțea că-i va fi greu să stoarcă de la nefericita femeie trei ruble.

Împingînd cu picioarele sacii, văduva înainta amenințătoare spre bătrînel, invocînd puterea cerească cu al cărei ajutor, de altfel, obținu un preț rezonabil.

– Ei, hai, fie cinci ruble. Dar, te rog, banii înainte. Eu aşa obişnuiesc.

Varfolomeici scoase dintr-un carnețel două tăieturi de ziar pe care nu le dădu din mînă, ci se apucă el însuşi să le citească:

– Să le luăm pe rînd. Care va să zică ai dat la gazetă anunțul ăsta: „Implor... persoanele care ştiu unde se află tovarăşul Bender... costum verde, pantofi galbeni, vestă albastră. Dispărut de acasă fără urmă..." Aşa e? Asta, care va să zică, scrie în *Stargorodskaia Pravda*. Iată acum ce scriu despre fiul dumitale ziarele din capitală. Poftim... „Călcat de un cal..." Nu te mai omorî, *madame*, ascultă mai departe... „Călcat de un cal..." Trăieşte, trăieşte! Îți spun doar că trăieşte. Crezi că aş lua eu bani pentru un mort? Aşadar: „Călcat de un cal. Ieri, în piaţa Sverdlov, cetăţeanul O. Bender a fost răsturnat de calul birjarului cu nr. 8974. Accidentatul s-a ales cu o uşoară spaimă..." Îţi pun la dispoziţie aceste documente, dar îmi dai banii înainte. Aşa-i la mine regula.

Văduva îi dădu plîngînd banii. Soţul ei, scumpul ei soţ, zăcea în pantofi galbeni pe îndepărtatul pămînt al Moscovei şi un cal de birjă, care scotea foc pe nări, izbea cu copita în pieptul lui albastru de lînă.

Sufletul sensibil al lui Varfolomeici se mulţumi cu onorabila recompensă. La plecare, el îi explică văduvei că ea ar putea obţine date suplimentare despre soţul ei de la redacţia ziarului *Stanok*, unde desigur se ştie absolut tot ce se petrece în lume.

„SCRISOAREA PĂRINTELUI FIODOR SCRISĂ LA CAFENEAUA «CALEA LAPTELUI» DIN ROSTOV SOŢIEI SALE DIN ORAŞUL X, CAPITALĂ DE JUDEŢ

Scumpa mea Katia! M-a lovit o nouă supărare, dar despre asta am să-ţi scriu mai jos. Întîi, vreau să-ţi spun că am primit banii la timp, şi îţi mulţumesc din suflet. Cînd am sosit la Rostov, m-am dus îndată la adresa pe care o aveam. «Novorosţement» este o instituţie foarte mare şi nimeni nu-l cunoştea acolo pe inginerul Bruns. Eram disperat, noroc că m-a învăţat cineva să mă duc la serviciul Personal şi m-am dus. «Da, mi-au spus cei de acolo – a fost aici în serviciu, a ocupat un post de răspundere, dar anul trecut a plecat de la noi. L-au ispitit cei din Baku şi acum are slujbă la «Azneft», unde se ocupă de tehnica securităţii muncii.»

Vezi dar, porumbiţa mea, că această călătorie nu-i chiar atît de scurtă cum am crezut noi. Îmi scrii că banii sînt pe isprăvite. Ce să-i faci, Katerina Aleksandrovna... Bine că nu mai e mult pînă la sfîrşit. Înarmează-te cu răbdare, roagă-te lui Dumnezeu şi pînă una-alta vinde uniforma mea studenţească din stofă diagonal. O să avem cheltuieli şi mai mari. Fii gata la orice.

Aici, la Rostov, e o scumpete îngrozitoare. Pentru camera la hotel am plătit două ruble douăzeci şi cinci de copeici. Nădăjduiesc că pînă la Baku or să-mi ajungă banii. Dacă izbutesc, îţi telegrafiez de acolo.

Pe aici vremea e călduroasă şi merg cu paltonul pe braţ. În cameră mi-e frică să-l las ca să nu mi-l fure. Pe aici oamenii sînt cam ai dracului.

Rostovul nu-mi place. Nici ca număr de locuitori, nici ca poziţie geografică nu se apropie de Harkov. Dar nu-i nimic, maică, o să dea Dumnezeu şi o să mergem şi la Moscova împreună. Ai să vezi atunci un oraş cum sînt cele din Europa Occidentală. Apoi o să ne punem pe trai în Samara, lîngă fabricuţa noastră.

Spune-mi, te rog, Vorobianinov s-a întors? Pe unde o fi umblînd ticălosul? Evstigneev mai ia masa la noi? Cum arată anteriul meu după curăţat? Caută să-i asiguri pe toţi care întreabă de mine că sînt la mătuşica noastră care-i pe patul de moarte. Acelaşi lucru scrie-l şi Gulenkăi.

Da! Era cît pe-aci să uit cu totul să-ţi povestesc ce lucru îngrozitor mi s-a întîmplat astăzi.

Stăteam pe pod, admiram Donul liniştit şi visam la averea care ne aşteaptă. Deodată s-a stîrnit un vînt şi mi-a luat şapca fratelui tău, brutarul, şi mi-a azvîrlit-o în rîu. Nici n-am mai văzut-o. A trebuit să fac o nouă cheltuială: să-mi cumpăr o cascheta englezească pe care am dat două ruble şi cincizeci de copeici. Să nu-i scrii nimic fratelui tău, brutarul, de cele întîmplate. Fă-l să creadă că sînt la Voronej.

Cu rufăria stau cam prost. Îmi spăl singur seara lucrurile şi, dacă cumva nu se usucă peste noapte, le pun dimineaţa umede pe mine. Dar, cu căldura de aici, e chiar plăcut.

Te sărut şi te îmbrăţişez.

Al tău pe vecie, Fedea."

CAPITOLUL XXVIII

PUICUŢA ŞI COCOŞELUL DIN PACIFIC

Reporterul Persiţki se pregătea intens în vederea aniversării a două sute de ani de la moartea marelui matematician Isaac Newton. Tocmai cînd era în toiul lucrului, intră la el Steopa de la rubrica „Ştiinţa şi viaţa“ şi, în urma lui, tîrîndu-şi picioarele, o cetăţeancă masivă.

– Ascultă, Persiţki, a venit să te caute o cetăţeancă, zise Steopa. Poftim înăuntru, poftim cetăţeanco. Tovarăşul ăsta o să-ţi dea toate lămuririle.

Şi, rîzînd, Steopa o şterse.

– Ce doreşti dumneata? întrebă Persiţki.

Madame Griţaţueva (căci ea era) se uită la reporter cu nişte ochi languroşi şi, fără a scoate un cuvînt, îi întinse o hîrtiuţă.

– Da, spuse Persiţki. ...Călcat de un cal... S-a ales cu o uşoară spaimă... Ei, şi ce-i cu asta?

– Adresa, rosti rugător văduva. N-aş putea afla adresa?

– A cui adresă?

– A tovarăşului O. Bender.

– Da' eu de unde s-o ştiu?

– Păi, tovarăşul acela zicea că dumneata o ştii.

– Nu ştiu nimic. Adresează-te la Evidenţa Populaţiei.

– Dar poate îţi aminteşti, tovarăşe? Purta pantofi galbeni.

– Şi eu port pantofi galbeni. La Moscova mai sînt încă două sute de mii de oameni care poartă pantofi galbeni. Nu cumva vrei să ştiu adresa fiecăruia? Mă rog, dacă vrei... O să las baltă toate treburile şi am să mă ocup de asta. Vino peste şase luni şi-ţi dau toate adresele. Acum sînt ocupat, cetăţeanco.

Dar văduva, căreia Persiţki îi inspira un respect deosebit, se luă după el pe coridor şi, foşnind din desuurile-i scrobite, îşi repeta rugăminţile.

„Mare ticălos e Steopa ăsta, se gîndea Persiţki. Dar nu-i nimic. I-l trimit eu pe inventatorul de *perpetuum mobile* şi o să văd eu atunci ce figură o să facă."

– Dar cu ce pot să te ajut eu? întrebă enervat Persiţki, oprindu-se în faţa văduvei. De unde pot eu să ştiu adresa cetăţeanului O. Bender? Ce-s eu, calul care l-a călcat? Birjarul căruia, de faţă cu mine, i-a tras un pumn în şale?

Văduva răspunse cu un murmur confuz, din care nu se puteau desluşi decît cuvintele „tovarăşe" şi „vă rog foarte mult".

La Casa Popoarelor orele de serviciu se terminaseră. Birourile şi coridoarele se goleau. Numai undeva mai ţăcănea o maşină de scris, care termina o pagină.

– Pardon, *madame*, vezi doar că sînt ocupat!

Şi, spunînd aceste cuvinte, Persiţki dispăru la toaletă. După ce se plimbă acolo vreo zece minute, ieşi vesel. Griţaţueva aştepta răbdătoare la colţul dintre două coridoare, mişcîndu-şi fustele de deasupra şi de dedesubt. Cînd Persiţki se apropie, ea începu din nou să-i vorbească.

Reporterul simţi că-l apucă damblaua.

– Uite ce e, mătuşico, zise el. Fiindcă văd că stărui atîta, am să-ţi spun unde e O. Bender al dumitale. Ia-o drept pe coridorul ăsta, coteşte-o apoi la dreapta şi de acolo iar drept, drept înainte. La capăt ai să dai de o uşă. Întreabă acolo de Cerepnikov. El trebuie să ştie.

Şi, mulţumit de ideea care îi venise în cap, Persiţki dispăru atît de repede, încît văduva scrobită nu izbuti să mai obţină de la el nici un fel de altă informaţie.

Madame Griţaţueva îşi îndreptă fustele şi o porni pe coridor.

Coridoarele Casei Popoarelor erau atît de lungi şi de înguste, încît cei care se angajau pe aceste coridoare îşi iuţeau pasul fără să vrea. Şi, după pas, puteai să-ţi dai seama cît a mers fiecare. Dacă mergea cu un pas nu prea iute, însemna că marşul abia a început. Dacă întîlneai pe cîte unul alergînd la trap, ştiai că străbătuse două-trei coridoare. Cînd vedeai pe un altul fugind în galop, puteai face prinsoare că se afla în stadiul celui de-al cincilea coridor. Iar cetăţeanul care trecuse prin opt coridoare putea să rivalizeze uşor, ca viteză, cu păsările, cu caii de curse şi cu Nurmi, campionul mondial la alergări.

Madame Griţaţueva, după ce o coti la dreapta, se apucă să alerge. Parchetul trosnea sub greutatea ei.

Ce era? Spre dînsa venea cu paşi repezi un tînăr oacheş în vestă albastră şi pantofi zmeurii. Se putea citi pe chipul lui că vizita sa aici, la Casa Popoarelor, la o oră atît de tîrzie, era datorată unor probleme de o importanţă excepţională pentru societatea anonimă al cărei director tehnic era. Dar în socotelile directorului tehnic nu era prevăzută, se vede, întîlnirea cu femeia iubită.

Cînd o văzu, Bender se întoarse şi, fără a se mai uita în urmă, o luă înapoi de-a lungul peretelui.

– Tovarăşe Bender, strigă văduva în culmea extazului. Încotro?

Marele maestru al combinaţiilor trecu la pas alergător. Văduva şi-l acceleră şi ea pe al ei.

– Stai puţin, să-ţi spun ceva, se ruga ea.

Dar Ostap nu-i mai auzea cuvintele. În urechile lui şuiera vîntul. Galopa pe al patrulea coridor, sărind peste treptele scărilor interioare de fier. Nu-i lăsă iubitei decît ecoul, care repetă îndelung tropăitul de pe scară.

– *Merci* de aşa surpriză! mormăia Ostap, şezînd la etajul al patrulea. Şi-a găsit tocmai momentul de *rendez-vous*. Cine-o fi trimis-o aici pe cuconiţa asta toridă? E timpul să închidem filiala noastră de la Moscova, că dacă nu, mă mai trezesc aici şi cu husarul cela necooperativizat cu motor.

În timpul acesta, *madame* Griţaţueva, despărţită de Ostap al ei prin trei etaje, o mie de uşi şi o duzină de coridoare, îşi şterse faţa încinsă cu poala desuului şi începu căutările. Mai întîi, voia să-l găsească cît mai repede pe soţul ei şi să-i ceară o explicaţie. Pe coridoare se aprinseră nişte becuri chioare. Toate becurile, toate coridoarele şi toate uşile erau la fel. Pe văduvă o prinse frica. Nu mai voia acum decît să scape de aici.

Supunîndu-se vitezei progresive la care te sileau coridoarele, ea gonea într-un ritm din ce în ce mai accelerat. După o jumătate de oră nu mai fu în stare să se oprească. Uşile prezidiilor, secretariatelor, comitetelor sindicale, secţiilor organizatorice şi ale redacţiilor se cutremurau bubuind la trecerea corpului ei de bandoală. Răsturna din mers cu *desous*-urile ei ţepene scrumierele nichelate cu picior, care, căzînd în urma ei, făceau un zgomot ca de cratiţă. La colţurile coridoarelor se formau curenţi puternici şi vîrtejuri. Oberlihtu-rile, deschizîndu-se, pocneau. Indicatoarele pictate cu var pe pereţi aveau forma unor degete care parcă făceau semn bietei drumeţe să iasă afară.

În sfîrşit, Griţaţueva ajunse pe platforma unei scări interioare. Acolo era întuneric, dar văduva îşi birui frica, coborî în fugă şi trase de clanţa unei uşi cu geamuri! Uşa era închisă. Văduva se repezi înapoi. Dar uşa prin care trecuse cu o clipă mai înainte fusese de asemenea închisă de o mînă grijulie.

La Moscova, oamenilor le place să închidă uşile.

Intrările principale a mii de case sînt bătute pe dinăuntru cu scînduri şi, pentru ca să ajungă la locuinţele lor, sute de mii de cetăţeni trebuie să se strecoare prin intrările de serviciu. Anul 1918 a trecut de mult, tot de mult „atacul locuinţelor“ a devenit o noţiune al cărei sens nu mai e clar, a dispărut şi acea pază organizată de locatari pentru a-şi pune casele în siguranţă, e în curs de rezolvare şi problema circulaţiei pe străzi, se construiesc uriaşe centrale electrice, se fac grandioase descoperiri ştiinţifice, dar încă nu s-a găsit omul care să-şi consacre viaţa soluţionării problemei uşilor închise.

Cine, de pildă, va dezlega odată misterul cinematografelor, teatrelor şi circurilor?

Trei mii de oameni trebuie să intre în zece minute la circ printr-o singură uşă, deschisă şi aceea numai pe jumătate. Celelalte zece uşi, special făcute pentru a permite să treacă cît mai multă lume, sînt închise. Cine ştie de ce sînt închise? Poate pentru că în urmă cu vreo douăzeci de ani s-o fi furat din garajul circului un măgăruş dresat şi de atunci direcţia, de teamă, ţine închise toate intrările şi ieşirile lesnicioase. Sau poate pentru că într-una din zile, din pricina curentului, o fi răcit vreun celebru rege al aerului şi uşile astăzi închise sînt numai ecoul scandalului pe care l-o fi făcut atunci ilustrul acrobat.

La teatre şi cinematografe nu-i este îngăduit publicului să iasă decît în grupuri mici, chipurile pentru a se evita înghesuiala. Dar această înghesuială ar putea fi evitată uşor: deschizînd pur şi simplu toate uşile care există unde vrei şi unde nu vrei. Dar în loc să facă lucrul ăsta, administraţia foloseşte forţa. Plasatorii se iau de mînă, formează un lanţ şi ţin astfel publicul asediat cel puţin o jumătate de oră. Iar uşile, celebrele uşi, închise de pe vremea lui Pavel I, rămîn închise şi astăzi.

Cincisprezece mii de amatori de fotbal, entuziasmaţi de jocul vitejesc al selecţionatei Moscovei, sînt nevoiţi să-şi înăbuşe entuziasmul în înghesuiala care se face la ieşirea spre tramvai, printr-o singură portiţă, atît de îngustă, încît un ostaş slab înarmat ar putea să stăvilească acolo patruzeci de mii de barbari.

Stadionul nu are acoperiş, dar are cîteva porţi. Deschisă este însă numai portiţa cu pricina, aşa că oamenii nu pot să iasă de pe stadion decît sfărîmînd porţile. Şi, într-adevăr, după fiecare meci important, ele sînt făcute ţăndări. Totuşi, din grija de a nu rupe cu sfînta tradiţie, porţile sînt de fiecare dată refăcute şi din nou bine închise.

Cînd nu există putinţa de a se instala o uşă (ceea ce se întîmplă atunci cînd n-ai pari, uşoare etc. de care să le anini), se folosesc surogate de uşi de toate tipurile:

1. Bare
2. Bariere
3. Bănci răsturnate
4. Inscripţii prohibitive
5. Frînghii

Barele sînt foarte la modă în instituţii.

Ele împiedică accesul la funcţionarul de care ai nevoie.

Vizitatorul umblă de colo-colo ca un tigru de-a lungul barei, căutînd să atragă asupra sa atenţia prin semne, dar nu reuşeşte întotdeauna. Şi poate că vizitatorul a adus o invenţie folositoare! Sau poate pur şi simplu vrea să plătească impozitul pe venit! Bara însă i-a împiedicat accesul şi invenţia a rămas necunoscută, iar impozitul – neplătit.

Bariera se foloseşte şi pe stradă.

Ea se instalează primăvara, pe o stradă cu circulaţie mare, chipurile spre a bara trotuarul ce urmează să fie reparat. Şi într-o clipă strada, pînă mai înainte zgomotoasă, devine pustie. Trecătorii se strecoară prin alte străzi către locurile unde au treabă. Ei trebuie să facă în fiecare zi un ocol de cîte un kilometru, dar speranţa înaripată nu-i părăseşte. Vara trece, frunzele se veştejesc şi cad. Dar bariera tot acolo e. Reparaţia nu s-a făcut, în schimb strada e pustie.

Cu bănci răsturnate se barează intrările în scuarurile din Moscova care, din pricina neglijenţei revoltătoare a constructorilor, nu sînt prevăzute cu porţi solide.

Despre inscripţiile prohibitive s-ar putea scrie o carte întreagă. Dar în momentul de faţă autorii n-o au încă prevăzută în planurile lor.

Aceste inscripţii sînt de două feluri: directe şi indirecte.

Printre cele directe, putem însuma următoarele:

INTRAREA OPRITĂ

INTRAREA PERSOANELOR STRĂINE STRICT INTERZISĂ

ACCESUL INTERZIS

Asemenea inscripţii se afişează uneori pe uşile instituţiilor deosebit de frecventate de public.

Inscripţiile indirecte sînt cele mai periculoase. Ele nu interzic intrarea, dar rar se va găsi un îndrăzneţ care să se folosească de dreptul său de a pătrunde. Iată aceste inscripţii ruşinoase:

NIMENI NU INTRĂ NEANUNŢAT

AUDIENŢELE SÎNT SUSPENDATE

INTRÎND AICI,
NE TULBURI DE LA LUCRU

Acolo unde nu se pot instala bare sau bariere, unde nu se pot răsturna bănci sau afişa inscripţii prohibitive – se întind frînghii. Acestea se întind după inspiraţie, prin locurile cele mai neaşteptate. Dacă se află la înălţimea pieptului, lucrurile se rezumă la o spaimă uşoară şi la un rîs oarecum nervos. Dar o frînghie întinsă la înălţimea gleznei poate să-ţi rupă capul.

La dracu' cu uşile! La dracu' cu cozile de la intrarea teatrelor! Lăsaţi-ne să intrăm fără a fi anunţaţi! Vă implorăm: scoateţi barierele aşezate de un administrator neglijent în faţa unui trotuar desfundat! Afară cu băncile răsturnate! Aşezaţi-le la locul lor! Îndeosebi noaptea e plăcut să şezi într-un scuar. Aerul e curat şi-ţi vin idei deştepte!

Madame Griţaţueva şedea pe scară în faţa unei uşi cu geamuri, închisă, chiar în mijlocul Casei Popoarelor şi se gîndea la soarta ei de văduvă, picotea din cînd în cînd şi aştepta să se facă ziuă.

Prin uşa cu geamuri din coridorul luminat se proiecta asupra văduvei lumina galbenă a lămpilor electrice din plafon, în timp ce lumina cenuşie a zorilor pătrundea prin ferestrele de la scară.

Era ora aceea liniştită cînd dimineaţa este încă proaspătă şi neîntinată. Şi tocmai la ora aceea liniştită Griţaţueva auzi paşi pe coridor. Se sculă repede în picioare şi-şi lipi faţa de geam. La capătul coridorului apăru vesta albastră. Pantofii zmeurii erau murdari de tencuială. Scuturîndu-şi praful de pe haină, fluşturaticul fiu de supus turc se apropia de uşa cu geamuri.

– Iepuraşule! strigă văduva. Ie-pu-ra-şule!

Ea respira în geam cu o gingăşie de nedescris. Geamul se aburi şi se acoperi de pete de toate culorile curcubeului. Prin ceaţă şi prin culorile curcubeului sclipeau năluci albastre şi zmeurii.

Ostap nu auzea chemările drăgăstoase ale văduvei. El își scărpina spinarea și se uita îngrijorat în jur. O clipă încă și ar fi dispărut după cotitură.

Slobozind un „Tovarăşe Bender!“, biata soție începu să bată darabana cu degetele în geam. Marele maestru al combinațiilor întoarse capul.

– Aha, făcu el, văzînd că e despărțit de văduvă printr-o ușă închisă. Şi dumneata ești aici?

– Aici, aici, repetă văduva bucuroasă.

– Ei hai, îmbrățișează-mă, amor pierdut, nu ne-am văzut de atîta vreme, o îmbie directorul tehnic.

Văduva nu mai avea astîmpăr. Sărea de cealaltă parte a ușii ca un scatiu în colivie. Desuurile, care se mai potoliseră peste noapte, începură din nou să foșnească cu zgomot. Ostap stătea cu brațele larg deschise.

– De ce nu vii, puicuțo? Cocoșelul tău din Pacific a obosit atît de tare la ședința Micului Consiliu al Comisarilor Poporului!

Dar văduva era lipsită de fantezie.

– Iepurașule, spuse ea pentru a cincea oară. Deschide-mi ușa, tovarăşe Bender.

– Mai încet, îngerașule! Podoaba femeii e modestia. Ce rost au săriturile?

Văduva se frămînta.

– De ce te chinui? o întrebă Ostap. Cine nu te lasă să trăiești?

– M-a părăsit și tot el întreabă!

Şi văduva începu să plîngă.

– Şterge-ți ochișorii, cetățeanco. Fiecare lacrimă a ta e o moleculă din cosmos.

– Şi eu care te-am așteptat, te-am așteptat, am închis și prăvălia. Acum am venit să te iau acasă, tovarăşe Bender...

– Spune mai bine cum te simți acum pe scară? Nu-i curent?

Văduva începu să clocotească încet ca un samovar mare, de mănăstire.

– Trădătorule! făcu ea tresărind.

Ostap mai avea încă puţin timp liber. Pocni din degete şi, clătinîndu-se ritmic, începu să cînte încet:

„Uneori în noi găseşti
Din păcatele drăceşti!
Dracii sînt cu foc şi pară
Noi cu foc la... inimioară."

– Să dea Dumnezeu să crăpi! îi ură văduva după ce termină cu ţopăiala. Mi-ai furat brăţara pe care o primisem în dar de la bărbatul meu. Şi scaunul de ce mi l-ai luat?

– Mi se pare că treci la chestii personale? zise Ostap rece.

– M-ai furat, m-ai furat! îi dădea înainte văduva.

– Uite ce-i, puicuţo: bagă-ţi bine în cap: Ostap Bender n-a furat niciodată nimic.

– Dar strecurătoarea de ceai cine a luat-o?

– A, strecurătoarea! Din fondul dumitale imobil? Şi asta numeşti dumneata furt? În cazul acesta concepţiile noastre asupra vieţii sînt diametral opuse.

– Spune că n-ai luat-o, reluă văduva.

– Prin urmare, dacă un om tînăr şi sănătos a împrumutat de la o babornită din provincie un obiect de bucătărie de care ea nu mai avea nevoie, dată fiind sănătatea ei şubredă, înseamnă că e hoţ? Aşa trebuie să înţeleg cuvintele dumitale?

– Hoţule, hoţule!

– În cazul acesta, va trebui, doamnă, să ne despărţim. Divorţul se impune şi eu consimt.

Văduva se năpusti asupra uşii. Geamurile începură să zornăie.

Ostap îşi dădu seama că e momentul să plece.

– N-avem cînd să ne mai îmbrățișăm. Adio, iubito! zise el. Ne despărțim de la distanță, ca vasele pe mare.

– Ajutor! urlă văduva.

Dar Ostap era la capătul coridorului. Se urcă pe pervazul unei ferestre, sări cu toată greutatea pe pămîntul umed de la ploaia căzută în timpul nopții și se făcu nevăzut în sclipitoarele parcuri de cultură fizică.

Țipetele văduvei atraseră un paznic care se trezise. Acesta dădu drumul captivei, după ce mai întîi o amenință că o va amenda.

CAPITOLUL XXIX

AUTORUL „GAVRILIADEI“

Cînd *madame* Griţaţueva părăsea lăcaşul neospitalier al cancelariilor, multe alte persoane se îndreptau, dimpotrivă, spre Casa Popoarelor. Erau funcţionarii şi, bineînţeles, cei din categoria cea mai modestă: curierii, domnişoarele care mereu intră şi ies din birouri, telefonistele care erau în tură, tinerii ajutori de socotitori, practicanţii etc.

Printre ei se afla şi Nikifor Leapis, un tinerel cu o coafură ca de berbec şi o privire obraznică.

Neştiutorii, încăpăţînaţii, cei veniţi pentru prima oară la Casa Popoarelor pătrundeau în clădire prin intrarea principală. Nikifor Leapis intră prin policlinică. El era ca acasă în acest palat şi cunoştea drumurile cele mai scurte spre oazele de unde, la umbra frunzelor late ale revistelor departamentale, izvorăsc apele întăritoare ale onorariilor pentru diverse colaborări.

În primul rînd, se duse la bufet. Casa nichelată îşi făcu în prezenţa lui, automat, datoria şi expectoră trei tichete. Nikifor Leapis mîncă la început un iaurt servit într-un pahar acoperit cu hîrtie, apoi o prăjitură cu cremă, care semăna cu un rond de flori, şi la urmă bău un ceai, după care începu să-şi inspecteze tacticos domeniile de explorare.

Prima vizită o făcu la redacţia revistei lunare a vînătorilor *Gherasim şi Mumu*. Tovarăşul Napernikov nu venise încă şi Nikifor Leapis se duse la *Buletinul higroscopic* săptămînal, prin intermediul căruia lucrătorii din industria farmaceutică comunicau cu lumea exterioară.

– Bună dimineaţa, spuse Nikifor. Am scris nişte versuri admirabile.

– Despre ce? întrebă şeful paginii literare. Pe ce temă? Doar ştii, Trubeţkoi, că revista noastră...

Şi pentru a defini mai exact specificul *Buletinului higroscopic*, şeful completă restul cu o mişcare din degete.

Trubeţkoi-Leapis se uită la pantalonii săi din pînză albă, se lăsă puţin pe spate şi declamă cu un glas cîntat:

„Balada cangrenei"

– Asta-i interesant, spuse persoana higroscopică. Era de mult timpul să se răspîndească sub o formă populară ideea profilaxiei.

Leapis începu imediat să declame:

„Gavrilă N. s-a cangrenat,
Cangrena l-a trîntit la pat..."

Şi, în continuare, se arăta în acelaşi săltăreţ iamb octosilabic cum Gavrilă, în ignoranţa sa, nu s-a dus la timp la farmacie şi a murit fiindcă nu şi-a uns cu iod o rană mică.

– Faci progrese, Trubeţkoi, zise aprobator redactorul, dar am dori şi mai mult... Mă înţelegi?

Şi mişcă iar din degete, dar luă totuşi zguduitoarea baladă, făgăduind s-o plătească marţi.

La revista *Zilele de lucru ale telegrafistului*, Leapis fu primit cu multă căldură.

– Ce bine că ai venit, Trubeţkoi. Avem tocmai nevoie de o poezie. Dar numai viaţă, viaţă, viaţă. Nici un fel de lirism. Mă auzi, Trubeţkoi? Ceva din viaţa lucrătorilor de la Poştă şi Telecomunicaţii şi, totodată, mă înţelegi?...

– Chiar ieri am meditat la viaţa lucrătorilor de la Poştă şi Telecomunicaţii. Şi am scris un poem intitulat *Ultima scrisoare*. Uite, vi l-am adus...

„Gavrilă N. era poştaş
Ce slujba şi-o făcea-n oraş,
Distribuind cu vigilenţă
Tot felul de corespondenţă..."

Urma după asta, pe şaptezeci şi două de versuri, întreaga poveste cu Gavrilă care, la sfîrşitul poeziei, deşi răpus de un glonţ tras de un fascist, izbuteşte să ducă totuşi scrisoarea la destinaţie.

– Dar unde se petrece acţiunea? fu întrebat poetul.

Întrebarea era foarte la locul ei, întrucît în U.R.S.S. nu există fascişti, iar în străinătate nu există Gavrili, membri ai Uniunii Sindicatului Lucrătorilor din Telecomunicaţii.

– Unde se petrece? repetă Leapis întrebarea. La noi, fireşte, iar fascistul este travestit.

– Ştii ceva, Trubeţkoi, scrie-ne mai bine ceva despre postul de radio.

– Dar de ce nu-l vreţi pe poştaş?

– Bine, lasă-l aici. Să ştii însă că ţi-l luăm sub rezervă.

Întristat, Nikifor Leapis-Trubeţkoi se duse din nou la *Gherasim şi Mumu*. Napernikov sosise între timp şi se afla la biroul său. Pe perete atîrna o fotografie mărită de cîteva ori a lui Turgheniev, cu pince-nez, cizme lungi de vînătoare şi cu o puşcă cu două ţevi pe care o ţinea în cumpănire. Lîngă Napernikov, în picioare, stătea concurentul lui Leapis, un poet din suburbie.

Leapis scoase alt cînt despre acelaşi Gavrilă, dar de data aceasta în chip de vînător. Opera era intitulată *Rugăciunea unui braconier.*

„Gavrilă-un iepure-a pîndit,
A tras, şi-n plin a nimerit,“

– Foarte bine! exclamă cumsecadele Napernikov. În poezia asta, Trubeţkoi, l-ai întrecut şi pe Entih. Trebuie numai să îndrepţi anumite lucruri. În primul rînd, renunţă complet la cuvîntul „rugăciunea“.

– Şi la iepure, adăugă concurentul.

– De ce la iepure? întrebă mirat Napernikov.

– Fiindcă a trecut sezonul lor.

– Auzi, Trubeţkoi, taie şi iepurele.

În forma lui modificată, poemul purta ca titlu *Lecţie pentru braconieri*, iar iepurii erau înlocuiţi cu becaţe. Apoi se află că nici becaţele nu se vînează vara. În forma definitivă, versurile sunau astfel:

„Gavrilă-o pasăre a pîndit,
A tras, şi-n plin a nimerit...
etc., etc.“

După ce luă masa la cantină, Leapis se apucă din nou de lucru. Pantalonii lui albi puteau fi zăriţi cînd ici, cînd colo, pe coridoarele întunecoase. Colinda redacţiile şi-l plasa peste tot pe Gavrilă cel cu o mie de feţe.

La *Flautul cooperator,* Gavrilă fu predat sub titlul *Flautul lui Eol.*

„Gavrilă-n slujbă la tejghea
Stătea şi flaute vindea...“

Naivii de la voluminoasa revistă *Pădurea aşa cum este* cumpărară de la Leapis un mic poem intitulat *La marginea pădurii*, care începea astfel:

„Gavrilă-n codru se ducea
Şi bambuşi uriaşi tăia."

Ultimul Gavrilă din ziua aceea era brutar. Lui, autorul său îi găsise plasament în redacţia *Franzelarului*. Poemul avea un titlu lung şi melancolic: *Pîinea, calitatea producţiei şi femeia iubită* şi era dedicat unei misterioase Hina Cilek. Începutul era, ca şi la cele dinainte, epic:

„Gavrilă, lucrător brutar,
Cocea o jimblă cu mult jar..."

După o luptă plină de delicateţe, dedicaţia fu scoasă.

Dar lucrul cel mai trist era că Leapis nu căpătă de nicăieri bani. Unii îi promiseseră pentru marţi, alţii pentru joi, vineri, alţii – în două săptămîni. Aşa că se văzu nevoit să se împrumute în tabăra duşmană, adică acolo unde operele lui nu apăreau niciodată.

Coborî de la etajul patru la etajul întîi şi intră la secretariatul ziarului *Stanok*. Spre ghinionul lui, se ciocni imediat de harnicul Persiţki.

– Aha! exclamă Persiţki. Lapsus!

– Ascultă, îi spuse Nikifor Leapis, cu vocea în surdină. Împrumută-mă cu trei ruble. *Gherasim şi Mumu* mi-e datoare o groază de parale.

– Cincizeci de copeici, dacă vrei, pot să-ţi dau. Dar stai puţin că vin acuşi.

Şi Persiţki se întoarse, aducînd cu el vreo zece redactori de la *Stanok*.

Se încinse o discuţie generală.

– Ei, cum a mers negustoria? întrebă Persiţki.

– Am scris nişte versuri minunate!

– Despre Gavrilă? Ceva ţărănesc? Ara Gavrilă şi pe ploi, la plugul lui cu patru boi?

– Ce Gavrilă? Asta-i treabă de mîntuială! se apără Leapis. Am scris despre Caucaz.

– Dar ai fost vreodată în Caucaz?

– Plec acolo peste două săptămîni.

– Şi nu ţi-e frică, Lapsus? Ştii că acolo sînt şacali!

– Ce să-ţi spun, grozav mă mai sperii eu de astea! Şacalii din Caucaz nici măcar nu sînt veninoşi!

Auzind acest răspuns, toţi deveniră numai urechi.

– Ia spune-mi, Lapsus, cum crezi dumneata că arată şacalii? îl întrebă Persiţki.

– Ştiu eu cum arată, lasă-mă în pace!

– Ei, spune, dacă ştii!

– Sînt... cum să-ţi zic!... cum ar fi şerpii.

– Da, da, ai dreptate, ca întotdeauna. După părerea dumitale, şaua de capră sălbatică se serveşte la masă împreună cu scările.

– N-am spus niciodată aşa ceva! strigă Trubeţkoi.

– N-ai spus. Ai scris. Mi-a povestit Napernikov că ai încercat să-i bagi în *Gherasim şi Mumu* o poezie cu asemenea bazaconie, susţinînd că ar fi din viaţa vînătorilor. Mărturiseşte cinstit, Lapsus, de ce scrii despre lucruri pe care nu le-ai văzut niciodată în viaţa dumitale şi despre care habar n-ai? De ce în poezia dumitale *Canton* ai spus despre capot că-i o rochie de bal? De ce?!

– Eşti un mic-burghez, îi spuse Leapis pe un ton înfumurat.

– De ce în poezia *Cursă pentru premiul Budionnîi* jocheul dumitale strînge chinga de ham la cal şi apoi se aşază pe capră? Ai văzut vreodată o chingă de ham?

– Am văzut.

– Ei, spune, cum e?

– Ia mai slăbeşte-mă. Eşti un zărghit!

– Dar o capră ai văzut? La curse ai fost?

– Nu e obligatoriu să te duci în toate părţile! ţipă Leapis. Puşkin a scris versuri despre Turcia fără să fi fost vreodată acolo.

– Sigur, ai dreptate! Erzerum se află în gubernia Tula...

Leapis nu pricepu sarcasmul ripostei, deoarece nu ştia nici unde-i Erzerum, nici că Puşkin a fost de fapt acolo, aşa încît continuă cu înfocare:

– Puşkin scria pe bază de documentare. A citit istoria răscoalei lui Pugaciov şi apoi a vorbit despre ea. Mie mi-a povestit totul Entih despre cursele de cai.

După această magistrală apărare, Leapis se văzu, cu toată împotrivirea sa, tras de Persiţki în camera vecină. Spectatorii îi urmară. Acolo atîrna pe perete o tăietură mare dintr-un ziar, în chenar de doliu.

– Dumneata ai scris reportajul ăsta pentru *Puntea de comandă?*

– Eu.

– Mi se pare că asta e prima dumitale încercare în proză? Te felicit! „Valurile se rostogoleau peste dig şi cădeau în jos într-un cric vertiginos..." Frumos serviciu ai făcut *Punţii de comandă! Puntea* n-o să te uite cît va trăi, Leapis!

– Dar ce s-a întîmplat?

– S-a întîmplat că... Ştii ce este un cric?

– Bineînţeles că ştiu, lasă-mă în pace...

– Cum îţi închipui dumneata că arată un cric? Ia să văd. Descrie-l cu cuvintele dumitale.

– E aşa... mă rog, ceva care cade.

– Cricul cade?! Vă rog să notaţi cu toţii! „Cricul cade vertiginos"! Stai niţel, Lapsus, să-ţi aduc banii. Nu-l lăsaţi să plece!

Dar nici de data aceasta Leapis nu căpătă băncuţa făgăduită. În loc de cincizeci de copeici, Persiţki aduse de la documentare volumul douăzeci şi unu din Brockhaus lexikon rusesc, care cuprinde toate cuvintele de la Domiţian pînă la Evreinov. Cuvîntul care le trebuia (pe ruseşte *Domkrat* de la nemţescul *Daumkraft*) fu găsit între Dömitz, o cetate din marele ducat Mecklenburg-Schwerin, şi Dommel, rîu din Belgia şi Olanda.

– Ascultaţi! „Cricul este o maşină pentru ridicarea vehiculelor etc. şi este alcătuit dintr-o vergea mobilă zimţată, legată de o roată dinţată care se învîrteşte cu ajutorul unei manivele..." Şi, mai departe: „În 1879, John Dixon a instalat obeliscul, cunoscut sub numele de Acul Cleopatrei, cu ajutorul a numai patru cricuri hidraulice şi a numai patru muncitori.“ Şi, după părerea dumitale, acest aparat care ridică are proprietatea de a cădea, şi încă vertiginos? Care va să zică, Brockhaus şi Efron au înşelat omenirea timp de cincizeci de ani? De ce scrii de mîntuială în loc să înveţi? Răspunde!

– Am nevoie de bani.

– Dar n-ai niciodată. Veşnic alergi să împrumuţi o băncuţă.

– Am cumpărat mobilă şi mi-am dezechilibrat bugetul.

– Şi ce mobilă ai cumpărat, mă rog? Că doar pentru maculatura pe care o dai ţi se plăteşte exact cît merită, adică o para chioară.

– Nu mai face pe deşteptul! Auzi-l: o para chioară!... Am cumpărat un scaun la licitaţie...

– Te pomeneşti că în formă de şarpe?

– Nu. Unul de la Palat. Dar mi s-a întîmplat o dăndănaie: azi-noapte, cînd m-am întors acasă...

– De la Hina Cilek? strigară într-un glas toţi cei prezenţi.

– Care Hina?... Nu mai trăiesc cu Hina de nu ştiu cînd. Mă întorceam de la o dispută literară, organizată de Maiakovski. Cînd am venit acasă, am găsit fereastra deschisă. Am simţit imediat că s-a întîmplat ceva.

– Vai, vai, vai! exclamă Persiţki, acoperindu-şi faţa cu mîinile. Presimt, tovarăşi, că i s-a furat lui Lapsus cea mai bună capodoperă a lui: „Gavrilă-n goană d-onorar, s-a angajat şi ca portar“...

– Lăsaţi-mă să termin. Un act dc huliganism nemaipomenit. S-au introdus în odaia mea nişte ticăloşi care au făcut harcea-parcea toată tapiseria scaunului. Poate are cineva să-mi împrumute cinci ruble să-l repar?

– N-ai decît să compui încă un Gavrilă şi o să ai de reparaţii. Îţi pot da chiar eu începutul. Stai niţel, stai niţel... Un moment... Iată: „Gavrilă şi-a făcut de-un scaun rost şi-a avut... un scaun prost“. Notează-ţi repede. Aşa ceva se poate vinde, cu cîştig bun, la *Glasul scrinului*... Eh, Trubeţkoi, Trubeţkoi!... Şi fiindcă veni vorba, dragă Lapsus, de ce semnezi Trubeţkoi? De ce nu-şi iei un pseudonim mai impunător? De pildă, Dolgoruki! Nikifor Dolgoruki! Sau Nikifor de Valos? Sau şi mai frumos: cetăţeanul Nikifor Sumarokov-Elston? Dacă ai ocazia să-ţi poţi strecura dintr-o dată trei poezii la *Gherasim şi Mumu* cu trei pseudonime, te descurci admirabil. O aiureală o semnezi Sumarokov, cealaltă porcărie – Elston, iar a treia tîmpenie – Iusupov... Aoleu, aoleu, mîzgălici, mîzgălici!...

CAPITOLUL XXX

LA TEATRUL COLUMB

Ippolit Matveevici devenea treptat un lingău. Cînd se uita la Ostap, ochii lui căpătau o nuanţă *bleu-gendarme*.

În odaia lui Ivanopulo era atît de cald, încît scaunele uscate ale lui Vorobianinov pîrîiau ca lemnele într-un cămin. Marele maestru al combinaţiilor se odihnea întins pe jos, cu vesta albastră sub cap.

Ippolit Matveevici se uita pe fereastră. Pe ulicioarele strîmbe, din jurul minusculelor grădini, caracteristice Moscovei, trecea în goană un cupeu cu stemă. În lacul lui negru se oglindeau, pe rînd, trecători ce salutau: un ofiţer din garda călare, cu coif de aramă pe cap, nişte cucoane şi apoi nori albi, pufoşi. Tropăind cu potcoavele pe caldarîm, caii trecură prin faţa ferestrei unde se afla Ippolit Matveevici. El se întoarse dezamăgit.

Cupeul purta stema Gospodăriei Comunale din Moscova, era folosit pentru transportul gunoiului şi pereţii lui din scînduri nu oglindeau nimic.

Pe capră şedea un bătrîn voinic, cu o barbă albă pufoasă. Dacă Ippolit Matveevici ar fi ştiut că vizitiul nu e nimeni altul decît contele Aleksei Bulanov, celebrul husar-schimnic, probabil că l-ar fi strigat ca să stea de vorbă cu el despre frumoasele vremuri de altădată.

Contele Aleksei Bulanov era foarte îngrijorat. Dînd bice cailor, el se gîndea trist la birocraţia care rodea secţia de salubritate şi din a cărei pricină contele aştepta de şase luni să i se tot dea şi nu i se dădea şorţul de protecţie ce i se cuvenea în baza contractului colectiv.

– Spune-mi, te rog, întrebă deodată marele maestru al combinaţiilor, cum ţi se zicea cînd erai copil?

– De ce te interesează?

– Iaca aşa! Nu ştiu cum să-ţi mai spun. Să-ţi spun Vorobianinov – m-am plictisit, să-ţi spun Ippolit Matveevici – e parcă prea acru. Cum ţi se zicea? Ipa?

– Kisa, răspunse Ippolit Matveevici, zîmbind.

– Genial! Aşadar, Kisa, uită-te, te rog, ce am pe spate. Mă doare între omoplaţi.

Ostap îşi scoase cămaşa de cow-boy, trăgînd-o peste cap. În faţa lui Kisa Vorobianinov apăru o spinare lată de Antinous provincial, o spinare cu o linie fermecătoare, dar puţin cam murdară.

– Oho, făcu Ippolit Matveevici, e roşu acolo.

Între omoplaţii marelui maestru al combinaţiilor se vedeau nişte vînătăi cu contururi ciudate şi avînd, ca petele de păcură, toate culorile curcubeului.

– Pe cuvîntul meu că văd un opt! exclamă Vorobianinov. Pentru prima dată mi se întîmplă să am în faţa ochilor o astfel de vînătaie.

– Şi altă cifră nu există? întrebă calm Ostap.

– Parcă mai văd şi litera P.

– Alte întrebări nu mai am. Am înţeles tot. Blestematul ăla de toc! Vezi, Kisa, cît am de suferit de pe urma scaunelor dumitale şi la ce primejdii mă expun. Aceste semne aritmetice mi-au fost făcute de un toc mare care are proprietatea de a cădea singur şi prevăzut cu o peniţă nr. 86. Trebuie să-ţi spun că tocul acela blestemat mi-a căzut în spate tocmai în clipa cînd îmi cufundam mîinile în măruntaiele scaunului redactorului-şef. Pe cînd dumneata nu eşti în stare să faci nimic. Cine mi-a stricat socotelile cu scaunul lui Iznurenkov în aşa hal, încît pe urmă abia am dres-o? De licitaţie nici nu mai vorbesc. Tocmai atunci ţi-ai găsit momentul de crailîc. La vîrsta dumitale să te ţii de femei e direct vătămător pentru sănătate! Păzeşte-ţi-o! Îţi vorbesc dezinteresat. De altfel, vezi şi dumneata că nu-mi eşti de nici un folos. Uite eu ce-am făcut: am pus mîna pe scaunul văduvioarei, am luat cele două scaune ale familiei Şciukin, scaunul lui Iznurenkov pînă la urmă tot eu l-am confiscat! La redacţie şi la Leapis cine a fost? Eu! Pe cînd dumneata ai venit pînă acum cu un singur trofeu, şi acela cu ajutorul preasfinţitului nostru rival – arhiepiscopul.

Toate acestea îi fură servite pe tavă directorului general de către directorul tehnic în picioarele goale, căci aşa se plimba prin odaie Ostap în timp ce îi făcea morală lui Kisa, care stătea nemişcat cu un aer supus.

O problemă rămînea totuşi nerezolvată, deşi mai aşteptau cinci scaune. Cum să se împartă cei doi asociaţi între scaunul dispărut în secţia de mărfuri a gării Oktiabrski şi care continua să constituie un punct negru pe planul luminos al activităţii concernului şi cele patru scaune aflate în posesia teatrului „Columb“ şi despre care se putea spune că sînt o pradă sigură? Problema nu s-ar fi pus dacă „Columb“ ar fi rămas locului, dar, credincios numelui său, teatrul pleca într-un turneu pe Volga cu vaporul „Skreabin“, amenajat special pentru tragerea la sorţi a obligaţiilor de stat, şi astăzi prezenta ultimul spectacol al sezonului: *Căsătoria*. Asociaţii trebuiau deci să hotărască dacă să rămînă la Moscova să caute scaunul dispărut în uriaşa piaţă Kalancevskaia sau să plece împreună cu trupa în turneu. Ostap înclina spre această din urmă soluţie.

– Ce-ar fi însă dacă ne-am împărţi sarcinile? întrebă Ostap. Eu să plec cu teatrul, iar dumneata să rămîi să cauţi scaunul rătăcit la gara de mărfuri.

Dar Kisa clipi cu atîta frică din genele-i albite, încît Ostap nu mai continuă.

– Din doi iepuri, spuse el, trebuie să-l alegem pe cel mai gras. Plecăm împreună. Asta implică însă cheltuieli mari. Avem nevoie de bani. Mie mi-au mai rămas şaizeci de ruble. Dumneata cît ai? Ah, am uitat! La vîrsta dumitale femeile costă foarte scump! Ascultă: mergem astăzi la teatru să vedem premiera piesei *Căsătoria*. Nu uita să-ţi pui fracul. Dacă scaunele n-au fost vîndute pentru acoperirea datoriilor către Asigurările Sociale şi mai sînt la locul lor, plecăm mîine cu trupa. Nu uita, Vorobianinov: începe ultimul act al comediei *Comoara soacrei mele*. Se apropie *finita la commedia*, Vorobianinov! Nu gîfîi, bătrînul meu prieten! Ochii la rampă! Ah, tinereţea mea! Ah, parfumul culiselor! Ce de amintiri! Cîte intrigi! Cît talent am dovedit pe vremea mea în rolul lui Hamlet! Într-un cuvînt, şedinţa continuă!

Ca să facă economie, prietenii se duseră la teatru pe jos. Era încă ziuă, dar felinarele începuseră a răspîndi o lumină galbenă ca lămîia. Primăvara dispărea văzînd cu ochii. O alunga praful din pieţe şi un vîntuleţ cald o înghesuia prin fundături, unde bătrînele o primeau fierbinte şi beau cu ea – frumoasa – ceai prin curţi, la nişte măsuţe rotunde. Acolo primăvara îşi termina viaţa, nu mai era lăsată să vină în rîndul oamenilor. Şi ce mult ar fi vrut să se repeadă pînă la monumentul lui Puşkin, unde se şi plimbau tineri cu caschete pestriţe, pantaloni în tirbuşon, cravate „turbate“ şi pantofi „Jimmy“!

Fete date cu pudră liliachie circulau între Uniunea Asociaţiilor de Consum din Moscova şi cooperativa „Kommunard“ (adică între fostul Filipov şi fostul Eliseev). Ele înjurau cu glas tare. La această oră trecătorii încetineau pasul, dar nu numai fiindcă era înghesuială pe Tverskaia. Caii din Moscova nu erau mai breji decît cei din Stargorod: bocăneau şi ei parcă dinadins cu copitele pe calupurile de lemn ale pavajului. Bicicliştii treceau în goană, fără zgomot, venind de pe stadionul „Tinerii pionieri“, unde avusese loc primul mare meci între oraşe. Un vînzător de îngheţată îşi împingea căruciorul verde care huruia, uitîndu-se cu teamă la miliţian: dar miliţianul, ţintuit la post de semnalizatorul luminos care reglementa circulaţia, nu era primejdios.

Cei doi prieteni înaintau în această înghesuială, lovindu-se la fiecare pas de altă ispită. În birturile mici se prăjeau în văzul întregii străzi tot soiul de chebapuri. Aburii lor fierbinţi şi cu miros pătrunzător se înălţau spre azurul luminos al cerului. Din berării, restaurante şi din cinematograful „Marele mut“ se auzeau sunetele unor orchestre cu coarde. Lîngă o staţie de tramvai vorbea cu foc un difuzor.

Prietenii grăbiră pasul şi în sfîrşit pătrunseră în holul plin de ecouri al teatrului „Columb“.

Vorobianinov se repezi la casă şi citi pancarta cu preţul biletelor.

– Dar e scump al dracului! spuse el. Trei ruble în rîndul al şaisprezecelea.

– Ah, ce nu pot să-i sufăr eu pe micii burghezi şi pe naivii provinciali ca dumneata, zise Ostap. Unde te-ai repezit? Nu vezi că acolo e casa?

– Păi, nu la casă se cumpără biletele? Doar fără bilet n-o să ne dea drumul înăuntru!

– Eşti un caraghios, Kisa. La orice teatru care se respectă există două ghişee. La ghişeul casei se duc numai îndrăgostiţii şi moştenitorii bogaţi. Ceilalţi cetăţeni (şi, după cum poţi vedea, ei reprezintă majoritatea covîrşitoare) se adresează direct la ghişeul administratorului.

Şi, într-adevăr, în faţa casei de bilete se aflau numai vreo cinci persoane modest îmbrăcate, probabil moştenitori bogaţi sau îndrăgostiţi. În schimb, la ghişeul administratorului domnea animaţie. O coadă ca de păun – de toate culorile: tineri în vestoane de ultima modă şi pantaloni de o croială cum nici în vis nu şi-o poate închipui un provincial fluturau, siguri de ei, bileţele din partea unor regizori sau artişti cunoscuţi, de la redacţii, de la costumierul teatrului, de la comandantul Raionului de Miliţie şi de la alte persoane avînd strînse legături cu teatrul, cum ar fi: membrii Asociaţiei Criticilor Teatrali şi Cinematografici, ai societăţii

„Lacrimile mamelor sărace“, ai Consiliului Şcolar al Atelierului Experimental de Circ şi de la nu se ştie care „Fortenbras de pe lîngă influentul Umslopogas“. Opt persoane aveau bileţele de la Esper Eklerovici[1].

Ostap se vîrî în coadă, îi dădu la o parte cu coatele pe cei de la „Fortenbras“ şi strigînd: „Vreau numai o informaţie, vedeţi doar că nici nu mi-am scos galoşii“, ajunse la ghişeu şi băgă capul înăuntru.

Administratorul muncea ca un hamal. Faţa lui grasă era acoperită cu broboane de sudoare care străluceau ca briliantele. Telefonul îl deranja din minut în minut şi suna cu perseverenţa unui vagon de tramvai care îşi croieşte drum prin piaţa Smolenski.

– Mai repede, îi strigă el lui Ostap. Bileţelul dumitale!

– Două locuri la parter, spuse Ostap încet.

– Pentru cine?

– Pentru mine!

– Da' cine eşti dumneata ca să-ţi dau locuri?

– Cred totuşi că mă cunoşti.

– Nu-mi amintesc.

Dar necunoscutul avea atîta puritate, atîta limpezime în priviri, încît mîna administratorului îi întinse maşinal lui Ostap două locuri în rîndul al unsprezecelea.

– Vin tot soiul de indivizi, zise administratorul strîngînd din umeri. Cine să-i ştie pe toţi? Poate o fi de la Comisariatul Poporului pentru Instrucţiunea Publică? Parcă l-am văzut pe acolo. Sau unde l-oi fi văzut?

Şi, eliberînd ca un automat bileţele de favoare fericiţilor critici teatrali şi cinematografici, Iakov Menelaevici, devenit tăcut, continua să-şi chinuie mintea, încercînd să-şi amintească unde a mai văzut aceşti ochi limpezi ca cristalul.

---

[1] Vezi semnificaţia franţuzească a acestui nume format de autor din *espérer* (a trage nădejde) şi *éclairer* (familiar – a da bacşiş).

După ce epuiză tot stocul de bilete de favoare şi o parte din lumini se stinseră în foaier, Iakov Menelaevici îşi aminti: văzuse aceşti ochi nevinovaţi, întîlnise această privire plină de siguranţă în închisoarea din Taganka, în 1922, cînd şezuse şi el acolo pentru o bagatelă.

Din rîndul al unsprezecelea, unde şedeau cei doi asociaţi, se auziră rîsete. Lui Ostap îi plăcuse introducerea muzicală executată de orchestranţii teatrului pe sticle, pe irigatoare „Esmarch", la saxofoane şi la tobe din acelea mari, de regiment. Un flaut şuieră şi cortina se ridică, lăsînd să pătrundă în sală o adiere răcoroasă.

Spre uimirea lui Vorobianinov, care era obişnuit cu interpretarea clasică a *Căsătoriei*, Podkoliosin nu se afla în scenă. Căutîndu-l cu privirea, Ippolit Matveevici dădu cu ochii de nişte dreptunghiuri din placaj atîrnate de tavan şi vopsite în culorile principale ale spectrului solar. Nu se vedeau nici uşi, nici ferestre acoperite cu perdeluţe albastre de muselină. Sub dreptunghiurile acelea multicolore dansau nişte cuconiţe cu pălării mari, făcute din carton negru. Gemetele sticlelor îl aduseră pe scenă pe Podkoliosin, care purta o uniformă de şambelan. După ce alungă cuconiţele cu cuvinte care nu existau în piesă, Podkoliosin zbieră:

– Stepa-an!

Şi în acelaşi timp sări într-o parte şi încremeni într-o poziţie foarte grea. Irigatoarele „Esmarch" zăngăniră.

– Stepa-a-n!! repetă Podkoliosin, făcînd o nouă săritură.

Dar întrucît Stepan, care stătea alături, îmbrăcat într-o blană de panteră, nu răspundea, Podkoliosin îl întrebă pe un ton de mare tragedie:

– De ce taci ca Liga Naţiunilor?

– M-oi fi speriat de Chamberlain, răspunse Stepan, scărpinîndu-şi blana.

Se simţea că Stepan îl va împinge pe Podkoliosin în planul al doilea şi va deveni personajul principal al modernizatei comedii gogoliene.

– S-a apucat croitorul să coasă haina?

O săritură. O lovitură în irigatoare. Cu o sforţare, Stepan se răsturnă cu picioarele în sus şi, stînd în mîini, răspunse:

– S-a apucat!

Orchestra execută un potpuriu din *Cio-Cio-San*. În tot acest timp, Stepan rămase în poziţia cu capul în jos. Se făcuse stacojiu la faţă.

– Dar croitorul n-a întrebat pentru ce are nevoie boierul de o stofă atît de bună? întrebă Podkoliosin.

Stepan, care între timp sărise în avanscenă, unde se afla orchestra, şi-l îmbrăţişa pe dirijor, răspunse:

– Nu, n-a întrebat. Ce, parcă-i deputat în parlamentul englez, ca să pună întrebări?

– N-a întrebat nici dacă boierul nu vrea să se însoare?

– Nu, a întrebat numai dacă boierul nu vrea să plătească pensie alimentară.

După asta, lumina se stinse şi publicul începu să bată din picioare şi bătu pînă cînd se auzi de pe scenă glasul lui Podkoliosin:

– Cetăţeni! Nu vă neliniştiţi! Lumina a fost stinsă dinadins, căci aşa cere acţiunea. E prevăzut în indicaţiile de regie.

Publicul se resemnă. Lumina nu se mai aprinse pînă la sfîrşitul actului. Tobele duduiau în întuneric. Un grup de militari în uniforme de portari de hotel trecură cu felinare în mînă. Apoi sosi Kocikariov, pe o cămilă, pare-se, căci aşa cel puţin reieşea din următorul dialog:

– Of, ce m-ai speriat! Şi ai mai venit şi pe o cămilă!

– A, ai observat cu tot întunericul?! Şi eu care nu voiam să vezi *că* mi-i-milă...

În antract, asociaţii citiră afişul:

– Îţi place? întrebă sfios Ippolit Matveevici.

– Dar dumitale?

– Foarte interesant, numai că Stepan e cam ciudat. Mie nu mi-a plăcut, zise Ostap, mai ales fiindcă au mobila de la nu știu ce ateliere ale... Vogopasului. Nu cumva ne-or fi aranjat și scaunele noastre pe un tipar nou?

Dar temerile lor nu se arătară a fi îndreptățite. Chiar la începutul actului doi, cele patru scaune fură aduse pe scenă de către niște negri cu jobenuri pe cap.

Scena pețitului stîrni cel mai mult interesul sălii. În clipa cînd pe o sîrmă întinsă peste toată sala începu să coboare Agafia Tihonovna, cutremurătoarea orchestră a lui H. Ivanov dezlănțui un asemenea tumult, încît numai de la trepidațiile aerului Agafia Tihonovna ar fi trebuit să cadă în capul spectatorilor. Dar Agafia se ținea de minune pe sîrmă. Ea purta un tricou de culoarea pielii și pe cap o gambetă. Balansînd o umbrelă verde pe care scria: „Îl vreau pe Podkoliosin“, pășea pe sîrmă, fără să-i pese că de jos toată lumea îi vedea tălpile murdare. De pe sîrmă sări de-a dreptul pe un scaun. În momentul săriturii, toți negrii, împreună cu Podkoliosin și Kocikariov, care purtau niște jupe de balet, și pețitoarea în uniformă de manipulant de tramvai făcură un salt în direcția opusă. Apoi se odihniră cu toții vreo cinci minute și, pentru ca acest lucru să nu se observe, se stinse iar lumina.

Pretendenții la mîna Agafiei Tihonovna erau foarte caraghioși, în special Iaicinița[1]. În locul lui era adusă pe scenă o omletă mare într-o tigaie. Ofițerul de marină purta un catarg cu pînză.

Zadarnic țipa negustorul Starikov că-l sugrumă brevetul și impozitul progresiv pe venituri. El nu-i plăcu Agafiei Tihonovna, care se mărită cu Stepan. Amîndoi se apucară să înfulece omleta, pe care le-o servi Podkoliosin, transformat în lacheu. Kocikarov cu Fiokla cîntară niște cuplete despre Chamberlain și despre pensia alimentară pe care ministrul britanic o percepe de la Germania.

---

[1] În rusește – omletă.

La irigatoarele „Esmarch“ se cîntă *Veşnica pomenire* şi apoi, răspîndind iar o briză răcoroasă, se lăsă cortina.

– M-a mulţumit spectacolul, zise Ostap. Scaunele sînt întregi. Dar nu mai putem întîrzia. Dacă Agafia Tihonovna va sări în fiecare zi pe ele aşa, n-au să aibă viaţă lungă.

Tinerii în haine la modă, îmbrîncindu-se şi rîzînd, comentau amănunţit problemele de regie şi sonorizare.

– Ei, acum, spuse Ostap, dumneata, Kisocika, trebuie să te duci să faci nani. Mîine dimineaţă avem de făcut coadă pentru bilete. Teatrul pleacă la Nijni cu acceleratul de şapte seara. Aşa că să cumperi două locuri pentru vagon necapitonat pînă la Nijni, pentru trenul care trece prin Kursk. Nu-i nici o nenorocire că n-o să avem vagon de dormit. Călătorim numai o singură noapte.

În ziua următoare, tot teatrul „Columb“ se afla la bufetul gării Kursk. După ce luă măsuri ca decorurile să plece cu acelaşi tren, Simbievici-Sindievici se aşeză să ia o gustare. Cu mustăţile clăbucite de spumă de la bere, el îl întrebă cu nelinişte pe maşinist:

– Ce zici, n-o să se strice presa hidraulică pe drum?

– Mare pacoste şi cu presa asta, răspunse Mecinikov, ne slujim de ea cinci minute şi o să trebuiască s-o cărăm cu noi toată vara.

– Da' parcă cu „reflectorul vremurilor“ din piesa *Praful ideologic* ţi-a fost mai uşor?

– Sigur că mi-a fost mai uşor. Reflectorul era, ce-i drept, mai mare, dar nu aşa de fragil.

La masa vecină şedea Agafia Tihonovna, o jună cu picioarele tari şi lucioase ca nişte popice. În jurul ei se învîrteau maiştrii de sunet: Galkin, Palkin, Malkin, Cealkin şi Zalkind.

– Ieri nu m-aţi acompaniat în ritm, se plîngea Agafia Tihonovna. Aşa pot să şi cad.

Maiştrii de sunet începură să ţipe în cor:

– Ce să facem! Au plesnit două irigatoare!

– Parcă poţi să-ţi mai procuri acuma un irigator făcut în străinătate? strigă Galkin.

– Treci pe la magazinul de stat cu produse medicale. Ai să vezi că nu numai un irigator „Esmarch“, dar nici măcar un termometru nu poţi să cumperi! îl sprijini Palkin.

– Da' ce, voi cîntaţi şi la termometre? întrebă fata îngrozită.

– Nu cîntăm la termometre, răspunse Zalkind, dar din pricina irigatoarelor ăstora blestemate te îmbolnăveşti, nu alta, şi trebuie să-ţi iei temperatura.

Nik. Sestrin, autorul spectacolului şi regizorul principal, se plimba cu nevastă-sa pe peron. Podkoliosin şi Kocikariov dăduseră pe gît cîte trei păhărele de votcă şi acum se întreceau în a-i face curte Jorjetei Tiraspolskih.

Asociaţii, care veniseră cu două ore înainte de plecarea trenului, făcuseră deja cinci tururi în jurul scuarului din faţa gării.

Ippolit Matveevici simţea că i se învîrte capul. Goana după scaune intra în stadiul hotărîtor. Umbre prelungi se întindeau pe caldarîmul încins. Praful se aşeza pe feţele ude de sudoare. Trăsuri se apropiau în goană. Mirosea a benzină. Din taxiuri coborau pasageri. Spre ei se repezeau nişte haidamaci de voinicia lui Ermak Timofeevici, pe piepturile cărora tinichelele ovale cu numere pe ele sclipeau ca soarele, şi aceştia le luau geamantanele. Muza călătoriilor la mari distanţe punea stăpînire pe oameni.

– Hai să mergem şi noi, spuse Ostap.

Ippolit Matveevici se supuse ascultător. Şi tocmai cînd porni, se ciocni nas în nas cu meşterul dricar Bezenciuk.

– Bezenciuk! exclamă el uimit. De unde şi pînă unde tu aici?

Bezenciuk îşi scoase şapca şi rămase încremenit de bucurie.

– Domnul Vorobianinov! strigă el. Avem onoarea să vă salutăm!

– Ei, cum merg treburile?

– Prost, răspunse meşterul dricar.

– De ce?

– Nu-s clienţi. Nu văd un client.

– Ţi-i ia „Nimfa“?

– Ce „Nimfa“! Să vrea şi nu poate să mi-i ia... Nu mor oamenii. După soacra dumneavoastră, numai „Pierre şi Constantin“ a mai dat ortul popii.

– Ce vorbeşti? Chiar a murit? Adevărat?

– Da, a dat ortul popii, Ippolit Matveevici. A murit la datorie. Îl bărbierea pe spiţerul nostru, Leopold, şi tocmai cînd îl bărbierea, atunci a dat ortul popii. Oamenii ziceau că i s-au rupt măruntaiele, dar eu cred că răposatul a mirosit de la spiţer tot soiul de spiţerii şi asta l-a doborît.

– Vai, vai, vai, murmură Ippolit Matveevici, vai, vai, vai! Şi zici că tu l-ai înmormîntat?

– Eu. Dar cine altul putea s-o facă? Da' ce, „Nimfa“, arză-o-ar focul, dă ciucuri ca lumea?

– Zi, i-ai bătut.

– Bătut. Numai că pe urmă mi-au dat ei mie bătaie, bătaie de erau să mă trimită pe lumea cealaltă. Noroc că m-a scăpat miliţia. Două zile am zăcut şi numai alcoolul m-a lecuit.

– Ţi-ai făcut frecţii?

– Nu, mie alcoolul pe din afară nu-mi ajută.

– Dar aici ce vînt te-aduce?

– Am adus marfă.

– Ce fel de marfă?

– Marfa mea. Un însoţitor de vagoane pe care-l cunosc mi-a înlesnit să le transport gratis cu vagonul de poştă. Un serviciu prietenesc.

Abia acum băgă de seamă Ippolit Matveevici că la cîţiva paşi de Bezenciuk se afla o stivă de coşciuge. Unele erau cu ciucuri, altele fără. Pe unul dintre ele Ippolit Matveevici îl recunoscu repede. Era coşciugul mare, prăfuit, de stejar, din vitrina lui Bezenciuk.

– Opt bucăţi, zise Bezenciuk încîntat de sine, unul şi unul. Prima-ntîia. Să te-ndrăgosteşti de ele.

– Dar cine are nevoie de marfa ta aici, unde sînt meşteri destui?

– Dar *griba*?

– Care *gribă*?

– Boleşniţa! Mi-a spus Prusis că bîntuie aici *griba* şi că nu mai sînt coşciuge în care să se îngroape oamenii. Tot ce-a fost s-a vîndut. Aşa că am venit cu marfă, e prilej să-mi îndrept afacerile.

Ostap, care ascultase curios toată convorbirea, interveni:

– Ascultă, nene. Nu aici, ci la Paris bîntuie gripa.

– La Paris?

– Ei, da. Du-te la Paris. Acolo ai să scoţi parale, nu glumă. E adevărat că se poate să întîmpini unele greutăţi cu viza, dar nu-ţi pierde curajul. Dacă Briand te ia sub aripile lui ocrotitoare, ai s-o duci ca-n rai. Te mai faci şi prim-dricar pe lîngă municipiul din Paris. Dar aici ajung şi dricarii care sînt.

Bezenciuk se uită buimac în jur. Într-adevăr, în ciuda asigurărilor ce-i fuseseră date de Prusis, nu vedea în piaţă zăcînd cadavre, iar oamenii se ţineau destul de bine pe picioare, ba unii chiar rîdeau.

Trenul plecase de mult, ducînd departe de Moscova atît pe cei doi asociaţi, cît şi teatrul „Columb“ şi restul pasagerilor, dar Bezenciuk încă mai stătea lîngă coşciugele lui, năuc şi descumpănit. În întunericul ce se lăsase, ochii lui ardeau ca lumina galbenă şi tristă a două feştile funerare.

PARTEA A TREIA

COMOARA DOAMNEI PETUHOVA

CAPITOLUL XXXI

O NOAPTE FEERICĂ PE VOLGA

În stînga debarcaderelor pentru pasageri ale Societății Fluviale de Stat pentru Navigația pe Volga, sub inscripția: „Acostează la babale, ferește gardul, nu atinge peretele“, stăteau marele maestru al combinațiilor și prietenul și colaboratorul său cel mai apropiat, Kisa Vorobianinov.

Deasupra cheiurilor fluturau steaguri. Din coșurile vapoarelor țîșneau niște trîmbe de fum, răsucite ca o conopidă. Se încărca vaporul „Anton Rubinstein“, acostat la cheiul nr. 2. Hamalii înfigeau cîrligele de fier în baloturile de bumbac, în timp ce pe chei așteptau rînduite într-un careu: oale de tuci, piei pe jumătate tăbăcite, bobine de sîrmă, lăzi cu geamuri, sfoară pentru legatul snopilor, pietre de moară, schelete de mașini agricole vopsite în două culori, furci de lemn, coșuri îmbrăcate în pînză cu cireșe timpurii, butoaie cu scrumbii.

„Skriabin“ nu se zărea nicăieri. Lucrul acesta îl neliniștea foarte mult pe Ippolit Matveevici.

– Ce te frămînți? întrebă Ostap. Închipuie-ți că ar fi aici. Ai putea să-mi spui cum te-ai îmbarca pe el? Chiar presupunînd că am avea bani să ne cumpărăm bilete, tot n-am face nici o brînză. Vaporul ăsta nu ia pasageri.

Ostap apucase încă din tren să stea de vorbă cu maşinistul Mecinikov, responsabilul cu presa hidraulică, şi aflase de la el tot ce avea nevoie. Vaporul „Skriabin", închiriat de Comisariatul Poporului pentru Finanţe, urma să facă o cursă de la Nijni pînă la Stalingrad, să se oprească pe parcurs în fiecare port şi la fiecare oprire să se facă tragerea la sorţi a obligaţiilor. În acest scop plecase din Moscova o armată întreagă: Comisia de Tragere, administraţia, o fanfară, un operator de cinema, corespondenţi ai ziarelor centrale şi teatrul „Columb". Teatrul trebuia să prezinte pe drum piese prin care să se popularizeze ideea împrumutului de stat. Pînă la Stalingrad toate cheltuielile teatrului urmau să fie suportate de Comisia de Trageri, iar apoi teatrul avea de gînd să întreprindă pe cheltuială şi risc propriu un mare turneu în Caucaz şi Crimeea cu piesa *Căsătoria*.

„Skriabin" întîrzia să intre în port. Era încă în docuri, unde se făceau ultimele pregătiri, şi se promisese că va veni pe seară. De aceea, tot personalul sosit din Moscova îşi făcu o tabără pe chei, în aşteptarea îmbarcării.

Cîteva fiinţe gingaşe, cu valijoare şi port-pleduri, şedeau pe bobinele de sîrmă, păzindu-şi „Underwood"[1]-urile şi uitîndu-se cu teamă la hamali. Pe una dintre pietrele de moară se instală un cetăţean cu o bărbuţă ce bătea în violet. El ţinea pe genunchi un teanc de plăcuţe emailate. Pe cea de deasupra orice curios ar fi putut să citească:

SECŢIA DE DECONTĂRI

Birouri cu postament şi alte mese mai modeste erau aşezate unele peste altele. O santinelă se plimba în jurul unei case de bani sigilate. Persiţki, trimisul ziarului *Stanok*, se uita spre teritoriul ocupat de tîrg cu un binoclu „Zeiss", care mărea de opt ori.

---

[1] Marcă de maşini de scris.

Înaintînd împotriva curentului, se ivi deodată îndelung așteptatul „Skriabin“. Vasul avea aninate de bordurile sale niște pancarte de placaj pe care erau desenate în toate culorile titlurile de împrumut în mărime colosală. Vaporul șuieră, imitînd urletele mamutului sau poate ale vreunui alt animal care ținea loc în era preistorică sirenei de vapor.

Bivuacul financiaro-teatral se însufleți. Pe scările ce coborau dinspre oraș în port alergau funcționari de la Comisia de Tragere. Grăsunul Platon Plașciuk se rostogolea ca un butoi într-un nor de praf, spre vapor. Galkin, Palkin, Malkin, Cealkin și Zalkind ieșiră repede din birtul „Pluta“. Hamalii începură să care casa de bani. Jorjeta Tiraspolskih, instructoarea de acrobație, urcă în pas de gimnastică pasarela. Profund îngrijorat de soarta decorurilor sale, Simbievici-Sindievici își ridica brațele cînd spre înălțimile cetății, cînd spre căpitanul care se afla pe puntea de comandă. Operatorul de cinema își purta aparatul pe sus, ținîndu-l deasupra capetelor mulțimii, și vocifera, cerînd chiar din mers să i se rezerve o cabină de patru locuri pentru laborator.

În înghesuiala generală, Ippolit Matveevici se furișă pînă la scaune și, pierzîndu-și controlul asupra sa, dădu să tragă unul deoparte.

– Lasă scaunul! zbieră Bender. Ce, ai înnebunit? O să luăm un scaun și o să le pierdem pe celelalte pentru totdeauna. Gîndește-te mai bine cum să facem ca să ne vedem și noi sus pe vapor.

Pe chei trecură muzicanții încinși cu trompetele lor de aramă, uitîndu-se cu dezgust la saxofoanele, flexotoanele, sticlele de bere și irigatoarele „Esmarch“, cu care era înarmată echipa de sonorizare a teatrului.

Roțile pentru tragere fură aduse pe o platformă „Ford“. Era o mașină complicată, alcătuită din cinci cilindri turnanți. Piesele de aramă și de sticlă străluceau de-ți luau ochii. Instalarea lor pe puntea de jos luă o grămadă de timp.

Tropăitul și certurile durară pînă seara tîrziu.

În sala de tragere se construia o estradă, se prindeau pe pereţi afişe şi lozinci, se aşezau bănci de lemn pentru asistenţă şi se făcea legătura între instalaţia electrică şi roţile de tragere. Birourile fură instalate la pupă şi din cabina dactilografelor răsunau rîsete care alternau cu ţăcănitul maşinilor de scris. Omul cel galben la faţă şi cu ţăcălie violetă circula pe tot vaporul şi atîrna de uşile respective tăbliţele sale emailate cu inscripţiile:

SECŢIA DECONTĂRI

SERVICIUL PERSONAL

SECRETARIATUL GENERAL

BIROUL DACTILOGRAFIE

Pe lîngă tăbliţele mari, omul cu ţăcălie mai atîrna şi tăbliţe mici cu:

INTRAREA FĂRĂ INTERES DE SERVICIU INTERZISĂ

NU SE ACORDĂ AUDIENŢE

INTRAREA OPRITĂ PERSOANELOR STRĂINE

ORICE INFORMAŢII LA REGISTRATURĂ

În salonul de la clasa I fu amenajată o expoziţie de bancnote şi obligaţii. Acest lucru îi indignă nespus de mult pe Galkin, Palkin, Malkin, Cealkin şi Zalkind.

– Unde o să luăm masa? se întrebau ei neliniştiţi. Şi dacă plouă?

– Of, spuse Nik. Sestrin adjunctului său. Nu mai pot! Ce zici, Serioja, n-am putea renunţa la echipa de sonorizare?

– Vai, cum se poate, Nikolai Konstantinovici? Artiştii s-au obişnuit cu ritmul.

În momentul acela se iscă un nou scandal. Cei cinci prinseseră de veste că regizorul spectacolului dusese toate cele patru scaune în cabina sa.

– Sigur, sigur, spuneau ironic cei cinci. Noi o să trebuiască să facem repetiţie stînd pe paturi, iar pe cele patru scaune or să şadă Nikolai Konstatinovici şi soţia sa Gusta, care n-are nici în clin, nici în mînecă cu colectivul nostru. Poate că şi noi am fi vrut să ne luăm nevestele în voiaj!

De pe mal, marele maestru al combinaţiilor se uita furios la vapor.

Deodată, alte ţipete ajunseră la urechile asociaţilor.

– De ce nu mi-ai spus-o dinainte?! striga un membru al comisiei.

– De unde puteam să ştiu că o să se îmbolnăvească?

– Asta e o porcărie! Du-te la Uniunea Artiştilor Plastici şi cere să ne trimită de urgenţă un pictor.

– Unde să mă duc? Păi, acum e şase. De mult nu mai e nimeni la Uniune. De altfel, şi vaporul pleacă peste o jumătate de oră.

– Atunci ai să desenezi singur. Ţi-ai luat răspunderea pentru pavoazarea vaporului, treaba dumitale, n-ai decît să te descurci cum ştii.

Ostap se şi avîntase spre pasarelă şi alerga în sus, croindu-şi drum cu coatele printre hamali, diferite dudui şi curioşi. La intrare fu oprit:

– Permisul dumitale!

– Tovarăşe, urlă Bender. Dumneata, dumneata! Ăla plinuţul! Ăla care are nevoie de un pictor!

După cinci minute, marele maestru al combinaţiilor şedea în cabina albă a plinuţului administrator al Comisiei plutitoare de Tragere şi discuta cu el despre condiţiile de lucru.

– Prin urmare, tovarăşe, spunea plinuţul, îţi cerem următoarele: executarea afişelor artistice şi a inscripţiilor, precum şi terminarea panoului. Pictorul nostru a început să-l lucreze, dar s-a îmbolnăvit. L-am lăsat aici, în spital. Fireşte că-ţi mai revine şi supravegherea generală a sectorului artistic. Îţi poţi asuma răspunderea pentru toate astea? Te previn că e mult de lucru.

– Da, îmi pot lua această sarcină. Am mai lucrat în domeniul ăsta.

– Şi poţi pleca chiar imediat, acum, cu noi?

– Aceasta va fi cam greu, dar voi căuta din răsputeri.

Administratorul simţi cum de pe umerii lui cade o povară cît un munte mare şi greu. Şi, uşurat, fericit ca un copil, grăsunul se uita galeş la noul pictor.

– Dar care sînt condiţiile? întrebă Ostap cu insolenţă. Aveţi în vedere că eu nu sînt întreprindere de pompe funebre.

– Plata – în acord. După tarifele Uniunii Artiştilor Plastici.

Făcînd o deosebită sforţare, Ostap izbuti să se încrunte.

– Dar în afară de asta, mai primiţi masă gratuită, se grăbi să adauge plinuţul, şi cabină separată.

– Ei bine, spuse Ostap, oftînd. Mă învoiesc. Dar mai am cu mine un băiat, un asistent.

– În privinţa băiatului, nu ştiu cum o să facem. Pentru băiat nu sînt prevăzute credite. Dacă vrei însă să-l ţii pe socoteala dumitale, mă rog. Poate să stea cu dumneata în cabină.

– Bine, las' să fie şi aşa. Băieţandrul ăsta al meu e călit. S-a deprins cu viaţa spartană.

Ostap căpătă un permis pentru el şi pentru băieţandrul spartan, îşi băgă cheia de la cabină în buzunar şi ieşi pe puntea încinsă de dogoarea soarelui. Simţea o plăcere nespusă să se joace cu cheia. I se întîmpla pentru prima dată în viaţa lui furtunoasă să aibă o cheie şi o locuinţă. Îi lipseau numai banii. Dar şi ei se aflau aici, alături, în scaune. Marele maestru al combinaţiilor se plimba cu mîinile în buzunare de-a lungul bordului, prefăcîndu-se că nu-l vede pe Vorobianinov, care rămăsese pe mal.

La început, Ippolit Matveevici îi făcu semne mute, dar apoi îndrăzni chiar să chiţcăie cu un glas piţigăiat. Dar Bender parcă era surd. Întors cu spatele la preşedintele societăţii anonime, el urmărea cu atenţie cum e coborîtă în cală presa hidraulică.

Se făceau ultimele pregătiri de plecare. Agafia Tihonovna, căreia i se spunea şi Mura, făcea mereu naveta între cabină şi pupa, se uita în apă şi-şi împărtăşea cu glas tare entuziasmul unui neîntrecut cîntăreţ la balalaică, producînd prin aceste efuziuni tulburare în rîndurile onorabililor funcţionari ai întreprinderii financiare.

Sirena vaporului şuieră pentru a doua oară. Zgomotul ei asurzitor făcu norii să se depărteze. Soarele se sperie şi, roşu la faţă, se vîrî în pămînt. În oraşul aşezat pe coline, se aprinseră becurile şi felinarele. Dinspre piaţa aflată în rîpa Poceaievski veneau glasurile răguşite ale patefoanelor, care se luau la întrecere în faţa ultimilor cumpărători. Asurzit şi abandonat, Ippolit Matveevici striga ceva, dar nu se putea desluşi ce anume. Scrîşnetul macaralei acoperea toate celelalte sunete.

Lui Ostap Bender îi plăceau loviturile de teatru. El îl descoperi pe Ippolit Matveevici numai cu o clipă înaintea ultimului şuierat al sirenei, cînd văduvitul de soacră era deja sigur că fusese lăsat în voia sorţii.

– Ce stai ca un pretendent la peţit? îi strigă Ostap. Credeam că eşti de mult pe vapor. Acuşi se ridică pasarela! Hai, vino fuga! Lăsaţi-l să treacă pe cetăţeanul ăsta! Iată permisul!

Aproape plîngînd, Ippolit Matveevici urcă în toată viteza pe vapor.

– Ăsta e băiatul dumitale? întrebă administratorul bănuitor.

– Ăsta-i, spuse Ostap, ce, nu-ţi place? Sau poate nu-i băiat? Cine o susţine că e fetiţă să arunce primul cu piatra în mine.

Plinuţul se îndepărtă încruntat.

– Uite ce e, Kisa, zise Ostap, o să trebuiască chiar de dimineaţă să ne apucăm de lucru. Sper că vei fi în stare să dizolvi culorile. Şi ca să ştii: eu sînt pictor, absolvent al VHUTEMAS[1]-ului, iar dumneata

---

[1] Şcoală superioară de arte plastice.

eşti ajutorul meu. Dacă nu crezi aşa ceva, atunci mai bine fugi repede înapoi pe mal.

De sub pupa ţîşni o spumă neagră-verzuie. Vaporul se zgîlţîi, talerele de aramă pocniră, flautele, cornetele şi tromboanele intonară un marş minunat şi oraşul, rotindu-se şi legănîndu-se, se mută pe malul stîng. Continuînd să trepideze, vaporul luă direcţia curentului şi o porni repede în întuneric. În spate, stelele, becurile şi semnalele multicolore din port se clătinau. După un minut, vaporul se află atît de departe, încît luminile oraşului începură să pară o pulbere imobilă de focuri de artificii.

Răpăitul „Underwood"-urilor se mai auzea, dar cuvîntul predominant îl aveau natura şi Volga. O toropeală plăcută îi cuprinse pe toţi pasagerii de pe „Skriabin". Membrii Comisiei de Tragere sorbeau melancolic din paharele cu ceai. La prima şedinţă a Comitetului Sindical care avea loc la provă, domnea o atmosferă cordială. Vîntul călduţ de seară sufla cu o adiere atît de plăcută, apa plescăia atît de lin lîngă borduri şi priveliştile întunecate se perindau atît de repede de o parte şi de alta a vaporului, încît preşedintele Comitetului Sindical, un om cît se poate de aşezat, care deschisese gura ca să rostească un discurs despre condiţiile de muncă într-o ambianţă neobişnuită, începu, pe neaşteptate pentru toată lumea şi chiar pentru el însuşi, să cînte:

„Un vapor plutea pe Volga,
Maica-Volga, Volga mea..."

Iar ceilalţi participanţi la şedinţă, la fel de gravi, intonară vuind refrenul:

„Li-li-acul înflo-re-şte."

Pînă la urmă, rezoluţia asupra raportului preşedintelui Comitetului Sindical nu mai fu întocmită. Răsunară acordurile unui pian. H. Ivanov, responsabilul cu acompaniamentul muzical, storcea din instrument notele cele mai lirice. Neîntrecutul cîntăreț la balalaică o urmărea pas cu pas pe Murocika și, negăsind cuvinte proprii pentru a-și exprima dragostea, murmura cuvintele unei romanțe:

– Rămîi, rămîi, o, nu pleca, căci nu mă pot, vai, sătura de pătimașa-ți sărutare și calda ta îmbrățișare. O, stai, iubito, nu pleca, căci încă noaptea e-n vîlcea, iar pe seninul cer întins nici stelele încă nu s-au stins...

Sprijinit de parapet, Simbievici-Sindievici contempla bolta înstelată. În comparație cu ea, decorurile din *Căsătoria* i se păreau o porcărie fără seamăn. Se uita cu dezgust la mîinile sale care puseseră atîta rîvnă în executarea decorurilor pentru această vestită comedie clasică.

În momentul celei mai mari desfătări, Galkin, Palkin, Malkin, Cealkin și Zalkind făcură să răsune brusc ustensilele lor de farmacie și berărie. Repetau. Mirajul se risipi dintr-o dată. Agafia Tihonovna căscă și, nemaidînd nici o atenție virtuozului îndrăgostit, se duse la culcare. În sufletele membrilor Comitetului Sindical se trezi din nou contractul colectiv și ei se apucară să întocmească rezoluția. Simbievici-Sindievici ajunse, după o matură chibzuință, la concluzia că decorurile pentru *Căsătoria* nu sînt chiar atît de proaste. O voce enervată o chema din întuneric pe Jorjeta Tiraspolkih la o consfătuire, la regizor. În satele de pe mal lătrau cîinii. Se făcu frig.

Ostap, culcat pe canapeaua de piele din cabina lui de clasa I, se uita gînditor la un colac de salvare învelit în pînză verde și îl interoga pe Ippolit Matveevici:

– Știi să desenezi? Nu? Foarte regretabil. Din păcate, nici eu nu știu.

Se mai gîndi puțin și urmă:

– Dar litere știi să faci? Nici asta nu știi? Atunci e prost de tot! Sîntem doar pictori! Vreo două zile o să-i putem noi duce de nas, dar după aceea o să ne facă vînt, așa că în aceste două zile trebuie să apucăm să facem tot ce avem de făcut. Situația s-a complicat întru cîtva. Am aflat că scaunele se află în cabina regizorului. Dar, la urma urmei, asta nu-i prea grav. Important este că sîntem pe vapor şi, pînă cînd ne zboară, trebuie să cercetăm toate scaunele. Astăzi e prea tîrziu. Regizorul s-a culcat.

CAPITOLUL XXXII

PERECHEA SUSPECTĂ

Oamenii mai dormeau încă, dar fluviul trăia la fel de intens ca ziua. Treceau plute: cîmpii imense de bîrne cu izbe pe ele. Un remorcher mic şi furios, pe ale cărui zbaturi scria în semicerc numele lui („Stăpînul furtunilor“), trăgea cu greu după el trei şlepuri încărcate cu petrol, legate unul de altul. Venind din josul fluviului, trecu vasul rapid de poştă „Letonia roşie“. „Skriabin“ o luă înaintea unei caravane de drage şi, măsurînd adîncimea apei cu un par dungat, se apucă să descrie un arc, cotind împotriva curentului.

Oamenii de pe vapor începură să se trezească. Pe cheiul Barmino sosi în zbor o greutate, prinsă de o frînghie. Cu ea, cei de pe mal traseră capătul gros al parîmei de acostare. Elicele începură să se învîrtească în direcţia inversă. Jumătate din fluviu se acoperi de o spumă mişcătoare. „Skriabin“-ul începu să tremure din pricina loviturilor puternice ale elicei şi se lipi cu tot bordul de chei. Era încă devreme şi de aceea se hotărî ca tragerea să înceapă la orele zece.

Pe „Skriabin“, serviciul începea ca şi pe uscat – fix la ora nouă. Şi deşi mulţi schimbaseră locul şi mediul, nimeni nu-şi schimbă nărавul. Cel care avea pe uscat obiceiul să întîrzie la serviciu întîrzia şi aici, cu toate că aici dormea chiar la instituţie. Personalul de campanie al Comisariatului Poporului pentru Finanţe se obişnui destul de repede cu rînduiala de pe vas. Curierii măturau cabinele cu aceeaşi nepăsare cu care măturau şi la Moscova birourile. Îngrijitoarele duceau ceaiul şi alergau cu diferite hîrtii de la registratură la serviciul personal, fără să se mire cîtuşi de puţin că acesta se află la pupă, iar registratura la provă. Din cabina decontărilor se auzea sunetul ca de castaniete al abacului şi scrîşnetul maşinii de calculat. În faţa punţii de comandă i se trăgea cuiva un perdaf.

Frigîndu-şi tălpile goale de puntea de sus, marele maestru al combinaţiilor se învîrtea în jurul unei fîşii lungi şi înguste de pînză roşie, pictînd pe ea o lozincă şi verificînd mereu textul de pe o hîrtiuţă:

> „Cu toţii la tragere! Fiecare om al muncii trebuie să aibă în buzunar o obligaţie a împrumutului de stat."

Marele maestru al combinaţiilor lucra cu multă rîvnă, dar lipsa de aplicaţii în acest domeniu îi jucă renghiul. Inscripţia ieşi strîmbă şi bucata de pînză părea iremediabil stricată. Dar, cu ajutorul băiatului Kisa, Ostap întoarse fîşia pe dos şi se apucă din nou de pictat. Devenise acum mai prudent. Înainte de a desena literele, făcu cu o sforicică frecată cu cretă două linii paralele şi, înjurîndu-l printre dinţi pe nevinovatul Vorobianinov, începu să scrie cuvintele.

Ippolit Matveevici îşi îndeplinea conştiincios obligaţiile de ucenic. Alerga jos după apă caldă, topea cleiul, turna, strănutînd, în găleţică culorile şi se uita supus în ochii exigentului pictor. După ce lozinca fu gata şi se uscă, asociaţii o duseră jos şi o fixară de bord.

Plinuţul care-l angajase pe Ostap coborî pe mal şi examină de acolo roadele muncii noului pictor. Literele lozincii erau de grosimi diferite şi cam aplecate pe o rînă. Dar cum nu exista altă soluţie, fu nevoit să se mulţumească şi cu atît.

Fanfara coborî pe mal şi începu să cînte marşuri pline de avînt. De îndată ce se auzi muzica, sosiră în goană la faţa locului toţi copiii din Barmino, iar apoi se adunară din livezile de meri şi ţăranii cu muierile lor. Fanfara cîntă pînă cînd membrii Comisiei de Tragere coborîră pe mal. Începu mitingul. De pe treptele ceainăriei lui Korobkov răsunară primele cuvinte ale raportului cu privire la situaţia internaţională.

Membrii trupei teatrului „Columb" urmăreau adunarea de pe vapor, de unde se vedeau basmalele albe ale muierilor care stăteau sperioase ceva mai departe de ceainărie, şi mulţimea nemişcată a ţăranilor care-l asculta pe orator. Acesta vorbea din cînd în cînd şi cu mîinile. Apoi începu iar să cînte muzica. Fără a se opri din cîntat, fanfara se întoarse şi urcă pe pasarelă. Mulţimea năvăli după ea.

Aparatul de tragere scotea metodic combinaţii de cifre. Roţile se învîrteau, se anunţau numerele, locuitorii din Barmino priveau şi ascultau.

Ostap intră pentru o clipă, se încredinţă că toţi locatarii vaporului se află în sala de tragere şi fugi din nou pe punte.

– Vorobianinov, şopti el, am pentru dumneata o treabă urgentă de domeniul artistic. Stai la intrarea de pe coridorul de la clasa I şi nu te mişca de acolo. Dacă se apropie cineva, cîntă cît poţi de tare.

Bătrînul rămase buimăcit.

– Şi ce să cînt?

– În orice caz, nu *Doamne, aibi sub paza ta pe ţar!* Ceva pasionant: *Mărul*, sau *La donna e mobile.* Dar te previn: dacă nu-ţi începi aria la timp, e jale!... Să nu crezi că eşti la Teatrul Experimental. Auzi, praf te fac!

Lipăind cu tălpile goale pe duşumea, marele maestru al combinaţiilor pătrunse în coridorul căptuşit cu panouri din lemn de vişin. O clipă silueta lui putu fi zărită în oglinda mare de la capătul coridorului, stînd în faţa unei uşi şi citind o tăbliţă pe care scria:

NIK. SESTRIN
regizorul teatrului „Columb"

Apoi oglinda rămase goală, dar după puţin timp apăru din nou în ea marele maestru al combinaţiilor, de data aceasta ţinînd în mînă un scaun cu picioare crăcănate. El străbătu în fugă coridorul, ieşi pe punte şi, după ce schimbă o scurtă privire cu Ippolit Matveevici, duse scaunul sus, spre cabina timonierului. În cabina de sticlă a acestuia nu era nimeni. Ostap duse scaunul la pupa şi spuse pe un ton sentenţios:

– Scaunul va rămîne aici pînă la noapte. Am chibzuit bine. Aici nu vine aproape nimeni în afară de noi. Hai să-l acoperim cu afişe, iar cînd o să se întunece, o să-i examinăm în linişte conţinutul.

După un minut, scaunul, acoperit cu foi de placaj şi pînză roşie, nu se mai vedea.

Pe Ippolit Matveevici îl cuprinse din nou febra aurului.

– Şi de ce să nu-l ducem în cabina noastră? întrebă el nerăbdător. L-am desface chiar acum. Iar dacă am găsi briliantele, am coborî îndată pe mal...

– Şi dacă nu le-am găsi? Atunci ce facem? Unde băgăm scaunul? Sau poate vrei să-l ducem înapoi cetăţeanului Sestrin şi să-i spunem politicos: „Vă rugăm să ne iertaţi, uite, v-am furat scăunaşul; din păcate, n-am găsit nimic în el, aşa că fiţi bun şi primiţi-l înapoi în starea aceasta oarecum deteriorată!“ Aşa vrei să procedezi dumneata?

Marele maestru al combinaţiilor avea dreptare, ca întotdeauna. Ippolit Matveevici se ruşină şi-şi reveni abia în clipa cînd pe punte răsunară sunetele unei uverturi executate la irigatoarele „Esmarch“ şi la bateriile sticlelor de bere.

Operaţiunile de tragere din ziua aceea se terminară şi spectatorii se instalară pe malul povîrnit, de unde, contrar tuturor aşteptărilor, aplaudau zgomotos ansamblul negro-farmaceutic. Galkin, Palkin, Malkin, Cealkin şi Zalkind se uitau mîndri în jur, parcă spunînd: „Vedeţi! Şi voi pretindeţi că masele largi n-au să înţeleagă. Arta ajunge totdeauna la sufletele oamenilor!“

După aceea, trupa teatrului jucă pe o scenă improvizată un vodevil uşor, cu cîntece şi dansuri, în care se arăta cum Vavila a cîştigat cincizeci de mii de ruble şi ce-a făcut cu banii. Artiştii, care lepădaseră cătuşele constructivismului lui Nik. Sestrin, jucau vioi, dansau cu foc şi cîntau cu voci drăguţe. Malul era pe deplin satisfăcut.

Numărul următor din program era al neîntrecutului cîntăreţ la balalaică. Malul se acoperi de zîmbete.

– Coană, coană, cuconiţă, cînta virtuozul.

Totodată supuse balalaica la tot felul de mişcări acrobatice. O duse mai întîi la spate, de unde se auzi: „Dacă boierul poartă lănţoi e semn că n-are ceas!" Ridică apoi balalaica în văzduh, făcînd-o să scoată în timpul ascensiunii o mulţime de variaţiuni dintre cele mai grele.

Veni pe urmă rîndul Jorjetei Tiraspolskih. Ea aduse o mică herghelie de fete, îmbrăcate în costume naţionale. Spectacolul se încheie cu dansuri populare ruseşti.

În timp ce „Skriabin" se pregătea să-şi continue călătoria şi căpitanul stătea de vorbă prin portavoce cu sala maşinilor, iar în cazanele vasului limbile de foc săltau infernal, punînd apa în fierbere, fanfara coborî din nou pe mal şi, spre bucuria generală, începu să cînte dansuri. Se formară grupuri pitoreşti, toate în mişcare. Soarele ce apunea răspîndea o lumină blîndă, de culoarea caisei. Sosise ora ideală pentru filmat. Şi, într-adevăr, operatorul Polkan ieşi căscînd din cabină. Vorobianinov, care se obişnuise să facă pe băieţaşul de alergătură al tuturor, venea cu grijă în urma lui ducînd aparatul de filmat. Polkan se apropie de bord şi îmbrăţişă malul cu privirea. Pe iarbă se dansa o polkă soldăţească. Flăcăii, deşi desculţi, băteau pasul cu atîta forţă, încît ai fi zis că şi-au pus în gînd să sfarme planeta. Fetele parcă pluteau. Povîrnişurile gemeau de spectatori. Un operator francez din grupul „Avant-Garde" ar fi găsit aici de lucru pentru trei zile şi trei nopţi. Dar Polkan, după ce aruncă în fugă o privire asupra malului cu ochii lui ca de şobolan, se întoarse imediat, se apropie în buiestru de preşedintele Comisiei, îl aşeză în faţa unui perete alb, apoi îi vîrî în mînă o carte şi, rugîndu-l să nu se mişte, se apucă să învîrtească încet şi lin manivela aparatului. Apoi îl luă pe preşedintele, care nu prea se simţea în largul lui, şi-l duse la pupa, unde îl filmă pe fondul asfinţitului de soare.

Terminînd filmarea, Polkan se retrase demn în cabina sa şi se încuie acolo.

Sirena şuieră din nou, iar soarele se ascunse speriat. Începu cea de-a doua noapte. Vaporul era gata de plecare.

Ostap se gîndea cu groază la dimineaţa următoare. Urma să taie din carton silueta unui semănător care seamănă obligaţii. Această operaţie artistică era peste puterile marelui maestru. Dacă la confecţionarea literelor izbutise de bine, de rău să se descurce, acum, ca să picteze artisticeşte un semănător, Ostap nu mai ştia unde să găsească resurse.

– Să ştii că de la Vasiuki încolo începem să organizăm tragerile seara şi nu ne putem lipsi de panou, îl prevenise plinuţul.

– Te rog să n-ai nici o grijă, îi declarase Ostap, punîndu-şi speranţele nu atît în dimineaţa de mîine, cît în seara de astăzi. Panoul va fi făcut.

Noaptea era înstelată. Bătea un vînt destul de tare. Norodul de pe arca cu trageri adormi.

Dormeau şi leii din Comisia de Trageri. Dormeau şi mieii de la cadre, şi ţapii de la contabilitate, şi iepurii de la secţia de decontări, şi hienele şi şacalii din echipa de sonorizare, şi porumbiţele de la biroul de dactilografie.

Numai perechea suspectă nu dormea. Marele maestru al combinaţiilor ieşi din cabina sa îndată după ora douăsprezece. În urma lui venea, ca o umbră, fără să facă nici cel mai mic zgomot, credinciosul Kisa. Urcară pe puntea de sus şi se apropiară tiptil de scaunul acoperit cu foi de placaj. După ce dădu deoparte cu grijă camuflajul, Ostap aşeză scaunul în picioare şi, cu fălcile încleştate, desfăcu tapiseria şi băgă mîna printre arcuri.

Pe puntea de sus vîntul şuiera. Stelele tremurau uşurel pe cer. Jos, apa întunecată plescăia. Malurile nu se vedeau. Ippolit Matveevici era scuturat de friguri.

– Sînt aici! spuse Ostap cu vocea înăbuşită.

„SCRISOARE TRIMISĂ DE PĂRINTELE FIODOR, DE LA HOTELUL «STOIMOST» DIN BAKU, SOŢIEI SALE ÎN ORAŞUL X, CAPITALĂ DE JUDEŢ

Scumpa şi nepreţuita mea Katia!

Fiecare ceas ne apropie de fericirea noastră. Îţi scriu de la hotelul «Stoimost». Mi-am terminat chiar acum treburile. Oraşul Baku este un oraş foarte mare. Se spune că pe aici, prin preajmă, se extrage gaz, dar pînă acolo, ca să vezi, trebuie să te duci cu trenul electric, iar eu n-am bani. Oraşul e pitoresc, aşezat la Marea Caspică, care e cu adevărat foarte mare. E însă o căldură îngrozitoare. Pe un braţ port paltonul, pe celălalt haina, şi tot mi-e cald. Mîinile îmi sînt ude de sudoare. Trebuie să beau mereu ceai. Iar bani nu mai am aproape deloc. Dar nu-i nici o nenorocire, porumbiţa mea, scumpa mea Katerina Aleksandrovna, căci în curînd o să avem bani cu sacul. O să cutreierăm toată ţara, apoi o să ne retragem frumuşel la Samara, lîngă fabricuţa noastră, şi-om sta şi-om bea lichior. Dar să trec la miezul chestiunii.

Prin aşezarea lui geografică şi prin numărul lui de locuitori, Baku întrece cu mult Rostovul, dar rămîne în urma Harkovului cît priveşte circulaţia. Aici trăiesc o mulţime de oameni de alte neamuri, şi mai cu seamă armeni şi persani. De aici, scumpa mea, nu-i departe pînă în Turcia. Am fost în piaţă şi am văzut multe lucruri şi şaluri turceşti. Am vrut să-ţi cumpăr şi ţie un văl musulman, dar n-am avut bani. Mi-am făgăduit însă că după ce ne-om îmbogăţi (şi zilele ce ne mai despart de ziua cea mare se pot număra pe degete), am să-ţi cumpăr neapărat şi un văl musulman.

Dar vai, maică, am uitat să-ţi vorbesc despre două lucruri îngrozitoare care mi s-au întîmplat aici, în Baku: 1. Mi-a căzut în Marea Caspică haina fratelui tău, brutarul, şi 2. M-a scuipat în piaţă o cămilă cu o singură cocoaşă. Am fost foarte mirat de lucrurile astea. Nu înţeleg cum admit autorităţile să se batjocorească astfel călătorii veniţi din alte părţi, mai cu seamă că nici nu m-am atins de cămilă, ba chiar am vrut să-i fac o plăcere şi am gîdilat-o cu un fir de pai într-o nară! Cît despre haină, e drept că toţi cei de pe mal au sărit s-o scoată, dar nu numai că au scos-o cu greu, era şi – ce să vezi? – plină de păcură. Nici nu ştiu ce am să-i spun fratelui tău, brutarul. Deocamdată, scumpa mea, nu-i pomeni nimic despre asta. Evstigneev ce face? Mai ia masa la noi?

Am recitit scrisoarea şi am văzut că am uitat pînă aici să-ţi spun ceea ce ne interesează cel mai mult: inginerul Bruns lucrează într-adevăr la «Azneft», numai că acum nu e la Baku. E în concediu la Batumi. Familia lui are domiciliul acolo. Am stat de altfel de vorbă cu nişte oameni de pe aici, care mi-au spus că el are şi toată mobila la Batumi. Stă acolo în afara oraşului, într-o staţiune balneară de la Capul Verde (despre care se spune că e o staţiune scumpă). Drumul de aici la Batumi costă cincisprezece ruble şi cîteva copeici. Trimite-mi, te rog, telegrafic douăzeci şi am să-ţi telegrafiez totul din Batumi. În oraş să spui că mă mai aflu încă la Voronej, la căpătîiul mătuşii care trage să moară.

Pe veci al tău soţ credincios,

Fedea

P.S. Pe cînd mă duceam să pun scrisoarea la cutie, mi s-a furat de la hotel paltonul fratelui tău, brutarul. Sînt tare amărît! Noroc că acum e vară! Te rog să nu-i spui încă nimic.“

CAPITOLUL XXXIII

IZGONIREA DIN RAI

În timp ce unii dintre eroii romanului erau încredinţaţi că timpul mai poate să aştepte, iar alţii socoteau că timpul nu aşteaptă, timpul îşi urma cursul său obişnuit. După maiul plin de praf al Moscovei, urmă iunie cu al său praf. În oraşul X, capitală de judeţ, automobilul Gas nr. 1, defectat la încercarea de a trece peste un hîrtop, stătea de două săptămîni în colţul pe care îl face piaţa Staropanskaia cu strada Tovarăşul Gubernski, învăluind din cînd în cînd împrejurimile cu un fum ca de coş de fabrică. Din închisoarea de la Stargorod ieşiră unul cîte unul, dar toţi... participanţii la complotul organizaţiei „Spada şi plugul". Li se ceruse să-şi ia în scris obligaţia că nu vor părăsi oraşul. Văduva Griţaţueva (femeia toridă, cum visează poeţii) se întoarse la prăvălia ei de coloniale şi fu amendată cu cincisprezece ruble pentru că nu afişase la loc vizibil preţurile la săpun, piper, albăstreală şi alte mărunţişuri – neglijenţă care ar fi putut fi iertată unei femei care afişase o dragoste atît de mare!

– Aici sînt! repetă Ostap cu glasul întretăiat de emoţie. Ţine!

Ippolit Matveevici luă cu mîinile tremurînde o cutiuţă plată de lemn. Ostap continua să scormonească pe întuneric scaunul. Un far de pe mal clipi. O dîră subţirică, aurie se aşternu pe apă şi se tîrî după vapor.

– Ce înseamnă asta! exclamă Ostap. Nu mai găsesc nimic!

– N-n-nu se poate, murmură Ippolit Matveevici.

– Vezi şi dumneata!

Cu răsuflarea tăiată, Vorobianinov se puse în genunchi şi îşi băgă mîna în scaun pînă la cot. Simţi între degete capătul unui arc, dar nu mai găsi nimic tare. Din scaun ieşea un nor de praf înecăcios şi rău mirositor.

– Nu-i? întrebă Ostap.

– Nu.

Ostap ridică atunci scaunul în aer şi-l zvîrli departe, peste bord. Se auzi un plescăit puternic. Dîrdîind de umezeala nopţii, legatarii se întoarseră în cabină, pradă îndoielii.

– Deh! spuse Bender. Ceva tot am găsit.

Ippolit Matveevici scoase din buzunar cutiuţa şi se uita la ea cu ochi nedumeriţi.

– Hai, hai! Ce holbezi ochii?

Cutiuţa fu deschisă. Pe fundul ei se afla o mică placă de aramă coclită, pe care scria:

CU ACEST SCAUN
MEŞTERUL
GAMBS
începe o nouă garnitură de mobilă.
1865 – Sankt-Petersburg

Ostap citi inscripţia cu glas tare.

– Dar unde sînt briliantele? întrebă Ippolit Matveevici.

– Uimitor de dibaci eşti la minte, scumpul meu vînător de scăunaşe! După cum vezi, briliantele nu sînt.

Vorobianinov avea o mutră de-ţi venea să-i plîngi de milă. Mustăţile, care între timp îi crescuseră, se mişcau, sticlele pince-nez-ului îi erau aburite și îți făcea impresia că urechile, auzind disperarea din sufletul lui, îi făceau vînt peste obraz, prefăcute în evantaie.

Tot de răcoreală îi servi și glasul rece și calm al marelui maestru al combinațiilor. El își avu obișnuitul lui efect magic. Vorobianinov luă poziția de drepți și tăcu.

– Taci, tristețea mea, taci, Kisa. Cîndva o să rîdem de farsa pe care ne-a jucat-o tîmpitul ăsta de al optulea scaun, cu porcăria lui de scîndurică. Ține-te bine! Pe vapor mai există trei scaune – nouăzeci și nouă la sută șanse!

În cursul nopții, lui Ippolit Matveevici, care era grozav de amărît, îi ieși pe obraz un buboi vulcanic. Parcă se colectaseră în el toate suferințele, toate eșecurile, tot calvarul goanei după briliante, dar n-avea transparența diamantină a acestora, ci reflexe de sidef, de vișin în amurg și de albăstreală.

– Ți l-ai făcut dinadins? îl întrebă Ostap.

Ippolit Matveevici oftă dureros și plecă, înalt, adus puțin de spate ca o undiță, să ia vopselele. Începu confecționarea panoului. Asociații lucrau pe puntea de sus.

Era a treia zi a călătoriei.

Ea începu printr-o scurtă ciocnire între fanfară și echipa de sonorizare, ce-și disputau același loc pentru repetiție.

După micul dejun, ieșiră simultan din două părți, îndreptîndu-se spre pupă, spătoșii cu trompetele de aramă și cavalerii pirpirii ai irigatoarelor „Esmarch". Galkin prinse a se instala cel dintîi pe banca de la pupa. Al doilea ajunse clarinetistul din fanfară.

– Locul e ocupat, îi spuse încruntat Galkin.

– De cine e ocupat? întrebă amenințător clarinetistul.

– De mine, Galkin.

– Și de cine încă?

– De Palkin, Malkin, Cealkin și Zalkind.

– Dar vreun Iolkin n-aveți? Ăsta e locul nostru.

De ambele părți sosiră întăriri. În fața de tot stătea, încins de trei ori cu un șarpe de aramă, heliconul – cea mai puternică piesă de artilerie a fanfarei. Semănînd cu o ureche, cornul se ciulea, clătinîndu-se. Tromboanele stăteau gata de luptă. Soarele se răsfrîngea de mii de ori în toate aceste alămuri belicoase. Echipa de sonorizare părea palidă şi neînsemnată. Ea opunea sclipirea sfioasă a sticlelor de bere, reflexele anemice ale irigatoarelor „Esmarch", printre care saxofonul – parodie revoltătoare a unui instrument de suflat, embrion degenerat al unei adevărate trompete – sta pitit cu un aer mai mult de pipă.

– Batalionul de clistire, spuse clarinetistul pus pe arţag, are pretenţii la locul ăsta.

– Voi, spuse Zalkind, căutînd să găsească o expresie cît mai jignitoare, voi sînteţi nişte conservatori întru muzică!

– Lăsaţi-ne să repetăm!

– Lăsaţi-ne voi! Voi ce-aveţi nevoie? Cu ţucalele voastre, cu cît o să repetaţi mai puţin, cu atît o să iasă mai bine.

– În schimb, cu samovarele voastre, dacă veţi repeta sau nu veţi repeta, tot nimic n-o să iasă.

Neputînd să ajungă la nici o înţelegere, cele două părţi beligerante rămaseră locului şi începură să cînte cu îndărătnicie fiecare partitura sa. Pe fluviu, porniră a se răspîndi de sus sunete ca de tramvai care se aburcă încet pe sticlă spartă. Fanfara executa marşul regimentului Keksholm din garda imperială, iar echipa de sonorizare – dansul african *Antilopa la izvoarele fluviului Zambezi*. Fu nevoie de intervenţia personală a preşedintelui Comisiei de Tragere pentru a pune capăt ostilităţilor.

Pe la ora zece şi ceva, marea lucrare a secţiei decorative fu terminată. Mergînd de-a-ndăratelea, Ostap şi Vorobianinov cărară panoul pînă la puntea de comandă. În faţa lor, cu braţele la cer, alerga plinuţul administrator. Prin sforţările comune ale celor prezenţi, panoul fu legat pe balustradă. El se înălţa deasupra punţii pasagerilor ca un ecran. Într-o jumătate de oră electricianul trase în spatele lui nişte fire şi fixă înăuntru trei becuri. Mai rămînea acum numai să răsucească şalterul.

Undeva înainte, în dreapta provei, începuseră să se şi zărească luminile oraşului Vasiuki.

Administratorul convocă toată lumea de pe vapor la solemnitatea luminării panoului. Ippolit Matveevici şi marele maestru al combinaţiilor se uitau la cei adunaţi de sus, stînd de o parte şi de cealaltă a panoului încă întunecat.

Membrii instituţiei plutitoare se interesau îndeaproape de orice eveniment de pe vapor. Dactilografele, curierii, funcţionarii cu posturi de răspundere, membrii trupei teatrului „Columb" şi echipajul vaporului se îmbulzeau pe puntea pasagerilor, uitîndu-se în sus.

– Hai, gata! comandă plinuţul.

Panoul se lumină.

Ostap privi în jos, spre mulţime. O lumină trandafirie se aşternu pe toate feţele.

Spectatorii izbucniră în rîs. Apoi se făcu tăcere. O voce severă întrebă de jos:

– Unde e administratorul?

Vocea era a unui personaj atît de important, încît administratorul se repezi în jos, fără să mai numere treptele.

– Poftim, admiră-ţi opera! se răsti aceeaşi voce.

– Acu' gata, ne zboară! îi şopti Ostap lui Ippolit Matveevici.

Şi, într-adevăr, plinuţul se avîntă pe puntea de sus ca un uliu.

– Ei, cum e panouaşul? întrebă insolent Ostap. Îşi face efectul?

– Strîngeţi-vă catrafusele şi căraţi-vă! urlă administratorul.

– De ce atîta grabă?

– Strîngeţi-vă catrafusele! Afară! O să fiţi daţi şi în judecată! Şefului nostru nu-i place să glumească.

– Afară cu ei! se auzea de jos vocea personajului cu rol însemnat.

– Nu, zău, nu vă place panoul? E chiar atît de prost?

Dar nu mai avea nici un rost să continue jocul. „Skriabin" acostase la Vasiuki şi de pe vapor se puteau vedea chipurile surprinse ale locuitorilor oraşului ce se îmbulzeau pe chei.

Banii li se refuzară licenţiaţilor în mod net şi categoric. Pentru strîngerea catrafuselor li se acordară cinci minute.

– Cîrpaci nenorociţi, spuse Simbievici-Sindievici, în timp ce asociaţii coborau spre debarcader. Nu puteau să mă pună pe mine să fac panoul? Le-aş fi trîntit unul că nici Meyerhold[1] nu m-ar fi întrecut.

Cînd ajunseră pe chei, izgoniţii se opriră şi priviră în sus. Panoul strălucea pe cerul întunecat.

– Mda, făcu Ostap. Panouaşul e destul de abracadabrant. Cam năzdrăvană execuţie.

În comparaţie cu panoul lui Ostap, un desen făcut de coada unui catîr îndărătnic ar fi părut o piesă de muzeu. În locul unui semănător care seamănă obligaţii, mîna poznaşă a lui Ostap desenase un fel de ciot cu o căpăţînă ca de zahăr şi cu nişte nuiele subţiri în loc de braţe.

În spatele izgoniţilor se afla vaporul strălucind de lumini, pe care cînta muzica, iar în faţă, pe malul înalt, domnea bezna unei nopţi de provincie, se auzeau cîini lătrînd şi o armonică în depărtare.

– Să rezumăm situaţia, spuse Ostap cu optimism. Pasiv: nici un ban, trei scaune ce pleacă pe fluviu în jos, nici un loc unde să dormim şi nici măcar o insignă a Comisiei pentru Ajutorarea Copiilor. Activ: un ghid al Volgăi, ediţia 1926 (pe care am fost nevoit să-l iau cu împrumut din cabina lui *monsieur* Simbievici). Foarte greu de încheiat un bilanţ fără deficit. Va trebui să dormim pe chei.

Asociaţii se instalară pe nişte bănci de pe chei. La lumina chioară a unui felinar cu gaz, Ostap citi în ghid:

– Situaţia e mult mai gravă decît presupuneam eu, zise Ostap. Deocamdată, a stoarce bani de la vasiukieni mi se pare o problemă insolubilă. Şi avem nevoie de cel puţin treizeci de ruble. În primul rînd – ca să ne hrănim, în al doilea rînd – ca s-o luăm înaintea covatei

---

[1] Regizor rus, renumit pe acea vreme pentru îndrăzneţele lui montări.

Comisiei de Tragere şi să ne întîlnim cu teatrul „Columb“ pe uscat, la Stalingrad.

Ippolit Matveevici se ghemui pe bancă ca un cotoi bătrîn şi slab după o ciocnire cu un rival tînăr – stăpîn plin de elan al acoperişurilor, podurilor şi lucarnelor.

Ostap se plimba pe lîngă bănci, chibzuind şi imaginînd fel de fel de combinaţii. Pe la ora unu noaptea izbuti să elaboreze un plan admirabil. Şi atunci se culcă alături de asociatul său şi adormi.

CAPITOLUL XXXIV

CONGRESUL INTERPLANETAR DE ŞAH

Dimineaţa, putea fi văzut prin Vasiuki un bătrîn înalt şi slab, cu pince-nez de aur şi cizme scurte, murdare de vopsele, care lipea pe ziduri afişe scrise de mînă, cu următorul conţinut:

La *22 iunie 1927* va avea loc în localul clubului „Kartonajnik“
o conferinţă cu tema:

O IDEE RODNICĂ DE DEBUT
şi
UN SIMULTAN DE ŞAH

la 160 de mese, organizate de marele maestru *O. Bender.*
Toată lumea trebuie să-şi aducă tablele de şah.
Taxa pentru joc – 50 copeici.
Intrarea – 20 copeici.
Începe fix la ora şase seara.
Administraţia – *K. Michelson*

Marele maestru nu-şi pierdea nici el timpul. După ce închirie clubul cu trei ruble, se duse la secţia de şah, care îşi avea sediul, nu se ştie de ce, în fundul unui coridor de la Direcţia Creşterii Cailor.

La secţia de şah şedea un om cu un singur ochi, care citea un roman de Spielhagen, editat de Panteleev.

– Marele maestru O. Bender! se prezentă Ostap aşezîndu-se la masă. Organizez la dumneavoastră un simultan de şah.

Şahistul vasiukian deschise unicul său ochi pînă la limitele maxime îngăduite de natură.

– O clipă, tovarăşe mare maestru! strigă chiorul. Vă rog, luaţi loc. Vin într-o clipă.

Şi chiorul dispăru. Ostap examină sediul secţiei de şah. Pe pereţi atîrnau fotografii de cai de curse, iar pe masă zăcea un registru prăfuit, pe care scria: *Realizările secţiei de şah din Vasiuki pe anul 1925.*

Chiorul se întoarse cu o duzină de cetăţeni de diferite vîrste. Toţi se apropiară pe rînd, se prezentară şi îi strînseră cu respect mîna marelui maestru.

– Sînt în trecere spre Kazan, spuse Ostap grăbit. Da, da, simultanul are loc diseară. Dar acum vă rog să mă iertaţi, nu sînt în formă: m-a obosit turneul de la Karlsbad.

Şahiştii din Vasiuki îl ascultau pe Ostap cu dragoste filială. Acesta prinse aripi. Simţi un aflux de forţe şi idei şahiste noi.

– Nici nu vă închipuiţi ce progrese a făcut teoria şahistă, spuse el. Ştiţi că Lasker a început să aibă apucături vulgare şi e imposibil să mai joci cu el. Îşi afumă adversarii cu ţigări de foi şi fumează dinadins din cele ieftine, ca să-ţi vie greaţă de la fum. Lumea şahistă e neliniştită.

Apoi marele maestru trecu la subiecte locale.

– De ce în provincie imaginaţia stagnează? Să luăm, de pildă, secţia dumneavoastră de şah. Se cheamă simplu: secţia de şah. Plicticos, fetelor! De ce nu i-aţi dat un nume mai frumos, să se vadă fantezia unui adevărat şahist. Aceasta ar atrage în orbita secţiei masa covîrşitoare a sindicaliştilor. De pildă, ce-ar fi dacă aţi denumi secţia voastră: „Clubul de Şah al Celor Patru Cai“, sau „Şah-matul Roşu“ sau „Piesa Jertfită pentru Preluarea Iniţiativei“. Ce frumos ar fi! Ar suna splendid!

Ideea avu succes.

– Într-adevăr, spuseră vasiukienii, de ce n-am schimba numele secţiei noastre în „Clubul Celor Patru Cai“?

Întrucît biroul secţiei de şah era de faţă, Ostap organiză sub preşedinţia sa de onoare o şedinţă de un minut, la care se hotărî în unanimitate schimbarea numelui secţiei în Clubul de Şah al Celor Patru Cai. Punînd la contribuţie experienţa cîştigată pe „Skriabin“, marele maestru desenă artistic, cu propria-i mînă, pe o coală de carton, o firmă cu patru cai şi cu inscripţia respectivă.

Acest act important făgăduia să deschidă o eră de înflorire a mişcării şahiste la Vasiuki.

– Şahul! zise Ostap. Ştiţi dumneavoastră ce înseamnă şahul? El face să progreseze nu numai cultura, dar şi economia! Ştiţi dumneavoastră că dacă lucrurile s-ar organiza cum trebuie, clubul dumneavoastră, Clubul de Şah al Celor Patru Cai, ar putea să transforme cu totul oraşul Vasiuki?

Ostap nu mîncase nimic din ajun. De aceea şi elocvenţa lui era neobişnuită.

– Da! strigă el. Şahul îmbogăţeşte ţara! Dacă veţi accepta proiectul meu, vă veţi vedea în scurtă vreme coborînd din oraş spre chei pe scări de marmură! Vasiuki va deveni centrul a zece gubernii! Aţi auzit vreodată înainte de oraşul Semmering? Nu, nimic! Nu-i aşa? Or, acum acest orăşel a devenit bogat şi celebru numai pentru că acolo a avut loc un turneu internaţional. De aceea vă spun că la Vasiuki trebuie organizat neapărat un turneu internaţional de şah.

– Dar cum? strigară în cor şahiştii.

– E un lucru cu totul în posibilităţile noastre răspunse marele maestru. Legăturile mele personale şi iniţiativa voastră – iată tot ce este necesar şi suficient pentru organizarea unui turneu internaţional la Vasiuki. Gîndiţi-vă numai ce frumos ar suna: „Turneul Internaţional de Şah de la Vasiuki, ediţia 1927“. Participarea lui Jose-Raul Capablanca, Emanuel Lasker, Aliohin, Nimzovici, Rety,

Rubinstein, Marogzi, Tarrasch, Widmar şi a doctorului Grigoriev e sigură. În afară de aceasta, vă asigur şi de participarea mea!

– Dar banii? gemură amatorii de şah din Vasiuki. Doar trebuie să-i plătim pe toţi. Asta reprezintă mii şi mii de ruble! De unde să le luăm?

– Totul e prevăzut, spuse O. Bender; banii vi-i veţi procura din încasări.

– Dar cine o să plătească la noi asemenea sume fabuloase? Locuitorii din Vasiuki...

– Da' de unde! Cine vă vorbeşte de vasiukieni? Vasiukienii vor în-ca-sa, nu vor plăti! E doar atît de simplu! La turneul la care vor participa maeştri de un asemenea renume mondial, se vor aduna amatorii de şah de pe întregul glob. Sute de mii de oameni, şi oameni bogaţi, se vor îndrepta spre Vasiuki. Aşa că, în primul rînd, transportul fluvial nemaiputînd face faţă unui număr atît de mare de pasageri, Comisariatul Poporului pentru Căile de Comunicaţii va trebui să construiască o cale ferată Moscova-Vasiuki. Ăsta e primul punct. În al doilea rînd, trebuie hoteluri gen zgîrie-nori pentru cazarea oaspeţilor. În al treilea rînd, agricultura va lua avînt pe o rază de o mie de kilometri, căci oaspeţii trebuie hrăniţi – e nevoie de legume, fructe, icre, bomboane de ciocolată. În al patrulea rînd, trebuie ridicat palatul în care va avea loc turneul. Apoi – garaje pentru automobilele oaspeţilor. Asta-i cinci la mînă. Unde mai puneţi că, pentru transmiterea rezultatelor senzaţionale ale turneului în lumea întreagă, va trebui instalat un post de radio ultraputernic. Iată – şase la mînă. Acum în legătură cu calea ferată Moscova-Vasiuki. Fără îndoială că ea nu va avea suficientă capacitate de trafic pentru a-i transporta la Vasiuki pe toţi doritorii de a participa la turneu. Va fi nevoie deci de un aeroport – „Marele Vasiuki", de unde să plece în curse regulate avioane de poştă şi dirijabile în toate colţurile lumii, inclusiv Los Angeles şi Melbourne.

Perspective orbitoare se deschiseră în faţa amatorilor de şah din Vasiuki. Odaia parcă se umflase. Zidurile putrede ale Direcţiei

Creşterii Cailor se prăbuşiseră şi în locul lor se înălţa spre albastrul cerului palatul de cristal cu treizeci şi trei de etaje al teoriei şahiste. În fiecare sală, în fiecare cameră şi chiar şi în lifturile care urcau şi coborau nebuneşte, şedeau oameni îngîndurați şi jucau şah pe table incrustate cu malahit...

O scară de marmură cobora spre întinderea albastră a Volgăi. Pe fluviu stăteau ancorate transatlantice. Cu funicularul urcau în oraş străini rotofei, *ladies* şahiste, admiratori australieni ai „apărării indiene", indieni cu turbane albe, adepţi ai „partidei spaniole", germani, francezi, neozeelandezi, locuitori din bazinul Amazonului şi locuitori din Moscova, Leningrad, Kiev, Odessa şi siberieni, care cu toţii îi invidiau pe vasiukieni.

Automobilele circulau într-un nesfîrşit şuvoi, printre hotelurile îmbrăcate în marmură. Dar iată că totul se opreşte. Din elegantul hotel „Pionul înaintaş" iese campionul mondial Jose-Raul Capablanca y Graupera, înconjurat de mai multe cucoane. Un miliţian în uniformă specială şahistă (cu pantaloni în pătrăţele şi nebuni la petliţe) îl salută politicos. De campion se apropie demn preşedintele chior al Clubului Celor Patru Cai din Vasiuki.

Convorbirea dintre cele două somităţi se desfăşoară în limba engleză, pînă cînd deodată e întreruptă de sosirea doctorului Grigoriev şi a viitorului campion mondial, Aliohin.

Urale nesfîrşite zguduie oraşul. Jose-Raul Capablanca y Graupera face o grimasă. La un semn al chiorului, o scară de marmură e adusă la avion. Doctorul Grigoriev coboară grăbit scara, fluturînd pălăria sa nouă ca răspuns la saluturile mulţimii şi comentînd din mers eventuala greşeală pe care o va face Capablanca în meciul pe care urmează să-l susţină cu Aliohin.

Deodată, în zare, apare un punct negru. Punctul se apropie repede, creşte şi ia forma unei paraşute imense de culoarea smaraldului. De veriga paraşutei atîrnă, ca o ridiche mare, un om cu o valijoară.

– El e! strigă chiorul. Ura! Ura! Ura! Îl recunosc. E marele filozof şahist, doctorul Lasker. El este singurul om de pe lume care poartă asemenea şosete verzi.

Jose-Raul Capablanca y Graupera se strîmbă din nou.

Într-o clipă, i se aduce la picioare scara de marmură şi zveltul ex-campion Lasker, după ce-şi scutură de pe mîneca stîngă un fir de praf care se aşezase acolo în cursul zborului deasupra Sileziei, cade în braţele chiorului. Acesta îl cuprinde de talie, se îndreaptă cu el spre campionul mondial şi spune:

– Împăcaţi-vă! Vă rog în numele maselor largi din Vasiuki! Împăcaţi-vă!

Jose-Raul oftează zgomotos şi, scuturînd mîna veteranului, spune:

– Am admirat întotdeauna ideea dumneavoastră de a muta nebunul în Partida spaniolă de pe b5 pe c4.

– Ura! exclamă chiorul. Simplu şi convingător, în stil campionic.

Şi mulţimea imensă strigă:

– Ura! Vivat! Banzai! Simplu şi convingător, în stil campionic!!!

Expresurile soseau în cele douăsprezece gări nou-nouţe din Vasiuki, aducînd mereu alte cohorte de amatori de şah.

Cerul luase parcă foc de la reclamele luminoase, cînd iată, ca o curiozitate, începu să fie plimbat pe străzile oraşului un cal alb, singurul cal rămas după mecanizarea transporturilor din Vasiuki. Printr-o decizie specială a fost decretat armăsar, deşi toată viaţa fusese considerat iapă. Admiratorii şahului îl salutară, fluturînd crengi de palmieri şi table de şah.

– Fiţi siguri, spuse Ostap, că proiectul meu asigură oraşului vostru o înflorire fără precedent a forţelor de producţie. Căci gîndiţi-vă ce se va întîmpla după ce turneul va lua sfîrşit şi toţi oaspeţii vor pleca. Locuitorii Moscovei, care duc atîta lipsă de locuinţe, se vor năpusti în minunatul vostru oraş. Capitala se va muta automat la Vasiuki. Guvernul se va transfera aici. Vasiuki va lua numele de New-Moscova, iar Moscova va primi numele de Old-Vasiuki. Lenigrădenii şi harkovenii vor scrîşni din dinţi, dar nu va fi nimic de făcut. New-Moscova va deveni cel mai elegant centru al Europei, iar peste puţin timp şi al întregii lumi.

– Al întregii lumi!!! gemură, buimăciţi, şahiştii din Vasiuk.

– Da! Iar ulterior şi al universului. Teoria şahistă, care va dovedi că a reuşit să transforme un oraş de provincie în capitala globului pămîntesc, va ajunge o ştiinţă aplicată şi, prin ea, se vor inventa mijloace de comunicaţii interplanetare. Din Vasiuki se vor lansa semnale spre Marte, Jupiter şi Neptun. Comunicaţiile cu Venus vor deveni la fel de uşoare ca un drum de la Ribinsk la Iaroslavl. Şi, cine ştie, poate peste vreo opt ani va avea loc la Vasiuki primul congres interplanetar de şah din istoria universului.

– Da-a, murmură chiorul, îmbrăţişînd cu o privire năucă încăperea plină de praf. Dar cum înfăptuim noi practic toate acestea? Cum creăm, ca să zicem aşa, baza materială?

Cei prezenţi se uitau cu atenţie încordată la marele maestru.

– Repet, partea practică depinde numai de iniţiativa voastră. Întreaga organizare, repet, o iau asupra mea. Nu e nevoie de nici un fel de cheltuieli, în afară de spezele pentru telegrame.

Chiorul dădea acum zor tovarăşilor.

– Ei? întreba el. Ce părere aveţi?

– Aranjăm noi! Aranjăm! ţipau amatorii de şah.

– Şi de cîţi bani e nevoie pentru... astea... cum le zice... telegrame?

– O cifră ridicolă, spuse Ostap. O sută de ruble.

– N-avem în casă decît douăzeci şi unu de ruble şi şaisprezece copeici. Înţelegem, desigur, că suma asta e departe ca să ajungă...

Dar marele maestru se dovedi a fi un organizator înţelegător.

– Bine, spuse el. Daţi încoace cele douăzeci de ruble.

– Dar nu-i puţin? întrebă chiorul.

– Pentru primele telegrame e suficient. Pe urmă o să înceapă să curgă donaţiile şi n-o să mai avem loc unde să punem atîţia bani.

După ce vîrî banii în haina sa verde de campanie, marele maestru aminti celor adunaţi de conferinţa sa şi de simultanul la o sută şaizeci de mese, apoi îşi luă politicos ziua bună, spunîndu-le la revedere pe diseară şi plecă la clubul „Kartonajnik“ să se întîlnească cu Ippolit Matveevici.

– Nu mai pot de foame, îi spuse Vorobianinov cu o voce care nici nu se mai auzea.

Şedea la ghişeul casei, dar nu încasase încă nici o copeică şi nu-şi putuse cumpăra nici un codru de pîine. Avea în faţă, pentru strîngerea banilor, un coşuleţ împletit din sîrmă verde, din acela în care se pun în casele nu prea înstărite cuţitele şi furculiţele. Aştepta să-i pice ceva.

– Ascultă, Vorobianinov, strigă Ostap. Întrerupe pentru vreun ceas şi jumătate operaţiunile de casă! Hai să mergem la restaurant, să mîncăm. Pe drum îţi voi expune situaţia. Şi, fiindcă veni vorba, mai întîi trebuie să te bărbiereşti şi să te mai ferchezuieşti. Ai pur şi simplu un aspect de holodronţ. Un mare maestru nu poate avea asemenea cunoştinţe suspecte.

– N-am vîndut nici un bilet, îl anunţă Ippolit Matveevici.

– Nu-i nici o nenorocire. Spre seară va da lumea năvală. Oraşul mi-a şi donat douăzeci de ruble pentru organizarea unui turneu internaţional de şah.

– Atunci ce nevoie mai avem de simultan? întrebă cu graiul slab administratorul. S-ar putea să ne şi bată. Pe cînd aşa, cu astea douăzeci de ruble putem să ne suim chiar acum pe vapor – că tocmai a sosit „Karl Liebknecht“ – şi să plecăm liniştiţi la Stalingrad, unde să aşteptăm sosirea teatrului. Poate izbutim să punem mîna pe scaune. Şi, în sfîrşit, vom fi bogaţi şi a noastră va fi lumea.

– Cînd ai stomacul gol, s-ar cuveni, prin teoria compensaţiei, să n-ai capul atît de sec şi să nu spui asemenea tîmpenii. E adevărat că putem cu douăzeci de ruble să ajungem pînă la Stalingrad... Dar cu ce bani ne mai hrănim? Vitaminele, scumpe tovarăşe mareşal, nu se dau gratis nimănui. În schimb, cu conferinţa şi simultanul am mai putea scoate vreo treizeci de ruble de la expansivii amatori de şah din Vasiuki.

– Au să ne bată pînă la urmă! spuse cu amărăciune Vorobianinov.

– Fireşte, există un risc. Ar putea să ne rupă oscioarele. De altfel, am o mică idee care pe dumneata, în orice caz, te va salva. Dar să lăsăm asta pentru mai tîrziu. Deocamdată, hai să mergem să gustăm din gastronomia locală.

Pe la şase seara, marele maestru, sătul, bărbierit şi mirosind a apă de colonie, intră la casa clubului „Kartonajnik".

Vorobianinov, şi el sătul şi bărbierit, vindea de zor bilete.

– Ei, ce s-aude? întrebă încet marele maestru.

– Treizeci de bilete de intrare şi douăzeci pentru participare la joc, răspunse administratorul.

– Şaisprezece ruble. Slab, slab!

– Ce vorbă-i asta, Bender? Ia uită-te ce coadă e! Cu siguranţă că nu scăpăm de ciomăgeală.

– Nu te gîndi la asta. Ai timp să plîngi cînd o să te bată; deocamdată vezi-ţi de treabă. Învaţă să faci negustorie.

Peste un ceas, în vistierie erau treizeci şi cinci de ruble. Publicul începuse să se agite în sală.

– Închide ghişeul! Dă banii încoace! spuse Ostap. Acum, uite ce trebuie să faci. Ia cinci ruble, du-te pe chei, tocmeşte o barcă pentru vreo două ore şi aşteaptă-mă pe mal, ceva mai jos de hambar. O să facem o plimbare nocturnă. De mine să n-ai grijă. Sînt în formă astăzi.

Marele maestru intră în sală. Se simţea plin de energie şi ştia cu precizie că prima mişcare, e2–e4, nu-l ameninţă cu nici un fel de complicaţii. E adevărat că mutările următoare erau învăluite pentru el în totală negură, dar asta nu-l tulbura cîtuşi de puţin. Marele maestru al combinaţiilor avea pregătită o soluţie cu totul neaşteptată pentru a salva chiar şi partida cea mai disperată.

Ilustrul şahist fu primit cu aplauze. Mica sală a clubului era împodobită cu stegulețe multicolore.

Cu o săptămînă în urmă avusese loc aici o şezătoare a Asociaţiei de Salvare a Înecaţilor, lucru dovedit şi de lozinca rămasă pe perete:

„CAUZA AJUTORĂRII ÎNECAŢILOR
ESTE O CAUZĂ A ÎNECAŢILOR ÎNŞIŞI"

Ostap se înclină, întinse braţele înainte ca şi cum ar fi vrut să se apere de aplauzele nemeritate şi urcă pe scenă.

– Tovarăşi! spuse el cu o voce încîntătoare. Tovarăşi şi fraţi întru şah, obiectul conferinţei mele de astăzi este acelaşi cu al conferinţei pe care am ţinut-o – şi trebuie s-o spun, cu un frumos succes – la Nijni-Novgorod acum o săptămînă. Obiectul conferinţei mele este ideea rodnică a debutului. Ce înseamnă, tovarăşi, debut şi ce înseamnă, tovarăşi, idee? Debutul, tovarăşi, este *quasi una fantasia*. Dar ce înseamnă, tovarăşi, ideea? Ideea, tovarăşi, reprezintă gîndirea omenească înveşmîntată în forma logică a şahului. Chiar şi cu forţe neînsemnate poţi pune stăpînire pe întreaga tablă de şah. Totul depinde de fiecare individ în parte. Să-l luăm, de pildă, pe tovarăşul acela blond din rîndul al treilea. Să zicem că joacă bine...

Blondul din rîndul al treilea roşi pînă în vîrful urechilor.

– Iar brunetul de colo joacă, să zicem, prost.

Toţi spectatorii întoarseră capul şi-l măsurară cu privirile şi pe brunet.

– Aşadar, ce vedem, tovarăşi? Vedem că blondul joacă bine, iar brunetul joacă prost. Şi nici un fel de conferinţe nu vor schimba acest raport de forţe, dacă fiecare individ în parte nu se va antrena în permanenţă la jocul de dam... adică pardon, am vrut să spun la şah... Iar acum, tovarăşi, vă voi povesti cîteva întîmplări instructive din cariera multstimaţilor noştri hipermodernişti Capablanca, Lasker şi doctorul Grigoriev.

Ostap povesti auditoriului cîteva anecdote antediluviene pe care le citise încă în copilărie în *Sinii Jurnal* şi cu aceasta intermezzo-ul luă sfîrşit.

Durata extrem de scurtă a conferinţei miră oarecum lumea. Chiorul nu-şi luă unicul său ochi de la pantofii marelui maestru.

Dar simultanul care începuse stăvili bănuielile crescînde ale şahistului chior. Împreună cu ceilalţi, el aşeză mesele în semicerc. În total se aşezară să joace împotriva marelui maestru treizeci de amatori. Mulţi dintre ei erau complet zăpăciţi şi se uitau tot timpul în manualele de şah, ca să-şi împrospăteze în minte diverse figuri complicate, cu ajutorul cărora sperau să nu capituleze în faţa marelui maestru mai devreme de mutarea a douăzeci şi doua.

Ostap îşi plimbă privirea de-a lungul şirului de „negre" care-l împresurau, apoi spre uşa închisă şi, temerar, se apucă de lucru. Se apropie de chior, care şedea la prima tablă, şi mută pionul din faţa regelui de pe e2 pe e4.

Chiorul îşi acoperi imediat urechile cu palmele şi începu să se gîndească cu încordare. Printre amatori se auzi un murmur.

– Marele maestru a jucat e2–e4.

Ostap nu-şi răsfăţă un adversar mai mult decît pe altul printr-o variaţie a debutului. Nu! Pe toate celelalte douăzeci şi nouă de table el efectuă aceeaşi mişcare: mută pionul din faţa regelui de pe e2 pe e4. Unul după altul amatorii se apucau cu mîinile de cap şi se cufundau într-o concentrată şi nervoasă meditaţie. Cei care nu jucau îl urmăreau pe marele maestru. Singurul fotograf amator din oraş se căţără pe un scaun şi se pregătea să aprindă magneziul, dar Ostap începu să dea furios din mîini şi, întrerupîndu-şi plimbarea prin faţa meselor, strigă tare:

– Scoateţi-l afară! Îmi tulbură gîndirea şahistă.

„Ce rost are să-mi las fotografia în acest orăşel prăpădit. Nu-mi place să am de-a face cu miliţia", îşi zise el.

Ţistuitul revoltat al amatorilor îl sili pe fotograf să renunţe la încercarea sa. Ba chiar indignarea fu atît de mare, încît fotograful fu dat imediat afară din sală.

La mutarea a treia, reieşi clar că marele maestru joacă optsprezece „partide spaniole". În celelalte douăsprezece, negrele aplicară apărarea învechită, dar destul de sigură a lui Philidor. Dacă i s-ar fi spus lui Ostap că joacă partide atît de complicate şi că înfruntă o apărare atît de încercată, ar fi fost foarte uimit, deoarece marele maestru juca şah pentru a doua oară în viaţa lui.

Mai întîi amatorii şi, în primul rînd, chiorul se îngroziră. Perfidia marelui maestru era neîndoielnică.

Cu o uşurinţă nemaipomenită şi bătîndu-şi joc, desigur, în sinea lui de amatorii înapoiaţi din oraşul Vasiuki, el sacrifică în stînga şi în dreapta pioni şi figuri importante şi mai puţin importante. Brunetului la care se referise în cursul conferinţei îi sacrifică chiar regina. Oacheşul se făcu negru de spaimă şi voi chiar să se predea imediat, dar ambiţia şi ruşinea îl împinseră să continue jocul.

Şi peste cinci minute se produse marea lovitură de teatru.

– Mat! bolborosi brunetul, cuprins de un tremurici vecin cu moartea. Mat, tovarăşe mare maestru!

Ostap examină situaţia, denumi vulgar regina – „damă" şi îl felicită semeţ pe învingător. Rîndurile de amatori începură să freamăte.

„E timpul s-o şterg" se gîndi Ostap plimbîndu-se liniştit prin faţa meselor şi mutînd cu totală dezinvoltură figurile.

– Aţi mutat greşit calul, tovarăşe mare maestru, murmură chiorul. Calul nu se mişcă aşa.

– Pardon, pardon, mă iertaţi, răspunse marele maestru. Mă simt cam obosit după conferinţă.

În următoarele zece minute, marele maestru pierdu încă zece partide.

Sala clubului „Kartonajnik" se umplea de strigăte de mirare. Deznodămîntul se apropia. Ostap pierdu la şir cincisprezece partide şi, puţin după asta, încă trei. Nu mai rămăsese decît chiorul. De frică, acesta făcuse la începutul partidei o mulţime de greşeli şi acum se muncea să repurteze totuşi victoria. Fără ca cei din jur să observe, Ostap şterpeli de pe tablă turnul negru şi-l băgă în buzunar.

În jurul ultimilor doi combatanţi se strînsese toată mulţimea.

– Chiar adineauri era aici turnul meu! strigă chiorul. Şi acum nu mai e!

– Dacă nu-i, înseamnă că nici n-a fost! îi răspunse cam grosolan Ostap.

– Cum adică, n-a fost? Ţin minte perfect!

– Sigur că n-a fost!

– Dar unde a dispărut? L-aţi cîştigat?

– L-am cîştigat.

– Cînd? La ce mutare?

– Ce mă baţi la cap cu turnul dumitale? Spune că te predai şi gata!

– Daţi-mi voie, tovarăşe, am notat toate mutările!

– Ia te uită, birocratul, spuse Ostap.

– Asta e revoltător! începu să urle chiorul. Daţi-mi înapoi turnul.

– Predă-te şi nu mai face atîtea fasoane!

– Daţi-mi înapoi turnul!

Dîndu-şi seama că a mai zăbovi o clipă era egal cu moartea, marele maestru apucă mai multe figuri şi le azvîrli în capul adversarului chior.

– Tovarăşi! răcni chiorul. Priviţi! E lovit un amator!

Şahiştii vasiukieni rămaseră ca buimaci.

Fără a pierde o secundă din timpul său preţios, Ostap aruncă o tablă de şah în lampă şi, izbind prin întuneric la întîmplare în maxilarele şi capetele spectatorilor, ieşi fuga în stradă. Amatorii vasiukieni, călcînd unii peste alţii, se repeziră după el.

Era o seară cu lună. Ostap alerga pe strada scăldată în lumina argintie, zburînd ca un înger grăbit să se desprindă de pămîntul acesta păcătos. Dar fiindcă Vasiuki nu devenise încă o metropolă a universului, îngeraşul era însă nevoit să alerge nu printre palate, ci printre căsuţe din bîrne, cu obloane la ferestre.

În urma lui alergau amatorii de şah.

– Puneţi mîna pe marele maestru! urla chiorul.

– Şarlatanul! îl susţineau concetăţenii.

– Găgăuţilor! le răspundea nerimat marele maestru, accelerînd viteza.

– Ajutor! strigau şahiştii, jigniţi în cele mai sfinte sentimente ale lor.

Ostap începu să coboare scara ce ducea spre chei. Avea de sărit patru sute de trepte. La al şaselea interval îl aşteptau doi amatori care, tăind drumul pe o potecă lăturalnică de pe povîrniş, sosiseră piezis ca nebunii de la şah înaintea lui. Ostap se uită înapoi. De sus veneau alergînd ca o haită de cîini un grup numeros de furioşi admiratori ai apărării lui Philidor. Cale de retragere nu exista. De aceea, Ostap adoptă deviza: înainte, mereu înainte!

– Vă arăt eu acuşi, ticăloşilor! strigă el vitezei avangărzi, repezindu-se ca vîntul pe treptele dintre al cincilea şi al şaselea interval.

Speriaţi, înaintaşii scoaseră nişte ţipete de groază, săriră peste balustradă şi se rostogoliră undeva, pe panta întunecoasă din flancul scării. Calea era liberă.

– Puneţi mîna pe marele maestru! se auzea de sus.

Urmăritorii alergau, duduind pe scara de lemn ca nişte bile de popice în cădere.

Ajungînd la mal. Ostap o coti spre dreapta, căutînd din ochi barca cu credinciosul lui administrator.

Ippolit Matveevici şedea idilic într-o bărcuţă. Ostap sări din goană în ea şi începu să vîslească cu înverşunare ca să se îndepărteze de mal. Peste un minut barca se găsi sub o ploaie de pietre. Una dintre pietre îl atinse pe Ippolit Matveevici. Ceva mai sus de buboiul vişiniu îi apăru un cucui negru. Ippolit Matveevici îşi vîrî capul între umeri şi începu să scîncească.

– Ia te uită la el! Mie erau să-mi frîngă gîtul şi sînt vesel şi optimist. Şi el... Dacă ţinem seama de cele cincizeci de ruble beneficiu net, socot că nu-i deloc prost plătit cucuiul din capul dumitale.

Între timp, urmăritorii, care abia acum se dumeriră că planul transformării oraşului Vasiuki în New-Moscova s-a prăbuşit şi că marele maestru pleacă ducînd cu el cincizeci de ruble cîştigate cu sudoarea frunţii lor, se urcară într-un barcaz mare şi, ţipînd, începură să vîslească îndreptîndu-l către mijlocul apei. Se înghesuiseră în navă vreo treizeci de oameni care, cu toţii, ţineau să ia parte în persoană la răfuiala cu marele maestru. Expediţia era comandată de chior, al cărui singur ochi sclipea în noapte ca un far.

– Puneţi mîna pe marele maestru! continuau să urle argonauţii în barcazul supraîncărcat.

– Dă-i zor, Kisa! spuse Ostap. Dacă ne ajung din urmă, nu-ţi garantez integritatea pince-nez-ului.

Cele două bărci mergeau pe fluviu în jos. Distanţa dintre ele se micşora din ce în ce mai mult. Ostap simţea că-l părăsesc puterile.

– Nu scăpaţi voi, ticăloşilor! Lasă! ţipau argonauţii.

Ostap nu răspundea, căci n-avea cînd. Vîslele îl absorbeau în întregime. De sub labele lor înnebunite clipoteau şuvoaie de apă care cădeau în barcă.

– Haide, şoptea Ostap, îmboldindu-se singur.

Ippolit Matveevici murea de spaimă. Şahiştii din barcaz jubilau. Nava lor înaltă începuse să dea ocol bărcuţei legatarilor, dinspre stînga, ca să-l silească pe marele maestru să se apropie de mal. Soarta care-i aştepta pe cei doi împresuraţi nu era deloc de invidiat. Pe barcaz bucuria era atît de mare, încît şahiştii trecură cu toţii la tribord, pentru ca, ajunşi lîngă bărcuţă, să se poată năpusti imediat cu forţele lor superioare asupra criminalului mare maestru.

– Fereşte-ţi pince-nez-ul, Kisa! strigă disperat Ostap, aruncînd vîslele. Bătălia începe!

– Domnilor! exclamă deodată Ippolit Matveevici cu un glas de castrat. Chiar aveţi de gînd să ne bateţi?

– Şi încă cum! răcniră în cor amatorii vasiukieni, pregătindu-se să sară în barcă.

Dar în clipa aceea se întîmplă ceva extrem de dureros pentru şahiştii oneşti din întreaga lume. Barcazul se înclină pe neaşteptate şi începu să ia apă.

– Atenţie! ţipă cu un glas piţigăiat căpitanul chior.

Dar era prea tîrziu. La tribordul cuirasatului vasiukian se adunaseră prea mulţi amatori de şah. Pierzîndu-şi centrul de greutate, barcazul se plecă să-l caute şi, în deplină conformitate cu legile fizicii, se răsturnă.

Un urlet general tulbură liniştea fluviului.

– Uau! gemură prelung şahiştii.

Toţi cei treizeci de amatori se pomeniră în apă. Ei ieşiră repede la suprafaţă şi se agăţară, unul după altul, de barcazul răsturnat. Ultimul acostă chiorul.

– Găgăuţilor! le strigă debordînd de entuziasm Ostap. De ce nu tăbărîţi pe marele maestru al vostru? Dacă nu mă înşel, aţi vrut să mă bateţi?

Ostap descrise un cerc în jurul naufragiaţilor.

– Cred că vă daţi seama, progenituri vasiukiene, că aş putea să vă înec unul cîte unul, dar vă dăruiesc viaţa. Trăiţi, cetăţeni! Dar, pentru numele lui Dumnezeu, nu mai jucaţi şah! E doar clar că nu ştiţi să jucaţi! Vai, găgăuţilor, găgăuţilor... Hai să pornim mai departe, Ippolit Matveevici. Adio, amatori miopi şi chiori! Mă tem că Vasiuki n-o să devină centrul universului. Nu cred ca maeştrii mondiali de şah să vină la nişte tîmpiţi ca voi, chiar dacă am să-i rog eu. Adio, amatori de senzaţii şahiste tari! Trăiască Clubul Celor Patru Cai!

CAPITOLUL XXXV

ŞI ALŢII

Dimineaţa, legatarii ajunseră în dreptul oraşului Ceboksarî. Ostap moţăia la cîrmă. Ippolit Matveevici mişca somnoros vîslele pe apă. Din cauza frigului din timpul nopţii, le clănţăneau amîndurora dinţii. La răsărit, începură să se desfacă mugurii trandafirii ai zorilor. Pince-nez-ul lui Ippolit Matveevici fu inundat de lumină. Sticlele lui ovale prinseră a sclipi şi în ele se oglindiră alternativ cele două maluri. Un semafor de pe malul stîng îşi frînse silueta în încercarea de a pătrunde prin grosimea lentilelor. Cupolele albastre din Ceboksarî pluteau ca nişte corăbii. Grădina dinspre soare-răsare se făcea tot mai mare. Mugurii se prefăcuseră în vulcani şi începuseră să erupă aruncînd o lavă de cele mai dulci culori pentru zaharicale. Pe malul stîng, păsărelele iniţiau tapajul lor matinal. Arcul de aur al pince-nez-ului intrepidului vîslaş scînteie puternic, orbindu-l pe marele maestru. Răsărise soarele.

Ostap deschise ochii, apoi se întinse de-i pîrîiră oasele şi barca fu cît pe-aci să-şi piardă echilibrul.

– Bună dimineaţa, Kisa, spuse el abia stăpînindu-şi un căscat. Am venit să te salut şi să-ţi spun că mîndrul soare să-şi reverse a-nceput razele-i dogoritoare...

– Un port, raportă Ippolit Matveevici.

Ostap scoase ghidul şi-l consultă.

– Judecînd după toate aparenţele, ne aflăm la Ceboksarî. Aşa, aşa...

„Atragem atenţia asupra oraşului Ceboksarî, care are o poziţie foarte pitorească...“

– Kisa, ia spune, are într-adevăr o poziţie aşa de pitorească?...

„În momentul de faţă, Ceboksarî numără 7 702 locuitori.“

– Kisa! Hai să renunţăm la goana după briliante şi să mărim populaţia oraşului Ceboksarî la cifra de 7 704 locuitori. Ce zici? N-ar fi de mare efect?... Deschidem aici un *Petits chevaux*[1] şi de la aceşti *Petits chevaux* ne asigurăm o *grandă* bucată de pîine... Da' stai să vedem mai departe.

„În acest oraş, întemeiat în 1555, s-au păstrat cîteva biserici extrem de interesante. În afară de instituţiile administrative ale Republicii Ciuvaşe, există aici: o facultate muncitorească, o şcoală de partid, o şcoală medie tehnică pedagogică, două şcoli de şapte ani, un muzeu, o societate ştiinţifică şi o bibliotecă. În portul Ceboksarî şi în piaţă se pot vedea ciuvaşi şi ceremişi, care se disting prin aspectul lor.“

Dar înainte ca prietenii să se fi apropiat de chei, unde puteau fi văzuţi ciuvaşi şi ceremişi, atenţia lor fu atrasă de un obiect care plutea dus de curent înaintea bărcii.

– Un scaun! strigă Ostap. Administratore! Uite scaunul nostru cum pluteşte.

---

[1] Tripou.

Asociaţii vîslirǎ spre scaun. El se legǎna, se învîrtea, se cufunda în apǎ, apǎrea din nou la suprafaţǎ şi se îndepǎrta de barca legatarilor. Apa pǎtrundea cu uşurinţǎ în pîntecele lui sfîrtecat.

Era scaunul pe care-l desfǎcuserǎ pe „Skriabin“ şi care acum se îndrepta încet spre Marea Caspicǎ.

– Salutare, prietene! strigǎ Ostap. De mult nu ne-am mai vǎzut! Ştii, Vorobianinov, scaunul ǎsta mǎ face sǎ mǎ gîndesc la viaţa noastrǎ. Şi noi plutim duşi de curent. Iatǎ-ne la fund, iatǎ-ne iar la suprafaţǎ, deşi, dupǎ cît mi se pare, acest lucru nu bucurǎ pe nimeni. Nu ne iubeşte nimeni în afarǎ de miliţia judiciarǎ, care nici ea nu ne iubeşte. Nimǎnui nu-i pasǎ de noi. Dacǎ ieri amatorii de şah ar fi izbutit sǎ ne înece, tot ce-ar fi rǎmas de pe urma noastrǎ ar fi fost un proces-verbal de constatare a morţii, în care s-ar fi scris aşa: „Ambele cadavre au fost gǎsite întinse cu picioarele spre sud-est şi capetele spre nord-vest. Pe ele se vǎd rǎni pricinuite, dupǎ cît se pare, de o armǎ netǎioasǎ.“ Cǎci amatorii ne-ar fi bǎtut, probabil, cu tablele de şah. Ce sǎ zic, arme, într-adevǎr, cam netǎioase... „Primul cadavru e al unui bǎrbat de vreo cincizeci şi cinci de ani, îmbrǎcat într-o hainǎ ruptǎ, de lustrinǎ, cu pantaloni şi cizme uzate. În buzunarul hainei lui s-a gǎsit o legitimaţie pe numele Konrad Karlovici Michelson...“ Iatǎ, Kisa, ce s-ar fi scris despre dumneata.

– Şi despre dumneata ce s-ar fi scris? întrebǎ supǎrat Vorobianinov.

– O! Despre mine s-ar fi scris cu totul altceva. Despre mine s-ar fi scris aşa: „Al doilea cadavru e al unui bǎrbat de douǎzeci şi şapte de ani care a iubit şi a suferit. A iubit banii şi a suferit cǎ n-avea destui. Capul sǎu, cu o frumoasǎ frunte înaltǎ, încadratǎ de bucle negre ca pana corbului, a fost gǎsit îndreptat spre soare. Picioarele lui zvelte, purtînd pantofi nr. 42 – sînt îndreptate spre aurora borealǎ. Trupul – înveşmîntat în haine albe ca zǎpada; pe piept – o harfǎ de aur cu incrustaţii de sidef şi notele romanţei: *Adio, sat ce-ai rǎsǎrit*. Rǎposatul tînǎr se îndeletnicea cu pirogravura în lemn, ceea ce rezultǎ din legitimaţia descoperitǎ în buzunarul fracului sǎu şi eliberată la 23/8/1924 sub nr. 86/1662 de către artelul meşteşugăresc «Pegasul şi Parnasul».“ Şi s-ar fi dat dispoziţie să fiu înmormîntat cu pompă, Kisa, cu discursuri şi fanfară, iar pe piatra funerară să fie săpată inscripţia: „Aici odihneşte cunoscutul termotehnician şi distrugător Ostap-Suleiman-Berta-Maria Bender-bey, al cărui tată a fost supus turc şi a murit fără să-i lase fiului său, Ostap-Suleiman, nici cea mai mică moştenire. Mama răposatului a fost contesă şi a trăit din venituri neprovenite din muncă.“

Tot discutînd astfel, legatarii acostară la malul portului Ceboksarî.

Seara, după ce-şi sporiră capitalul cu cinci ruble vînzînd barca din Vasiuki, cei doi asociaţi se îmbarcară pe motonava „Uriţki“ şi plecară la Stalingrad, sperînd să întreacă pe drum vasul greoi al Comisiei de Tragere şi să se întîlnească cu trupa teatrului „Columb“ la Stalingrad.

„Skriabin“ sosi la Stalingrad la începutul lunii iulie. Asociaţii îl întîmpinară în port, ascunşi după nişte lăzi. Înainte de descărcarea vaporului, avu loc o tragere la sorţi a obligaţiilor cu cîştiguri mari.

Eroii noştri avură de aşteptat vreo patru ceasuri pînă să se descarce scaunele. Mai întîi coborîră de pe vapor membrii trupei şi funcţionarii Comisiei de Tragere. Printre ei ieşea în evidenţă chipul radios al lui Persiţki.

Chiar şi din adăpostul lor, legatarii îl auziră strigînd:

– Da! Plec imediat la Moscova! Am şi trimis telegrama! Ştiţi ce-am scris? „Împărtăşesc bucuria voastră.“ Să ghicească dacă pot!

Apoi Persiţki se urcă într-un taxi, după ce-l examină mai întîi pe toate părţile şi-i pipăi radiatorul. Plecă petrecut, Dumnezeu ştie de ce, de urale.

După ce fu descărcată presa hidraulică, se începu descărcarea decorurilor şi a recuzitei. Scaunelor le veni rîndul după ce începuse să se întunece. Trupa teatrului se urcă pe cinci platforme trase de cîte doi cai şi, cu strigăte de veselie, o porni de-a dreptul la gară.

– Am impresia că n-au să dea spectacole la Stalingrad, spuse Ippolit Matveevici.

Asta-l puse pe gînduri pe Ostap.

– Va trebui atunci să plecăm şi noi, hotărî el, dar cu ce bani? În fine, hai la gară şi acolo vom vedea.

La gară aflară că teatrul pleacă la Peatigorsk prin Tihoreţkaia–Mineralnîe Vodî. Milionarii *in spe* nu aveau bani decît pentru un bilet.

– Ştii să călătoreşti fără bilet? îl întrebă Ostap pe Vorobianinov.

– O să încerc, răspunse sfios Ippolit Matveevici.

– Treacă de la mine! Mai bine nu mai încerca! Te iert şi de data asta. Plec eu fără bilet.

Ippolit Matveevici luă banii şi îşi cumpără un bilet pentru vagon necapitonat şi fără tichet. Cînd sosi în gara Mineralnîe Vodî de pe reţeaua Caucazului de Nord, coborî în staţia plină de oleandri în ciubere verzi o dată cu trupa teatrului şi, ascunzîndu-se de ea ca să nu-l vadă, începu să-l caute pe Ostap.

Teatrul plecase de mult la Peatigorsk în vagoanele noi ale trenului pentru vilegiaturişti, şi Ostap tot nu se arăta. Sosi abia seara şi-l găsi pe Vorobianinov complet deprimat.

– Unde-ai fost? scînci părăsitul. Doamne, cît am suferit!

– Aşa?... Dumneata, cu bilet în buzunar şi călătorind comod, ai suferit? Ce să mai spun eu? Că doar nu pe dumneata, ci pe mine m-au dat jos la Tihoreţkaia de pe tampoanele trenului vostru... Nu dumneata, ci eu am stat acolo ca un tîmpit trei ceasuri, aşteptînd un tren de marfă cu sticle goale de apă minerală... Tovărăşie e asta, cetăţene? Eşti un măgar, atîta pot să-ţi spun. Unde e teatrul?

– A plecat la Peatigorsk.

– Hai şi noi! Am încropit ceva pe drum. Venitul net este de trei ruble. Nu-i mult, fireşte, dar pentru bilete de tren şi pentru primele sticle de apă minerală, o să ne ajungă.

Zăngănind ca o căruţă, trenul pentru vilegiaturişti îi duse în cincizeci de minute la Peatigorsk. Trecînd pe lîngă Zmeika şi Beştau, turiştii fără voie ajunseră la poalele muntelui Maşuk.

CAPITOLUL XXXVI

VEDERE SPRE BĂLTOACA DE MALAHIT

Era o seară de duminică. Totul – spălat și curat. Chiar și muntele Mașuk, acoperit de tufe și rariști, părea pieptănat cu grijă și răspîndea un miros de apă de colonie.

Pe peronul micuț ca o jucărie se vedeau pantaloni albi din cele mai diferite materiale: din aba, din piele de drac, din astar, doc și din flanelă fină. Oamenii umblau pe aici în sandale și în cămăși „apaș". Exploratorii noștri, cu cizmele lor grele și murdare, cu pantalonii groși plini de praf, cu vestele fierbinți și hainele încinse, se simțeau ca niște străini. Printre stămburile vesele și variate cu care se făleau fetele din această stațiune climaterică, cel mai strălucitor și mai elegant era costumul șefului de gară.

Căci trebuie să vă spunem că, spre uimirea tuturor nou-sosiților, șef de gară era o femeie. De sub chipiul ei roșu cu două galoane de argint, ieșeau stufoase bucle roșcate. Pieptul îi era prins în tunică albă și șoldurile într-o fustă albă.

După ce călătorii o admirară pe șefa de gară, citiră afișul proaspăt anunțînd turneul la Peatigorsk al teatrului „Columb" și băură două pahare de apă minerală de cîte cinci copeici, se îndreptară spre oraş cu tramvaiul „Gară–Grădina cu Flori", la care Grădină cu Flori se percepeau pentru intrare zece copeici.

Era o grădină cu multă muzică, mulţi oameni veseli şi foarte puţine flori. O orchestră simfonică, instalată într-un pavilion avînd forma unei scoici albe, executa *Dansul ţînţarilor*. În galeria „Lermontov" se vindea apă minerală. Apă minerală se vindea şi în chioşcuri şi de către ambulanţi.

Nimeni nu le dădea atenţie celor doi căutători murdari de briliante curate.

– Eh, Kisa, spuse Ostap. Noi sîntem nişte străini la această viaţă în sărbătoare.

Exploratorii îşi petrecură prima noapte de staţiune climaterică lîngă un izvor de apă minerală.

Abia aici, la Peatigorsk, unde teatrul „Columb" prezenta pentru a treia oară în faţa localnicilor rămaşi gură-cască *Căsătoria* în viziunea mai sus-amintită, îşi dădură seama cei doi asociaţi cît de grea este goana după giuvaiere. Era absolut imposibil să pătrundă în teatru, aşa cum proiectaseră. În culise dormeau Galkin, Palkin, Malkin, Cealkin şi Zalkind, care din economie nu-şi puteau permite să locuiască la hotel.

Zilele treceau una după alta şi tovarăşii de suferinţă îşi frîngeau oasele dormind lîngă locul unde s-a bătut Lermontov în duel, cărînd bagajele turiştilor mijlocaşi, ca să cîştige ceva să aibă pentru mîncare.

În a şasea zi de vilegiatură, Ostap izbuti să facă cunoştinţă cu maşinistul Mecinikov, responsabilul cu presa hidraulică. Tocmai atunci, Mecinikov rămăsese fără bani şi, din pricina aceasta, se dregea în fiecare dimineaţă cu apă minerală direct de la izvor. În cinci zile ajunsese într-o stare de plîns şi, precum băgase de seamă Ostap, căuta să-şi facă rost de mijloace de a prinde forţe noi, vînzînd în piaţă diverse obiecte de recuzită. Învoiala între ei se făcu în cursul plimbării de dimineaţă de la izvor. Maşinistul îi spuse de îndată lui Ostap „tăicuţule", şi începură tratativele.

– Se poate face, zise Mecinikov. Cînd doreşti matale, tăicuţule. Bucuros şi cu dragă inimă.

Ostap îşi dădu seama numaidecît că maşinistul e o pramatie de clasa întîi.

Înaltele părţi contractante se priveau în ochi, se îmbrăţişau, se băteau pe spinare şi îşi surîdeau curtenitor.

– Ei, zise Ostap, îţi dau zece ruble şi să-ncheiem afacerea.

– Vai, tăicuţule! făcu uimit maşinistul. Mă supăr. Destul necaz am de la apa minerală.

– Dar cît vrei?

– Cincizeci! Doar sînt bunurile statului. Şi am şi aşa necazuri.

– Bine. Atunci douăzeci! Eşti de acord? Îţi citesc în ochi că eşti de acord.

– Acordul este rezultatul deplinei neîmpotriviri a părţilor.

– Bine o aduce bestia, îi şopti Ostap la ureche lui Ippolit Matveevici. Învaţă de la el.

– Şi cînd poţi aduce scaunele?

– Scaune contra bani.

– E-n regulă, zise Ostap fără să stea nici o clipă pe gînduri.

– Dar banii înainte, declară maşinistul. Dimineaţa banii, seara scaunele. Sau – seara banii şi a doua zi de dimineaţă – scaunele.

– Şi nu s-ar putea: astăzi scaunele şi mîine banii? îl încercă Ostap.

– Doar ştii, tăicuţule, că sînt un om necăjit. Inima mea nu poate primi asemenea condiţii.

– Bine, dar eu nu primesc banii decît mîine, telegrafic spuse Ostap.

– Atunci om sta de vorbă mîine, încheie încăpăţînatul maşinist, aşa că deocamdată, tăicuţule, rămîi cu bine, vezi-ţi de izvor, eu am plecat. Am o grămadă de bătaie de cap cu presa şi Simbievici nu mă slăbeşte o clipă. Nu mai am pur şi simplu vlagă în mine. Te poţi parcă ţine numai cu apă minerală?

Şi Mecinikov se îndepărtă, scăldat în razele strălucitoare ale soarelui.

Ostap se uită sever la Ippolit Matveevici.

– Timpul pe care-l avem, zise el, reprezintă banii pe care nu-i avem. Kisa, trebuie să dăm lovitura. Ne stau în faţă o sută cincizeci de mii de ruble şi zero-zero copeici. Avem nevoie numai de douăzeci de ruble pentru ca toată această comoară să fie în mîna noastră. Nu ne putem da în lături de la nici un mijloc pentru a ni-i procura. Ori pe cal, ori sub cal. Cale intermediară nu există.

Şi Ostap se învîrti îngîndurat în jurul lui Vorobianinov.

– Scoate-ţi haina, mareşale, dar mai repede, spuse el pe neaşteptate.

Ostap luă haina din mîinile lui Ippolit Matveevici, care-l privea mirat, i-o aruncă pe jos şi începu s-o calce cu pantofii plini de praf.

– Ce faci? urlă Vorobianinov. Port haina asta de cincisprezece ani şi tot ca nouă arată!

– Fii liniştit! Acum nu va mai arăta ca nouă! Dă-mi şi pălăria! Pantalonii tăvăleşte-ţi-i singur în praf şi stropeşte-i cu apă minerală. Dar repede! Nu sta.

În cîteva minute Ippolit Matveevici era ca scos din lada cu gunoi.

– Acum eşti pus la punct şi poţi admirabil să cîştigi bani prin muncă cinstită.

– Şi ce trebuie să fac? întrebă Vorobianinov pe un ton plîngăreţ.

– Sper că ştii franţuzeşte?

– Foarte puţin. Atît cît am învăţat în liceu.

– Hm... Mă rog. Va trebui să nu te întinzi mai mult decît ţi-e plapuma. Poţi cel puţin să spui în franţuzeşte: „Domnilor, n-am mîncat de şase zile“?

– *Monsieur*, începu Ippolit Matveevici, *monsieur*, hm, hm... *Je ne*, parcă aşa, nu? *je ne mange pas...* şase, cum dracu' se zice: *un, deux, trois, quatre, cinq, six, six... jours.* Prin urmare, *je ne mange pas six jours.*

– Ai un accent, ce să zic, măi Kisa! De altfel, ce poţi pretinde de la un cerşetor. Şi fireşte că un cerşetor din Rusia europeană vorbeşte franţuzeşte mai prost decît Millerand[1]. Ia spune, acum, Kisulea, în ce măsură cunoşti limba germană?

– Dar de ce am nevoie de toate astea? întrebă Ippolit Matveevici.

– Pentru că, îi răspunse Ostap pe un ton autoritar, ai să te duci acuşi, ai să te aşezi frumuşel la umbră, la intrarea Grădinii cu Flori, şi ai să ceri de pomană în limbile franceză, germană şi rusă, spunînd că eşti un fost membru din fracţiunea cadetă a Dumei de Stat. Tot ce vei încasa vom da maşinistului Mecinikov. Ai înţeles?

Ippolit Matveevici se schimbă la faţă. Pieptul i se bombă ca Podul Palatului din Leningrad, din ochi îi ţîşneau scîntei, iar din nări, Ostap avu impresia că-i pufăie un fum gros. Mustăţile începură să i se zbîrlească.

– Vai, vai, vai, exclamă marele maestru al combinaţiilor fără să se sperie deloc. Ia uitaţi-vă la el. Parcă nu mai e om, ci Căluţul Cocoşat!

– Niciodată, declară deodată Ippolit Matveevici cu glas de ventriloc, niciodată un Vorobianinov n-a întins mîna.

– Atunci vedea-te-aş cu picioarele înainte, dobitoc bătrîn! ţipă Ostap. N-ai întins niciodată mîna!

– N-am întins-o!

– Ei, cum vă plac aceste maniere de peşte? De trei luni trăieşte pe socoteala mea. De trei luni îi dau de mîncare, îi dau de băut şi-i fac educaţia, şi, poftim, că face acum pe ofensatul şi declară că el... Ei! Ajunge, tovarăşe! Una din două: sau te duci imediat şi te aşezi la intrarea în Grădină şi aduci pînă diseară zece ruble, sau te exclud automat din rîndurile acţionarilor societăţii mele. Număr pînă la cinci. Da sau ba? unu...

– Da, murmură mareşalul nobilimii.

– În cazul acesta, repetă-ţi rolul.

---

[1] Fost preşedinte al Republicii Franceze.

– *Monsieur, je ne mange pas six jours. Geben sie mir, bitte, etwas Kopek auf dem StückBrot.* Fie-vă milă de un fost deputat al Dumei de Stat.

– Încă o dată. Mai milogit!

Ippolit Matveevici repetă.

– Bine. Văd că ai avut talentul de a cerşi din copilărie. Du-te. Ne întîlnim la izvor la miezul nopţii. Asta nu pentru că e romantic, ci pur şi simplu pentru că seara oamenii dau mai mult.

– Şi dumneata unde te duci? întrebă Ippolit Matveevici.

– De mine să n-ai grijă. Ca întotdeauna, mă duc să acţionez unde e mai greu.

Şi asociaţii se despărţiră.

Ostap se duse la o papetărie, cumpără de acolo cu ultima piesă de zece copeici un chitanţier şi timp de aproape o oră, şezînd pe o bancă de piatră, numerotă chitanţele şi semnă pe fiecare dintre ele.

– În primul rînd se cere ordine, murmură el. Trebuie ţinută evidenţa fiecărei copeici obşteşti.

Apoi marele maestru porni în pas de vînător de munte pe drumul care, trecînd pe lîngă sanatorii şi case de odihnă, ducea în jurul muntelui Maşuk spre locul unde a avut loc duelul dintre Lermontov şi Martînov[1].

Întrecut mereu de autobuze şi trăsuri trase de cîte doi cai, Ostap ajunse la Rîpă.

O mică galerie săpată în stîncă ducea la o rîpă de formă conică. Galeria se termina cu un balconaş de pe care puteai vedea în fundul rîpei o băltoacă cu un lichid puturos, de culoarea malahitului. Această Rîpă e socotită un loc demn de văzut la Peatigorsk şi de aceea e vizitată zilnic de un mare număr de excursionişti şi turişti.

Ostap ajunse din capul locului la convingerea că, pentru un om lipsit de prejudecăţi, Rîpa poate fi o sursă rentabilă de venit.

---

[1] La 27 iulie 1841, la Peatigorsk, marele poet rus Lermontov a fost ucis într-un duel de maiorul Martînov.

„Tare mă mir că ăstora de aici nu le-a venit încă în cap să ia gologani ca taxă de intrare la Rîpă, își zicea Ostap. Mi se pare că e singurul loc unde peatigorskenii îi lasă pe turiști să intre fără să le ia bani. Voi șterge această pată rușinoasă de pe reputația orașului, voi repara această supărătoare lacună."

Și Ostap procedă așa cum îi dictară rațiunea, instinctul sănătos și situația.

Se opri la intrarea în Rîpă și, fluturînd chitanțierul, se apucă să strige:

– Procurați-vă bilete, cetățeni! Zece copeici! Copiii și ostașii roșii – gratuit! Studenții – 50% reducere! Nesindicaliștii – treizeci de copeici!

Ostap mergea la sigur. Peatigorskenii doar nu se duceau la Rîpă, iar ca să iei de la un turist sovietic zece copeici intrare indiferent unde era un lucru cum nu se poate mai firesc. Pînă la cinci avea adunate vreo șase ruble. Contribuiră la asta foarte mult nesindicaliștii, care erau foarte numeroși la Peatigorsk. Toți dădeau cu încredere bănuții, ba un turist rumen la față, cînd îl văzu pe Ostap, se și arătă extrem de bucuros și îi spuse triumfător soției sale:

– Vezi, Taniușa, ce ți-am zis eu ieri? Susțineai că la Rîpă nu se plătește intrarea. Era imposibil. Nu-i așa, tovarășe?

– Așa e, confirmă Ostap. Cum să nu se plătească intrarea? Luați bilete, vă rog. Sindicaliștii – zece copeici, nesindicaliștii – treizeci de copeici.

Pe înserate sosiră la Rîpă două brecuri cu milițieni, veniți în excursie din Harkov. Ostap se sperie și se gîndi o clipă s-o facă pe turistul și s-o ia din loc, dar milițienii se îmbulziră în jurul lui cu atîta sfiiciune, încît nu mai avu nici o cale de retragere și continuă să strige cu un glas destul de ferm:

– Sindicaliștii – zece copeici. Pentru studenți, copii și milițieni – 50% reducere!

Milițienii plătiră, întrebînd numai foarte delicat în ce scop se percep banii.

– Pentru repararea capitală a Rîpei, răspunse înfipt Ostap, ca să nu se prăbuşească prea mult.

În timp ce marele maestru vindea abil priveliştea băltoacei de malahit, Ippolit Matveevici, cu spatele încovoiat şi pe jumătate mort de ruşine, stătea sub un salcîm şi, fără să se uite la cei care se plimbau, mormăia cele trei fraze stabilite:

– *Monsieur, je ne mange pas... Geben sie mir, bitte...* Ajutaţi pe un deputat al Dumei de Stat...

Nu s-ar putea spune că oamenii îi dădeau puţin, dar o făceau parcă fără nici o tragere de inimă. Totuşi, speculînd felul pur parizian în care pronunţa cuvîntul „*mange*" şi impresionînd prin starea jalnică în care a putut să ajungă un fost membru al Dumei de Stat, Vorobianinov izbuti să adune vreo trei ruble în monede de aramă.

Pietrişul scîrţîia sub picioarele vilegiaturiştilor. Cu mici intervale, orchestra executa bucăţi de Strauss, Brahms şi Grieg. Mulţimea, îmbrăcată în culori deschise, trecea sporovăind prin faţa bătrînului mareşal al nobilimii şi apoi se întorcea înapoi. Umbra lui Lermontov plutea nevăzută deasupra cetăţenilor care mîncau îngheţată pe terasa bufetului. Mirosea a apă de colonie şi a apă minerală.

– Ajutaţi pe un fost membru al Dumei de Stat, murmura mareşalul.

– Spune-mi, chiar ai fost membru al Dumei? auzi deodată Ippolit Matveevici chiar lîngă urechea sa.

– Şi-ai luat parte şi la şedinţe? Vai! Vai! Înaltă clasă!

Ippolit Matveevici ridică ochii şi rămase înmărmurit. În faţa lui sărea ca o vrăbiuţă dolofanul Avessalom Vladimirovici Iznurenkov. Nu mai avea costumul său maro din stofă de Lodz, ci purta o haină albă şi pantaloni gri pepit. Crescuse în vioiciune şi, din cînd în cînd, sărea cam la cinci palme de pămînt. Iznurenkov nu-l recunoscu pe Ippolit Matveevici şi continuă să-l inunde cu întrebările.

– Spune-mi, şi l-ai văzut într-adevăr pe Rodzianko[1]? Adevărat că Purişkevici[2] era chel? I...i...i..i... Ce temă! Înaltă clasă! Înaltă clasă!

Continuînd să se învîrtească, Iznurenkov îi vîrî în mînă mareşalului buimăcit trei ruble şi dispăru. Dar încă multă vreme se mai zăriră ba ici, ba colo în Grădină coapsele lui grăsuţe şi parcă din copaci se auzea:

– I...i...i...i! „Vai nu cînta, frumoasa mea, atunci cînd eşti cu mine. Din trista salbă-a ta de cîntece gruzine!“ Vai! Vai! „Căci ele mi-amintesc de vremi ce astăzi sînt uitate şi-mi răscolesc un dor nespus de ţărmuri depărtate!“... Vai! Vai! „Iar dimineaţa ea zîmbea din nou!“ Înaltă clasă!...

Ippolit Matveevici continua să stea sub copac, privind în pămînt. Şi rău făcu că rămase aşa. Îi scăpară multe.

În bezna încîntătoare a nopţii peatigorskene, se plimba pe aleile parcului Ellocika Şciukina, tîrîndu-l după ea pe supusul soţior Ernest Pavlovici, cu care se împăcase. Plecarea ei la Kislîe Vodî era ultima din şirul de încercări de a se ţine la pas cu fiica lui Vanderbild. Căci, ca să se distreze, trufaşa americancă plecase nu demult, cu iahtul ei personal, în insulele Sandwich.

– Ho-ho! răsuna în liniştea nopţii. Celebru. Ernestulea! Ef-ef!

La bufetul luminat de o ghirlandă de becuri şedea candidul hoţoman Alhen, cu consoarta sa Saschen. Obrajii ei erau, ca şi înainte, garnisiţi de favoriţi aşa cum se purtau pe vremea lui Nicolae I. Alhen mînca timid şaşlic *à la Kars*, udîndu-l cu vin de Cahetia nr. 2, iar Saschen, mîngîindu-şi favoriţii, aştepta porţia de nisetru pe care o comandase.

---

[1] M.V. Rodzianko (1859–1924), om politic rus, unul dintre liderii partidului octombriştilor.

[2] V.M. Purişkevici (1870–1920), om politic rus, fondatorul organizaţiilor „sutelor negre“.

După jefuirea completă a Azilului nr. 2 al Prevederilor Sociale (se vînduse totul, inclusiv tichia de doc a bucătarului şi lozinca: „Mestecînd cu grijă mîncarea, ajuţi societatea"), Alhen hotărîse să plece să se odihnească şi să se distreze. Era un om cu noroc, acest escroc îndopat, şi soarta îl apăra. Avusese de gînd în ziua aceea să se ducă la Rîpă, dar nu apucase. Asta a fost salvarea lui, căci Ostap ar fi stors de la timidul administrator cel puţin trezeci de ruble.

Ippolit Matveevici se duse la izvor cînd muzicanţii începură să-şi strîngă pupitrele, cînd publicul îmbrăcat ca de sărbătoare porni spre casă şi cînd numai perechile de îndrăgostiţi mai respirau zgomotos pe aleile cu vegetaţie săracă ale Grădinii.

– Cît ai strîns? întrebă Ostap, cînd silueta adusă de spate a mareşalului se arătă lîngă izvor.

– Şapte ruble şi douăzeci şi nouă de copeici. O hîrtie de trei ruble, restul pitaci de aramă şi cîteva piese de argint.

– Pentru prima ieşire în public e grozav! Leafa unui funcţionar cu muncă de răspundere! Kisa, mă înduioşezi! Dar aş vrea să ştiu, ce dobitoc ţi-a dat trei ruble? Sau ai dat rest cuiva?

– Nu! Mi le-a dat Iznurenkov.

– Imposibil! Avessalom? Ia te uită, domnule, unde a ajuns! Ai stat de vorbă cu el? Te-a recunoscut cumva?

– Nu. Mi-a cerut doar amănunte de la Dumă. Rîdea tot timpul.

– Vezi, mareşale, că nu e chiar atît de rău să fii cerşetor, mai ales dacă n-ai cine ştie ce studii şi ai în schimb o voce slabă! Şi dumneata mai făceai încă pe grozavul, pe lordul păstrător al sigiliului! Ei, Kisocika, nici eu nu mi-am pierdut timpul de pomană. Cincisprezece ruble în cap. Aşadar, acoperirea o avem.

A doua zi de dimineaţă maşinistul îşi primi banii şi seara aduse două scaune. După spusele lui, îi fusese cu neputinţă să-l ia şi pe al treilea. Echipa de sonorizare juca cărţi pe el.

Pentru a fi mai la adăpost, asociaţii se căţărară aproape pînă în vîrful muntelui Maşuk.

Jos se zăreau luminile mari şi nemişcate ale Peatigorskului. Ceva mai încolo, nişte lumini slabe indicau staniţa Goreacevodskaia. Iar în zare, două linii paralele punctate marcau Kislovodskul, care ieşea de după un munte.

Ostap privi cerul înstelat şi scoase din buzunar binecunoscutul cleşte.

CAPITOLUL XXXVII

CAPUL VERDE

Inginerul Bruns şedea pe veranda de piatră a vilei de la Capul Verde, sub un palmier mare, ale cărui frunze scrobite aruncau umbre înguste şi ascuţite pe ceafa sa rasă, pe cămaşa sa albă şi pe scaunul Gambs provenit din garnitura generălesei Popova, pe care se tot sucea de nerăbdare, aşteptînd masa.

Bruns îşi ţuguie buzele groase şi, cu glasul unui ştrengar dolofan, strigă:

– Mu-u-usik!

Dar din vilă nu răspunse nimeni.

Flora tropicală se întindea îmbietoare spre inginer. Cactuşii îşi plecau spre el mănuşile lor de arici. Frunzele dracilelor foşneau. Bananierii şi sagotierii alungau de pe chelia lui muştele. Trandafirii care învăluiau veranda cădeau la picioarele lui.

Dar degeaba totul. Lui Bruns îi era foame. Se uita nervos la golful sidefiu, la promontoriul îndepărtat de la Batumi şi striga cu glas cîntat:

– Mu-u-u-usik! Mu-u-u-usik!

Sunetele se topeau repede în atmosfera umedă, subtropicală şi fără nici un răspuns. Bruns văzu în mintea lui o gîscă mare, bine friptă, cu pielea rumenită sfîrîind de grăsime şi, simţind că-i lasă gura apă, nu se mai putu ţine şi urlă:

– Musik! Musika! E gata gîsca?!

– Nu mă bate la cap, Andrei Mihailovici! Auzi? se răsti un glas de femeie din odaie.

Inginerul, care dăduse iar să-şi ţuguieze buzele, cum făcea de obicei, răspunse imediat:

– Musik! N-ai milă de bărbăţelul tău.

– Pleacă, mîncăule! se auzi răspunsul din casă.

Dar inginerul nu se supuse. Avea de gînd să cheme mai departe gîsca, cum făcea de două ore, fără nici un succes, dar un foşnet neaşteptat îl făcu să întoarcă capul.

Dintre bambuşii de un verzui negricios ieşi un om care purta o rubaşcă albastră ruptă, încinsă cu un şnur ros, cu ciucuri, şi nişte pantaloni în dungi, uzaţi de mama focului. Necunoscutul avea o figură blîndă, o bărbuţă lăţoasă şi ţinea pe braţ o haină.

Vizitatorul se apropie şi întrebă cu o voce caldă:

– Aici stă inginerul Bruns?

– Chiar eu sînt, răspunse cu o voce neaşteptată de bas cel care tot chema prin incantaţii gîsca. Cu ce vă pot servi?

Omul nu mai zise nimic şi căzu în genunchi. Era părintele Fiodor.

– Ai înnebunit? exclamă inginerul sculîndu-se brusc. Ridică-te, te rog!

– Nu mă ridic, răspunse părintele Fiodor, întorcînd capul după inginer şi uitîndu-se la el cu privirea-i senină.

– Ridică-te!

– Nu mă ridic!

Şi, cu băgare de seamă, ca să nu-l doară, părintele Fiodor începu să se izbească cu fruntea de pietriş.

– Musik! Vino încoace! strigă inginerul speriat. Vino să vezi ce se petrece aici. Ridică-te, te rog. Te implor!

– Nu mă ridic, repeta părintele Fiodor.

Musik, care după tonul soţului ei ştia perfect cînd şi dacă să răspundă la apel, ieşi fuga pe verandă.

Văzînd o doamnă, părintele Fiodor se tîrî în genunchi mai aproape de ea, se înclină şi-i grăi repede:

– În dumneata îmi pun toată nădejdea, măicuţă, în dumneata, suflet blînd!

Inginerul Bruns se făcu atunci roşu la faţă, îl apucă pe vizitator de subsuori şi, punîndu-şi toată puterea, îl ridică în picioare. Dar era imposibil să-l facă să stea vertical; părintele Fiodor, şiret, se trăgea în jos, lăsîndu-se cu toată greutatea în braţele gazdei. Înciudat, Bruns îl tîrî pe bizarul oaspete într-un colţ şi-l aşeză pe un scaun (din cele fabricate de Gambs, dar nu din casa lui Vorobianinov, ci din salonul generălesei Popova).

– Nu îndrăznesc, murmură părintele Fiodor, punîndu-şi pe genunchi haina brutarului care mirosea puţin a gaz. Nu cutez să şed în faţa unor persoane atît de însemnate.

Cu un ţipăt scurt, inginerul îl reţinu de umeri.

– Musik, zise el gîfîind, stai tu de vorbă cu cetăţeanul ăsta. E, pesemne, o neînţelegere la mijloc.

Musik adoptă pe loc un ton grav.

– Te rog, spuse ea ameninţător, să nu stai în genunchi în casa mea!

– Suflet blînd! făcu înduioşat părintele Fiodor. Măicuţă!

– Nu-ţi sînt nici un fel de „măicuţă“. Ce pofteşti?

Popa bombăni ceva de neînţeles, dar pesemne înduioşător. Abia după multe întrebări, gazdele izbutiră să priceapă că el cere ca o favoare deosebită să i se vîndă garnitura de douăsprezece scaune, dintre care unul era în momentul acela ocupat chiar de el.

De mirare, inginerul îşi luă mîinile de pe umerii părintelui Fiodor, care căzu imediat iar în genunchi şi începu să se tîrască după el ca o broască-ţestoasă.

– De ce trebuie să-mi vînd scaunele? ţipa inginerul, căutînd să scape de braţele lungi ale părintelui Fiodor. Oricît ai să cazi în genunchi, tot n-am să pricep!

– Păi, sînt scaunele mele, gemu părintele Fiodor.

– Cum adică, ale dumitale? De unde ale dumitale? Ai înnebunit? Musik, acum pentru mine totul e clar! Avem de-a face cu un nebun!

– Ale mele, repeta umil părintele Fiodor.

– Prin urmare, le-am furat de la dumneata? se înfurie inginerul. Le-am furat? Auzi, Musik! Păi, ăsta e şantaj!

– Pe Dumnezeul meu că nu, şopti părintele Fiodor.

– Dacă le-am furat de la dumneata, dă-mă în judecată, dar nu face scene din astea în casa mea! Auzi, Musik! Pînă unde merge neobrăzarea! Nici nu te lasă să stai la masă ca omul!

Dar nu, părintele nu voia să reclame scaunele „sale" prin tribunal. O, nu! Nici nu se gîndea la aşa ceva. Ştia că inginerul Bruns nu i-a furat scaunele. Ferit-a sfîntul! Fapt era însă că înainte de Revoluţie aceste scaune îi aparţinuseră totuşi lui, părintelui Fiodor, şi că, de dorul lor, soţia sa a suferit şi-a suferit, pînă cînd iată, acum zace pe patul de moarte la Voronej. Voind să-i îndeplinească voinţa şi nicidecum din deşertăciune sau vinovate pofte, şi-a îngăduit să afle unde se găsesc scaunele şi să vină la cetăţeanul Bruns. Părintele Fiodor nu cerea de pomană. O, nu! E om cu destulă dare de mînă (are o mică fabrică de lumînări la Samara), ca să poată uşura ultimele clipe ale nevestei sale, cumpărîndu-i aceste scaune vechi. Nu vrea să se zgîrcească şi e gata să dea pentru întreaga garnitură vreo douăzeci de ruble.

– Cum? ţipă inginerul, făcîndu-se roşu ca un rac. Douăzeci de ruble? Pentru o garnitură de salon minunată ca asta? Musik! Ai auzit? E nebun? Zău, e nebun!

– Nu sînt nebun, nu fac decît să îndeplinesc voinţa nevestei mele, care m-a trimis...

– Of, fir-ar al dracului, spuse inginerul. Iar a început să se tîrască pe jos! Musik! Iar se tîrăşte!

– Fixaţi-mi preţul, gemea părintele Fiodor, izbindu-se cu capul, atît cît trebuie, de trunchiul unui arechier.

– Nu strica copacul, om sucit ce eşti! Musik, cred că nu-i nebun. Şi-o fi pierdut omul capul că-şi vede nevasta pe ducă. Ce-ar fi să-i vindem scaunele, ce zici? Poate aşa scăpăm de el? Altfel o să-şi spargă şi capul!

– Şi noi pe ce o să şedem? întrebă Musik.

– O să cumpărăm altele.

– Cu douăzeci de ruble?

– Cu douăzeci de ruble, nu. Dar nu i le vînd nici cu două sute... Cu două sute cincizeci însă le-aş vinde.

Drept răspuns se auzi o pocnitură îngrozitoare cu capul de un palmier.

– Ei, Musik, chestia asta a început să mă plictisească.

Inginerul se apropie ferm de părintele Fiodor şi începu să-i dicteze ultimatumul:

– În primul rînd, depărtează-te de palmier la cel puţin trei paşi. În al doilea rînd, scoală-te imediat în picioare. În al treilea rînd, dă-mi două sute cincizeci de ruble, nici un ban mai puţin, şi îţi vînd mobila.

– Vai, dar eu nu din pofte nesăbuite o vreau..., făcu părintele Fiodor, ci numai ca să îndeplinesc voia femeii mele bolnave.

– Ei, dragul meu, şi soţia mea e bolnavă. Nu-i aşa, Musik, că plămînii tăi sînt delicaţi? Dar pe chestia asta eu nu-ţi cer ca... ei... să zicem, să-mi vinzi haina dumitale cu treizeci de copeici.

– Ba uite, eu ţi-o dau de pomană! exclamă părintele Fiodor.

Inginerul se scutură cu un gest nervos de această pomană şi spuse rece:

– Lasă-te, te rog, de figurile astea. Nu mai avem ce vorbi. Scaunele costă două sute cincizeci de ruble şi din asta nu las nici o copeică.

– Cincizeci de ruble, oferi părintele Fiodor.

– Musik! exclamă inginerul. Cheamă-l pe Bagration. Să-l conducă pe cetăţean.

– Nu din pofte nesă...

– Bagration!

De frică, părintele Fiodor o luă la fugă, iar inginerul trecu în sufragerie şi se aşeză să-şi mănînce gîsca. Era pasărea lui preferată şi devorarea ei avu asupra lui Bruns un efect salutar. Începu să se liniştească.

Dar tocmai cînd, cu osul înfăşurat într-o foiţă, duse piciorul de gîscă la gura-i trandafirie, la fereastră se ivi chipul rugător al părintelui Fiodor.

– Nu din pofte nesăbuite, zise el cu o voce blîndă. Cincizeci şi cinci de ruble.

Fără să se întoarcă, inginerul mîrîi. Părintele Fiodor dispăru.

Apoi, toată ziua, silueta părintelui Fiodor fu zărită prin toate colţurile şi colţişoarele din jurul vilei. Ba apărea din umbra criptomeriilor, ba răsărea în crîngul de mandarini, ba alerga prin curtea din dos şi, palpitînd, gonea înspre Grădina Botanică.

Inginerul o strigă toată ziulica pe Musik, plîngîndu-i-se că nebunul nu-l lasă în pace şi că nu mai poate de durere de cap. În întunericul ce se lăsase, se auzea din răstimp în răstimp glasul părintelui Fiodor.

– O sută treizeci şi opt! striga el de undeva, din cer.

Iar după un minut vocea i se auzea dinspre vila lui Dunbasov.

– O sută patruzeci şi unu, oferea de acolo părintele Fiodor. Nu din pofte nesăbuite, domnule Bruns, ci numai...

În sfîrşit, inginerul nu mai putu să reziste, ieşi pe verandă şi, cu faţa spre întuneric, urlă, scandînd cuvintele:

– Să te ia dra-cu'! Două sute de ruble! Numai lasă-mă odată în pace.

Îi răspunseră mai întîi bambuşii printr-un foşnet, apoi întunericul printr-un geamăt încet şi pe urmă nişte paşi care se îndepărtau. După acest triplu răspuns se făcu linişte.

Stelele se scăldau în apa golfului. Licuricii îl urmăreau pe părintele Fiodor şi se roteau în jurul capului lui, colorîndu-i faţa într-o lumină verzuie, ca de spital.

– Ce mai gîscani au apărut acum, murmură inginerul, intrînd în casă.

Între timp, părintele Fiodor zbura cu ultimul autobuz de-a lungul litoralului, spre Batumi. Dintr-o parte năvăleau pe mal, cu foşnetul parcă al unei cărţi pe care o răsfoieşti, valurile fluxului; din faţă bătea vîntul, iar de undeva, de nu se ştie unde, şacalii urlau la claxonul care le supăra urechea.

În aceeaşi seară, părintele Fiodor îi trimise soţiei sale, Katerina Aleksandrovna, în oraşul X, următoarea telegramă:

„Găsit marfa trimite telegrafic două sute treizeci vinde ce vrei Fedea."

Timp de două zile, se învîrti exaltat pe lîngă vila lui Bruns, salutînd-o de departe pe Musik şi chiar strigînd din răstimp în răstimp pe aceste meleaguri tropicale:

– Nu din pofte nesăbuite, ci numai ca să împlinesc voia nevestei mele!...

A treia zi, banii sosiră însoţiţi de o telegramă disperată:

„Vîndut tot rămas fără nici un ban sărut şi aştept Evstigneev ia tot masa la noi Katia."

Părintele Fiodor numără banii, îşi făcu cu osîrdie semnul crucii, închirie o căruţă şi plecă la Capul Verde.

Vremea era proastă. Vîntul aducea nori dinspre graniţa turcească. Muntele Cioroh fumega în zare. Partea albastră a boltei cereşti se făcea din ce în ce mai mică. Puterea vîntului ajunse la gradul şase. Se interzise scăldatul în mare, iar bărcile primiră ordin să nu iasă în larg. La Batumi tuna şi fulgera. Furtuna zguduia tot ţărmul.

Cînd ajunse la vila inginerului Bruns, părintele Fiodor îi porunci căruţaşului, un adjarian cu glugă caucaziană, să aştepte şi intră după mobilă.

– Am adus banii, spuse părintele Fiodor. Aţi putea să-mi mai lăsaţi ceva.

– Musik! gemu inginerul. Nu mai pot!

– Liniştiţi-vă, am adus banii, zise grăbit părintele Fiodor. Două sute de ruble, aşa cum aţi spus.

– Musik! Ia banii de la el! Dă-i scaunele. Şi, te rog, expediază-l mai repede, că m-a apucat migrena.

Părintele îşi atinse scopul vieţii. Fabricuţa de lumînări de la Samara devenea o realitate. Briliantele îi curgeau în buzunare ca seminţele.

Cele douăsprezece scaune fură încărcate pe rînd în căruţă. Semănau foarte mult cu cele ale lui Vorobianinov, cu singura deosebire că nu erau tapisate cu creton înflorat, ci cu rips albastru, cu o dungulită roz.

Părintele Fiodor nu mai putea de nerăbdare. Îşi luase de cu vreme cu el o toporişcă, pe care o vîrîse sub haină, prinsă cu un şnur. Se aşeză alături de căruţaş şi, întorcînd mereu capul spre scaune, plecă la Batumi. Caii înţeleseseră nerăbdarea popii şi o porniră cu iuţeală la vale pe şosea, făcîndu-l să treacă repede pe lîngă micul restaurant „Final“ (pe ale cărui mese de bambus şi boschete vîntul făcea curăţenie), pe lîngă tunelul care înghiţea ultimele vagoane-cisternă ale unui tren încărcat cu petrol, pe lîngă fotograful care în ziua aceea mohorîtă n-avea clienţi, ca de obicei, şi pe lîngă firma „Grădina Botanică din Batumi“. Apoi, căluţii mai încetiniră pasul ca să nu calce pesemne linia fluxului. Părintele Fiodor se pomeni cu nişte stropi de apă sărată în locul unde marea se întîlnea cu munţii. Respinse de ţărmul stîncos, valurile se transformau în nişte gheizere, se înălţau spre cer şi cădeau încet.

Hurducăturile căruţei şi zborşelile fluxului sporeau încordarea părintelui Fiodor. Luptînd cu vîntul, căluţii se apropiau agale de Mahindjauri. Peste tot, cît vedeai cu ochii, şuierau şi se învolburau valuri tulburi şi verzui. Spuma albă a fluxului se întindea săltînd pînă la Batumi, parcă ar fi fost fusta de dedesubt ieşită de sub rochia unei cuconiţe neglijente.

– Stai! îi strigă deodată părintele Fiodor căruţaşului. Stai, ghiaure!

Şi, tremurînd şi împiedicîndu-se, începu să descarce scaunele pe malul pustiu. Adjarianul, nepăsător, îşi luă cele cinci ruble ce i se cuveneau, dădu bice cailor şi plecă. Iar părintele Fiodor, după ce se încredinţă că nu-i ţipenie de om în jur, trase scaunele de pe şosea pe o bucăţică de plajă ce mai rămăsese uscată şi scoase toporişca.

O clipă se codi, neştiind cu ce scaun să înceapă. Apoi se apropie ca un lunatic de al treilea scaun şi-l izbi cu o furie nebună cu toporişca în spetează. Scaunul se răsturnă, dar nu suferi nici o stricăciune.

– Aha! strigă părintele Fiodor. Lasă că-ţi arăt eu!

Şi se năpusti asupra scaunului, ca asupra unei fiinţe vii. Nu trecu un minut şi îl făcu ţăndări. Părintele Fiodor nu auzea loviturile toporului în lemn, în rips şi în arcuri. Vuietul puternic al furtunii înăbuşea ca o pîslă toate celelalte sunete.

– Aha! Aha! Aha! făcea părintele Fiodor, mînuind toporul cu toată puterea.

Scaunele fură făcute praf unul după altul. Furia părintelui Fiodor se înteţea. Se înteţea şi furtuna. Unele valuri ajungeau pînă la picioarele lui.

De la Batumi pînă la Sinope furtuna vuia vajnic. Marea furioasă îşi vărsa furia asupra fiecărui vas. Scoţînd un fum gros pe cele două coşuri ale sale şi aplecat greoi pe pupa, vaporul „Lenin“ se apropia de Novorosiik. Furtuna alerga nebună pe Marea Neagră, azvîrlind cu valuri de mii de tone în ţărmurile Trebizondei, Ialtei, Odessei şi

Constanţei. Dincolo de liniştitele strîmtori ale Bosforului şi Dardanelelor, vuia Marea Mediterană, iar dincolo de strîmtoarea Gibraltar, Oceanul Atlantic dădea asalt Europei. Apele furioase fierbeau pe tot globul.

Iar pe ţărmul Batumiului stătea părintele Fiodor şi, scăldat în sudoare, sfărîma ultimul scaun. Peste un minut bătălia se termină. Popa ieşise învingător din lupta lui de unul singur cu atîtea scaune, dar îl cuprinsese disperarea. Aruncînd o privire fixă asupra mormanului de picioare, speteze şi arcuri, el se dădu cu cîţiva paşi înapoi, îngrozit. Apa îl stropi la picioare. Sări înainte şi, ud, o porni pe şosea. Un val mare se sparse pe locul unde stătuse cu o clipă înainte părintele şi, rostogolindu-se înapoi, luă cu el în larg întreaga garnitură mutilată a generălesei Popova. Dar părintele Fiodor nu mai văzu acest rapt. El mergea gîrbov pe şosea, strîngînd la piept un pumn ud.

Intră în Batumi fără să vadă nimic în jur, ca un orb. Era într-o situaţie curat dezastruoasă. Se afla la cinci mii de kilometri de casă şi nu avea decît douăzeci de ruble în buzunar, sumă cu care era absolut imposibil să ajungă în oraşul natal.

Părintele Fiodor trecu prin bazarul turcesc, unde fu sfătuit în şoaptă să cumpere pudră „Coty“, ciorapi de mătase şi tutun de Suhumi nemarcat de stat, ajunse în gară şi se pierdu în mulţimea de hamali.

CAPITOLUL XXXVIII

ÎN ÎMPĂRĂŢIA NORILOR

Trei zile după încheierea tranzacţiei dintre firma Ostap-Ippolit şi maşinistul Mecinikov, teatrul „Columb“ luă trenul Mahacikala – Baku. În toate aceste trei zile, asociaţii, care nu fuseseră satisfăcuţi de rezultatele operaţiei făcute celor două scaune pe muntele Maşuk, aşteptară ca Mecinikov să le aducă al treilea şi ultimul dintre scaunele aflate în posesia teatrului „Columb“. Dar maşinistul, exasperat de ape minerale, cumpărase cu toate cele douăzeci de ruble votcă şi căzuse în aşa hal, încît era ţinut închis în magazia de decoruri.

– Poftim, bucurie ce-ţi dau apele astea minerale! declară Ostap, aflînd de plecarea teatrului. Ce lepră e şi maşinistul ăsta! Să mai ai de-a face cu oameni de teatru.

Ostap devenise mult mai nerăbdător decît înainte. Şansele de a găsi comoara crescuseră enorm.

– Ne trebuie bani de drum pînă la Vladikavkaz, spuse Ostap. De acolo vom merge la Tiflis cu maşina, pe minunata şosea militară gruzină. Privelişti încîntătoare! Peisaj captivant! Splendid aer de munte! Şi ca încununare: o sută cincizeci de mii de ruble zero-zero copeici. Putem spune în deplină conştiinţă că merită să continuăm şedinţa.

Dar nu le fu chiar atît de uşor să plece din Mineralnîe Vodî. Vorobianinov dovedi o totală lipsă de talent în a călători fără bilet şi, întrucît încercările lui de a se urca în tren eşuară, se văzu nevoit să se posteze în faţa Grădinii, de data aceasta ca fost inspector şcolar. Succesul fu foarte mic: două ruble în douăsprezece ore de muncă grea şi înjositoare. Totuşi, suma îi era suficientă ca să ajungă la Vladikavkaz.

La Beslan, Ostap, care călătorea fără bilet, fu dat jos din vagon şi marele maestru al combinaţiilor alergă vitejeşte vreo trei verste după tren, ameninţîndu-l cu pumnul pe nevinovatul Ippolit Matveevici.

După asta Ostap izbuti să sară pe scara unui vagon, în timp ce trenul urca încet spre culmile Caucazului. De pe această poziţie, Ostap putu să admire lanţul muntos al Caucazului, care se desfăşura înaintea lui.

Era aproape patru dimineaţa. Vîrfurile munţilor începură să fie luminate de razele trandafirii ale soarelui. Munţii nu-i plăcură lui Ostap.

– Prea mult şic, spuse el. Frumuseţe sălbatică! Fantezie de idiot. Nu dau doi bani.

În gara Vladikavkaz călătorii erau aşteptaţi de un autobuz mare, deschis, al Zakavtopromtorg[1]-ului şi nişte oameni politicoşi spuneau:

– Pe cei care pleacă pe şoseaua militară gruzină, îi ducem în oraş gratuit.

– Încotro, Kisa? spuse Ostap. Noi luăm autobuzul, ca să ne ducă gratuit.

Dar, cînd ajunseră la biroul Zakavtopromtorg-ului, Ostap nu se grăbi să se înscrie pentru locuri în maşină. Discutînd foarte animat cu Ippolit Matveevici, el admiră muntele Stolovaia încins de nori şi, după ce găsi că muntele seamănă într-adevăr cu o masă, cum îl arată numele, se îndepărtă repede.

---

[1] Organizaţia comercială de desfacere a produselor industriale din Transcaucazia.

Fură nevoiţi să stea la Vladikavkaz cîteva zile. Toate încercările făcute spre a-şi procura banii necesari călătoriei pe şoseaua militară gruzină sau eşuau complet, sau dădeau numai atîta cît să-şi ţină zilele. Încercarea de a percepe şi aici o taxă de la cetăţeni nu le reuşi. Caucazul era atît de înalt şi de vizibil, încît nu era posibil să iei bani ca să-l arăţi. Munţii se vedeau aproape de peste tot, iar alte frumuseţi nu existau la Vladikavkaz. Cît priveşte Terekul, el curgea pe lîngă „Trek", şi aici avea grijă oraşul însuşi să ia taxă de intrare fără concursul lui Ostap. Cerşitul lui Ippolit Matveevici aduse în două zile treisprezece copeici mari şi late.

– Destul, declară Ostap. Nu există decît o singură soluţie: să mergem la Tiflis pe jos. În cinci zile facem cele două sute de verste. Nu-i nimic, bătrîne, privelişti fermecătoare de munte, aer curat!... Avem nevoie de bani pentru pîine şi salam. N-ai decît să adaugi la vocabularul dumitale şi cîteva fraze italieneşti, dar pînă diseară trebuie să aduni cel puţin două ruble! La prînz, pare-se că n-o să mîncăm, scumpe tovarăşe. Vai! Slabe şanse...

În zori, exploratorii trecură podul peste Terek, ocoliră cazărmile şi pătrunseră în valea înverzită pe unde trecea şoseaua militară gruzină.

– Avem noroc, Kisa, zise Ostap. Azi-noapte a plouat, aşa că n-o să fim nevoiţi să înghiţim praf. Respiră, mareşale, aer curat. Cîntă. Adu-ţi aminte de poeziile închinate Caucazului. Poartă-te la înălţimea situaţiei!...

Dar Ippolit Matveevici nu putea să cînte, nici să declame. Drumul urca. Nopţile petrecute sub cerul liber îşi făceau efectul, dîndu-i junghiuri în şale şi dureri de glezne, iar salamul îi dădea nişte arsuri, de-i venea să înnebunească. Mergea aplecat puţin într-o parte, ţinînd în mînă o pîine de două kilograme învelită într-un ziar din Vladikavkaz şi tîrîndu-şi uşor piciorul stîng.

Iar trebuia să meargă pe jos! De data aceasta spre Tiflis, pe unul dintre cele mai frumoase drumuri din lume. Ippolit Matveevici se arăta însă insensibil. El nu se uita ca Ostap într-o parte şi-n alta. Nu dădea nici o atenţie Terekului, care începuse să clocotească în fundul văii. Doar piscurile înzăpezite, cu sclipirile lor în soare, îi sugerau vag ceva: poate sclipirea briliantelor, poate lacul coşciugelor de preţ ale meşterului Bezenciuk.

După Balta, şoseaua intră într-un defileu de unde continuă pe o cornişă îngustă, săpată în stîncile întunecoase şi abrupte. Drumul urca în serpentină şi seara exploratorii ajunseră la staţiunea Lars, la o mie de metri deasupra nivelului mării.

Dormiră într-un han ca vai de lume, fără să plătească, şi căpătară chiar cîte un pahar de lapte, distrîndu-i pe hangiu şi pe ceilalţi drumeţi cu scamatorii făcute cu cărţi de joc.

Dimineaţa fu atît de frumoasă, încît pînă şi Ippolit Matveevici, înviorat de aerul de munte, păşi mai vioi decît în ajun. Dincolo de Lars se ridica imediat şi uriaşul zid al lanţului muntos Bokovoi. Aici Terekul trecea printr-o prăpastie îngustă. Peisajul devenea tot mai sumbru, iar inscripţiile de pe stînci, tot mai numeroase. Acolo unde stîncile gîtuiau atît de mult Terekul, încît podul peste el nu avea decît vreo zece stînjeni, exploratorii văzură atîtea inscripţii pe pereţii stîncoşi ai cheilor, încît Ostap, uitînd de măreţia defileului Darial, strigă, încercînd să acopere vuietul şi gemetele Terekului:

– Ce oameni mari! Ia seama, mareşale. Vezi? Ceva mai sus de nori şi ceva mai jos de zborul vulturilor! Scrie: „Kolea şi Mika, iulie 1914“. Ce privelişte de neuitat! Observă cît de artistic este executată inscripţia! Fiecare literă este de un metru şi pictată în ulei! Unde sînteţi voi acum, Kolea şi Mika?

– Kisa, continuă Ostap, hai să ne eternizăm şi noi numele. Să-l punem în cofă pe Mika. De altfel, am şi o bucată de cretă la mine. Zău că mă caţăr sus şi scriu: „Kisa şi Osea în trecerea lor pe aici“.

Şi, fără să stea mult pe gînduri, Ostap puse rezerva de salam pe parapetul ce despărţea şoseaua de prăpastia unde clocotea Terekul şi începu să se caţăre pe stîncă.

La început, Ippolit Matveevici se uită la marele maestru cum urca, dar apoi se plictisi şi, întorcîndu-se, începu să admire ruinele castelului Tamarei, păstrate pe o stîncă ce semăna cu un dinte de cal.

În acest moment, cam la vreo două verste de exploratori, părintele Fiodor, care venea dinspre Tiflis, pătrunse în defileul Darial. Mergea cu pas măsurat, soldăţesc, privind drept înainte, cu nişte ochi duri ca diamantul şi sprijinindu-se într-un toiag înalt, îndoit la capăt ca o cîrjă arhierească.

Cu ultimii bani pe care-i mai avusese, părintele Fiodor ajunsese pînă la Tiflis, iar acum mergea apostoleşte spre casă, hrănindu-se cu ce i se dădea de pomană. În timp ce străbătea trecătoarea Krestovîi (două mii trei sute patruzeci şi cinci de metri deasupra nivelului mării), un vultur, luîndu-l se vede, drept Prometeu, îl ciupi. Părintele Fiodor ameninţă pasărea obraznică cu toiagul şi porni mai departe.

Mergea învăluit în nori şi murmura:

– Nu din pofte nesăbuite, ci numai ca să împlinesc voia femeii mele!

Distanţa dintre rivali se micşora. După ce ocoli o stîncă ascuţită, părintele Fiodor dădu de bătrînul cu pince-nez de aur.

Defileul prinse a se clătina în ochii părintelui Fiodor. Terekul îşi încetă vuietul lui milenar.

Părintele Fiodor îl recunoscu pe Vorobianinov. După groaznicul eşec de la Batumi, după toate speranţele spulberate, eventualitatea ce i se prezenta din nou de a pune mîna pe comoară avu asupra părintelui Fiodor un efect neaşteptat.

El îl apucă pe Ippolit Matveevici de mărul care de la Adam îi stătea cucuiet în gît şi, strîngînd degetele, strigă cu o voce răguşită:

– Ce-ai făcut cu giuvaierele soacră-tii pe care ai omorît-o?

Ippolit Matveevici, care nu se aştepta la aşa ceva, tăcea. Ochii îi ieşiră din orbite atît de tare, încît globul lor atingea aproape sticlele ochelarilor.

– Vorbeşte! îi porunci părintele Fiodor. Pocăieşte-te, păcătosule!

Vorobianinov simţi că-şi pierde răsuflarea.

În clipa aceea părintele Fiodor, care se simţea acum stăpîn pe victorie, îl zări pe Bender sărind pe stîncă. Directorul tehnic cobora ţipînd cît îl ţinea gura:

„De mohorîte stînci izbind,
Nahlapii spumegă mugind..."

Părintele Fiodor fu cuprins de o spaimă nemaipomenită. Îl mai ţinea instinctiv pe mareşalul nobilimii de beregată, dar genunchii începură să-i tremure.

– Ia te uită peste cine-am dat aici! strigă prietenos Ostap. Firma concurentă!

Părintele Fiodor nu mai stătu pe gînduri. Împins de un instinct salvator, puse repede mîna pe salamul şi pe pîinea exploratorilor şi o luă la fugă.

– Arde-l, tovarăşe Bender! ţipa de jos Ippolit Matveevici, care între timp îşi trăsese răsuflarea. Opreşte-l! Ţine-l!

Ostap începu să fluiere şi să ţiuie.

– Ţiu-u-u! strigă el, începînd să alerge după popă. Bătălia de la piramide sau Bender la vînătoare. Unde fugi, onorabile client? Stai să-ţi ofer un scaun cu măruntaiele bine scoase!

Părintele Fiodor nu putu să suporte gîndul de a se şti pe acelaşi plan cu urmăritorul său şi începu să se caţăre pe o stîncă dreaptă ca lumînarea. Îl împingea în sus inima care i se urcase pînă la gură şi mîncărimea de la tălpi, pe care o cunosc numai laşii. Picioarele se desprindeau de blocurile de granit şi-l purtau pe stăpînul lor tot mai aproape de tatăl ceresc.

– U-u-u! ţipa Ostap de jos. Acuşi pun mîna pe tine!

– Ne-a furat mîncarea! urlă Ippolit Matveevici, apropiindu-se de Ostap.

– Stai! ţipă Ostap cu un glas de răsunară munţii. Stai, îţi spun!

Dar asta nu făcu decît să dea forţe noi părintelui Fiodor, care începuse să obosească. Din cîteva salturi, se cocoţă cu vreo zece stînjeni mai sus de ultima inscripţie.

– Dă înapoi salamul! ţipa Ostap. Dă înapoi salamul, dobitocule! Te iert de celelalte!

Dar părintele Fiodor nu mai auzea nimic. Ajunsese pe un loc plan şi neted, unde nu izbutise încă pînă atunci să se caţăre nimeni. Văzîndu-se acolo, fu apucat de groază. Îşi dădu seama că nu va fi chip să mai coboare. Stînca venea perpendicular pînă la şosea şi nici vorbă nu putea fi de întoarcere. Se uită în jos. La poalele stîncii, Ostap nu-şi găsea astîmpăr, iar în fundul defileului sclipea pince-nez-ul de aur al mareşalului nobilimii.

– Vă dau înapoi salamul! ţipă părintele Fiodor. Ajutaţi-mă să cobor!

Dar nu auzi alt răspuns decît vuietul Terekului şi nişte ţipete pasionate, venind dinspre castelul Tamarei, unde îşi aveau reşedinţa bufniţele.

– Ajutaţi-mă să mă dau jos de aici! ţipa sfîşietor părintele Fiodor.

Urmărea toate mişcările exploratorilor şi-i vedea cum se învîrtesc la poalele stîncii şi fac gesturi, care de obicei se fac cînd blestemi şi înjuri de mama focului.

După un ceas, părintele Fiodor, care se culcase pe burtă cu capul atîrnînd în jos, îi văzu pe Bender şi pe Vorobianinov plecînd în direcţia trecătorii Krestovîi.

Întunericul se lăsă repede. În bezna adîncă şi vuietul infernal care luaseră locul lui Ippolit şi Ostap, părintele Fiodor tremura şi plîngea. Un nor îi atingea capul, dar încă nu era cu capul în nori. Se lăsa cu drag păgubaş de toate comorile lumeşti. Nu mai dorea decît un singur lucru – să ajungă jos, pe pămînt.

De-a lungul nopţii urlă atît de tare, încît din cînd în cînd acoperea vuietul Terekului. Dimineaţa, mîncă salam cu pîine şi, prinzînd puteri, începu să rîdă satanic de maşinile care treceau pe şosea. Restul zilei şi-l petrecu contemplînd munţii şi soarele. În noaptea următoare i se arătă regina Tamara. Ea sosi în zbor din castelul ei şi-i spuse cu cochetărie:

– Hai să facem cunoştinţă, vecine.

– Măicuţă! îi spuse cu căldură părintele Fiodor. Nu din pofte nesăbuite...

– Ştiu, ştiu, îi răspunse regina, ci numai ca să împlineşti voia soţiei tale care te-a trimis.

– Dar de unde ştii? se miră părintele Fiodor.

– Ei na, cum să nu ştiu? N-ai vrea să treci pe la mine, vecine, să facem un şaizeci şi şase? Hm, ce zici?

Rîse şi-şi luă zborul, presărînd cu artificii bolta întunecată.

A treia zi, părintele Fiodor începu să ţină predici păsărilor. Nu se ştie de ce, dar căuta să le convertească la luteranism.

– Păsărilor, le spunea el cu glas răsunător, căiţi-vă în auzul lumii de păcatele voastre!

În cea de-a patra zi, ghizii începură să-l arate excursioniştilor.

– În dreapta e castelul Tamarei, spuneau ei de la înălţimea experienţei lor, iar în stînga stă un om viu, despre care nu se ştie cum a ajuns acolo şi cu ce se hrăneşte.

– Ce popor sălbatic! se minunau excursioniştii. Copii ai munţilor!

Norii se perindau unul după altul. Deasupra părintelui Fiodor se roteau vulturii. Cel mai îndrăzneţ dintre ei îi răpi restul de salam şi, cu o bătaie de aripă, îi aruncă în Terekul înspumat şi vreo jumătate de kilogram de pîine.

Părintele Fiodor îl ameninţă cu degetul şi zîmbind senin şopti:

„Pasărea din slăvi nu ştie
Grijile şi truda ce-i.
Nu-şi durează pe vecie
Cu strădanii cuibul ei.“

Vulturul se uită chiorîş la părintele Fiodor, ţipă „Cut-cu-ri-gu“ şi îşi luă zborul.

– Eh, vulture, vulture, mare pramatie mai eşti!

După zece zile sosi din Vladikavkaz o echipă de pompieri cu uneltele necesare şi-l coborî pe părintele Fiodor de pe stîncă.

În timpul operaţiunii de salvare, el bătea din palme şi cînta cu o voce nu tocmai plăcută:

„Vei fi pe univers stăpînă
Şi draga mea vei fi pe veci.“

Şi aceste cuvinte ale lui M.I. Lermontov pe muzică de A. Rubinstein, găsiră ecou în Caucaz, care, cît e el de mohorît, le repetă totuşi de mai multe ori.

– Nu din pofte nesăbuite, îi spuse părintele Fiodor şefului pompierilor, ci numai...

Dar de data aceasta rîdea în hohote şi fu dus cu maşina, pe scara pompierilor, la spitalul de boli mintale.

CAPITOLUL XXXIX

CUTREMURUL

– Ce părere ai, mareşale, întrebă Ostap, în drum spre satul Sioni, de care se apropiau. Cum ar fi rost de cîştigat ceva în regiunea asta pustie, aflată la o înălţime de două verste?

Ippolit Matveevici nu răspunse. Singurul fel în care îşi putea cîştiga el mijloacele de trai era cerşetoria, dar aici, pe serpentinele acestea de munte, n-aveai de la cine să ceri pomană.

În treacăt fie zis, cerşetoria se practica şi aici, dar una aparte: alpină. Copiii se apropiau alergînd de fiecare autobuz sau autoturism care trecea prin sat şi executau în faţa publicului călător cîţiva paşi din dansul caucazian „lezghinka“, apoi fugeau după maşină ţopăind:

– Dă şi mie un ban! Dă şi mie un ban!

Pasagerii le aruncau cîte o piesă de cinci copeici şi îşi continuau drumul spre trecătoarea Krestovîi.

– Grozavă meserie, zise Ostap. E drept, veniturile nu sînt mari, dar nu e nevoie de investiţii şi, în situaţia noastră, cît raportează prinde bine.

A doua zi, pe la ora două, Ippolit Matveevici, sub supravegherea marelui maestru, execută în faţa turiştilor primul său dans. Dansul semăna a mazurcă, dar călătorii, sub impresia frumuseţii sălbatice a Caucazului, îl luară drept dans caucazian şi-l răsplătiră cu trei piese de cîte cinci copeici. Cînd trecu maşina următoare, care era un autobuz ce mergea de la Tiflis la Vladikavkaz, dănţui şi ţopăi însuşi directorul tehnic.

– Şi mie un ban! Şi mie un ban! ţipă el furios.

Rîzînd, călătorii îl răsplătiră împărăteşte pentru arta lui. Ostap adună din colbul de pe drum treizeci de copeici. Dar era cît pe ce să-l culeagă şi pe el de pe jos, căci copiii din Sioni, mînioşi pe concurenţi, îi atacaseră cu o grindină de pietre. Ca să scape de bombardament, drumeţii o tuliră în pas alergător spre cel mai apropiat sat, unde îşi cumpărară din banii adunaţi brînză şi lipii.

Aşa îşi petrecură exploratorii trei zile la rînd. Noaptea, dormeau prin casele muntenilor. A patra zi, coborîră pe serpentine spre valea Kaişur. Aici soarele dogorea şi oasele asociaţilor, în care le îngheţase şi măduva în trecătoarea Krestovîi, se încălziră repede.

În loc de stînci, beznă şi frig, aveau acum vale, verdeaţă şi căldură. Aragva mai era jos şi ei încă sus, dar drumul lor ducea spre o vale locuită şi cu gospodari posedînd din belşug vite şi bucate. Aici se putea cerşi, se putea cîştiga sau se putea pur şi simplu fura. Era Transcaucazia.

Exploratorii înveseliţi iuţiră pasul.

La Pasanaur – un sat bogat, cu două hoteluri şi cîteva hanuri – asociaţii cerşiră o lipie şi se aşezară s-o mănînce în nişte tufişuri din faţa hotelului „Franţa“, care avea o grădină şi doi ursuleţi legaţi în lanţ. Se bucurau de căldură, de pîinea gustoasă şi de odihna binemeritată.

Dar odihna le fu curînd tulburată de nişte claxoane de automobil, de fîsîitul unor cauciucuri noi pe şoseaua presărată cu pietriş şi de nişte exclamaţii voioase. Asociaţii scoaseră capul din tufiş. De „Franţa“ se apropiau în şir trei automobile noi-nouţe, de acelaşi tip.

Ele se opriră fără zgomot. Din prima maşină sări jos Persiţki. După el coborî „Justiţia şi fapte diverse", netezindu-şi părul plin de praf. Apoi, din celelalte maşini – toţi membrii clubului automobilistic al ziarului *Stanok*.

– Popas! strigă Persiţki. Patroane, cincisprezece şaşlicuri!

La „Franţa" se iviră cîteva mutre somnoroase şi se auziră ţipetele unui berbec tras de picioare spre bucătărie.

– Nu-l recunoşti pe tînărul ăsta? întrebă Ostap. E reporterul de pe „Skriabin", unul dintre cei care au criticat panoul nostru. Dar ce şic pe ei! Cu maşini! Ce-o fi însemnînd asta?

Ostap se apropie de ziariştii care devorau şaşlîkuri şi-l salută cu foarte multă eleganţă pe Persiţki.

– *Bonjour!* răspunse reporterul. Unde te-am mai văzut, dragă tovarăşe? Aha-ha! Mi-aduc aminte. Pictorul de pe „Skriabin"! Nu-i aşa?

Ostap duse dreapta la inimă şi se înclină politicos.

– Stai puţin, stai puţin, urmă Persiţki, care avea o memorie straşnică, ca orice reporter. Nu eşti dumneata acela peste care a dat un cal la Moscova, în piaţa Sverdlov?

– Chiar el, chiar el în persoană. Cel care, după reuşita dumitale expresie, s-a ales numai cu o uşoară spaimă.

– Şi lucrezi şi aici în domeniul artistic?

– Nu, am venit în scopuri turistice.

– Pe jos?

– Pe jos. Specialiştii afirmă că a călători pe şoseaua militară gruzină cu automobilul e pur şi simplu o prostie.

– Nu-i întotdeauna o prostie, dragul meu, depinde! Noi, de pildă, n-am făcut chiar aşa o prostie. Maşinuţele pe care le vezi sînt ale noastre, subliniez – proprietatea noastră colectivă. Legătură directă Moscova–Tiflis. Benzina costă o nimica toată. Călătoreşti comod şi repede. Arcuri moi. Europa!

– Şi cum? De unde? întrebă invidios Ostap. Aţi cîştigat o sută de miare?

– Nu chiar o sută, dar cincizeci de mii tot am cîştigat.

– La macî?

– Nu! Cu o obligaţie a împrumutului care aparţinea clubului automobilistic.

– Şi cu banii ăştia aţi cumpărat automobile? întrebă Ostap.

– După cum vezi!

– Am înţeles. Poate aveţi nevoie de cineva deasupra? Cunosc eu un tînăr, care nu bea...

– Cum adică, deasupra?

– Unul aşa... Pentru conducerea generală, sfaturi practice, instruire aplicată pe bază de metodă complexă... Ce zici?

– Am priceput. Nu, n-avem nevoie.

– N-aveţi nevoie?

– Din păcate, nu. Şi nici de pictori n-avem nevoie.

– În cazul ăsta daţi-mi zece ruble.

– Avdotin, strigă Persiţki. Fii bun şi dă-i cetăţeanului ăstuia în contul meu trei ruble. Nu-i cere chitanţă, că persoana nu trebuie să deconteze nicăieri.

– E foarte puţin, zise Ostap, dar accept. Înţeleg situaţia dumitale grea. Desigur că dacă ai fi cîştigat o sută de mii, mi-ai fi împrumutat, probabil, cinci ruble. Dar întrucît n-ai cîştigat decît cincizeci de mii virgulă zero-zero copeici... În orice caz, *merci!*

Şi Bender îşi scoase politicos pălăria. Persiţki îşi scoase şi el politicos pălăria. Bender îl salută cît se poate de amabil. Persiţki îi răspunse de asemenea cu un salut foarte amabil. Bender îi flutură cu mîna la revedere. Persiţki, de la volan, îi flutură şi el cu mîna. Dar Persiţki plecă într-un automobil minunat, spre zările însorite, în tovărăşia unor prieteni veseli, pe cînd marele maestru al combinaţiilor rămase pe drumul plin de praf, cu dobitocul său de asociat.

– Ce zici de toată splendoarea asta? îl întrebă Ostap pe Ippolit Matveevici.

– Zakavtopromtorg sau societatea particulară „Motor"? se informă grav Vorobianinov, care în cele cîteva zile de drum izbutise să cunoască toate mijloacele de transport auto de pe şosea. Era cît p-aci să mă apropii de ei să dansez.

– În curînd ai să te tîmpeşti de tot, bietul meu prieten. Care Zakavtopromtorg? N-auzi, Kisa? Oamenii ăştia au cîş-tigat cincizeci de mii de ruble! Şi ai văzut, Kisulea, ce veseli şi cîte harabale de astea mecanice au cumpărat? Noi, cînd vom pune mîna pe banii noştri, vom şti, sper, să-i cheltuim mult mai raţional. Nu-i aşa?

Şi visînd la ce vor cumpăra cînd vor ajunge şi ei bogătaşi, asociaţii ieşiră din Pasanaur. Ippolit Matveevici se gîndea să-şi cumpere ciorapi noi şi să plece în străinătate. Visurile lui Ostap erau mult mai vaste. Avea proiecte grandioase: să construiască un baraj pe Nilul Albastru sau să deschidă un tripou elegant la Riga, cu filiale în toate ţările vecine.

A treia zi, înainte de masă, după ce mai întîi trecură prin nişte localităţi plicticoase şi pline de praf – Ananur, Duşet şi Ţilkanî – drumeţii noştri se apropiară de Mţhet, străvechea capitală a Gruziei. Aici fluviul Kura cotea spre Tiflis.

Către seară, cei doi asociaţi se aflau la hidrocentrala de la Zemo-Afceal. Sticla, apa şi electricitatea scînteiau cu lumini diferite. Şi toate se oglindeau şi tremurau în apele repezi ale Kurei.

Aici drumeţii se împrietenirä cu un ţăran care-i duse cu harabaua la Tiflis, unde ajunseră pe la unsprezece seara, adică tocmai cînd răcoarea nopţii îi scoate în stradă pe locuitorii capitalei gruzine, obosiţi de zăpuşeala din timpul zilei.

– Nu-i urît orăşelul, spuse Ostap cînd intrară pe bulevardul Şota Rustaveli. Ştii, Kisa...

Dar nu-şi termină fraza şi se repezi deodată după un cetăţean, pe care îl ajunse după vreo zece paşi şi începu să discute cu el cu multă căldură.

Apoi se întoarse repede şi-l împinse pe Ippolit Matveevici cu degetul între coaste.

– Ştii cine-i ăsta? şopti el repede. Ăsta-i artelul de covrigi de Odessa – „La covrigii de Moscova“ – cetăţeanul Kislearski. Hai la el. Oricît ar părea de paradoxal, acum eşti din nou un titan al gîndirii şi părintele democraţiei ruse. Nu uita să-ţi umfli obrajii şi să mişti din mustaţă. De altfel, a crescut destul de mare. Auzi, domnule? Grozav! Să vezi şi să nu crezi. Ce întîmplare! Fortuna! Dacă nu-l jumulesc acum de cinci sute de ruble, să mă scuipi între ochi! Hai, haide!

Într-adevăr, la oarecare depărtare de cei doi conspiratori stătea Kislearski, îmbrăcat într-un costum de şantung şi cu pălărie de pai. De frică, avea o culoare lăptoasă-albăstrie.

– Mi se pare că vă cunoaşteţi, zise Ostap în şoaptă. Iată persoana din apropierea împăratului, titanul gîndirii şi părintele democraţiei ruse. Nu te uita la hainele lui. Deghizament! Înţelegi motivul? Conspiraţie. Du-ne imediat undeva. Trebuie să stăm de vorbă.

Kislearski, care venise în Caucaz ca să se odihnească după necazurile din Stargorod, era complet deprimat. Bombănind ceva incoerent despre stagnarea comerţului cu covrigi şi covrigei, se urcă cu nefaştii săi cunoscuţi într-o trăsură cu spiţe argintate şi-i duse la muntele David. Urcară cu funicularul sus, în vîrful acestui munte, unde era un restaurant. Miile de lumini ale Tiflisului se îndepărtau încet, rămînînd în urmă. În schimb, conspiratorii se apropiau de miile de lumini ale stelelor.

La restaurant, mesele erau aranjate afară pe iarbă. O orchestră caucaziană cînta în surdină şi, sub privirile fericite ale părinţilor ei, o fetiţă dansa din proprie iniţiativă lezghinka printre mese.

– Comandă ceva, porunci Bender.

Kislearski, care avea experienţă, ceru vin, salată şi brînză gruzină sărată.

– Şi ceva de mîncare, spuse Ostap. Dacă ai şti, scumpe domnule Kislearski, ce-am îndurat eu şi cu Ippolit Matveevici, te-ai minuna de curajul nostru.

„Iarăşi, se gîndea disperat Kislearski. Iarăşi mi-e dat să sufăr. Ah, de ce n-am plecat în Crimeea? Doar am vrut să plec în Crimeea! Şi Henrieta m-a sfătut să mă duc acolo!"

Dar, fără a crîcni, comandă două şaşlicuri şi îşi întoarse spre Ostap faţa plină de amabilitate.

– Ce să-ţi mai povestesc multe? zise conspirativ Ostap, după ce se uită circumspect în jur. De două luni sîntem urmăriţi şi s-ar putea ca mîine să fim aşteptaţi la locuinţa noastră conspirativă şi să trebuiască să ne apărăm cu arma în mînă.

Obrajii lui Kislearski deveniră platinaţi.

– Ne bucurăm să întîlnim în acest moment crucial un luptător atît de devotat pentru patrie, ca dumneata, continuă Ostap.

– Hm... Da! rosti mîndru printre dinţi Ippolit Matveevici, amintindu-şi cu ce foc şi cîtă foame dansase „lezghinka" lîngă Sioni.

– Da, şopti Ostap. Cu ajutorul dumitale sperăm să doborîm duşmanul. Îţi voi da un pistol.

– Nu-mi trebuie, zise ferm Kislearski.

Şi preşedintele Comitetului Bursei făcu iute să se înţeleagă că el nu poate să ia parte la lupta de a doua zi. Regretă din suflet, dar îi este cu neputinţă. Nu cunoaşte arta militară. De aceea şi fusese ales preşedinte al Comitetului de Bursă. Era pur şi simplu disperat că nu le poate fi de ajutor, dar pentru salvarea vieţii părintelui democraţiei ruse (doar era şi el un vechi octombrist) e gata să le dea tot sprijinul financiar care îi stă în putere.

– Eşti un adevărat fiu al patriei! spuse solemn Ostap, şi-şi udă gîtlejul cu vin dulce de Kipiani, ca să-şi dreagă glasul după şaşlîkul parfumat. Cu cinci sute de ruble l-am putea, cred, salva pe titanul gîndirii.

– Spune-mi, te rog, întrebă Kislearski plîngăreţ, dar cu două sute de ruble nu l-am putea salva pe titanu'...?

Ostap nu se putu stăpîni şi, extaziat, îl izbi cu piciorul pe sub masă pe Ippolit Matveevici.

– Cred că în cazul de faţă tocmeala este absolut nepotrivită, zise Ippolit Matveevici.

El primi instantaneu un ghiont în şold, care însemna: „Bravo Kisa, bravo, uite ce înseamnă şcoala!“

Kislearski auzi pentru prima oară în viaţa lui glasul titanului şi acesta îl impresionă atît de mult, încît îi numără pe loc lui Ostap cinci sute de ruble. Apoi plăti nota şi, lăsîndu-i pe prieteni la restaurant, plecă scuzîndu-se că-l doare capul. După jumătate de oră, îi expedie nevesti-sii la Stargorod următoarea telegramă:

„Plec Crimeea potrivit sfatului tău pentru orice eventualitate pregăteşte coşul.“

Privaţiunile îndelungate pe care le îndurase Ostap Bender cereau o compensaţie imediată. De aceea, în aceeaşi seară, marele maestru al combinaţiilor se îmbătă criţă pe munte şi, în drum spre hotel, fu cît p-aci să cadă din funicular. A doua zi îşi împlini un vis de veche dată. Îşi cumpără un minunat costum gri cu picăţele. Îi era cald cu el, dar, deşi sudoarea îi curgea şiroaie, îl purta. Lui Vorobianinov îi cumpără de la un magazin de confecţii al unei cooperative din Tiflis nişte haine albe de pichet şi un chipiu de marinar, cu stema de aur al unui iaht-club necunoscut. Ippolit Matveevici semăna în aceste veşminte cu un amiral amator din flota comercială. Silueta i se îndreptă. Pasul îi deveni ferm.

– Ah! spunea Bender. Înaltă clasă! Dacă aş fi femeie, aş face unui Adonis viril ca dumneata opt la sută rabat faţă de preţul obişnuit. Ei, aşa mai vii de acasă. Cu o faţadă ca asta, ne putem descurca! Dumneata ştii să te descurci, Kisa?

– Tovarăşe Bender, repeta mereu Vorobianinov. Ce facem cu scaunul? Trebuie să ne interesăm unde-i teatrul.

– Ho, ho! îi replică Ostap, dansînd cu un scaun în braţe, în camera mare în stil maur de la hotelul „L'Orient“. Nu mă învăţa să trăiesc. Acum sînt intratabil. Am bani. Dar sînt şi mărinimos.

Îţi dau douăzeci de ruble şi trei zile să jefuieşti oraşul. Sînt ca Suvorov!... Jefuieşte oraşul, Kisa! Distrează-te!

Şi, legănîndu-şi şoldurile, Ostap începu să cînte în tempo rapid:

„Clopote de seară, clopote de seară,
Cîte gînduri faceţi în noi să răsară."

Asociaţii nu se mai treziră din chef o săptămînă întreagă. Costumul de amiral al lui Vorobianinov se acoperi cu pete de vin de diferite culori, iar picăţelele de pe costumul lui Ostap dispărură sub o singură pată mare, dar de toate culorile curcubeului.

– Salutare! strigă în dimineaţa celei de-a opta zi Ostap, căruia, ca să-i treacă beţia, îi veni în minte să citească ziarul *Zarea Vostoka*. Ascultă, beţivanule, ce scriu oamenii deştepţi în ziare! Ascultă!

„CRONICA TEATRALĂ

Ieri, 3 septembrie, teatrul «Columb» din Moscova, terminîndu-şi seria de spectacole date la Tiflis, a plecat la Ialta să-şi continue turneul. Teatrul proiectează să rămînă în Crimeea pînă la deschiderea stagiunii de iarnă de la Moscova."

– Aha! Ţi-am zis eu! spuse Vorobianinov.

– Ce mi-ai spus? se oţări Ostap.

Totuşi era supărat. Greşeala săvîrşită îl enerva nespus de mult. În loc să fi terminat goana după bijuterii la Tiflis, trebuiau acum să plece în Crimeea. Ostap se puse imediat pe treabă. Cumpără bilete de tren pînă la Batumi şi reţinu locuri la clasa a II-a pe vaporul „Pestel", care pleca din Batumi spre Odessa la şapte septembrie, ora douăzeci şi trei, după ora Moscovei.

În noaptea de zece spre unsprezece septembrie, cînd „Pestel“, fără a mai face escală la Anapa din cauza furtunii, coti în largul mării şi porni drept spre Ialta, Ippolit Matveevici avu un vis.

Stătea îmbrăcat în costumul cel irezistibil de amiral pe balconul casei sale din Stargorod şi vedea că mulţimea adunată jos aşteaptă ceva de la el. O macara mare coborî la picioarele lui un porc cu pete negre pe corp.

Portarul Tihon, îmbrăcat în livrea, apucă porcul de picioarele dinapoi şi spuse:

– Eh, arde-o-ar focul de treabă! Parcă „Nimfa“ dă ciucuri cum trebuie!

Deodată, Ippolit Matveevici observă că are un pumnal în mînă. El îl înfipse între coastele porcului şi din rana mare, deschisă, începură să curgă şi să se reverse pe asfalt briliante. Dar nu curgeau lin, ci săreau ca scînteile şi ţăcăneau din ce în ce mai tare, pînă cînd zgomotul lor deveni insuportabil, înfiorător.

Ippolit Matveevici se trezi. Un val izbise hubloul.

Intrară în portul Ialta pe o mare calmă, dimineaţa, cînd soarele dogorea de mama focului. Mareşalul nobilimii, care-şi revenise de la răul de mare, stătea la provă, lîngă clopotul garnisit cu litere slavone turnate. Ialta cea surîzătoare îşi înşira de-a lungul malului micile ei prăvălioare şi restaurantele plutitoare. Pe chei se aflau trăsuri cu perne de catifea sub coviltire de pînză, automobile şi autobuze ale Organizaţiei de Turism din Crimeea şi ale cooperativei „Şoferul din Crimeea“. Fete de culoare cărămizie îşi învîrteau deasupra capului umbrelele deschise şi făceau semne cu batista.

Exploratorii coborîră cei dintîi pe cheiul încins. Cînd apărură, se desprinse brusc din mulţimea curioşilor un cetăţean în haine de şantung, care o porni cu paşi repezi spre ieşirea din port. Dar era prea tîrziu. Privirea de vînător a marelui maestru îl recunoscuse într-o clipită pe cetăţeanul în şantung.

– Aşteaptă-mă puţin, Vorobianinov! strigă Ostap.

Şi alergă atît de iute, încît îl ajunse pe bărbatul în şantung la zece paşi de ieşire. În mai puţin de trei minute Ostap se întoarse cu o sută de ruble.

– N-a vrut să dea mai mult. De altfel, n-am mai stăruit, căci n-ar mai fi avut cu ce să se întoarcă acasă.

Şi, într-adevăr, nu trecu un ceas şi Kislearski o şterse cu automobilul la Sevastopol, iar de acolo cu un vagon necapitonat acasă, la Stargorod.

Toată ziua, asociaţii rămaseră la hotel, întinşi pe jos, pe podea, în pielea goală şi alergînd în fiecare minut la baie, să facă duş. Dar şi apa care curgea era călduţă ca un ceai prost. Nu puteai să scapi nicăieri de căldură. Aveai impresia că acuşi Ialta se va topi şi va curge în mare.

Pe la opt seara, blestemînd toate scaunele din lume, vilegiaturiştii fără voie îşi traseră în picioare ghetele care parcă stătuseră pe cuptor şi plecară la teatru.

Se juca piesa *Căsătoria*. Stepan, istovit de căldură, era gata-gata să cadă în scena în care stătea cu capul în jos, sprijinit numai în mîini. Agafia Tihonovna alerga pe sîrmă, ţinînd cu mîinile transpirate umbrela ei cu inscripţia: „Îl vreau pe Podkolesin." De fapt, nu voia în momentul acela, cum nu voise nici în tot cursul zilei, altceva decît apă rece cu gheaţă. Publicul voia şi el să bea. Poate de aceea şi poate şi pentru că ţi se făcea rău să-l mai vezi pe căldura aceea pe Stepan mîncînd pe scenă o omletă din care ieşeau aburi, piesa nu avu succes.

Dar asociaţii erau încîntaţi, deoarece zăriseră scaunul lor bine sănătos alături de alte trei scaune luxoase în stil rococo.

Pitiţi într-una dintre loji, ei aşteptară cu răbdare să se termine spectacolul, care se prelungise teribil de mult. În sfîrşit, publicul plecă acasă şi actorii dădură fuga să se răcorească. În teatru nu mai rămase nimeni, decît singurii acţionari ai societăţii pentru explorarea giuvaierelor. Tot ce era fiinţă vie ieşise în stradă, să profite de duşul, în sfîrşit mai puţin călduţ, al ploii care se pornise.

– Urmează-mă, Kisa, comandă Ostap. Dacă se întîmplă ceva, spunem că sîntem nişte provinciali care n-am găsit ieşirea din teatru.

Se furişară pe scenă şi o cercetară toată. Aprindeau din cînd în cînd un chibrit, dar tot se loviră de presa hidraulică.

Marele maestru alergă sus pe scară, spre magazia de decoruri.

– Vino încoa! strigă el.

Bălăbănindu-şi braţele, Vorobianinov urcă într-o clipită.

– Îl vezi? spuse Ostap, aprinzînd un chibrit.

În beznă apăru un colţ al scaunului lui Gambs şi partea de umbrelă pe care era cuvîntul: „... Vreau..“.

– Iată! Iată viitorul, prezentul şi trecutul nostru. Dumneata fă-mi lumină cu chibriturile, Kisa. De desfăcut, îl desfac eu.

Şi Ostap băgă mîna în buzunar să scoată cleştele.

– Hai, zise el întinzînd mîna spre scaun, încă un chibrit, mareşale.

Chibritul se aprinse, dar lucru ciudat, scaunul sări singur într-o parte şi deodată dispăru prin podea, în faţa ochilor uimiţi ai exploratorilor speriaţi.

– Văleu, mamă! ţipă Ippolit Matveevici, sărind în perete, deşi nu avusese nici cea mai mică dorinţă să sară.

Geamurile se sparseră cu zgomot, iar umbrela cu inscripţia: „Îl vreau pe Podkolesin“, luată de vînt, zbură pe fereastră spre mare. Ostap era întins pe jos, cu panourile de placaj peste el.

Era ora douăsprezece şi paisprezece minute şi se produsese prima zguduitură a marelui cutremur din Crimeea din 1927.

Zguduitura aceasta de gradul nouă, care pricinuise o catastrofă cu pierderi incalculabile în toată peninsula, răpise şi din mîinile exploratorilor comoara după care umblaseră atît.

– Tovarăşe Bender! Ce-i asta? ţipă Ippolit Matveevici înnebunit de spaimă.

Ostap era şi el buimăcit. În bogata sa experienţă nu i se întîmplase încă să aibă ca adversar un cutremur.

– Ce-i asta? urla Vorobianinov.

Din stradă se auzeau ţipete, sunete de clopot şi tropăit.

– Asta înseamnă că trebuie să fugim imediat afară, pînă nu cade vreun zid peste noi. Mai repede! Mai repede! Dă mîna-ncoace, nepricopsitule!

Şi se repeziră spre ieşire. Spre marea lor mirare, lîngă uşa ce ducea din scenă spre stradă, zăcea scaunul lui Gambs, teafăr şi nevătămat. Cu un schelălăit ca de cîine, Ippolit Matveevici îşi încleştă mîinile pe el.

– Dă-mi cleştele! îi strigă lui Ostap.

– Nenorocitule! Tîmpitule! urlă Ostap. Acuşi cade tavanul şi el se agaţă ca nebunul! Hai, viteazule, mai repede afară!

– Cleştele! zbiera Ippolit Matveevici ieşit din minţi.

– Da' mai du-te dracului! N-ai decît să crăpi aici, cu scaunul dumitale cu tot! Mie însă viaţa mi-e mai scumpă ca gloria lui Samson!

Cu aceste cuvinte, Ostap trecu vijelios pragul. Ippolit Matveevici scheună ca un cîine şi, luînd scaunul la subsuoară, fugi după Ostap.

De îndată ce ajunseră pe la mijlocul fundăturii, pămîntul se mai cutremură o dată sub picioarele lor şi de pe acoperişul teatrului se rostogoliră ţigle, iar pe locul de unde exploratorii abia plecaseră zăceau resturile presei hidraulice.

– Acu' dă-mi mie scaunul, spuse Bender calm. Văd că te-ai plictisit să-l mai cari.

– Nu-l dau! strigă cu glas ascuţit Ippolit Matveevici.

– Ce înseamnă asta? Revoltă pe vas? Dă încoace scaunul, ai înţeles?

– E scaunul meu! răcni cu sughiţuri Vorobianinov, acoperind cu protestul său gemetele, plînsetele şi trosnetele care se auzeau în jur.

– În cazul ăsta, na, ciubotă bătrînă!

Şi Ostap îl pocni pe Vorobianinov peste ceafă cu o nicovală.

Tocmai trecea în goană prin fundătură o tulumbă de pompieri cu făclii şi, la lumina lor tremurătoare, Ippolit Matveevici surprinse pe faţa lui Bender atîta mînie şi ameninţare, încît făcu instantaneu act de supunere şi-i întinse scaunul.

– Aşa, mă rog, zise Ostap, trăgîndu-şi răsuflarea. Revolta a fost înăbuşită! Acum ia scaunul şi vino după mine. Răspunzi de integritatea corporală a obiectului ce ţi l-am dat în păstrare. Chiar dacă se va produce un cutremur de gradul cincizeci, scaunul trebuie să rămînă întreg! Ai înţeles?

– Am înţeles.

Toată noaptea exploratorii rătăciră pe străzi, laolaltă cu mulţimea cuprinsă de panică, neputîndu-se hotărî nici ei, cum nu se puteau hotărî nici ceilalţi, să intre în casele părăsite, de frica unor noi seisme.

În zori, cînd teama se mai potoli, Ostap alese un locşor în apropierea căruia nu erau nici ziduri ce ar fi putut să se prăbuşească, nici oameni care ar fi putut să-i stingherească şi începu să desfacă scaunul.

Rezultatul îi lăsă năuci pe ambii exploratori. Scaunul era gol. Ippolit Matveevici, care, după toate zguduirile din noaptea şi dimineaţa aceea, nu mai avea putere să se cutremure, izbucni în rîs ca un şobolan.

Îndată după asta se produse un al treilea seism – pămîntul se crăpă şi înghiţi scaunul lui Gambs, cruţat de primul cutremur de gradul nouă, dar sfărîmat de mîna omului. Floricelele de pe creton zîmbeau soarelui ce răsărise într-un nor de praf.

Ippolit Matveevici se aşeză în patru labe şi, cu faţa răvăşită îndreptată spre discul de un roşu tulbure al soarelui, începu să urle. Auzindu-l, marele maestru leşină. Cînd îşi veni în fire, văzu alături de el bărbia nerasă a lui Vorobianinov, al cărei păr des semăna cu un gazon liliachiu. Ippolit Matveevici zăcea fără cunoştinţă.

– În definitiv, spuse Ostap cu glasul unui bolnav de tifos care începe să se însănătoşească, ne-au rămas acum sută în sută şanse. Ultimul scaun (cînd auzi cuvîntul „scaun“, Ippolit Matveevici îşi reveni) a dispărut la secţia de mărfuri a gării Oktiabrski, dar n-a intrat în pămînt. Atunci, de ce să ne pierdem speranţa? Şedinţa continuă.

Undeva cădeau cu vuiet cărămizi. Sirena unui vapor şuiera prelung.

CAPITOLUL XL

COMOARA

Într-o zi ploioasă de pe la sfîrşitul lunii octombrie, Ippolit Matveevici sta, fără haină, numai în vesta sa de culoarea lunii, presărată cu mici stele argintii, şi meşterea în odaia lui Ivanopulo. Lucra pe pervazul ferestrei, fiindcă nici pînă acum nu exista în cameră masă. Marele maestru al combinaţiilor primise o comandă importantă de ordin artistic, şi anume: confecţionarea unor tăbliţe cu adrese pentru asociaţiile de locatari, şi îi dăduse sarcina de a le face lui Vorobianinov, care se chinuia la ele cu un tipar, iar el, Ostap, se învîrtea de aproape o lună de cînd se întorseseră la Moscova, prin zona gării Oktiabrski, căutînd cu nestinsă ardoare urmele ultimului scaun unde zăceau cu siguranţă briliantele lăsate de *madame* Petuhova.

Aşadar, Ippolit Matveevici lucra cu sprîncenele încruntate la plăcuţele de fier. Cele şase luni de goană după briliante îl transformaseră cu totul.

Noaptea, Ippolit Matveevici visa vîrfuri de munte, decorate cu panouri fioroase, prin faţa ochilor i se perindau ba Iznurenkov, ba bărci răsturnate şi oameni înecaţi, ba cărămizi care cădeau din cer sau pămînt care se deschidea şi îl împroşca cu fum de pucioasă, ba alte viziuni apocaliptice.

Ostap, care se vedea zilnic cu el, nu remarca la Ippolit Matveevici nici o schimbare. Şi totuşi, se schimbase extrem de mult. Mersul nu-i mai era acelaşi, privirea îi devenise sălbatică, iar mustaţa, care-i crescuse, nu mai stătea acum paralel cu pămîntul, ci aproape perpendicular pe el, ca la un cotoi bătrîn. Ippolit Matveevici se schimbase şi sufleteşte. Caracterul lui căpătase oarecare bruscheţe şi cruzime, pe care nu le avusese înainte. Trei întîmplări contribuiseră treptat la apariţia acestor trăsături noi: salvarea miraculoasă din pumnii grei ai şahiştilor amatori vasiukieni, debutul în deputatul-cerşetor la poarta Grădinii de Flori din Peatigorsk şi, în sfîrşit, cutremurul, care îl cam deranjase la creier şi-i zdruncinase dragostea pentru scumpul său asociat, căruia începu de atunci să-i poarte o ură ascunsă.

În ultima vreme, la asta se mai adăugase şi o suspiciune care îi răpea cu totul liniştea sufletească. Se temea că Ostap va desface singur scaunul, va scoate comoara şi va fugi în lume, părăsindu-l în voia sorţii. Nu îndrăznea să-şi exprime aceste temeri deoarece ştia ce mînă grea şi ce fire neînduratoare are turcul. Se mînca într-însul, chinuindu-se zilnic la fereastră ca să răzuiască cu un brici vechi şi tocit literele uscate de pe tăbliţe. În fiecare dimineaţă îşi zicea cu teamă că astăzi Ostap nu se va mai întoarce şi-l va lăsa să crape de foame sub un gard ud din această Moscovă imensă.

Dar Ostap se întorcea în fiecare seară, deşi fără a aduce vreo veste îmbucurătoare. Era însă de o energie şi o bună dispoziţie fără margini. Speranţa nu-l părăsea o clipă.

Deodată se auzi pe coridor un tropăit de picioare, cineva se lovi de casa de bani şi uşa de placaj se deschise larg, cu uşurinţa cu care vîntul întorce pagina unei cărţi lăsate afară. În prag se afla marele maestru al combinaţiilor. Era ud pînă la piele şi cu obrajii roşii ca nişte mere. Respira greu.

– Ippolit Matveevici! strigă el. Ascultă, Ippolit Matveevici!

Vorobianinov se miră. Directorul tehnic nu folosise încă niciodată la adresa lui formula aceasta de politeţe cu două nume. Se lumină. Pricepuse...

– L-ai găsit? întrebă el în şoaptă.

– Găsit! Ai ghicit. Eh, Kisa, mînca-te-ar toţi dracii!

– Nu ţipa, că aici se aude fiecare cuvînt.

– Aşa-i, ai dreptate, s-ar putea să fim auziţi, continuă Ostap în şoaptă. L-am găsit, Kisa, l-am găsit şi, dacă vrei, la clubul cel nou... inaugurat ieri... Cum l-am gasit? A, poate crezi că a fost un fleac? Te-nşeli! A fost nemaipomenit de greu. Plan genial. Execuţie strălucită! Epopee antică!... Ce mai încolo, înaltă clasă!

Şi, fără ca să-l mai aştepte pe Ippolit Matveevici pînă îşi va pune haina, Ostap ieşi pe coridor. Vorobianinov îl ajunse pe scară. În sfîrşit amîndoi, punîndu-şi unul altuia emoţionaţi tot felul de întrebări, porniră în goană pe străzile ude de ploaie spre piaţa Kalencevskaia. Nici nu le veni în minte că ar putea să ia tramvaiul.

– Eşti îmbrăcat ca un cizmar! sporovăia vesel Ostap. Cine umblă aşa îmbrăcat, Kisa? Ai nevoie de cămăşi scrobite, şosete de mătase şi, fireşte, de un joben. Faţa dumitale are ceva nobil! Spune-mi, ai fost într-adevăr mareşal al nobilimii?

După ce-i arătă mareşalului scaunul care se afla în sala cercului de şah şi care avea exact aspectul obişnuit al scaunelor fabricate de Gambs, deşi ascundea imense bogăţii, Ostap îl trase pe Vorobianinov pe coridor. Aici nu era picior de om. Ostap se apropie de o fereastră cu geamul încă nechituit şi desfăcu închizătorile la ambele rame.

– Prin ferestruica asta, spuse el, o să pătrundem uşor şi delicat în club, la orice oră vom vrea în noaptea asta. Ţine minte bine, Kisa: a treia fereastră de la intrarea principală.

Asociaţii se mai plimbară multă vreme prin club, cu aerul unor reprezentanţi ai Secţiei Judeţene de Învăţămînt, şi nu se mai săturau admirînd sălile şi camerele.

– Dacă aş fi jucat la Vasiuki şezînd pe acest scaun, n-aş fi pierdut nici o partidă, zise Ostap. Elanul nu m-ar fi lăsat să pierd. Dar hai să mergem, moşnege, că am douăzeci şi cinci de ruble păstrate pentru zile negre. Se impune să bem o bere şi să ne odihnim înainte de vizita pe care urmează s-o facem la noapte. Te şifonează să bei bere, mareşale? Nu e nici o nenorocire, mîine vei putea bea şampanie în cantităţi nelimitate.

Pe drum de la berărie spre Sviţev Vrajok, Bender nu-şi putu reţine veselia şi începu să se lege de trecători. Îşi petrecuse un braţ pe după umerii lui Ippolit Matveevici, care se cherchelise puţin, şi-i spunea cu duioşie:

– Eşti un moşneguţ extrem de simpatic, Kisa, dar mai mult de zece la sută nu-ţi dau. Zău că n-o să-ţi dau! Pentru ce, pentru ce-ţi trebuie ţie atîţia bani?

– Cum pentru ce? Cum pentru ce? se înfuria Ippolit Matveevici.

Ostap rîdea din toată inima şi-şi lipea obrazul de mîneca udă a asociatului său întru explorări.

– Ei, spune, ce-ai să-ţi cumperi, Kisa? Ce? Doar n-ai nici un pic de fantezie. Pe cuvîntul meu dacă nu ţi-ar fi super de-ajuns şi cincisprezece miare... Eşti doar bătrînel şi în curînd ai să mori. În general, de altfel, nu-ţi trebuie bani... Ştii ceva, Kisa, părerea mea e nici să nu-ţi dau vreun ban. Ar însemna să te răsfăţ. Însă îţi promit, Kisulea, să te angajez ca secretar. Ce zici? Patruzeci de ruble pe lună. Plus mîncarea. Patru zile libere... Hm, ce zici? Bineînţeles că-ţi garantez şi îmbrăcămintea de protecţie, bacşişuri, asigurări sociale... Ce zici? Îţi convine propunerea mea?

Ippolit Matveevici se smulse din braţele directorului său şi o luă repede înainte. Aceste glume îl scoteau din sărite.

Ostap îl ajunse pe Vorobianinov abia lîngă poarta casei vopsite în roz.

– Chiar te-ai supărat pe mine? întrebă Ostap. Am glumit, frate. Ai să-ţi primeşti cinstit cele trei la sută, că zău, Kisa, trei la sută îţi ajung.

Ippolit Matveevici intră posomorît în odaie.

– Ei, ce zici, Kisa, tot nu se lăsa Ostap, accepţi trei la sută? Zău, acceptă! Un altul ar accepta. Unde mai pui că nu trebuie să dai filodormă pentru cameră, fiindcă Ivanopulo a plecat la Tver pe un an întreg. Dar cel mai bine ar fi să te angajezi la mine ca valet... Ar fi un locşor minunat.

Văzînd că nu izbuteşte deloc să-l facă pe Ippolit Matveevici să rîdă, Ostap căscă de-i trosniră fălcile, se întinse aproape să atingă tavanul, trăgînd aer în pieptu-i lat, şi spuse:

– Ei, amice, pregăteşte-ţi buzunarele. Înainte de a se face ziuă, ne ducem la club. E timpul cel mai potrivit. Paznicii dorm şi au vise plăcute, fapt pentru care sînt adesea concediaţi fără preaviz. Iar deocamdată, scumpule, te sfătuiesc să te odihneşti.

Ostap se trînti pe cele trei scaune, adunate din diferite părţi ale Moscovei, şi, pe punctul de a aţipi, mai mormăi:

– Ca valet, zău!... Salariu frumos... Mîncare... bacşişuri... Hai, hai, am glumit... Şedinţa continuă! Lumina se arată, domnilor juraţi!

Acestea fură ultimele cuvinte ale marelui maestru, care se cufundă imediat într-un somn adînc, senin, înviorător şi neîmpovărat de vise.

Ippolit Matveevici coborî în stradă. Era disperat şi furios. Luna sărea ca prin cercuri, din nor în nor. Grilajele ude din faţa caselor luceau. Felinarele cu gaz răspîndeau printre picăturile de ploaie o lumină tremurătoare. Un beţiv fu dat afară de la berăria „Oriol". Beţivul urla. Ippolit Matveevici se strîmbă şi, cu pas hotărît, se întoarse înapoi. Avea o singură dorinţă: să termine totul cît mai repede.

Intră în odaie, se uită grav la Ostap, care dormea, îşi şterse sticlele de la pince-nez şi îşi luă briciul de pe pervaz. Pe lamă se mai vedeau încă resturi uscate de vopsea de ulei. Băgă briciul în buzunar, mai trecu o dată pe lîngă Ostap, fără să se uite la el, dar trăgînd totuşi cu urechea la respiraţia lui şi se pomeni pe coridor. Era linişte. Se vede că toată lumea dormea. În bezna de pe coridor Ippolit Matveevici zîmbi deodată sarcastic şi simţi că pielea de pe frunte i se mişcă. Pentru a-şi verifica această senzaţie nouă, zîmbi iarăşi. Îşi aminti deodată că avusese la liceu un coleg, Pîhteev-Kakuev, care ştia să mişte din urechi.

Se duse pînă la scară şi îşi ciuli atent auzul. Pe scară nu era nimeni. Din stradă se auzea tropotul unui cal înhămat la o birjă şi bocănitul copitelor răsuna tare şi răspicat, de parcă cineva făcea socoteala pe un abac. Cu paşi ca de pisică, mareşalul se întoarse în odaie, scoase din haina lui Ostap ce atîrna pe scaun douăzeci şi cinci de ruble şi cleştele, îşi puse pe cap chipiul murdar de amiral şi trase din nou cu urechea.

Ostap dormea liniştit, fără să sforăie. Beregata şi plămînii lui funcţionau perfect, aspirînd şi expirînd conştiincios aerul. Braţu-i vînjos atîrna pînă la podea. Simţind cum îi bate pulsul la tîmplă, Ippolit Matveevici îşi trase sus mîneca dreaptă pînă peste cot, îşi înfăşură braţul gol cu un prosop pluşat, se duse la uşă, îşi scoase briciul din buzunar şi, după ce calculă din ochi distanţele din odaie, răsuci comutatorul. Lumina se stinse, dar camera rămase totuşi uşor luminată de razele albăstrii, ca de acvariu, ale felinarului din stradă.

– Cu atît mai bine, şopti Ippolit Matveevici.

El se apropie de căpătîiul lui Ostap şi, după ce ridică foarte sus mîna în care avea briciul, îl înfipse apoi cu toată puterea în beregata lui Ostap, trase îndată afară briciul care pătrunsese cu toată lama şi sări spre perete. Marele maestru scoase un sunet asemeni celui pe care-l face chiuveta de bucătărie cînd se scurg ultimele picături de apă. Ippolit Matveevici reuşise să nu se murdărească de sînge. Frecîndu-se cu spatele de perete, lunecă uşor pînă la uşa sinilie şi o clipă se uită din nou la Ostap. Corpul acestuia se răsucise de două ori şi alunecase spre spetezele scaunelor. Lumina care venea din stradă se aşternea pe băltoaca neagră ce se formase pe podea.

„Ce-o fi cu băltoaca asta? se gîndi Ippolit Matveevici. Ah, da, sînge... Tovarăşul Bender a decedat.“

Vorobianinov îşi desfăcu de pe braţ prosopul puţin murdărit, îl aruncă, apoi puse încet briciul jos şi plecă închizînd cu grijă uşa după el.

Ajuns în stradă, Ippolit Matveevici se încruntă şi murmurînd: „Acu' briliantele sînt toate ale mele, nu şase la sută", porni spre piaţa Kalancevskaia.

Ippolit Matveevici se opri în dreptul ferestrei a treia de lîngă intrarea principală a Clubului Feroviarilor. Geamurile de cristal ale noii clădiri sclipeau palid în lumina zorilor. În aerul umed răsunau glasurile surde ale locomotivelor de manevră. Ippolit Matveevici se căţără cu îndemînare pe pervaz, împinse cercevelele şi, fără zgomot, sări înăuntru, pe coridor.

Orientîndu-se uşor pe sălile clubului învăluite în lumina cenuşie a zorilor, Ippolit Matveevici pătrunse în sala de şah şi, după ce atinse cu capul portretul lui Emanuel Lasker, care atîrna pe perete, se apropie de scaun. Nu se grăbea, căci n-avea de ce. Nu-l urmărea nimeni. Marele maestru O. Bender îşi dormea somnul de veci în căsuţa vopsită în roz de pe Sivţev Vrajok.

Ippolit Matveevici se aşeză pe jos, prinse scaunul între picioarele sale vînoase şi, cu calmul unui dentist, începu să scoată cuiele de aramă, fără să-i scape nici unul. La al şaizeci şi doilea cui termină. Cretonul englezesc şi pînza de sac se desprinseră de scaun.

Era acum de ajuns să le ridici, ca să dai cu ochii de casetele, cutiile şi cutiuţele pline cu pietre preţioase.

„Iau imediat o maşină, îşi zicea în gînd Ippolit Matveevici, care învăţase înţelepciunea vieţii la şcoala marelui maestru, şi direct la gară. Mă opresc la graniţa poloneză. În schimbul unei pietre din astea, găsesc eu unul să mă treacă de partea cealaltă şi odată ajuns acolo..."

Şi din dorinţa de a se vedea cît mai repede „acolo", Ippolit Matveevici smulse voiniceşte de pe scaun cretonul şi pînza de sac. În faţa ochilor îi apărură arcurile, nişte arcuri englezeşti admirabile, şi zegrasul, un zegras superb, dinainte de război, cum nu poţi să găseşti astăzi nicăieri. Dar în afară de asta scaunul nu mai conţinea altceva nimic. Cu gesturi maşinale, Ippolit Matveevici scormoni toată umplutura şi timp de o jumătate de ceas ţinu mereu scaunul strîns între picioarele sale, tot spunînd prosteşte:

– Dar cum de nu se găseşte nimic aici? Asta-i imposibil! Imposibil!

Se luminase de-a binelea cînd Vorobianinov, lăsînd totul cum se găsea în sala de şah, ba lăsînd acolo şi cleştele, şi chipiul cu stema de aur a iaht-clubului inexistent, se căţără greoi şi obosit pe fereastră, neobservat de nimeni şi sări în stradă.

– Asta-i imposibil! repetă el, după ce se îndepărtă o bucată de drum. Asta-i imposibil!

Şi se întoarse la club. Începu să se plimbe prin faţa ferestrelor mari, bombănind în şoaptă:

– Asta-i imposibil! Asta-i imposibil! Asta-i imposibil!

Din cînd în cînd scotea cîte un ţipăt slab şi se apuca cu mîinile de capu-i ud de boarea dimineţii. Amintindu-şi de toate întîmplările din cursul nopţii, îşi scutura pletele cărunte. Emoţia produsă de briliantele negăsite se arătase a fi avînd efecte mult prea tari: în cinci minute îmbătrînise.

– Umblă pe aici tot soiul de oameni, auzi deodată Vorobianinov în imediata sa apropiere.

Întoarse capul şi văzu un paznic în haine din pînză de cort şi cu cizme în picioare. Paznicul era foarte bătrîn şi, pe cît se părea, un om blînd.

– Umblă şi tot umblă, spuse comunicativ bătrînul, căruia i se urîse de singurătatea din timpul nopţii. Văd că şi dumneata, tovarăşe, îi dai tîrcoale. Şi ai dreptate. Clubul nostru, pot să spun, nu-i ca altele.

Ippolit Matveevici se uita cu o mutră foarte nenorocită la bătrînul rumeior la faţă.

– Da, urmă bătrînul, clubul ăsta nu-i ca altele. N-ai încă unul aşa nicăieri.

– Dar ce are ăsta mai mult decît altele? întrebă Ippolit Matveevici, încercînd să-şi adune gîndurile.

Bătrînul se uită fericit la Vorobianinov. Probabil că povestea clubului îi plăcea şi îi era tare drag s-o spună cui voia să-l asculte.

– Apăi, începu bătrînul, sînt de mai bine de nouă ani paznic, dar aşa ceva nu mi s-a mai întîmplat. Ascultă, oşteanule, şi dumneata. Aici a fost totdeauna un club – l-ăi fi ştiind – clubul de la sectorul 1 tracţiune. Şi eu îl păzeam. Da' tare proastă casă era... Făceam foc pînă nu mai puteam şi tot nu se încălzea. Iar tovarăşul Krasilnikov se lega de mine: „Ce dracu' faci cu lemnele?"... Parcă aş fi înghiţit eu lemnele... Uf! Mult s-a mai chinuit tovarăşul Krasilnikov cu clubul: igrasie, frig, strîmt, fanfara – unii peste alţii, sala de teatru – un chin să joci: domnii artişti degerau. Cinci ani în şir am tot cerut bani să clădim un club nou, dar nu ştiu de ce n-am căpătat. Sindicatul Feroviarilor nu voia să aprobe. Dar astă-primăvară, tovarăşul Krasilnikov a cumpărat pentru teatru un scaun, un scaun frumos, moale...

Aplecat cu tot corpul spre bătrîn, Ippolit Matveevici era numai urechi şi pe jumătate leşinat. Urmîndu-şi istorisirea, bătrînul, printre rîsete de bucurie, îi povesti cum într-o zi s-a urcat pe scaunul ăsta ca să deşurubeze un bec şi a căzut.

– Am alunecat nu ştiu cum de pe scaun şi s-a rupt cretonul. Şi ce să vezi? De sub creton încep să curgă nişte bucăţele de sticlă şi mărgele albe prinse pe o aţă.

– Mărgele? făcu Ippolit Matveevici.

– Mărgele! strigă bătrînul, cu glas piţigăiat. Şi apoi, oşteanule, zăresc şi tot felul de cutiuţe. Dar nici n-am pus mîna pe ele, m-am dus de-a dreptul la tovarăşul Krasilnikov şi i-am raportat uite aşa şi aşa. Am zis şi la comisia asta că nici nu m-am atins de cutiuţele celea. Şi bine-am făcut, oşteanule, fiindcă ce socoţi că erau acolo? Giuvaiere, taică, giuvaiere de mare preţ, ascunse de burjui...

– Şi unde-s giuvaierele astea? întrebă mareşalul.

– Unde, unde, îl îngînă bătrînul. Apăi, pentru asta, oşteanule, trebuie să ai minte. Uită-te! Şterge-ţi ochelarii! Cu ele s-a clădit clubul, oşteanule! Vezi? Uite-l, clubul! Calorifer, sală de şah, bufet, teatru, să nu cumva să caţi să intri cu galoşi acolo, că nu ţi se dă voie...

Ippolit Matveevici îngheţă şi, rămînînd nemişcat pe loc, îşi plimba privirea pe cornişele clubului.

Aşadar, uite comoara ramolitei de *madame* Petuhova! Iat-o! Toată aici! Îngropate toate cele o sută cincizeci de mii de ruble, zero-zero copeici, cum îi plăcea să spună lui Ostap Suleiman Berta-Maria Bender.

Briliantele se transformaseră în geamuri de cristal şi în traverse de beton-armat, iar sălile de gimnastică răcoroase erau făcute din perle. Diadema de diamante se prefăcuse în sală de teatru cu scenă turnantă, cerceii de rubine atîrnau în chip de policandre cu zeci de becuri, brăţările de aur în formă de şarpe cu smaralde îşi schimbaseră meseria şi deveniseră o bibliotecă minunată, iar broşa se metamorfozase în creşă, atelier de aeromodelism, cameră de şah şi sală de biliard.

Comoara rămăsese, fusese păstrată şi chiar sporită. Puteai s-o pipăi cu mîinile, dar nu puteai s-o iei cu tine. Trecuse în slujba altor oameni.

Ippolit Matveevici pipăi plăcile de granit ce căptuşeau zidurile. Răceala pietrei îi cuprinse inima.

Şi începu să ţipe.

Ţipătul lui, turbat, cîinos şi sălbatic, ţipătul unei lupoaice rănite de moarte, ajunse pînă în mijlocul pieţei, pătrunse sub pod şi, respins de pretutindeni de zgomotele marelui oraş ce se trezea, începu să slăbească şi peste o clipă se stinse. De pe acoperişurile ude se revărsă pe străzile Moscovei o minunată dimineaţa de toamnă. Oraşul porni în marşul său de fiecare zi.

Cuprins

PARTEA A DOUA
LA MOSCOVA

PARTEA A TREIA
COMOARA DOAMNEI PETUHOVA

biblioteca rao

De la clasici la contemporani, într-o formulă
grafică nouă, cei mai reprezentativi autori pentru

biblioteca dumneavoastră

Au apărut:

Emily Brontë	LA RĂSCRUCE DE VÎNTURI
Albert Camus	STRĂINUL/CIUMA/CĂDEREA EXILUL ŞI ÎMPĂRĂŢIA
	FAŢA ŞI REVERSUL/NUNTA/MITUL LUI SISIF OMUL REVOLTAT/VARA
	CARNETE
	TEATRU
Hillary Rodham Clinton	ISTORIE TRĂITĂ
Robin Cook	RISC ASUMAT
Clive Cussler	SAHARA
Nelson DeMille	FIICA GENERALULUI
	PLUM ISLAND
Charles Dickens	DAVID COPPERFIELD (2 vol.)
F.M. Dostoievski	CRIMĂ ŞI PEDEAPSĂ
	DEMONII
	IDIOTUL
Joseph Finder	PUTERI EXCEPŢIONALE
Colin Forbes	CATACLISMUL
	PE MUCHIE DE CUŢIT
	RINOCERUL
André Gide	FRUCTELE PĂMÎNTULUI
John Grisham	TESTAMENTUL
	FRĂŢIA
	CAMPIONUL DIN ARKANSAS
	UN ALTFEL DE CRĂCIUN
	MOŞTENITORII
	MAESTRUL
Hermann Hesse	JOCUL CU MĂRGELE DE STICLĂ
	NARCIS ŞI GURĂ-DE-AUR
	LUPUL DE STEPĂ
	SIDDHARTA/CĂLĂTORIA SPRE SOARE-RĂSARE
	KNULP. DEMIAN
	CELE MAI FRUMOASE POVESTIRI

Franz Kafka	JURNAL
	CASTELUL
Dean Koontz	UNICUL SUPRAVIEŢUITOR
Thomas Mann	DOCTOR FAUSTUS
	MUNTELE VRĂJIT
	POVESTIRI
G. García Márquez	UN VEAC DE SINGURĂTATE
	TOAMNA PATRIARHULUI
	DOUĂSPREZECE POVESTIRI CĂLĂTOARE
	DESPRE DRAGOSTE ŞI ALŢI DEMONI
	INCREDIBILA ŞI TRISTA POVESTE A CANDIDEI ERÉNDIRA ŞI A BUNICII SALE FĂRĂ SUFLET
	DRAGOSTEA ÎN VREMEA HOLEREI
	AVENTURA LUI MIGUEL LITTÍN, CLANDESTIN ÎN CHILE
	A TRĂI PENTRU A-ŢI POVESTI VIAŢA
Virgil Măgureanu	DECLINUL SAU APOTEOZA PUTERII?
Farah Pahlavi	MEMORII
Mario Puzo	OMERTA
Ernesto Sabato	ÎNAINTE DE TĂCERE
A. de Saint-Exupéry	CITADELA
Jean-Paul Sartre	TEATRU
John Saul	PREZENŢA
	MÎNA DREAPTĂ A DIAVOLULUI
Dinu Săraru	TRILOGIA ŢĂRĂNEASCĂ
	CIOCOII NOI CU BODYGUARD
Stendhal	ROŞU ŞI NEGRU
	MĂNĂSTIREA DIN PARMA
Alex Mihai Stoenescu	ISTORIA LOVITURILOR DE STAT ÎN ROMÂNIA (vol. I, II şi III)
	PATIMILE SFÎNTULUI TOMMASO D'AQUINO
J.R.R. Tolkien	STĂPÎNUL INELELOR
	· Frăţia Inelului
	· Cele două turnuri
	· Întoarcerea regelui
	HOBBITUL
	SILMARILLION
	ROVERANDOM
L.N. Tolstoi	CAZACII ŞI ALTE POVESTIRI
	SONATA KREUTZER ŞI ALTE POVESTIRI
I.S. Turgheniev	UN CUIB DE NOBILI
Mario Vargas Llosa	RĂZBOIUL SFÎRŞITULUI LUMII
	CONVERSAŢIE LA CATEDRALA

Noutăți

Gabriel García Márquez
GENERALUL ÎN LABIRINTUL SĂU

Ilf și Petrov
VIȚELUL DE AUR

F.M. Dostoievski
ADOLESCENTUL